금융시장의 이해

FINANCIAL MARKETS

KB067530

언택트금융·오픈뱅킹시스템
암호화폐의 이해와 전망

금융시장의 이해

09
Edition

이요섭 지음

FINANCIAL MARKETS

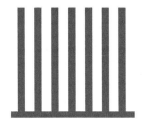
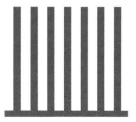

연암사

Financial Markets

제9판 머리말

　코로나 바이러스 감염증(코로나 19)이 전 세계를 뒤덮은 후 우리의 일상(日常)이 언택트(untact: 비대면)환경으로 변하였다. 금융분야도 예외는 아니다. 이미 4차산업혁명 시대를 맞아 나날이 진화를 거듭하던 금융시장은 필자가 『금융시장의 이해』 7판에서 예상했던 것보다 빠르게 디지털 온라인으로 진화하고 있다. 또한 IMF 외환위기 당시 금융개혁의 중심이 되었던 금·산분리주의(金·産分離主義) 원칙이 최근에 이르러 오픈뱅킹시스템 도입으로 크게 완화됨으로써 기업의 금융분야 진입이 수월하게 이루어지고 있다. 따라서 금융산업 전반에 걸쳐 기업들의 진입 장벽은 날로 낮아지고 경쟁도 크게 격화되고 있는 실정이다.

　금융산업은 금융시장의 진화와 더불어 우리가 원하든 원하지 않든 인공지능(AI)과 빅데이터(big data)로 상징되는 4차산업혁명의 파고를 넘어 글로벌금융으로 나아가는 중이다. 언택트금융 분야에서 빠르게 성장한 우리나라 금융시장도 핀테크금융으로 진화를 가속하고 있다. 전세계를 휩쓴 코로나 팬데믹이 종식되어도 금융산업과 금융시장의 새로운 변화는 이제 멈추지 않을 것이다.

이번에 출간하는 『금융시장의 이해』 9판에서는 코로나 팬데믹과 4차산업혁명의 파고를 넘고 있는 금융시장의 진화과정을 심층적으로 분석하였다. 『금융시장의 이해』는 2002년 9월, 초판을 출간한 이래 독자 여러분의 격려 속에 판을 거듭하여 2021년 9월에 제8판을 출간하였다. 그 이후에도 앞서 언급한 4차산업혁명과 코로나 팬데믹으로 인하여 글로벌 금융시장과 국내 금융시장에 많은 변화가 진행되어 왔다. 필자는 이와 같은 새로운 변화를 독자 여러분에게 소개하려는 소명감을 가지고 전판(前版) 출간 2년 만에 제9판을 내어놓게 되었다. 국내 금융전문 서적으로는 드물게 『금융시장의 이해』가 연암사 출판사에서 제9판까지 출간하게 된 것을 필자는 큰 보람으로 생각한다.

언택트금융 · 오픈뱅킹시스템 · 암호화폐의 이해와 전망을 중심으로 편집되는 제9판의 특징은 다음과 같다.

제1장 개론에서는 글로벌 금융시장의 진화과정을 살피면서 세부 내용을 고찰하였다. 최근 케이뱅크와 카카오뱅크가 편입된 새로운 금융환경에 일반 전통은행들이 대응하는 추세도 상세히 분석하고 방향을 전망하였다.

제4장 은행금융시장에서는 일반은행의 상품별 시장을 고찰한 종전 내용을 그대로 두고 마지막 부분에 제5절을 신설하여 인터넷전문은행에 대해 본격적으로 탐구하였다. 특히 IT기술을 기반으로 '금융 (Finance)' 과 '기술(Technology)'의 융합을 의미하는 '핀테크 금융'에 대해 구체적인 영역과 혁신적인 기능들을 살폈다. 더불어 일반전통은행과 인터넷전문은행의 차이점과 특성들을 자세하게 비교 풀이하면서 독자 여러분이 쉽게 이해하는 데 역점을 두고 요약 설명하였다. 여기에 첨부된 카카오뱅크와 케이뱅크의 업무 특징 비교표는 인터넷전문은행에 대한 이해를 더욱 높여 줄 것이다.

제5절 인터넷전문은행에서는 5. 인터넷전문은행의 미래 전망을 신설하고 제3인터넷은행인 '토스뱅크(Toss Bank)' 출범을 계기로 인터넷전문은행 시장의 3자간 과점시장(寡占市場) 경쟁구도를 전망해 보았다.

그리고 금융시장의 전반적인 변화를 반영하여 구성내용을 확장한 제7편에서는 언택트금융·오픈뱅킹시스템·암호화폐의 이해와 전망을 다루고 금융시장의 영역확장 변화를 고찰함으로써 독자 여러분이 미래금융시장을 조망하도록 하였다.

그동안 IMF 금융위기 재발을 방지하기 위해 시행되었던 금산분리정책은 우리 금융산업에 또 다른 과제를 제시하고 있다. 오픈뱅킹시스템(Open Banking System)과 핀테크 금융 기술로 인해 비금융업체가 금융업에 진출할 수 있는 길이 열렸지만, 금산분리정책은 금융산업이 비금융산업을 융합하여 성장하는 기회를 여전히 막고 있다. 최근 금융규제혁신위원회에서 시행 발표한 내용은 이같은 불균형을 해소하고 규제를 풀어서 금융산업의 혁신을 실현하려는 희망을 우리에게 준다.

끝으로 이번 개정판이 독자 여러분의 실생활에 유익한 금융지식과 미래 금융시장 변화를 공부하는 디딤돌이 되기를 바라는 마음 간절하다. 제9판이 나오기까지 함께 고생한 연암사 편집부에도 깊은 감사를 전한다.

2023년 2월

송파(松坡)언덕 탄천(炭川)냇가 우거(寓居)에서

허민 이요섭(許民 李堯燮)

초판 머리말

금융시장론의 영역은 전통적 금융시장과 파생금융시장으로 크게 나눌 수 있다. 기초금융자산의 가격변동 위험을 헷지(hedge)하기 위해서 파생된 신상품의 등장은 오늘날 금융시장의 영역을 급격하게 확장시키고 있다.

본서의 연구범위는 크게 기초금융자산을 중심으로 하는 전통적 금융시장과 여기에서 파생된 신상품, 즉 파생상품이 거래되는 파생금융시장으로 나누어 고찰하되 시장별로 개념·특성 파악과 상품별 이해를 중심으로 간명한 설명에 주력하였다. 최근 금융시장이 활성화됨에 따라 이 분야의 입문서가 많이 등장하고 있는데, 우선 금융시장의 분류가 천차만별로 다양하기 때문에 초입자는 매우 혼돈스러울 것이다. 본서에는 화폐시장과 은행상품시장이 주로 1년 이내의 전통적 단기상품의 특성을 갖고 있기 때문에 이들을 단기금융시장으로 분류하였다. 또한 여신전문금융, 종합금융, 보험 및 연금 등 각 시장을 편의상 비은행금융시장으로 분류하였다. 이는 한국은행의 분류법을 부분적으로 참작한 결과이기도 하다.

그런데 주지하는 바와 같이 오늘날 파생상품시장은 금융공학(financial engineering)의 도움 없이는 거론할 수 없으므로 수리적 분석이 함께 뒤따라야 하는 게 원칙이다. 그러나 어디까지 파고들어가야 하는지에 대해서는 솔직히 말해서 판단하기 어렵다. 그래서 여기서는 개념적인 접근과 일반적 수준 사이에서 중용을 취하되, 저자의 실무경험을 활용하고, 학생들이 용이하게 광범위한 이해를 스스로 도출할 수 있도록 다양한 그림과 많은 도표를 넣어서 강의의 장을 마련해 보았다. 이러한 판단의 성패는 차후에 가려질 것으로 기대하는 바이다.

끝으로 본서의 출판을 쾌히 맡아주신 연암사 권윤삼 사장님과 직원 여러분께 깊은 감사를 드리고, 또한 어려운 환경 속에서도 이 책의 집필을 위해서 묵묵히 도와준 가족들에게도 감사를 표하는 바이다.

그리고 앞으로 본서에 대해서 독자 여러분들의 많은 질책을 기다리며, 좀더 나은 체계와 내용으로 다시 대할 것을 약속드린다.

2002년 8월
송파 탄천 냇가 우거(寓居)에서
이요섭

차례

제1편   총론

제1장 개 론

제2편 단기금융시장

제3편 비은행금융시장

제4편   자본시장

제7편   언택트금융 · 오픈뱅킹시스템 · 암호화폐의 이해와 전망

그림 차례

표 차례

제1편
총 론

요약

금융시장(financial market)이란 기업, 가계, 정부 등 경제주체들이 금융상품(또는 금융수단)을 거래하여 필요한 자금을 조달하고 여유자금을 운용하는 조직화된 장소(place)를 말한다. 여기서 금융상품(financial instruments; financial products)은 현재 또는 미래의 현금흐름(cash flow)에 대한 법률적 청구권을 나타내는 화폐증서를 의미하며, 예금, 기업어음, 채권, 주식 등과 같은 기초자산(underlying asset)뿐만 아니라 선물, 옵션, 스왑 등 파생상품(derivatives)도 포함된다. 그리고 조직화된 장소란 증권거래소나 선물거래소와 같이 일정한 거래규칙과 구체적 형태를 가진 거래소시장(on-board market)은 물론, 점두거래(over the counter market: OTC)를 비롯하여 비상장증권이 거래되는 장외시장(off-board market) 등 모든 시장을 포함한다.

금융시장은 경제주체간의 거래행위 과정에서 흑자지출단위(자금잉여집단)로부터 석사시출단위(자금부족집단)로 자금의 이동을 중개 또는 촉진하는 기능을 한다. 다른 측면에서 볼 때 은행에 예금을 하거나 증권 등 금융자산(financial assets)을 거래할 경우에도 금융자산의 움직임과 반대 방향으로 자금이 순환되는데, 이를 자금의 금융적 유통이라 한다. 자금의 금융적 유통은 흑자지출단위로부터 적자지출단위로 자금이 이전될 때 발생한다. 이때 두 경제주체간의 자금유통을 금융이라 하고 자금의 유통이 이루어지는 장소를 금융시장이라 한다.

제1편에서는 금융시장의 의의와 개념을 알아본다. 제1장에서 현대경제생활에 있어서 금융시장의 존재 필요성을 고찰하며, 금융시장에서 거래되는 금융상품들의 가격을 매개하는 지불수단, 즉 화폐의 기능과 그 진화는 어떠한 과정을 거쳐서 이어져 내려오고 있는가에 대한 해답을 찾아본다. 또한 금융시장의 체계적 분류와 구분은 어떻게 하고 있는가를 고찰한다. 그러나 이같은 고찰은 초보적인 개괄적 설명에 그치며 더 자세하고 구체적인 내용에 대해서는 뒤에 따로 장을 설정하여 다룰 것이다.

제2장에서는 금융시장에 대한 이론적 고찰을 하며 이자율의 개념과 이자율결정이론을 공부한다. 아울러 소비자의 최적선택이론을 분석하여 합리적 소비자(투자자)의 최적소비와 최적저축의 메커니즘을 살피고 재조명한다.

개 론

제1절 금융시장이란 무엇인가?

1. 금융시장의 개념과 의의

금융시장(financial market)이란 기업, 가계, 정부 등 경제주체들이 금융상품을 거래하여 필요한 자금(부족자금)을 조달하고 여유자금(잉여자금)을 운용(투자)하는 조직화된 장소(place)를 말한다. 여기서 말하는 금융상품(financial instruments; financial products)은 현재 또는 미래의 현금흐름(cash flow)에 대한 법률적 청구권을 나타내는 화폐적 증서를 의미하며, 여기에는 예금, 기업어음, 채권, 주식 등과 같은 기초자산(underlying asset)뿐만 아니라 선물, 옵션, 스왑 등 파생상품(derivatives)도 포함된다. 조직화된 장소란 증권거래소나 선물거래소와 같이 일정한 거래규칙과 구체적 형태를 가진 거래소시장(on-board market)은 물론, 점두거래(over the counter market: OTC)를 비롯하여 비상장증권 등이 거래되는 장외시장(off-board market) 등 모든 시장을 포함한다.

금융거래시 상품의 매매쌍방은 소득이 지출보다 큰 흑자지출단위(surplus spending

units)와 소득이 지출보다 적은 적자지출단위(deficit spending units)이다. 구체적으로 자신의 저축(유보이익)을 초과하여 투자지출을 수행하는 기업은 적자지출단위(자금부족집단)가 되고, 가계처럼 자신의 수입이 소비를 초과하여 저축을 하는 경제단위는 흑자지출단위(자금잉여집단)가 된다. 그리고 재정적자기(期)의 정부는 적자지출단위가 되며, 재정흑자기의 정부는 흑자지출단위가 된다.

따라서 금융시장이란 경제주체간의 거래행위 과정에서 흑자지출단위(자금공급자)로부터 적자지출단위(자금수요자)로 자금이 이전되는 시장을 의미한다.

다른 측면에서 볼 때 은행에 예금을 하거나 증권 등 금융자산을 거래할 경우에도 반드시 이늘 금융자산과 반대방향으로 자금이 순환되는데, 이를 자금의 '금융적 유통'이라 한다. 자금의 금융적 유통은 흑자지출단위(자금잉여집단)로부터 적자지출단위(자금부족집단)로 자금이 이전될 때 발생하며, 이 두 경제주체간의 이러한 자금유통을 '금융'이라하고, 자금의 유통이 이루어지는 장소를 '금융시장'이라 한다.

2. 경제제도와 금융시장

경제주체들은 국민경제 내에서 끊임없이 부(wealth)를 생산하고 분배함으로써 경제활동을 영위하고 있다. 이러한 경제활동을 영위하기 위한 기구(mechanism) 혹은 제도를 경제제도(economic system)라고 한다. 경제제도 내에서 생산주체가 되는 것은 주로 기업과 정부이고, 소비주체가 되는 것은 주로 가계이다.

경제제도 내에서는 기본적으로 세 가지 유형의 시장, 즉 생산요소시장, 생산물시장(재화·상품시장) 및 금융시장이 운영되고 있다. 생산요소시장(factor market)에서는 소비주체가 자기의 노동, 경영기술 및 그 밖의 자원을 가장 높은 가격을 제시하는 생산단위에게 판매한다. 생산요소시장은 노동, 토지 및 자본과 같은 생산요소를 배분하고 임금, 수당, 임대료 등의 형태로 생산요소의 소유자들에게 소득을 분배 지출한다. 소비주체(가계)는 요소시장으로부터 얻은 소득의 대부분을 생산물시장(재화·상품시장)에서 상품 및 서비스를 구매하는 데 사용 지출한다. 기업은 가계로부터 구입한 생산요소를 가지고 소비재를 생산하여 주로 가계에 판매하는 동시에, 기업 내에서 필요로 하는 생산재를 생산하여 다른 기업에게 판매한다. 또한 기업이 필요로 하는 공장시설투자에 소요되는 자금을 금융시장을 통해 조달하기도 한다.

금융시장(financial market)에서 자금의 공급자(투자자)는 대부자금에 대한 대가로 단지 약속증서만을 받는다. 이러한 약속증서는 주식, 채권 등과 같은 금융청구권(financial claim)이나 저축성예금증서(정기예금증서 또는 저축통장) 및 요구불예금통장, 보험증서 등의 형태이다. 금융청구권은 자금의 공급자에게 미래의 소득흐름을 약속하는데 이러한 소득흐름은 배당금, 이자지급, 자본이득 등 여러 유형의 수익으로 형성될 수 있다. 자금공급자는 자신의 투자원금을 회수하는 것은 물론 현재소비를 장래 특정시점으로 연기하고 위험을 부담하는 대가로서 추가적 미래소득(이자, 배당, 매매차익)을 얻을 수 있기를 기대한다.

제2절 왜 금융시장을 공부하는가?

금융시장은 우리의 일상적 경제생활뿐만 아니라 국민경제 전체에서 중요한 기능을 하고 있다. 또한 현대생활에서 금융시장은 화폐와 더불어 자본주의 경제에서 매우 중요한 기능과 역할을 수행한다. 따라서 이와 같은 금융시장의 중요한 기능과 역할을 현실 경제생활과 연계하여 터득하고 파악함으로써 보다 풍족한 경제생활을 영위하는 데 학습목적이 있다. 금융시장의 기능을 살펴보면 다음과 같다.

첫째, 금융시장을 통해서 금융기관들이 자금잉여집단(저축자/투자자)으로부터 자금을 집합하여(금융수단 또는 금융상품과 교환으로) 이를 자금부족집단(차입자)에게 필요한 자금을 대여해 준다. 금융시장이 이러한 자금중개기능을 함으로써 기업가는 자기자본을 상회하는 큰 규모의 공장시설이나 기계도입을 할 수 있고, 그 결과로 국가 전체의 경제규모는 지속적으로 성장·발전하게 된다. [그림 1-1]에서 보는 바와 같이 금융시장은 자금잉여집단(자금공급자들)의 여유자금을 흡수하여 자금부족집단(자금차입자들)에게 공급한다. 다시 말해서 금융시장은 자금의 수요자와 공급자 간의 자금중개기능을 수행한다.

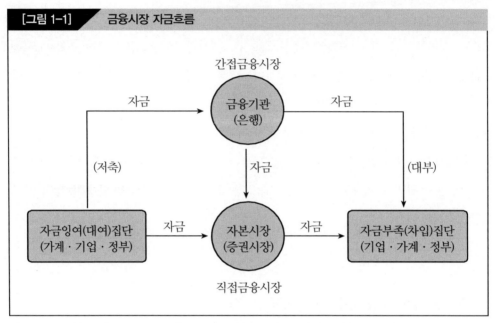

[그림 1-1] 금융시장 자금흐름

자료: F. S. Mishkin, The Economics of Money, Banking, and Financial Markets, 5th ed., p. 21.

가계(家計; household)는 국민경제에서 대표적인 자금잉여집단(자금공급자)으로서, 일반적으로 가계는 현재와 미래의 소득수준 및 자기 자신의 시간선호도(time preference)에 따라 적정소비규모를 결정하고 남는 자금은 미래소비를 위해 저축하는데 그 대부분을 금융자산(금융수단)으로 운용한다.

기업(企業; firm)은 국민경제에서 대표적인 자금부족집단(자금수요자)이다. 그러므로 기업경영과정에서 일시적으로 부족한 투자자금과 운영자금을 금융시장을 통해 직접 또는 간접으로 자금잉여집단(가계저축자/투자자 등)으로부터 조달한다. 은행 등 금융기관으로부터 차입을 하면 간접금융이고, 증권시장에서 직접 주식발행(또는 채권발행)으로 조달하면 직접금융이 된다.

정부 및 해외부문은 재정수지나 국제수지 상황 등에 따라 자금을 공급(대여)하거나 조달(차입)한다.

둘째, 금융시장은 저축자(투자자)에게는 다양한 저축(투자)기회와 자금운용수단을 제공하고 차입자에게는 다양한 차입수단(금융수단)을 제공함으로써 실물투자를 촉진한다. 그 결과 국가경제의 자본형성을 촉진하며 금융상품의 수요와 공급을 균형있게 조절한다. 차입자의 금융수단에는 여러 가지 형태의 약속증권, 즉 '금융청구권'(financial claim)이 거래되는데 이 청구권이 금융상품(financial products)이다. 이 금융상품의 수급조절을 원활하게 함으로써 자본조달이 용이하게 된다.

그런데 이와 같은 원활한 수급조절로 자본조달이 이루어지면 금융시장에서 탐색비용(search cost)[1]이나 정보비용(information cost) 등 금융거래비용이 발생한다. 오늘날 금융시장에서는 최신 정보통신기술의 발전에 힘입어 금융자산의 투자가치평가에 소요되는 시간과 비용이 동시에 줄어들고 정보의 비대칭성(asymmetric information)도 축소되기 때문에 금융시장이 이러한 거래비용에 대한 조절기능을 충분히 하고 있다.

셋째, 금융시장은 시장에서 거래되는 금융상품(또는 금융수단)의 신속한 가격결정기능을 수행함으로써 거래당사자들로 하여금 완전경쟁시장에서의 가격수용자(price taker)로서 임하도록 유도한다. 따라서 가격탐색의 시간을 절약할 수 있고, 정보비용의 절감을 가져오게 하여 원활한 거래형성을 촉진한다. 예를 들어 금융시장이 존재하지 않는 경우를 가정할 때 금융상품가격 결정시 합리적인 가격을 결정하자면 지역에 따라, 시간에 따라, 금융상품의 내재적 정보에 따라 항상 달라지므로 비용과 시간의 소비는 물론 합리적인 적정가격을 정하기가 매우 힘들게 될 것이다.

넷째, 금융시장은 금융자산 보유자(투자자)들에게 유동성(liquidity)을 신속히 제공하여

---

1) 탐색비용이란 금융거래의사를 밝히고 거래상대방을 찾는데 발생하는 비용을 말한다.

급작스러운 필요자금을 활용가능하게 해준다. 여기서 유동성이란 즉시 현금화할 수 있는 정도, 다시 말해서 환금성(換金性)을 의미한다.

일반적으로 금융시장에서 거래되는 금융수단(또는 금융상품)은 여러 가지 면에서 제약과 차별이 있다. 즉, 원리금 지급시기 및 지급횟수의 불일치, 금액의 차이, 시장성(marketability=轉賣性)의 차이(예: 은행의 기한부저축예금), 가분성(可分性) 및 거래비용의 차이 등이 그것이다. 이러한 특성 때문에 유동성에 제약을 준다. 예를 들어 급작스럽게 입원비를 마련하려 하는데 현금이 없는 경우와 보유 중인 금융상품을 급히 환금하려고 하는 경우를 상상해 보면 얼마나 심각한지를 짐작할 수 있다.

나섯째, 금융시장은 여러 형태의 시장참가자들에게 그들의 위험선호도(risk preference)에 따라 다양한 파생금융상품(derivatives)의 거래기회를 제공함으로써 위험관리(risk-hedging)기능을 한다. 위험선호도가 낮은 금융거래자(위험회피형; risk averter)는 금융시장을 통해 제공되는 기초자산과 파생금융상품 등 다양한 금융상품에 분산투자하여 위험을 줄일 수 있다. 반면에 위험선호도가 높은 금융거래자(위험선호형; risk lover)는 위험을 부담하는 대가로 높은 프리미엄을 기대한다. 마찬가지로 높은 기대수익률을 원하는 금융거래자는 높은 위험선호도에 의한 투자전략을 수립할 수 있다("high risk, high return"). 이와 같이 금융시장은 투자자로 하여금 각자가 위험선호도에 걸맞은 자금운용전략을 세울 수 있는 기회를 제공함으로써 파생상품거래를 확대시키고 금융시장을 지속적으로 발전시킨다.

마지막으로 여섯째, 모바일 기반의 핀테크금융 발전에 따라 비대면거래, 24시간 언제나 무한접촉거래, 은행 지정 공간이 아닌 개방 공간 어디서든 송금, 투자, 대출, 자산관리 등 소비자가 원하는 금융거래가 가능해진다.

이상과 같이 고찰한 결과 금융시장은 국민경제에서 매우 중요한 기능과 역할을 하고 있음을 알게 되었다. 따라서 금융시장을 공부함으로써 금융시장의 올바른 이해와 앞으로의 발전방향을 터득할 수 있고 현대 사회에서 꼭 필요한 금융지식을 습득할 수 있다.

제3절 화폐의 기원과 진화과정

1. 화폐의 기원(물품화폐의 등장)

인류가 원시시대 이래 점차 집단생활을 하면서 자급자족경제에 변화가 일어나고 물물교환(물품화폐)시대가 본격적으로 도래함으로써 그 교환의 매개수단인 화폐(money)가 등장하게 되었다. 화폐가 교환의 매개기능을 수행하면서 인류는 편의성, 안전성, 경제성(거래비용절감), 대면성 등 모든 요건을 개선하는 데 역점을 두어왔다. 그 결과 화폐는 상품화폐, 금속화폐, 지폐, 예금화폐, 전자화폐, 암호화폐 등으로 꾸준히 진화하고 있다.

2. 상품화폐

상품화폐(commodity money)는 상품을 화폐로 사용하는 것으로 직물, 곡물, 피혁, 가축 등이 여기에 속하며 운반 및 보존이 용이하고 마모불변의 장점이 있지만 이와 더불어 정확한 가치측정 및 소액분할의 곤란성, 부피과다로 인한 대규모 운반곤란성, 내구성의 문제 등 단점이 공존한다.

3. 금속화폐

상품화폐 다음으로 등장한 금속화폐(metallic money)는 초기에는 동, 다음에는 은·금등 귀금속으로 대체되었는데(19세기 영국의 금본위제도 채택으로 시작되어 1차 세계대전 때까지 지속), 소량이면서 고유가치를 유지할 뿐 아니라 내구성이 우수하고 보관, 휴대, 운반이 용이한 점이 장점이지만 한편으로 격지간 거래의 문제점, 도난위험, 순도 및 함량의 유지문제가 있고 또한 경제규모의 증가에 비례한 화폐 소재(금, 은, 등)의 생산조달 문제 등 단점도 있다.

4. 지 폐

금속화폐의 단점을 보완하기 위해 새로이 등장한 지폐(paper money)는 초기에는 금태환증서(태환지폐; convertible paper money) 유통에서 시작했으나, 그 후 금생산의 한계점 도달로 태환용 금 보유량의 충족이 어려워지자 점차 불환지폐(inconvertible paper money)로 발전하였다. 금속화폐의 단점인 격지간 운반 곤란성, 순도 · 함량 훼손문제, 금속 소재의 생산한계 등을 해결하고 형태 통일, 내구성, 위조곤란, 운반용이성 등 장점이 있는 반면에 도난위험, 부피과다, 대량보관 불편 등 단점도 여전히 남는다.

5. 예금화폐

예금화폐(deposit money)란 현금대용화폐로서 은행의 요구불예금에 기반을 둔 수표지급체세에 의해서 이루어지는 지급결제수단을 말한다. 예금화폐는 두 가지 형태에서 생성되는데 하나는 은행자기앞수표(보증수표)이며, 다른 하나는 당좌수표(또는 어음)이다.

자기앞수표는 수표발행의뢰인의 신청에 의하여 은행이 발행하고 자기앞수표 소지인이 은행에 지급제시하면 은행 별단예금계좌에 이미 예치되어 있는 발행의뢰인 수표지급준비자금 계좌에서 결제처리되는 경우를 말한다.

당좌수표(또는 어음)는 은행당좌거래처(민간수표발행인)가 발행한 당좌수표(또는 어음) 소지인이 은행에 지급제시한 수표 또는 어음을 거래처(발행인)의 당좌예금계좌(요구불예금)에서 결제처리함으로써 현금교환수단으로 통용되는 경우를 말한다.

이 같은 예금화폐는 거래은행계좌에 이미 지급대기자금이 예치되어 있어서 결제확실성, 현금운송불편 해소, 내구성 문제 해결, 부피과다 해결 등의 장점을 가지고 있다. 그러나 단점으로는 법화(legal tender)가 아니므로 강제통용력(수용성)이 없고 현금화비용과 부도위험이 뒤따른다. 또 타지(격지간)추심소요시간과 문서처리비용도 만만치 않다(문서처리비용은 미국의 경우 연간 50억달러, 한국의 경우 1997년 중 10만원권 처리비용이 약 1조원이었다).[2]

---

2) ① F. S. Mishikin, The Economics of Money, Banking, and Financial Markets, 5th ed., 1997, p. 53.
　② 이요섭, 「신용카드의 통화량변동에 대한 영향분석 연구」, 1999, pp. 6~7.

6. 전자화폐

전자화폐(digital money, e-money, electronic money, e-cash)란 기존화폐의 지급결제시스템 요건에 기반을 두고 전자적 통신기술을 이용하여 설계된 고안물(device)로서 새로운 전자적 지급결제수단이다. 수표·어음과는 달리, 범용성·유동성, 지급종결시 대면성과 비대면성을 동시에 가지고 있으며 익명성이 보장된다. 또 소액거래부터 거액거래까지도 자유로이 분할할 수 있는 것이 특징이다(한국에서는 K-cash를 실시했다).[3]

전자화폐는 가치저장 매체에 따라 IC카드형과 네트워크형으로 구분한다. IC카드는 영국의 몬덱스 카드가 대표적이며, 사이버머니로는 네덜란드의 이캐시가 대표적이다. 한국에도 금융결제원이 만든 전자화폐 K-Cash가 있었지만, 2020년 이후 서비스를 종료했다. 현재는 간편 결제 서비스인 '스마트페이'가 기능을 대신하고 있다.

7. 암호화폐

암호화폐(Crypto-curren)란 암호를 사용하여 새로운 코인(bitcoin)을 생성하거나 거래를 안전하게 진행할 수 있도록 매개하는 화폐를 말한다. 디지털화폐 또는 가상화폐의 일종이다. 2009년 최초의 암호화폐인 비트코인이 출현했고, 이후 이더리움, 라이트코인, 리플, 모네로, 에이코인 등 수많은 암호화폐가 등장했다. 발행처가 분명한 다른 가상화폐와 달리 발행주체가 명확하지 않고 현실에서도 통용할 수 있다는 차이점이 있다. 그러나 대개 가상화폐라고 하면 암호화폐를 일컫는 경우가 많다. 세계적으로 암호화폐라고 부르지만 한국에서는 암호화폐를 가상통화(또는 가상자산)라고 부른다. 가상화폐나 디지털화폐가 암호화폐와 유사한 개념이기는 하나 동일한 개념은 아니다.

유럽중앙은행(ECB), 미국재무부, 유럽은행 감독청에서 내린 정의(定義)에 따르면 가상화폐란 정부에 의해 통제받지 않는 디지털화폐의 일종으로 개발자가 발행 및 관리하며

---

3) K-cach에 대해서 더 자세한 것은 한국은행 보도자료; 「한국형 전자화폐 시범실시」, 2000. 7. 26.(공보 2000-7-23호)를 참조 바람.

특정한 가상 커뮤니티에서만 통용되는 결제수단을 말한다.

제4절 화폐의 기능

1. 지불수단(means of payment)

재화와 서비스거래에서 구매자가 판매자에게 그 대가로서 지불하는 수단이다.

2. 교환매개수단(medium of exchange)

화폐가 매개물이 되어 판매자와 구매자간에 재화나 서비스의 교환을 원활하게 매개한다.

3. 가치의 척도(unit of price or account/unit of value)

화폐는 모든 재화의 가치를 계산단위로 측정하여 그들의 가치를 손쉽게 비교할 수 있게 하는 가치척도 기능을 갖는다.

4. 가치저장(store of value)

화폐는 일반적인 구매력을 가지고 있으므로 지불수단이 되는 동시에 또 자산으로도 보유된다.

제5절 금융시장의 분류 및 진화

1. 금융시장의 분류

1) 직접금융시장과 간접금융시장

일반적으로 금융시장의 체계적 구분은 직접시장과 간접시장으로 나누는데 앞의 [그림 1-1]에서 보는 바와 같이 직접금융은 자본시장(증권시장)에서 자금수요자(자금부족집단)가 필요자금을 자금공급자(자금잉여집단)로부터 직접 조달하는 형태이며, 간접금융은 자금수요자(자금차입자)가 은행·보험회사 등 자금중개기관을 통해서 간접거래(채무증서와 교환으로)로 자금조달이 이루어지는 형태이다.

이 분류는 금융시장에서 자금의 유통경로에 따른 구분으로서 증권을 최종수요자(자금조달자)가 직접발행하느냐 아니면 중개기관이 간접발행(차입자의 채무증서와 교환으로)하느냐에 따라 달라지게 되는데, 전자를 본원증권, 후자를 간접증권이라 한다. 주식, 채권이 본원증권(직접증권)이고 정기예금증서, 보험증서 등이 간접증권이다. 그리고 앞의 경우가 직접금융시장, 뒤의 경우가 간접금융시장이다.

직접금융조달의 경우는 필요금액을 사전적으로 확정해서 조달할 수 있는 반면에 간접금융의 경우는 중개금융기관(은행, 보험사)이 불특정다수의 저축자(자금공급자)로부터 자금을 집합하여 소정규모로 분할하여 차입자(자금수요자)에게 대부하는 것으로 그 과정에서 규모의 경제(economy of scale)효과를 얻고 비용절감효과를 달성할 수 있다. 다시 말해서 저축자에게는 더 높은 수익률을 제공하고 차입자에게는 보다 낮은 자본비용으로 조달할 수 있게 함으로써 수급 양측에 모두 똑같이 이득을 가져다준다.

2) 국내금융시장과 국제금융시장

금융거래에 있어서 거래장소가 국내인가 또는 국외인가에 따라 거래고객이 국내거주자(resident)인가 또는 비거주자(non-resident; 외국여권소지자)인가에 따라, 또한 거래통화가 자국통화단위인가 아니면 외국통화단위인가에 따라 각각 국내금융시장 또는 국제금융시장으로 구분된다. 그러나 일반적 정의는 '국내금융'을 극히 제한적으로 해석하여 "① 거주자간에, ② 자국통화로, ③ 국내거래에서 발생한 거래"로 한정한다. 이 요건 중 하나만 빠져도 '국제금융'이다.

3) 금융시장과 금융상품의 분류

금융상품의 분류기준은 1) 청구권 성격 2) 유통단계 3) 만기기간 등에 따라 나누어진다.

(1) 청구권의 특성에 따른 분류

금융시장은 증서 또는 증서의 발행자가 부담하는 의무와 소유자가 누리게 되는 권리를 기준으로 채무증서시장(debt market)과 주식시장(equity market), 그리고 그 중간형태인 복합형시장이 있다.

채무증서시장이란 기업이나 가계 등 자금부족집단이 만기까지 일정한 이자를 정기적으로 지급할 것을 약속하고 발행한 채무증서(debt instrument)가 거래되는 시장으로서 증서소지자는 이자와 원금에 대한 청구권을 갖는다. 채무증서시장으로는 기업어음, 양도성예금증서, 국채, 회사채, 금융채시장 등 여러 시장이 있다.

① 부채시장(채무증서시장: 은행대출, 채권시장)

- **은행대출:** 일정단기자금 또는 중소규모자금의 융통에 적합하며 일정기간마다 소정이자를 부담하고 만기에 원금을 상환한다.
- **채권발행:** 발행자가 직접발행, 또는 금융기관(증권회사)의 채권인수를 통해 조달한다. 만기에 원리금을 상환한다.

② 주식시장

주식시장이란 주식(equity)이 거래되는 시장으로서, 주식은 기업의 순이익과 자산에 대한 주주의 지분을 나타낸다. 주주는 주주의결권을 가지며 기업순이익에 대한 배당청구권뿐만 아니라 기업청산시 채무를 뺀 잔여재산에 대해 재산지분청구권을 행사할 수 있다. 주식은 그 지분을 분배하여 자금을 조달하는 금융형태인데 부채와는 달리 주식은 일단 조달한 자금은 다시 상환할 필요가 없으며, 주주총회나 정관에 정해진 배당률에 따라 배당금을 지급하면 된다. 주식매입자는 주주권을 행사할 수 있고, 다른 사람에게 주식을 양도할 수도 있다. 한국의 주식시장에는 증권거래소시장, 코스닥시장, 코넥스시장(Konex:Korea New Exchange) 등이 있다.

③ 복합형 시장(전환사채, 신주인수권부사채)

자본시장이 발달함에 따라 채무증서(타인자본)와 주식(자기자본)의 두 성격을 복합적으로 가지고 있는 복합형 금융상품으로 전환사채와 신주인수권부사채가 등장했다.

- **신주인수권부사채**(BW: bond with stock warrants)[4]: 새로 발행되는 신주를 인수할 수 있는 권리, 즉 주식인수권부증권이 부여된 사채이다. 회사 주가가 오르면 채권자는 그 부채에 정해진 행사가격으로 신주를 인수할 수 있으므로 유리한 투자기회를 갖는다.
- **전환사채**(CB: convertible bond): 부채를 주식으로 전환할 수 있는 권리가 부여된 채권이다. 전환 전에는 채권자로서의 권리를 행사하고 전환 후에는 주주의 권리를 행사할 수 있는 채권이다. 안정적 이자수익이 보장되면서 회사의 주가가 오르면 채권자는 원리금 청구권을 포기하고 대신 주식으로 바꾸어 시세차익을 누릴 수 있기 때문에 채권자에게 유리한 투자이다.

(2) 유통단계에 따른 분류

① 발행시장(primary market)

발행시장이란 새로운 증권이 처음으로 발행되어 투자자들이 이를 발행자로부터 매입하는 시장, 즉 본원적 증권을 발행해서 이를 금융중개기관에 판매·인수시키는 시장이며, 이때 금융중개기관(증권회사)은 이들 증권을 지급보증하여 일반인에게 되파는 방식을 취하는 경우가 많다.

② 유통시장(secondary market)

유통시장이란 이미 발행된 증권이 재판매되고 거래되는 시장이다. 주식거래소시장,

---

4) 신주인수권부사채(BW)에 부여된 신주인수권은 현금과 교환으로 주식을 취득할 수 있는 권리이므로 권리행사 이후에도 사채가 존속하는데 반해, 전환사채(CB)에 부여된 전환권은 사채와 주식을 교환하는 권리이므로 권리행사 이후에는 사채가 소멸된다.

채권시장, 선물시장 등이 있다. 발행시장과는 달리 일반이 금융기관(증권회사)을 통해 비교적 쉽게 접근할 수 있다. 유통시장에서는 만기가 고정된 대규모 증권(금융상품)을 쉽게 현금화할 수 있고 시장가격도 이곳에서 결정된다. 유통시장 운영주체는 크게 브로커와 딜러로 나눌 수 있다. 브로커(broker)는 일반인이 주식을 매매할 때 거래수수료를 받고 판매자와 구매자를 연결시켜 주는 역할을 하며, 딜러(dealer)는 시장에서 자신이 직접 주식을 매매하는 역할을 담당한다.

한편 유통시장은 크게 두 가지 시장, 즉 거래소시장(on-board market)과 점두시장(over-the-counter market: OTC)으로 분류하기도 한다. 전자는 주식매매를 하는 사람들이 한 곳(거래소시장)에 모여 거래하는 조직화된 시장이며, 후자는 개별거래자가 개별금융회사를 상대로 거래하는 시장(장외시장; off-board market)이다.

(3) 만기기간(duration)에 따른 분류

① 화폐시장(money market)

화폐시장은 만기 1년 이내의 금융상품이 거래되는 단기시장이다. 화폐시장에는 콜시장, 기업어음시장, 양도성예금증서시장, 표지어음시장 등이 있으며, 단기금융시장이라고도 부른다. 개별경제주체의 일시적 자금부족을 신속히 조절할 수 있는 수단을 제공함으로써 투자기회상실 최소화, 유휴현금의 기회비용감소를 가져다준다.

② 자본시장(capital market)

장기자금 조달수단인 주식, 채권이 거래되는 시장, 증권시장(securities market)과 같은 의미이며, 여기에는 주식시장과 장기채권시장이 있다.

(4) 부채성 금융상품의 분류

자본시장(주식시장)에서 거래되는 주식을 제외하고 부채성 금융상품에 대한 분류는 〈표 1-1〉과 같다.

<표 1-1> **금융상품 분류**

	직접금융	간접금융
단 기	· 단기공사채(180일)	· 요구불예금, 단기저축성예금(1년 이내) · 양도성예금증서(CD, 30~270일) · 기업어음(CP, 30~270일) · 어음관리구좌(CMA, 180일) · 표지어음(30~180일) · 환매조건부채권(RP*, 30일~1년) · MMF, MMDA
장 기	· 장기공사채(1년) · 국고채(3년) · 회사채(3년)	· 장기저축성예금(1년 이상) · 은행신탁

*RP(환매조건부채권): 일정기간 후 일정가격으로 되살 것을 약속하고 채권(국채, 지방채, 회사채)을 판매하는 것. 더 자세한 내용은 제3장 화폐시장의 상품별 하부시장을 참조할 것.

2. 금융시장의 진화(인터넷전문은행의 등장이 금융권에 미치는 영향)[5]

1) 인터넷전문은행(케이뱅크) 주요 현황분석

(1) 케이뱅크(K-Bank) 고객현황 및 거래현황 분석

가격경쟁력과 이용편의성 등을 기반으로 2017년 4월 3일 출범한 케이뱅크의 개점 초기 24일간 업적을 분석하면, 1일 평균 1만명이 신규가입하여 2,850억원의 수신업적을 보이고 있다. 이들 거래는 주로 은행업무 시간대 이외 시간에 비대면거래로 이루어지고 있어 은행권과 막강한 경쟁관계를 보인다. 대출은 1,865억원으로 예대비율은 65.5%이

---

5) 금융위원회 보도 참고자료(2017.4.27.)를 요약 정리하였음.

고 대출수요자구성은 직장인 신용대출이 72%를 차지한다. 금융업계에서 평균금리는 가장 낮고 평균대출금액은 700만원대로 중간 수준이다.

(2) 카카오뱅크(Kakao Bank) 영업 개시로 복점형태의 경쟁체제 출발

카카오뱅크가 지난 2017년 7월 27일에 개점하여 영업을 개시함에 따라 인터넷전문은행 업계는 케이뱅크와 카카오뱅크 두 은행 간의 복점형태로 경쟁이 이루어지게 되었다. 인터넷전문은행인 케이뱅크와 카카오뱅크에 대해서는 제4장 제5절 인터넷전문은행에서 2021년 10월 5일 영업을 시작한 토스뱅크와 함께 자세히 다룬다.

2) 금융권의 대응 움직임

(1) 금융권 대응개요

인터넷전문은행 출범으로 은행을 비롯하여 저축은행, 증권사, P2P 업계 전반에 걸쳐 경쟁이 촉진되고 있다. 은행권은 가격경쟁, 조직-채널 정비, 핀테크역량 강화로 대응 움직임을 보이고 있고, 저축은행과 P2P 업계는 중금리시장에서, 증권사는 비대면거래 활성화 분야에서 본격적인 경쟁에 돌입하고 있다. 〈표 1-2〉는 인터넷은행 출범에 대한 금융권의 대응책을 분석한 것이다.

(2) 은행권 대응전략

가격경쟁: 고객 이탈방지를 위한 수신금리 인상 경쟁이 가시화되고 있다. 새로 등장한 케이뱅크가 기존 시중은행 대비 약 0.3%~0.7%p 더 높은 금리 제공을 계기로 현재 대형 은행들은 연 2%대 특판 예-적금을 출시하고 있고, 일부 은행은 여신(마이너스 통장) 금리도 하향 조정하고 있다.

〈표 1-2〉	케이뱅크 출범으로 인한 금융권 대응		
	케이뱅크	은행권	제2금융권
가격 경쟁력	· 타은행 대비 수신금리 우위(0.3~0.7%p) · 연 최저 4.2% 중금리 대출 출시	· 연 2%대 예 · 적금 특판상품 출시	· (저축은행 · P2P) 대출금리 하향 이용 편의성 제고 등
조직채널 정비	· 점포 없음 100% 비대면거래	· 점포축소 가속화 · 서비스 선점을 위해 대표 모바일 채널 적극 홍보	· (증권사) 비대면거래에 수수료 면제 등 혜택 증대
핀테크 활성화	· 24시간 고객센터 (금융봇 활용) · 음성인식 뱅킹 빅데이터 활용 등 핀테크 주도	· 인공지능 기반의 고객센터 구축 · 음성인식 뱅킹도입 핀테크 전문인력 양성 등	· (저축은행 · 신협) 중앙회가 구축한 비대면 실명 확인 시스템 이용(예정)

조직-채널 정비: 각 기존 대형 은행들은 점포 축소를 가시화하고, 비대면 채널을 대폭 강화하고 있다. 2016년 전체 은행 점포가 175개나 감소했으며, C은행은 2017년 하반기 중 점포를 132개에서 단 32개로 대폭 축소 통폐합하면서 자산관리서비스에 특화 운영 계획을 실행하고 있다. 또한 비대면거래를 확대하면서 아직 케이뱅크가 진출하지 않은 여러 서비스 분야를 선점하려는 추세가 강화되고 있다. 이를 위해 비대면계좌개설 절차를 한층 간소화하고, 모바일 전용 가입상품에 대해 다양한 부가 혜택을 제공한다. 예를 들어 모바일로 전월세대출, 주택담보대출, 자동차구입대출, 환전서비스 등을 앞다투어 출시 중이다. 그러면서 '대표모바일채널'에 다양한 부대 서비스를 탑재하고 수수료 할인 혜택을 제공한다.

핀테크 분야 강화: 인공지능 기반 고객센터, 음성인식 뱅킹을 출시하고 빅데이터-인

공지능과 연계한 상담서비스 질 향상을 본격 추진하고 있다. 예를 들어 카카오톡 기반의 일대일 자동상담 시스템을 운영하며 핀테크업체와 협력을 통한 '금융챗봇' 구축을 계획하고 있다. 또한 일부 은행은 음성인식 뱅킹을 도입하여 인공지능을 통해 소리를 텍스트로 전환하는 금융거래 서비스(SORI)를 출시하였다.(비대면거래, 즉 언택트금융업무에 관해서는 이 책의 제7편 16장 3절에서 자세한 설명과 함께 사례연구, 심층연구를 통해 그 내용을 쉽게 이해할 수 있다.)

(3) 제2금융권 대응전략

서숙은행: 중금리시장 선점을 위한 금리경쟁이 본격화되고 있는 가운데 케이뱅크의 빅데이터 기반 중심 신용평가에 의한 최저금리 4%대의 중금리대출에 대응하여, 대출 최저금리를 1%p 낮추고 일부 저축은행은 모바일대출로 20분 만에 대출이 실행되는 개혁을 하고 있다.

증권사: 비대면거래에 수수료 면제 등 다양한 혜택 부여로 시작하여 비대면 신규거래 개설시 지원금과 수수료 면제 등 파격적 대우를 제공한다.

3) 금융권의 경쟁 확산 및 전망(신용카드, 보험, 외환 분야별 분석)

앞에서 분석한 바와 같이 최초의 인터넷전문은행 케이뱅크의 파격적 주 무기는 첫째 가격경쟁력과 둘째 24시간 이용 가능한 서비스 편의성이다. 케이뱅크의 주고객은 일상이 바쁜 30~40대가 대부분(70%)이며, 상당수가 일반은행 영업외 시간대에 서비스를 이용한다.

이와 같은 장점 외에도 핀테크와 연계한 금융혁신서비스(인공지능자산관리, 음성인식 뱅킹, 빅데이터 활용 신용평가-고객센터 운용)를 통해서 금융계를 선도해 나갈 것으로 보인다.

신용카드: 주주사의 다양한 IT 플랫폼-핀테크와 결합된 직불간편결제 출시로 신용카드 업계의 수수료 경쟁이 가속화되고 있다. 따라서 종래 연결된 VAN사를 통하지 않는 직결제가 가능해져 약 0.5%의 수수료 절감을 실현하게 된다.

보험: 비대면-모바일을 통한 판매가 활성화됨에 따라 판매비용 절감, 모바일 전용상품 출시 등 전략이 본격화되고 있다.

외환송금: 시중은행 대비 대폭 저렴한 송금비용을 토대로 은행간 또는 핀테크 송금업체와의 경쟁이 활성화될 것으로 보인다.

4) 금융당국의 정책방향

(1) 경쟁체제 확대(카카오뱅크 등장)

2017년 7월에 또 하나의 인터넷전문은행인 카카오뱅크가 영업을 개시함에 따라 금융시장의 인터넷전문은행은 복점(duopoly)체제로 유지되어 왔고, 2021년 하반기에 토스뱅크가 출범함으로써 경쟁체제가 확대되었다.

(2) 인터넷은행 금융관련 입법

인터넷전문은행의 활성화를 위해서는 넘어야 할 고비가 또 하나 있는데 바로 법체제의 완비가 그것이다. 우리나라는 1997년 IMF금융위기를 거치면서 제도적으로 금산분리제도를 도입 실행 중인데 거기에 따른 영향으로 선진금융권에 비해 많은 제약이 뒤따르고 있다. 현재 금융당국이 추진하는 은행법 개정(금산분리의 완화)과 인터넷전문은행 특례법(선진핀테크의 도입) 등이 국회에서 통과되었는데, 이들 입법 사항들이 조속히 현실화되어야 하는 시점에 와 있다.

(3) 2단계 인터넷전문은행 발전단계 추진

금융당국에서는 법률정비가 완료되고 제도적 장치들이 선진화되면 문호를 더 개방하여 1~2개의 인터넷전문은행을 추가적으로 시범인가와 동시에 인터넷전문은행 2단계 발전계획도 구체적으로 추진할 예정인 것으로 보인다. 우선 토스뱅크(Toss Bank)가 2021년 7월에 본인가를 획득하여 10월에 영업 개시를 했다. 우리나라 인터넷전문은행의 경쟁구도는 3파전이 되고 과점(寡占)형태의 경쟁구도가 형성되었다.

제2장

금융시장의 이론적 고찰

제1절 이자율이란 무엇인가

1. 시간선호율의 개념과 이자율

시간선호율(rate of time preference)이란 미래의 효용(utility)이 현재의 효용과 동등한 가치를 가지기 위해 현재의 효용보다 더 커야 하는 비율로서 서로 상이한 시점간의 재화·서비스의 가치를 평가하는 기준이 되는 것이다. 시간선호율이 큰 사람일수록 미래의 재화·서비스의 가치를 상대적으로 낮게 평가한다("오늘의 1원은 내일의 1원보다 더 가치가 있다").

현실적으로 개개인의 효용함수를 정확히 알 수 없기 때문에 시간선호율을 계산하기란 사실 어렵다. 따라서 효용을 직접 비교하는 대신 현재재화가격과 미래재화가격을 직접 비교하는 방법을 취하게 되는데 이것이 이자율(rate of interest)의 출발점이 된다.

시간이 개입되는 대차거래에서 미래소비와 현재소비를 동등한 가치로 만들기 위해 미래에 대가를 지불할 때 추가되는 부분을 '이자'(interest)라 하고, 당초의 기본부분을

'원금'(principal)이라 하며, 원금에 대한 이자의 비율을 '이자율'(rate of interest)이라고 정의한다. 지금 원금(X), 이자율(i), 원리금(Y)에 관하여 관계식을 정리하면, 세 변수간의 관계는 다음과 같다.

$$Y = X + X \times i = X(1+i)$$

$$X = Y/(1+i)$$

따라서 $i = Y/X - 1$이다.

2. 실실이자율과 명목이자율

실질이자율(real interest rate)이란 현재시점과 기준시점의 두 시점간에 실물재화의 크기가 얼마나 변화하는가 하는 실질변수를 이용하여 원금과 이자의 크기를 결정하고, 이로부터 원금에 대한 이자의 비율을 계산하여 얻은 이자율이다. 즉, 인플레이션의 영향을 제거(감안)하여 조정한 이자율로서 다음과 같이 표시할 수 있다(예를 들어 금년에 쌀 10kg을 빌려 쓰고 내년에 12kg을 갚았다면 실질이자율은 20%이다).

실질이자율 = 명목이자율 - 인플레이션율

반면에 명목이자율(nominal interest rate)이란 화폐단위로 원금과 이자를 계산한 뒤 양자의 비율에 의해 계산한 이자율을 말한다. 즉, 인플레이션을 감안·조정하지 않은 이자율로서 다음과 같이 표시할 수 있다.

명목이자율 = 실질이자율 + 인플레이션율

3. 만기수익률(yield to maturity: *YTM*)의 개념

1) 할인과 현재가치

지금 1기간 후에 110원을 받을 수 있는 권리가 있다고 하자. 만약 명목이자율이 0.1 이라면 지금부터 1기간 후에 110원을 받을 수 있는 권리는 현재 어느 정도의 가치를 가지겠는가? 명목이자율이 0.1일 때, 원금 100원을 은행에 예금하면 1기간 후에 110원을 받게 된다는 사실에 근거하면 1기간 후에 110원을 받을 수 있는 권리의 현재가치는 바로 100원이 된다.

이와 같이 미래에 행사하기로 예정된 권리를 주어진 이자율을 이용해 현재가치로 환산하는 작업을 '할인'(discounting)한다고 한다. 그리고 할인에 의해 계산된 현재시점에서의 가치를 '현재가치'(present discounted value: *PDV*)라 한다. 이때 미래이득을 *Y*, 이자율을 *i* 라 하면 현재가치는 이자율의 함수로서 *PDV(Y)*라고 표기되며, 다음 식이 성립된다.

$$PDV(Y) = Y/(1+i)$$

2) 채권의 종류와 현금의 흐름

① 채권의 정의

채권(債券; bond)은 기본적으로 어떤 금융청구권(financial claim)의 이행약속을 기록한 문서로서, 이 채권에서 다루는 약속은 '미래에 부담하기로 확약한 의무'를 말한다.

② 채권의 종류

채권의 종류에는 할인채와 이표채가 있다. 할인채(discount bond)는 의무이행이 채권만기일에 단 한 번 발생한다. 채권발행시점부터 이행일까지의 기간 동안에는 아무런 의무도 이행되지 않다가 만기이행일에 의무가 단 한 번 이행되고 그것으로 모든 권리·의무관계가 종료된다. 여기서 약속이행일을 '만기일'(maturity date), 현재부터 만기일까지의 기간을 '만기'(maturity)라 한다. 한편 의무의 크기를 '액면가'(face value)라 한다.

이표채(coupon bond)는 약속의 이행이 여러 차례에 걸쳐 이루어진다는 점에서 할인채와 구별된다. 이표채는 만기일까지의 사이에 일정기마다 지급되는 고정이자지급액인 '쿠폰금액'(coupon payment)과 만기일에 추가로 지급되는 '액면가'(face value; par value)로 이루어진다. 그리고 쿠폰금액과 액면가의 비율을 '쿠폰비율'(coupon rate)이라 한다.

3) 채권의 만기수익률 개념

채권의 만기수익률(yield to maturity: YTM)이란 채권을 구입하여 만기까지 보유할 경우 미래현금흐름의 현재가치와, 현재시장가격을 같게 만드는 할인율을 의미한다.

지금 채권이자지급액을 C, 만기에 받는 채권액면가를 F, 채권의 현재가격을 B라고 하고, 만기를 n, 만기수익률을 R이라 할 때, 다음과 같은 관계식이 만들어진다.

$$B = \frac{C}{(1+R)} + \frac{C}{(1+R)^2} + \cdots\cdots\cdots + \frac{C}{(1+R)^n} + \frac{F}{(1+R)^n}$$

위의 식에서 채권가격을 결정하는 변수 중에서 액면가, 액면이자율, 만기 등은 채권발행시에 이미 확정되는 고정변수이므로 결과적으로 채권가격은 발행가격으로 시장에 공급된 이후 만기시점까지 시장이자율에 따라 변하게 된다.

예를 들어, 액면가 10,000원, 액면이자율 10%, 만기가 2년인 채권이 현재 시장에서 9,500원에 거래되고 있다고 하자. 이때 채권수익률의 산출은 앞의 주어진 값들을 공식에 대입할 때 다음 식이 도출되며 여기서 식을 풀면 $R=13\%$임을 알아낼 수 있다.

$$9,500 = \frac{1,000}{(1+R)} + \frac{1,000}{(1+R)^2} + \frac{10,000}{(1+R)^2}$$

$R=13\%$의 의미는 이 채권을 만기까지 보유하면 연평균수익률 13%를 올릴 수 있다는 뜻이다. 이 수익률을 만기수익률(yield to maturity: YTM) 또는 유통수익률이라 한다.

만기수익률과 채권가격간의 역비례관계(adversed relation)

할인채와 이표채의 경우 공통적으로 역비례관계가 성립하는 가장 중요한 이유는 채권의 현재가치가 할인에 사용된 이자율의 감소함수이기 때문이다. 즉, 할인에 사용된 이자율이 클수록 현재가치는 감소하게 되는데 만기수익률이란 말이 이자율에 해당하고 채권의 현재가치는 곧 시장가격이므로 만기수익률과 채권의 시장가격간에는 역비례관계(adversed relation)가 성립하는 것이다. 이러한 관계를 그림으로 나타내면 [그림 2-1]과 같다.

[그림 2-1] 채권가격과 수익률의 역비례관계

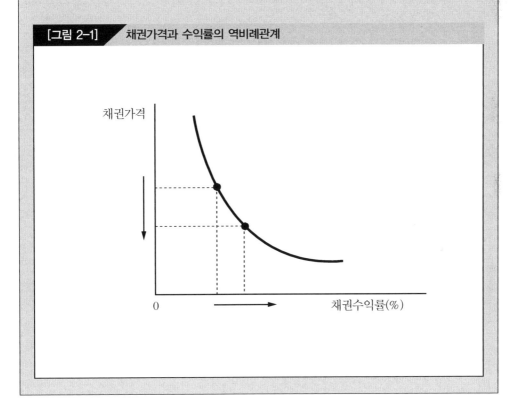

제2절 이자율결정이론

1. 대부자금설(loanable funds theory)

대부자금설이란 남에게 빌려줄 수 있는 돈, 즉 대부자금(loanable fund)의 수요와 공급에 의해 이자율이 결정된다는 이론이다. 일반적으로 재화와 서비스의 가격은 그것의 수요와 공급에 의해 결정된다. 마찬가지로 이자율도 자금시장에서 대부자금의 수요와 공급에 의해 결정된다는 것이다. 이 이론에서 이자율은 자금의 수요·공급을 균형시키는 가격기능을 담당하게 된다. 이 메커니즘을 그림으로 설명하면 [그림 2-3]과 같다.

[그림 2-2]에서 대부자금수요곡선은 우하향곡선이다. 기업이 외부에서 자금을 차입하는 경우, 즉 투자수요는 곧 대부자금의 수요로 이어진다. 다시 말해서 투자수요는 차입수요, 즉 대부자금에 대한 수요를 창출한다.

한편 대부자금공급곡선은 우상향곡선이다. 가계저축은 은행예금, 채권투자, 금융상품매입 등을 통해 대부자금에 대한 공급을 창출한다. 따라서 균형실질이자율(r^*)은 이두 곡선이 만나는 점에서의 균형가격으로 이루어진다.

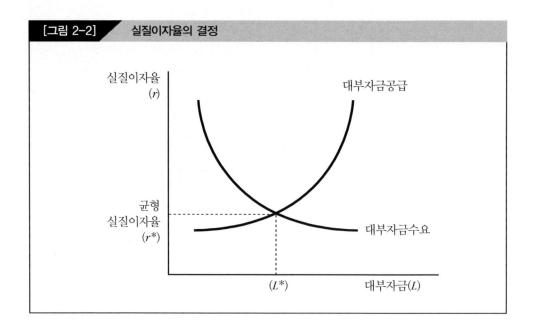

| [그림 2-2] | 실질이자율의 결정 |

48

2. 유동성선호설(liquidity preference theory)

대부자금설에서는 이자율결정을 저축·투자에 의해 이루어지는 실물적 현상으로 보는데 반해, 케인즈는 이자율결정이란 화폐적 현상이며 기본적으로 일정기간 유동성을 포기한 데 대한 대가로 정의된다고 본다. 그는 이자율이 화폐시장에서 경제주체들의 유동성에 대한 선호와 화폐공급의 상호작용에 의해서 결정된다고 파악한다. 유동성선호설에서 균형이자율은 화폐에 대한 수요와 공급을 일치시켜주는 이자율(re)이다.

[그림 2-3]에서 화폐에 대한 수요곡선은 우하향한다. 이자율이 화폐보유의 기회비용이기 때문에 이자율(또는 채권수익률)이 높아지면 화폐보유를 줄이고 대신 채권보유를 늘려 더 높은 수익을 올리고자 할 것이다. 여기서 공급곡선은 중앙은행의 정책의지로서 외생적인 것이므로 그림에서 수직선이다.

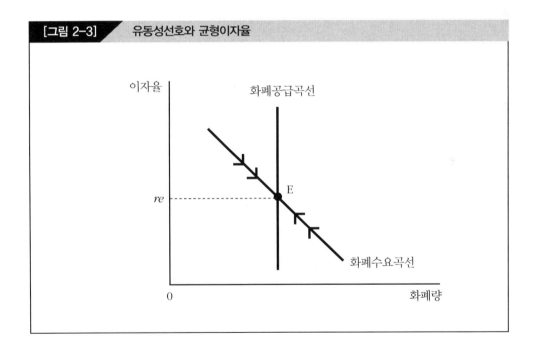

[그림 2-3] 유동성선호와 균형이자율

3. 중앙은행의 이자율결정

중앙은행이 이자율에 영향을 미치는 경로를 살펴보면, 미국의 경우 중앙은행인 연방준비제도(Federal Reserve System)가 초단기금리인 연방기금금리(federal fund rate)를 결정하면 이것이 채권시장을 비롯한 다른 금융시장의 금리에 영향을 준다.

한국의 경우는 중앙은행인 한국은행에서 7일물 RP(환매조건부채권)금리를 정책금리로 활용하여 이를 '기준금리'로 정하고 금융기관에 대한 대기성여수신금리의 기초금리로 적용하는 제도를 채택하고 있다. 원래 한국은행은 1999년 이래 금융기관 초단기금리인 콜(call)금리를 정책금리로 활용해 왔으나 여러 가지 부작용 때문에 2008년 3월 7일부터 RP금리로 대체 시행하고 있다. 7일물 RP금리는 금융시장에서 각 금융기관들이 예금 및 대출금리를 결정하는 기준이 된다(환매조건부채권인 RP에 관해서는 제3장 '화폐시장'에서 상세히 고찰하게 될 것이다).

다른 국가들도 미국이나 한국과 유사한 방법으로 중앙은행이 금리에 영향을 미치고 있다.

4. 이자율의 기간별 구조

이자율의 기간별 구조에는 채권이자율 외에도 다양한 금리가 존재하며, 채권이자율도 장기채권이자율과 단기채권이자율로 나누어진다. 보편적으로 단기금리는 이자율이 낮은 반면 장기금리는 이자율이 높다. 따라서 금리의 경우 장기이자율과 단기이자율의 상대적 차이(크기)를 항상 고려해야 한다. 금융자산(금융부채)의 만기차이(기간차이)에서 오는 이자율의 격차는 이자율의 기간별 구조(term structure of interest rate)를 통해 분석된다. 이자율의 기간별 구조에 대한 이론에는 다음의 4가지 형태의 이론이 있는데 여기에 대해서 간단히 소개하고자 한다.

1) 기대이론(expectation theory)

기대이론이란 불확실성하에서의 합리적 기대가설(rational expectation hypothesis)에 따라 선도이자율(forward rate)이 미래이자율의 평균추정치가 된다는 이론이다. 미래이자율을 평균적으로 정확히 예측하여 선도이자율을 결정하지만 이 이론은 합리적 기대가설이 안고 있는 문제점을 그대로 갖고 있다. 즉, 정보비용과 거래비용이 과다하거나 정보 비대칭성이 존재하면 경제주체들의 예상이 평균적으로 틀릴 수도 있다.

2) 유동성 프리미엄이론(liquidity premium theory)

유동성 프리미엄이론이란 투자자들은 다른 조건이 일정하다면 유동성이 높은 단기채권을 유동성이 낮은 장기채권보다 더 선호할 가능성이 크다는 이론이다.

유동성이란 어떤 자산이 자본 손실 없이 '현금화될 수 있는 정도(환금성)'를 말한다. 따라서 유동성을 선호하는 투자자들을 장기채권에 투자하도록 유인하기 위해서는 더 높은 수익을 보장해 주어야 한다. 투자자들은 만기가 긴 채권에 대해서는 만기가 짧은 채권에 대비하여 유동성 프리미엄을 요구한다. 유동성 프리미엄은 만기가 길어질수록 커진다.

3) 선호서식지이론(preferred habitat theory)

선호서식지이론이란 채권의 이자율은 투자자들이 투자하고 싶어 하는 기간과 관련성을 갖는다는 이론이다. 이 이론에 따르면 투자자는 투자하고 싶어 하는 기간과 유사한 만기를 가진 채권을 가장 안전한 자산으로 간주하는 경향이 있다. 예를 들어 5년 동안 확실한 수익을 얻고 싶은 투자자는 5년 만기채권을 가장 안전한 자산이라고 생각한다는 것이다.

4) 시장분리이론(market segmentation theory)

시장분리이론이란 만기가 상이한 채권들의 시장은 각각 분리되어 각 만기별 이자율이 각 시장에서의 수요와 공급에 의해 각각 별도로 결정된다는 이론이다. 즉, 장기채권과 단기채권시장은 완전 별개의 분리된 시장으로서 장기금리는 장기채권시장에서, 단기금리는 단기채권시장에서 각각 자금의 수요와 공급에 의해서 결정된다는 것이다. 이 이론에서는 만기가 상이한 채권들은 서로 대체성이 없다고 가정한다. 이는 기대가설에서 각 만기의 채권들이 서로 완전대체재라고 가정하는 것과 정반대의 가정이다. 따라서 기대가설과는 달리 단기이자율에 대한 기대가 장기이자율에 아무런 영향을 주지 못하게 된다.

제3절 금융시장과 소비자최적선택

1. 개 요

금융시장의 기능은 ① 부(wealth)의 시간적 이동을 가능케 하고[현재소비(C_0) → 미래소비(C_1)], ② 현재재화(W_0)와 미래재화(W_1)를 교환하는 장소를 제공하며[(W_0)⁓(W_1)], ③ 일정소득 내의 효용을 극대화($MU>0$)할 수 있게 한다. 바꾸어 말하면, 금융시장이 존재하지 않는다면 아무리 장래의 소득이 크더라도 지금 당장 급히 써야 할 돈이 없는 사람은 그 장래의 소득을 담보로 돈을 빌려 현재의 급박한 소비에 충당할 길이 없을 것이다 (만약 유동성제약조건하에서 소비자가 제약을 받는 경우에는 매우 어려운 곤경에 처하게 될 것이다). 이와 같이 금융시장은 소득(富; wealth)의 시간적 배분을 가능케 하여 소비자에게는 그들의 시차선호(time preference)를 만족시켜 주고 생산자에게는 최적 투자기회를 제공함으로써 국민경제 전체에 이득(benefit)을 가져다준다.

2. 소비자 최적선택

다음에는 [그림 2-4]를 중심으로 소비자(투자자)의 두 가지 목표인 최대수익과 최대만족을 동시에 이루는 최적화점(consumer's optimum)을 찾아내는 과정을 검토하고자 한다.

1) 예산제약선(등현가선)

소비자의 예산제약선(budget constraint line)이란 '일정소득하에 소비자가 현재소비(C_0)와 미래소비(C_1)와의 배분에 있어서 최대만족을 주는 조합(combination; 재화묶음)을 나타내는 궤적을 연결한 선(직선 AC)'을 말한다.

예를 들어 500만원을 가지고 일부는 채권투자를, 나머지는 주식투자를 하는 경우 최적 포트폴리오를 구하는 것과 같으며, 한편으로는 전액을 재정증권에 투자하는 경우 일부는 1년짜리 증권을, 나머지는 5년짜리 증권에 각각 분산투자하는 것을 생각할 수 있다.

예산제약선은 '등현가선'(等現價線; equal-present value line)이라고도 하는데 주어진 일정소득하에서 두 상품(현재상품, 또는 미래상품)에 대하여 소비자가 최대만족을 이룩할 수 있는 재화묶음을 보여주는 선이다. 다시 말해서 여러 가지 재화[현재소비(C_0)와 미래소비(C_1)]의 묶음의 연결선을 나타내는 직선(AC)이다.

여기서 예산제약선의 기울기는 두 재화(C_0, C_1)의 교환비율이다. 예산제약선은 우하향하는 직선이다.

2) 무차별곡선(등효용곡선)

무차별곡선(indifference curve: IC) 또는 등효용곡선(equal-utility curve)이란 '소비자(투자자)가 동일한 수준의 만족, 즉 동일한 효용(utility)을 얻기 위한 상품묶음의 조합(combination)의 궤적(軌跡)을 연결하여 그림으로 나타낸 곡선'이라고 말할 수 있다. 그리고 이 곡선은 원점에 대해 볼록하며 거기서 멀어질수록 효용이 크다. 즉, 선호도가 크다. 또 곡선은 우하향한다.

예를 들어 A 주식 300주, B 주식 200주, C 주식 100주를 주식투자대상 종목으로 고려하고 있다고 하자. 이 경우 투자자의 금년 하반기 주식투자전략은 최근 종합주가지수 2,000포인트 돌파에 따라 연말 최종목표수익률을 높여서 12%로 설정하고, 이를 위해 3종 주식의 포트폴리오를 어떻게 구성할 것인가 하는 것을 고찰하는 것과 같은 것이다.

일반적으로 사람들은 동일한 조건이라면 현재소비(C_0)를 미래소비(C_1)보다 더 선호하는 이른바 '시차선호'(positive time preference)의 경향을 가지고 있다("오늘의 1원은 내일의 1원보다 더 가치가 있다").

그러나 과연 어느 정도의 선호율, 다시 말해서 미래소비(C_1)에 대한 현재소비(C_0)의 비율, 즉 한계대체율(marginal rate of substitution: MRS)이 어느 정도 되느냐 하는 것은 소비자 개개인의 처지에 따라 다르게 나타난다. 즉, 사람의 '시차선호도' 여하에 따라 다르게 나타나게 된다.

여기서 한계대체율이란 바꾸어 말하면 미래소비(C_1) 몇 단위를 빼어서 현재소비(C_0) 몇 단위와 맞바꾸겠는가 하는 비율(정도)을 의미한다.

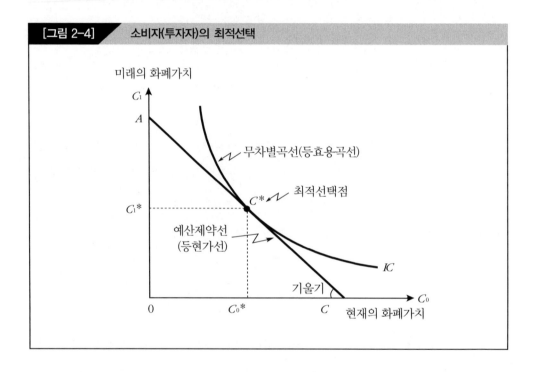

[그림 2-4] 소비자(투자자)의 최적선택

이와 같이 소비자 각각의 성향에 따라 각각 다른 시차선호도를 가지고 있는 것에 대해 경제학에서는 [그림 2-4]의 무차별곡선(IC)의 기울기인 한계대체율(MRS)의 크기로 이를 설명하고 있다. 즉, MRS가 큰 사람일수록 시차선호도가 크다고 본다(그림에서 곡선 IC의 기울기는 예산제약선인 직선 AC와 점 C^*에서 접하고 있음을 알 수 있다).

무차별곡선은 현재소비와 미래소비간의 소비조합(C_0, C_1)을 의미하는데, 만족감 (utility; 효용)의 크기를 결정하며 이는 각 소비자의 시간선호의 여하, 즉 무차별곡선상의 접선의 기울기(한계대체율: MRS)의 크기에 달려 있다. 이 MRS(곡선기울기 값)는 효용수준을 일정하게 유지한 상태에서 소비자가 한 재화(C_0 또는 C_1)를 얻기 위해 포기하고자 하는 다른 재화(C_1 또는 C_0)의 수량을 나타낸다.

3) 소비자(투자자)의 최적선택

[그림 2-4]에서 보는 바와 같이 예산제약선(직선 AC)과 무차별곡선(곡선 IC)이 만나는 점 C^*를 소비자의 최적화점(consumer's optimum)이라 한다. 즉, 최적선택점이다. 이 점에서 무차별곡선의 기울기가 예산제약선의 기울기와 일치하게 된다. 따라서 소비자는 한계대체율(MRS)이 두 재화의 상대가격과 같아지도록 두 재화(현재재화, 미래재화)의 소비량을 결정한다.

위에서 검토한 바와 같이 금융시장의 기본적인 존재 의의는 사람들로 하여금 현재소득(Y_0) 중 일부를 저축하여 이를 미래의 소비(C_1)에 충당하거나, 미래소득(Y_1)을 담보로 미리 자금을 차입하여 현재소비(C_0)를 증가시킬 수 있게 함으로써 미래와 현재에 있어서의 소비지출을 각자의 시차선호(time preference)에 따라 최적선택점(optimum point)을 선택할 수 있게 한다는 데 있다.

사례연구

3%의 이자(利子)

전주의 식당에서 밥을 먹어 본 사람이면 가짓수 많은 반찬을 보고 놀랐던 기억이 있을 것이다. 각기 그 반찬에 소요된 단가(單價)를 낱낱이 계산해 본다면 먹고서 내는 밥값보다 웃돌 것이 뻔하기 때문이다. 그렇다면 자선사업이 아니고서야 밥장사도 장사인데, 장사의 원칙에서 어긋나는 것이 된다.

그러나 밥장사를 이렇게 해도 손해는 보지 않는다. 찬거리를 도매로 사거나 또 한꺼번에 많이 사기 때문에 저렴하게 구입할 수 있기 때문이다. 다만 그들은 밥을 팔아 식구들의 생계를 유지하면 되는 것이지 인간의 생존과 직결된 밥을 팔아서 돈을 번다는 것은 악덕(惡德)이라는 전통적 상업철학이 체질화되어 있었을 따름이다.

자본주의 경제원칙에서는 어긋난 이 양질(良質)의 상업철학은 비단 전라도의 밥장수에만 국한되지는 않는다. 개성상인… 하면 이윤에 악바리라는 선입관을 갖고들 있으나 개중에는 반상(班商)이라 하여 나름대로의 상업철학을 대대로 물리며 이윤에 초연한 장수도 없지 않았다. 반상은 곧 양반상인(兩班商人)이라는 뜻이다. 이들은 물건을 사서 팔 때 산값에 1% 이상의 이윤을 붙여 팔지 않는다는 불문율을 고수한다. 반상이 환전거간(換錢居間), 곧 돈놀이를 할 때에도 月利 1%, 年利 10% 이상 올려 받지 않는다. 아무리 시세 변동이 생기고 독과점하는 일이 있어도 이 조건을 지킴으로써 반상일 수 있었던 것이다.

이 같은 상도덕(商道德)이 지속될 수 있었다는 것은 장사건 돈놀이건, 1%만 남기면 수지가 맞았다는 개연성의 증명이기도 하다. 그래서 「속대전」에 "모든 빚의 이자로 1년에 2할을 넘겨받는 자는 공사를 불문하고 장(杖) 80, 도(徒) 2년에 처한다"라고 했다. 이렇게 규제했지만 여염의 이자는 그보다 높았던 게 사실이다.

시변(市邊)이라 하여 다음 장날에 갚기로 하고 빌리는 급전(急錢)이 있는데 닷새만에 2% 내지 3%가 상식선이었다. 또 다른 시변(時邊)은 환전거간(換錢居間)이 가진 사람의 돈을 맡아 필요한 사람에게 빌려주고 받는 이자인데, 수요자가 많으면 가변(加邊)하고 수요자가 적으면 낙변(落邊)하는 변동시세로 평균 3%가 상식이었다. 복전(福田)이라는 특정 프리미엄이 붙는 이자도 있었으나 월리 3% 이상은 흔한 일이 아니었다. 그런데 지금 긴축금융으로 대출이 동결되는 바람에 사채 시장의 금리가 월 3%까지 올랐다 하니 그 아름답던 전주밥집이나 개성반상의 상업철학이 새삼스러워지는 것이다.

제2편
단기금융시장

단기금융시장은 장기금융시장과 대칭되는 개념으로서 주로 1년 미만 기간의 금융상품을 거래하는 시장이고, 장기금융시장은 주식시장과 채권시장 등 장기직접자본을 조달하는 자본시장을 일컫는다. 그리고 단기금융시장은 단기의 화폐시장과 일반은행의 은행금융시장, 은행신탁, 증권투자신탁, 부동산투자신탁, 증권저축 등 자산운용신탁 등 금융시장을 포함한다. 이러한 단기금융시장은 1970년대 이후부터 새롭게 등장한 신상품시장인 파생금융시장과 대비해서 원래의 '전통적 금융시장'이라고도 불린다.

제2편에서는 이와 같은 전통적 금융시장 가운데 단기금융시장을 연구하는데 제3장에서는 전통적 금융시장의 기본적 체계인 화폐시장과 그 상품들을 고찰한다. 여기서는 콜시장, 단기정부증권시장, 통화안정증권시장, 기업어음시장, 양도성예금증서시장, MMDA시장, BA시장, RP시장, 단기투자신탁시장, 자산종합관리시장 등이 연구대상이다. 제4장에서는 은행금융시장과 은행상품을 고찰하고 예금시장, 대출시장 및 대출유동화시장 등을 연구한다. 그리고 핀테크금융을 기반으로 하는 인터넷전문은행을 심도 있게 고찰한다. 제5장에서는 자산운용시장과 그 상품을 연구하는데 은행신탁시장, 증권투자신탁시장, 부동산투자신탁시장, 투자자문시장, 증권저축시장 등이 포함된다.

앞으로 살펴볼 금융시장의 구조를 일반적으로 분류하면 다음 그림과 같이 나타낼 수 있다.

《 금융시장의 구조 》

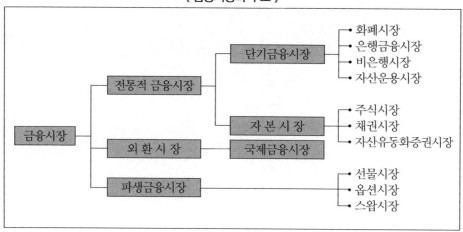

제3장

화폐시장

제1절 화폐시장이란 무엇인가

화폐시장은 가장 전통적인 금융시장으로서 통상적으로 만기 1년 이내의 화폐자산이 거래되는 시장을 의미하며, 정부, 공공단체, 비금융기관 등 자금부족집단에게 단기자금을 대여하고 금융기관 및 비금융기관 등 자금잉여집단이 이들 거래를 통해서 수익을 올리는 금융시장이다.

또한 화폐시장은 참여기관들 간에 또는 주요 고객들 간에 전화를 통해서 자금수급이 청산되는 점두거래(over-the-counter market: OTC)의 형태로 이루어진다.

금융시장은 거래자금의 만기를 기준으로 단기금융시장인 화폐시장(money market)과 장기금융시장인 자본시장(capital market)으로 구분한다. 이때 만기는 통상 1년을 기준으로 하나 최근에 와서는 만기와 관계없이 증권의 유동성과 위험성을 기준으로 유동성이 높고 그 대신 신용위험과 가격변동위험이 상대적으로 적은 증권을 화폐자산(money market instruments)으로 분류하는 경향이 크다.

단기시장인 화폐시장에서 거래되는 화폐자산으로는 주로 콜자금, 정부증권, CP, CD, BA, RP 등이 있다. 화폐시장은 이를 다시 은행간시장(inter-bank market)과 공개시장(open market)으로 구분된다. 은행간시장은 은행 상호간 단기자금거래가 이루어지며 은행간에 자금의 과부족이 조절되는 시장이다. 미국의 경우 은행간시장, 정부증권시장, CP, CD, BA 등 민간증권시장이 균형 있게 발달되어 있다.

제2절 화폐시장의 상품별 하부시장

1. 콜시장(call market)

콜시장이란 주로 금융기관간에 초단기자금을 차입(콜머니; call money)하거나 대여(콜론; call loan)하는 시장을 뜻한다. 은행을 비롯한 금융기관은 고객으로부터 예금을 받고 거래처에 대출을 하거나 또는 투자처에 투자를 하는 과정에서 때때로 자금이 남기도 하고 부족하기도 하는데 이러한 자금과부족을 콜시장에서 금융기관간 초단기자금거래를 통해서 자금의 수급을 조절한다.

콜시장은 금융기관간에 1일(overnight) 내지 수일 이내의 자금이 주로 전화 또는 통신망으로 거래되는 초단기자금시장으로 은행간시장(inter- bank market) 중에서도 가장 중요한 시장이다. 또한 콜시장은 금융기관의 단기적 자금과부족을 조절하여 금융시장의 효율성을 제고하는 동시에 금융기관의 대 중앙은행 차입의존도를 줄여 본원통화의 증가를 억제하는 등 통화관리에 기여한다. 선진국의 경우 콜시장금리는 중앙은행이 수행하는 통화신용정책의 1차적인 조작변수(operating targets)가 되며 일반적으로 기일물보다는 익일물(1일물)금리가 많이 이용된다.

콜자금거래에 적용되는 금리는 콜시장의 자금수급상황에 따라 결정되는데 금융기관의 단기유동성(short liquidity) 사정이 호전(악화)되면 콜자금공급이 증가(감소)하여 콜금리는 하락(상승)한다.

[그림 3-1] 콜어음 견양(앞, 뒤)

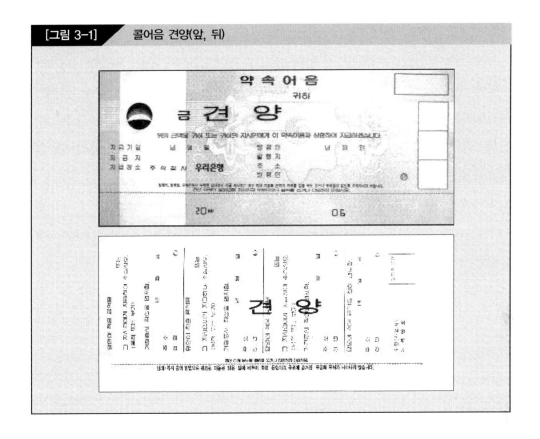

콜거래는 통상 1일 단위로 이루어지나 하루에 여러 번 일어날 수도 있다. 이 경우 일 중차월(intra-day credit)에 대해 하루 미만 단위의 낮은 금리가 적용된다. 현재 원화콜시 장에 참가하는 자는 한국은행을 포함한 전 금융기관들이고 금융기관 상호간의 직거래 와 한국자금중개㈜를 통한 중개거래 모두 가능하다. 외화콜시장에서는 외국환은행간 에 달러화와 원화 및 달러화와 엔화, 유로화 등 주요국 통화간의 현물과 선물환이 거래 되고 있다.

일반적으로 콜금리의 변동은 금리재정거래를 통해 일차적으로 기업어음(CP), 양도성 예금증서(CD) 등 단기금리변동으로 이어지고, 나아가 회사채수익률, 은행대출금리 등 장기금리에도 영향을 미쳐 소비, 투자 등 실물경제활동에 변동을 가져온다.

2. 단기정부증권시장(T-bill: Treasury Bill)

정부가 발행하는 정부증권은 크게 재정증권과 기타채권으로 구분된다. 정부의 재정집행에 있어서 일시적 재정자금부족을 메우기 위해 차입을 하는 경우, 국고출납목적의 재정증권의 발행한도는 국회 동의가 필요하며 당해 회계연도에 상환토록 되어 있다. 또 통화관리목적으로 발행되는 재정증권은 과잉유동성을 흡수하기 위해 한국은행에서 발행되며 연간 발행잔액한도는 국회 동의로 확정되고 연도 이월도 가능하다.

재정증권시장 참여자는 예금은행, 보험회사, 종합금융회사 등이며, 재정증권의 액면단위는 100만원, 500만원, 1,000만원의 3종이 있고, 기간은 30, 35, 60, 90, 118, 364일물 등이 있는데, 수로 90일물이 발행되고 있다.

화폐시장에서 거래되는 정부발행채권으로는 국고채권, 양곡증권, 국민주택채권, 외국환평형기금채권 등이 있다. 이들 채권은 증권회사를 통한 거래 외에 통화안정증권과 함께 은행이나 보험회사의 창구를 통해서도 실세금리로 매매가 가능하다.

3. 통화안정증권시장(*MSB*)

통화안정증권(monetary stabilization bond: *MSB*)은 통화량 조절 등 통화관리를 위해 한국은행이 일반 또는 기관투자가를 대상으로 발행하는 단기증권이다. 최근에 국제수지 흑자기조로 해외부문 통화가 크게 증가함에 따라 이를 흡수하기 위한 수단으로 크게 확대되었다.

통화안정증권의 만기는 14일부터 546일까지 10종이 발행되고 있는데 364일물이 대종을 이루고 있고 최저발행단위는 100만원이다. 매각방식으로는 창구직접매출, 인수단 구성 인수매출, 경쟁입찰방식의 3가지가 있다.

통화안정증권은 대부분 인수매출에 의해 소화되었으나 발행금리가 실세금리보다 낮아 은행, 증권, 보험, 종금사 등 인수기관을 주 대상으로 인수할당하는 형식을 취해 왔는데 최근에 와서는 실세금리에 의한 공개경쟁입찰방식이 증가하고 있다. 은행 등 금융기관은 여유자금 운용이나 BIS자기자본비율 관리수단[1]으로 통화안정증권을 매입하며

[그림 3-2] 통화안정증권 견양

증권회사들은 수수료수입 또는 시세차익을 목적으로 이를 매입거래한다. 통안증권은 상장증권이므로 거래소시장에서 거래되지만 그 규모는 크지 않다.

4. 기업어음시장(CP)

한국의 기업어음(commercial paper: CP)은 일정 신용등급[2] 이상의 상장적격업체가 발행한 어음으로 담보 없이 신용(무보증)으로 발행되며, 일부는 은행의 지급보증을 첨부한 보증어음도 있다. CP의 할인 및 중개시장에는 종금사, 기업 및 개인 등이 참여하

---

1) 통화안정증권은 BIS자기자본비율 산정시 국채와 동일하게 '무위험자산'으로 분류되기 때문에 금융기관이 통화안정증권을 보유하면 대출이나 회사채 보유시보다 BIS자기자본비율이 높아지는 효과가 발생한다.
2) 한국의 CP신용등급체계는 최우량급 A1, 그 다음은 A2, A3, B, C, D의 순으로 분류되는데, 자세한 내용은 제10장 채권시장의 〈표 10-1〉 '한국의 CP신용등급체계'를 참조할 것.

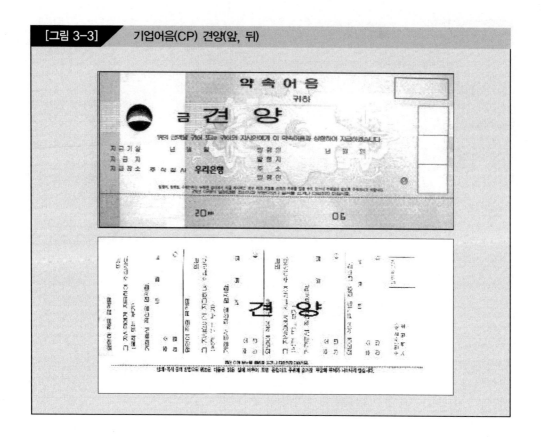

[그림 3-3] 기업어음(CP) 견양(앞, 뒤)

고 있다.

 CP의 발행방법에는 직접발행(direct paper)과 간접발행(dealer paper)이 있는데, 직접발행은 발행회사가 인수자의 인수 없이 투자자에게 직접 매각하는 방식으로 한국의 경우 기업어음중개시장으로 통칭한다. CP발행기업의 요건과 발행조건은 할인금융기관에 따라 약간씩 다르나 우선 증권회사가 할인·중개하고자 하는 경우 발행기업의 조건은 다음과 같다. 발행기업은 거래소상장법인 또는 협회등록법인이어야 하고 한국기업평가 ㈜, 한국신용평가㈜, 한국신용정보㈜, 서울신용정보㈜ 등 4개 신용평가기관 중 2개 이상의 기관으로부터 일정 등급 이상의 신용등급을 받아야 한다. CP의 최장만기는 1년 이내, 최저액면금액은 1억원 이상으로 각각 제한되어 있다.

중개어음의 투자자는 법인과 개인이다. 간접발행은 발행된 *CP*를 일단 인수자가 인수(underwrite)하였다가 투자자에게 재판매(resale)하는 방식이다. 현재 중개금융기관이 인수하여 매출한 *CP*는 투자자가 요구하면 즉시 환매(현금화)가 가능하다.

5. 양도성예금증서시장(*CD*)[3]

양도성예금증서(negotiable certificate of deposit: *CD*)란 은행이 발행하는 정기예금증서(무기명식)로서 제3자에게 양도가 가능한 상품이다. *CD*제도는 금리자유화와 함께 크게 활성화됐는데 증권회사 등을 통한 중개기능이 제고되면서 유통시장이 활기를 띠고 있다.

*CD*의 법적 성격은 예금증서와 교환으로 자금을 받는다는 점에서 일반예금과 같이 금전소비임치계약으로 분류되나, 권리의 이전과 행사에는 동 증권의 소지가 필요하다는 점에서는 유가증권에 해당한다.

*CD*는 무기명 할인방식으로 발행되고 있는데, 중도해지를 허용하지 않는 대신 양도가 가능토록 하여 투자자로 하여금 필요시 언제든지 종금사 및 일부 대형 증권사 등의 중개를 받아 현금화가 가능토록 되어 있다.

CD 발행업무는 당초에는 시중은행, 지방은행에게만 허용되었으나 현재는 전 예금은행으로 확대되었다.

은행이 일반고객에게 발행하는 *CD*는 *RP*와는 달리 지급준비금 적립의무가 부과되어 있다.

---

3) CD는 1961년 First National City Bank of New York(현재 Citibank)이 CP, TB 등 단기금융상품으로 은행예금이 이탈하는데 대응하여 처음 도입하였다.

[그림 3-4]	양도성정기예금증서(CD) 견양(앞, 뒤)

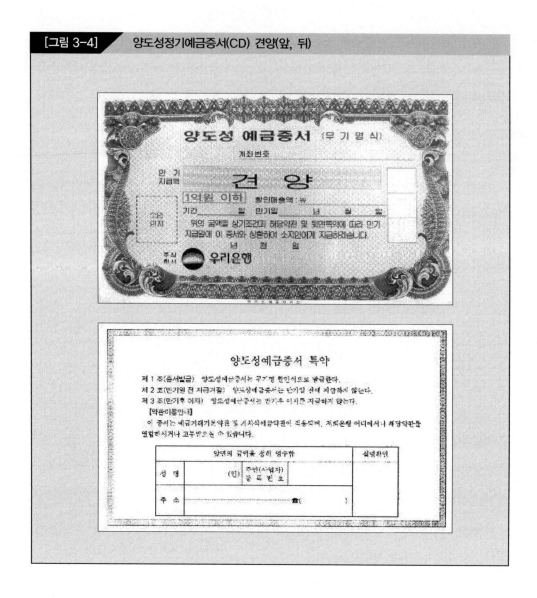

6. 시장금리부자유입출식예금(*MMDA*) 및 특정금전신탁시장(*MMT*)

시장금리부자유입출식예금(money market deposit account: *MMDA*)이란 은행의 수시입출 및 결제기능을 가진 요구불예금에 시장금리를 지급하는 예금이다. 1997년 7월 요구불예금에 대한 수신금리가 자유화되면서 새로운 상품으로 처음 실시한 것인데 이는 실적배당상품과 같이 변동된 시장금리를 지급하며 일반적으로 특정증권의 수익률이나 특정지수에 연계된다.

MMDA는 지급준비부과로 인해 수익률 면에서는 여타 화폐시장상품보다 다소 떨어지나 결제기능을 갖고 있는 예금이라는 점에서 편의성과 안전성이 높다. MMDA에 대한 특별한 제한규정은 없으나 시장금리를 지급하는 대신 인출이나 결제횟수를 제한하고 최저예치한도(예: 5백만원)를 설정하는 것이 보통이다. 현재 투자신탁회사에서 주로 취급하고 있다. 또한 은행에서도 이와 유사한 성격의 상품을 내어 놓고 실시하고 있다. 예를 들어 특정금전신탁(money market trust: MMT)은 수시로 입출금이 가능한 초단기 신탁상품(비보호상품)인데 우량채권(AAA급)에 운용된다.

7. 은행인수어음시장(BA)

은행인수어음(bankers acceptance: BA)은 특정일에 특정금액의 지급을 약속하고 발행되는 기한부환어음을 은행이 인수한 것으로 주로 국제간의 무역결제과정에서 발생한다.

환어음(bill of exchange)이란 '발행인이 지급인으로 하여금 소정의 금액을 특정일에 지급하여 줄 것을 지시하는 어음'으로, 인수은행이 만기에 이를 지급하지 못할 경우 어음발행인이 지급을 책임지는 이중명의어음(two name paper)이다. 환어음의 견양은 [그림 3-5]를 참조하기 바란다. 여기서 인수란 인수인이 이 금액을 약정대로 지급하겠다는 의사표시이며, 따라서 은행인수어음은 인수은행의 취소불능확정채무가 된다.[4]

BA의 메커니즘은 [그림 3-6]에 정리되어 있다.

---

4) 은행인수어음은 영국을 중심으로 하여 유럽에서 12세기 경부터 국제무역을 위한 단기금융수단으로 급속하게 발전되어 왔으며, 오늘날에는 이 같은 투자수단과 함께 은행간의 유동성 조절수단으로도 이용되고 있다.

| [그림 3-5] | 환어음(bill of exchange)의 견양 |

[그림 3-6]에서 미국의 수입상 B가 한국의 수출상 A로부터 외상으로 상품을 수입하고 자 할 경우, 수출상 A에게 상품을 주문함과 동시에 자기거래은행인 D에 대해 "수출상(A) 으로 하여금 상품대금의 회수를 위해 D은행을 지급인으로 하는 기한부수출환어음(bill of exchange)을 발행할 수 있도록 하는 내용"의 '신용장'(L/C: letter of credit; usance bill 조건의 L/C)[5] 개설을 의뢰하며, D은행(opening bank; 신용장 개설은행)은 이 신용장을 수출상의 거래은행 C 에게 보낸다. 그리고 C은행은 A에게 신용장 도착을 통지(advise)한다.

수출상 A는 거래은행인 C은행(advising bank; 신용장 통지은행)으로부터 L/C를 받아서 수출상품을 소정 선적기일(shipping date)에 선적한 후, 상품송장(invoice), 선하증권(B/L: bill of lading) 등의 선적서류(documents)와 함께 "D은행을 지급인으로 하는 기한부수출

---

5) 신용장(letter of credit) 거래에 관해서는 이 장의 심층연구, 「신용장 거래의 개요」를 참조하기 바람.

[그림 3-6] 은행인수어음(BA)의 메커니즘

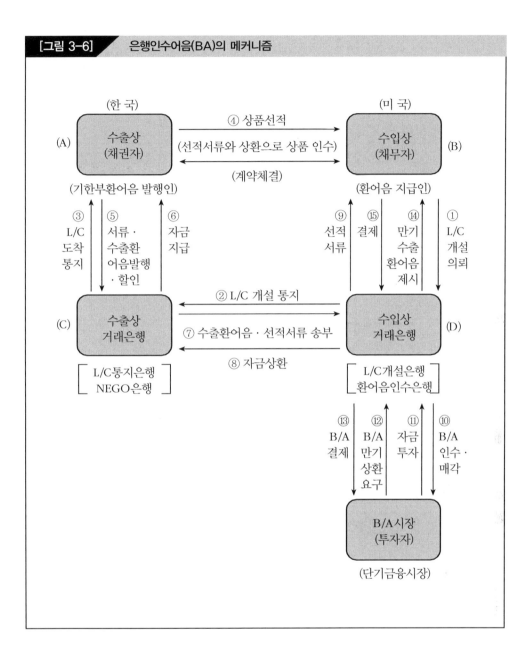

환어음(usance bill)을 발행"하여 이를 자기거래은행인 C은행에 제시하고 수출대전을 받은 후, C은행은 이를 D은행에 송부하면 D은행이 이 어음을 인수(acceptance)함으로써 은행인수어음(bill of exchange)이 창출되는데, 이때 인수은행(D)은 고객(B)으로부터 인수수수료(acceptance commission)를 받는다.

한편, 인수은행(D)은 인수한 환어음을(직접 할인 매입한 경우) 브로커(broker)를 통해 *BA*시장에서 매각하여 투자자들로부터 받아들인 투자자금으로 수입상(B) 앞 인수어음지급대전을 회수한다. 어음의 소지인(B/A시장 투자자들)은 만기일이 도래하면 *BA*를 D은행에 제시하여 그 투자자금을 상환받는다.

*BA*는 국세무역거래를 족진시키고 화폐시장발전에 기여하며, 금융시장의 유동성을 증대시킨다. *BA*의 만기는 외상거래기간에 맞추어 통상 30일부터 180일까지로 다양하며 뉴욕시장에서는 90일물이 주축을 이루고 있다.

심층연구

신용장(letter of credit: L/C) 거래의 개요

신용장이란 무역거래의 대금결제 및 상품수입을 원활하게 하기 위하여 수입상의 요청에 따라 수입상거래은행이 발행하는 것으로, 신용장상에 명시된 조건과 수출상이 제시하는 서류가 일치하면 수출대금 지급을 확약한다는 증서(instrument)이다. 이 신용장은 수출상에게는 대금회수 위험을 제거해주고 수입상에게는 물품인수의 확실성을 보장해주는 제도로서 오늘날 대부분의 국제무역거래에서 널리 이용되고 있다. 신용장의 거래과정을 설명하면 다음의 [그림 3-7]과 같다.

① 거래당사자인 수출상과 수입상간에 매매계약을 체결한다.
② 수입상은 거래은행에 신용장(L/C)개설을 의뢰한다.

[그림 3-7]　　신용장의 거래과정

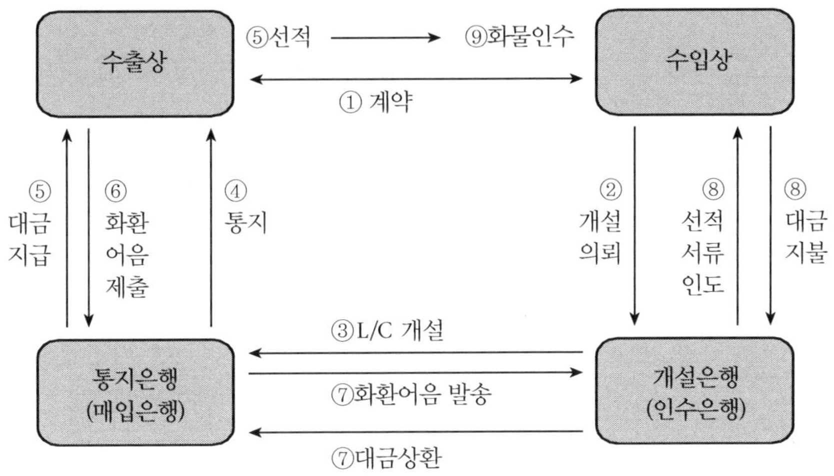

```
   ┌──────────┐   ⑤선적 ──────→ ⑨화물인수   ┌──────────┐
   │          │ ←──────────────────────────→│          │
   │  수출상   │        ① 계약               │  수입상   │
   │          │                              │          │
   └──────────┘                              └──────────┘
    ↑    ↑    ↑                            ↓    ↑    ↓
   ⑤    ⑥    ④                           ②    ⑧    ⑧
   대금  화환  통지                        개설  선적  대금
   지급  어음                              의뢰  서류  지불
         제출                                    인도
   ┌──────────┐   ③L/C 개설                ┌──────────┐
   │          │ ←──────────────────────────│          │
   │ 통지은행  │   ⑦화환어음 발송           │ 개설은행  │
   │(매입은행) │ ──────────────────────────→│(인수은행) │
   │          │   ⑦대금상환                │          │
   └──────────┘ ←──────────────────────────└──────────┘
```

③ 수입상거래은행(opening bank)은 수입상신용평가하에 신용장조건에 따라서 상품대금지불을 보증하는 신용장을 개설하여 이를 통지은행에 보낸다.

④ 통지은행(advising bank)은 수출상에게 신용장도착을 확인하여 통지한다.

⑤ L/C를 받은 수출상은 계약조건대로 상품을 상대방 수입상에게 선적한다.

⑥ 수출상은 선하증권(bill of lading)을 선박회사에서 발급받고 보험증권, 상업송장 등 구비서류와 함께 '환어음' (bill of exchange, [그림 3-5] 참조)을 작성하여 거래은행인 매입은행(negotiation bank)에 제시하고 상품대금을 바로 지급받는다.[6]

⑦ 환어음매입은행(*NEGO* bank)은 개설은행에 환어음 및 관련서류를 보낸다(통지은행과 매입은행은 같을 수도 있고 다를 수도 있다).

⑧ 개설은행은 선적서류 등을 수입상에게 인도(delivery)해 주면서 상품대금을 즉시 회수하여 매입은행에 대금상환(reimbursement)을 하든가(at sight L/C의 경우), 또

는 인수은행(opening bank)이 환어음을 인수(보증)하고 이를 BA시장에 매각하여 대전을 회수하고, 어음결제일에 수입상이 그 *BA*어음을 결제토록 한다(usance L/C의 경우).

⑨ 수입상은 선적서류를 선박회사에 제시하고 화물(상품)을 인도(delivery)받는다.

8. 환매채권시장(*RP*)[7]

환매조건부채권(repurchase agreement: *RP*)이란 채권매매 거래시 매매딩사자들간에 일정기간 경과 후 채권매매 당시의 가격에다 소정의 이자를 더한 가격으로 되사거나 되팔 것을 미리 약정하고 채권을 매도 또는 매입하는 거래를 말하는데 전자를 *RP*, 후자를 reverse *RP*라고 한다. 채권매매형식을 취하기는 하나 실제로는 채권을 담보로 한 단기 자금차입의 성격을 띠고 있다.

환매조건부채권매매는 현물거래와 선물거래의 두 종류의 거래가 동시에 발생하는 복합거래라고 할 수 있다. *RP*는 단기자금차입자에게 자본손실 없이 용이하게 필요한 자금을 조달할 수 있게 하고 자금운용자(투자자/대여자)에게도 안전성을 보장한다. *RP*거래는 유가증권의 매매로 보는 것이 통설이나 실제거래관행에 있어서는 채권을 담보로 한 금전대차거래로 인식된다. 이 같은 *RP*거래는 자금수급조절, 금융자산간의 금리재정촉진 등에 의해서 단기금융시장 발전에 기여한다.

---

6) 환어음을 발행할 때 두 가지 형식이 있는데, 하나는 즉시결제방식인 일람불어음(at sight bill)이고, 다른 하나는 신용공여방식으로 기한부어음(usance bill)인데, 이 기한부어음은 일람 후 30일, 60일, 90일, 180일 등 여러 종류가 있다. 이 경우 은행인수기한부어음이 곧 BA상품인 것이다.

7) RP거래의 시초는 1918년 미국 연방준비제도이사회(FRB)가 은행인수어음(BA)시장을 육성하기 위해 딜러(dealer)에 대해 BA매입자금을 환매조건부로 지원하면서 발전되었다.

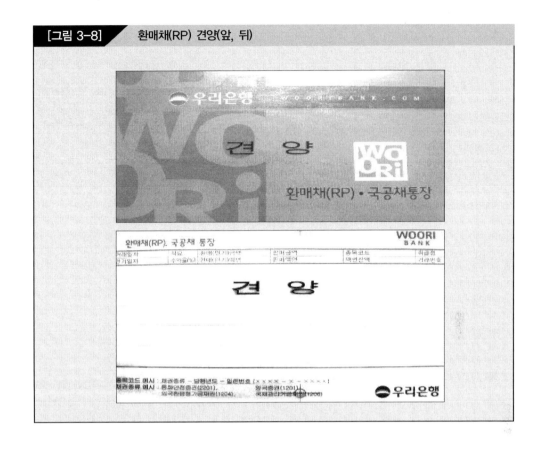

| [그림 3-8] | 환매채(RP) 견양(앞, 뒤) |

거래단위 10만원의 소액환매채시장과 만기 30일~1년에 거래단위 1,000만원 이상의 거액*RP*시장이 있는데, 취급기관으로 은행, 증권사, 증권금융 및 체신관서가 지정되어 있다. 이율은 기간별로 고정금리가 적용되며, 거액*RP*의 이율은 당사자간의 협의에 의해서 자유화되어 있다. 한국은행이 공개시장조작(open market operation)의 일환으로 국공채를 환매조건부로 매매하며, 이 경우에는 경쟁입찰방식과 상대매매방식을 병행한다.

9. 단기투자신탁시장(*CMA, MMF* 등)

단기투자신탁은 투자자로부터 투자자금을 위탁받아 이를 주로 화폐자산에 운용하는 단기실적배당상품이다. 현재 단기투자신탁시장의 상품으로는 어음관리구좌(cash management account: *CMA*)와 *MMF*(money market fund) 등이 있다.

어음관리구좌(*CMA*)시장은 금융기관이 다수의 고객으로부터 자금을 조달, 집합(pooling)하여 주로 기업어음(*CP*)이나 통화조절용 국공채와 같은 단기금융자산에 운용한다. 그리고 운용수익은 고객의 예탁기간에 따라 투자자에게 차등지급하는데, 종합금융회사에서 이 상품을 취급한다.

*MMF*는 고객의 입출금이 자유롭고 환매에 따른 수수료가 없기 때문에 단기금융상품의 대표상품이다. 즉, 투자기간과 가입금액에 제한이 없으며, 단 하루를 맡겨도 높은 이자를 보장받는다. 고객 예탁금을 콜론(call loan), *CD*, *CP* 등 주로 단기금융상품에 집중투자하기 때문에 시장금리가 상승하면 적절한 상품이 되지만 단기금리가 급등락하면 수익률도 크게 변동하여 리스크를 초래할 수 있고 예상수익률과 큰 격차를 보일 수도 있다. 이 상품은 투신사, 증권사, 종금사에서 취급하고 있다.

10. 자산종합관리구좌시장(랩어카운트시장)

수익증권의 경우는 투자대상이 정형화되어 있으나 자산종합관리구좌(wrap account)는 이와는 달리 금융자산을 개별투자자의 투자성향에 맞게 운영 관리할 수 있는 간접투자상품이라 할 수 있다.

자산종합관리구좌는 금융전문가가 다양한 성격의 포트폴리오(portfolio)를 투자자에게 제시하고 투자자 개개인이 자신의 투자성향에 맞는 상품을 직접 선택하는 '자문형'과 자산운용자에게 투자를 일임하는 '일임형'의 두 종류가 있다. 선진국 투자은행의 경우는 일임형이 일반적이다. 한국은 2000년 4월부터 증권사에서 자문형이 허용되었다. 일임형은 이해당사자(고객, 판매사, 투자자문사)간의 분쟁소지가 있으므로 사전에 이를 예방할 수 있는 책임소재에 대한 엄격한 기준, 자산운용의 투명성, 정보제공 의무 등 투자자보호장치 마련이 필요하다. 증권사는 매 거래마다 위탁수수료(commission)를 고객으로부터 받는다.

제4장

은행금융시장

제1절 예금시장

1. 예금의 의의와 예금상품의 종류

1) 예금의 의의

전통적 금융시장 가운데 단기금융시장에서 화폐시장 다음으로는 은행금융시장이 중요한 위치에 있다. 이 시장에서 거래되는 은행상품은 크게 예금상품과 대출상품, 그리고 환업무상품으로 나누는데, 다음에서 차례로 고찰하고자 한다.

예금(deposits)이란 은행이 수많은 불특정다수의 예금고객으로부터 여러 가지 형태의 예금자금을 예탁받아서 원하는 기간 동안 맡아주면서 여기서 집합된 자금을 원천으로 하여 자금을 필요로 하는 차입자에게 대출해줌으로써 대출이자수입 중에서 예금자에 대한 지급이자를 차감한 후 차액으로 은행을 운용하는 원천적 예탁금을 의미한다. 따라서 원칙적으로 예금은 은행부채의 대종을 이루며, 은행의 모든 부채(차입금) 중에서 가장 우선적으로 상환의무를 지닌 부채적 성격의 특징을 지닌다.

예금의 분류는 예금고객의 예치목적(또는 예치기간)을 기준으로 요구불예금(demand deposits)과 저축성예금(savings deposits)으로 나누어진다. 요구불예금은 예치개시초에 기간을 설정하지 않고 일시적으로 자금을 은행에 맡겼다가 자금필요시에 요구에 따라 언제나 마음대로 찾아 쓸 수 있는 예금을 말한다. 이 예금은 예금자의 예치목적이 이자수익이 아니라 일시적 자금보관(가치저장) 또는 출납편의를 목적으로 예치하는 경우이다. 따라서 예금의 즉시인출이 항상 보장되는 반면, 은행에서는 예금이자를 거의 지급하지 않거나, 또는 지급한다 하더라도 매우 낮은 이자를 지급한다.

저축성예금은 예치개시초에 예치기간을 미리 정하고 기한도래 전에는 인출이 안 되는 대신, 기한에 따라 또는 특성에 따라 높은 소정이자지급이 보장되는 고수익 상품이다. 따라서 만약 부득이하게 기한도래 전에 중도에 예금을 해지해서 환급받으려면 기한의 이익(고수익 이자혜택)을 상실(포기)하게 되고 매우 낮은 최소한의 일정한 보상적 이자만을 받게 된다. 저축성예금 가운데 통지예금(notice deposit)의 경우는 예금자가 일정기간(30일; 통지기간) 이전에 미리 인출예정의사를 은행에 통지해야 하고, 정기예금(time deposit)의 경우는 만기(maturity) 이전에는 예금인출이 안 되는 것이 원칙이다.

심층연구

은행(bank)의 기원

은행의 기원에 관해서는 여러 가지 설이 있으나 중세 유럽의 금세공상(goldsmith)에서 찾는 것이 일반적이다. 금세공상은 처음에는 금·은·보석의 세공과 매매, 환전 등의 업무를 영위하였으나 점차 은행으로서의 역할을 수행하게 되었다.

그런데 물물교환은 매우 비효율적인 제도였기 때문에 사람들은 상품을 화폐로 사용하게 되었는데, 상품 가운데서 금·은과 같은 귀금속이 가장 광범한 수용성

(acceptability)을 가지고 널리 사용되었다. 그러나 금·은 거래는 편의성과 가분성 및 가치척도로서 매우 합당하였으나 중량과 순도의 불확실성 문제점이 항상 뒤따르고 있었다.

이때에 금세공상들은 일정한 수수료를 받고 금의 중량과 순도를 증명하는 '보증서'를 발급함으로써 이러한 문제점을 해결할 수 있게 되었다. 그리하여 금세공상은 점차 고객의 주문을 기다리지 않고 금의 중량과 순도를 표준화하고 자신의 이름을 명시하여 고객이 사용할 수 있도록 하였는데, 이 표준화된 금괴단위가 주화(coin)의 시초라고 할 수 있다.

금세공상은 안전한 금고를 가지고 있었기 때문에 고객들의 금화를 보관하고 예탁증서(deposit certificate)를 발급해 주었다. 물건을 구입하려는 고객은 처음에는 예탁증서를 금세공상에게 제시하고 금을 되찾아 상품(재화)을 구입했으나 나중에 가서는 이 같은 번잡성을 생략하고 점차 예탁증서만으로 직접 재화와 교환했다. 이러한 방식의 거래가 확산됨에 따라 일부 신용도가 높은 금세공상이 발행한 예탁증서는 상거래에서 보편적인 '지급수단'으로 활용되어 근대적 의미의 통화(currency) 역할을 수행하였다. 따라서 금세공상은 자연스럽게 금의 보관자에서 예탁증서(통화) 발행자로 변신하여 은행의 역할을 수행하게 되었다.

또한 금세공상은 보관중인 금화 모두가 동시에 인출되지 않는다는 사실을 인식하고 당초에 예탁받은 금화가치의 일정비율 이상으로 예탁증서를 초과발행해서 대출업무를 영위하기에 이르렀다. 이러한 변화는 금세공상이 전액지급준비에서 부분지급준비로 전환한 것을 의미한다.

지금 우리가 사용하는 은행(bank)이라는 용어는 중세무역의 중심지였던 이탈리아에서 환전상(money changer)들이 시장에 테이블을 내놓고 업무를 보았는데, 그 테이블을 '방카'(banca)라 부른 데서 유래되었다. 환전상은 12~13세기 국제무역의 중심지인 이탈리아 전역에서 번창했으나 15세기에 들어 대부분 파산하였다.

그 후 무역업자(隊商人)들이 환전상의 역할을 대신해서 대출업무와 무역결제 및 외국송금업무를 담당하게 되었는데 이들을 머천트뱅커(merchant banker)라 불렀고, 특히 롬바르디(Lombardy)지역의 머천트뱅커는 당시 런던 등 주요 도시로 진출하여 은행업을 영위하였다. 이것이 근대적 의미의 은행이다. 최초의 근대적 은행은 1609년에 설립된 암스테르담은행(Bank of Amsterdam)이다.

2) 요구불예금(demand deposits)

① 당좌예금(checking account)과 당좌대월(overdraft)

당좌예금이란 예금자가 은행과 지급위탁계약(당좌거래약정계약)을 체결하고 자기 계좌에서 예금을 찾을 때에는 반드시 당좌수표에 의해서 인출하는 예금을 말하는데, 원칙적으로 이자가 지급되지 않는다(다만 가계수표의 모계정인 가계종합예금에 대해서는 소정의 이자를 지급한다).

당좌예금거래는 계약당사자간의 일종의 지급위탁계약으로서 위탁자인 당좌예금주가 수탁자인 은행에 대하여 자신이 발행한 수표 및 어음을 소지한 제3소지인이 은행에 대해 지급제시가 있을 때에는 은행은 지급대리인으로서 이를 지급할 것을 위탁하는 지급위탁계약이다.

당좌대월(overdraft) 또는 수표신용(check credit)은 당좌예금계정과 신용한도를 연결한 제도인데 당좌예금계정을 가진 고객에게 신용한도(credit line)를 미리 설정하여 두고, 지급제시된 수표합계금액이 당좌예금잔액을 초과하여 발행되더라도 그 설정한도까지는 결제가 보장되는 제도이다. 이 경우 예금잔고를 초과한 금액을 당좌대월(當座貸越; overdraft)이라 한다.

[그림 4-1] 당좌수표 견양

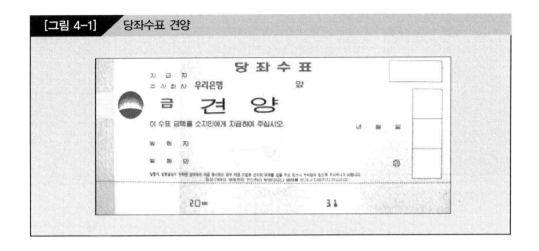

② 기타 요구불예금(other demand deposits)

기타 요구불예금으로는 보통예금, 별단예금, 공공예금 등이 있다. 보통예금은 거래대상, 예치금액, 예치기간, 입출금횟수 등에 아무 제한이 없는 예금으로 낮은 이자가 지급된다. 기업 또는 임의단체 등의 출납예금관리에 많이 이용된다.

별단예금은 환(송금 등), 자기앞수표(은행보증수표) 발행대전(代錢), 자금의 일시적 보관 등 미결제 또는 일시적 보유예금인데 후일 청산되는 과도적예금이다. 공공예금은 은행과 지방자치단체 간의 금고업무취급계약에 의거 각종 공과금(예: 서울시금고, 부산시금고, 도금고 등)의 수납대행에 따라 보유되는 예금이다.

일반적으로 요구불예금의 특성은 선착순지급의 원칙이 적용된다.

심층연구

요구불예금계약의 특성("first come, first served")

요구불예금계약은 원칙적으로 고객이 인출을 요구해 올 때 즉시 지급해야 하는 계약이면서 먼저 요구한 고객에게 먼저 지급해야 하는 독특한 특성("first come, first served")을 가진 계약이다. 즉, 선착순지급의 원칙(principle of precedence)이 적용된다. 따라서 예금인출 요구시 예금자의 대기순서가 중요하다.

예를 들어 1억원씩 가진 1,000명의 고객이 어떤 은행에 예금하였다고 하자. 그런데 이 은행이 부실화되어 자산가치(예금환급여력이라고 가정)가 900억원으로 평가되어 불안을 느낀 예금주들은 자신들의 예금에 대해 인출을 시도할 것이다. 이 경우 먼저 은행에 간 900명의 고객만 예금을 인출할 수 있고, 나머지 100명의 고객은 인출할 길이 막힌다. 은행 요구불예금계약에 따라 은행자산이 예금약정계약보다 적게 평가되면 일부 예금주들(900명)의 예금만 전액 지불하고 나머지 예금주들(100명)은 전혀 지급받지 못하는 상황(all or nothing)을 초래할 수 있다.

이런 경우 예금인출이 늘수록 불안을 느낀 예금주들이 자금이 현재 필요 없어도 은행으로 달려가면서 인출수요를 급속히 증가시키고(이러한 현상을 'bank-run'이라 한다) 결국 은행기관들(금융시장) 전체를 유동성위기에 봉착하게 만든다. 즉, 신용불안심리가 급속하게 확산되는 것이다.

이러한 예금계약의 독특한 지급특성에서 기인되는 은행시장불안가능성은 먼저 은행에 달려간 예금주들만이 예금을 지급받을 수 있다는 사실 때문에 더욱 심각하게 가속화되어 대규모 예금인출사태 및 금융공황으로 확산 전염되며 금융위기로 치닫게 된다. 따라서 금융시장을 안정시키고 대규모 예금인출사태(bank-run)를 미리 방지할 수 있는 장치가 바로 '예금보험제도'이다.

3) 저축성예금(savings deposits)

① 정기예금(time deposit)

정기예금은 예치시에 이자수익을 목적으로 일정기간의 예치기간을 약정하는 예금이며 이자율이 높다. 하지만 예금자가 약정기간 도래 전에 예금을 해약할 경우, 기한의 이익(고수익 이자혜택)이 상실되어 낮은 이율의 중도해지이율이 적용되는데 은행에게는 안정적인 자금원이 된다.

일반정기예금 이외에 특정 목적을 위하여 예치하는 목적부정기예금으로는 주택청약예금이 있다. 주택청약예금은 이자수익 이외에 우선권인 주택청약권이 부여된다. 한국의 경제개발연대에 저축부양책의 일환으로 일시적으로 실시되었던 복금부정기예금[1]도 이러한 목적부정기예금의 일종이다.

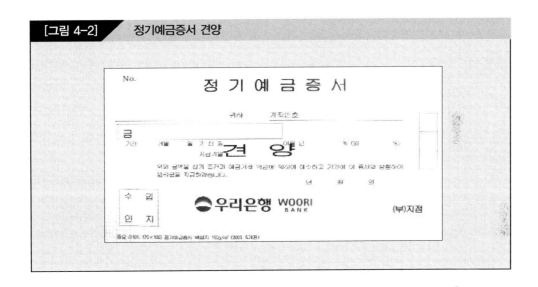

[그림 4-2] 정기예금증서 견양

② 정기적금(installment savings deposit)

정기적금은 적금계약시에 계약금액과 계약기간을 미리 정하여 예금자가 매월 일정금액을 정기적으로 은행에 예입하면 은행이 만기일에 계약금액 전액을 지급하는 방식의 저축성예금이다. 일종의 목돈마련저축방식이라 할 수 있다. 계약금의 일정 납입회차 이

---

1) 경제개발연대(1960~1980년대)에 복금부정기예금제도가 시행되었는데, 이 상품은 일반정기예금의 성격(확정부 정기예금이자 지급)에다 주택복권과 유사한 복권추첨제도가 가미된 합성예금상품이었다. 현재는 폐지되었다.

상을 납입하면(예: 3분의 1회차 이상 납입시) 계약금액 전체금액에 대해 대출(적금대출)도 보장되는 등 예금자에게 옵션이 주어진다. 부금담보대출도 가능하다.

2. 예금보험제도

1) 개요 및 역할

예금보험제도(deposit insurance system)는 금융기관이 파산 또는 '뱅크런'(bank-run) 등으로 예금자의 예금인출요구를 충족시키지 못할 때, 예금지급의 안전성을 보호하기 위해 제3자(예금보험공사 등 예금보험기관)가 대신 이를 지급해 주는 제도이다. 이때 예금대지급의 범위는 예금액의 전부 또는 일부가 된다. 이 제도의 취지는 퇴출은행의 예금자에 대하여 예금대지급을 해줌으로써 예금자의 예금손실에 대한 불안감을 제거시키고 전체 금융시스템을 안정시키는 데 있다. 즉, 금융안전망장치(financial safety nets)인 것이다.

일반적으로 은행은 유동자금을 예치받아 비유동자산(고정채권)에 투자함으로써 내재적으로 만기불일치의 불안전성(risk)을 갖고 있다. 예금자는 선착순지급의 원칙(principle of precedence)이 적용되어 예금을 즉시 인출할 권리를 가지고 있기 때문에 만약 금융불안이나 예금은행의 파산위험 등으로 예금인출의 긴박한 동기가 발생하면 대량인출사태(bank-run)가 유발되는데, 이는 건전한 은행까지도 유동성부족에 빠뜨리는 큰 문제를 초래한다(우리나라는 이 같은 현상을 이미 IMF사태 하에서 구체적으로 경험한 바 있다).

예금보험제도의 시초는 미국이며 1829년에 뉴욕 상인들간에 상호보증제도로 출발했다. 그 후 대공황을 겪은 미국은 1933년에 금융제도의 안정과 예금자보호를 위한 은행법을 제정하여 제도화하기에 이르러 1934년에 전국을 관장하는 '연방예금보험공사'(Federal Deposit Insurance Corporation: FDIC)가 발족하게 되었다.

현재 각국의 예금보호제도 도입현황을 보면, 미국을 비롯하여 68개국에서 명시적인 예금보호제도를 운영하고 있는데 남미와 아시아의 금융위기에 자극을 받아 1990년에만 31개국이 도입했고 현재도 계속 늘어나고 있는 추세이다. 예금보호제도의 형태나 운영

방법도 나라에 따라 다른데 미국, 영국, 캐나다 등은 정부나 중앙은행 등의 출연에 의해서 설립되어 운영되는 공적조직이고 독일, 프랑스, 네덜란드 등은 민간금융기관들에 의해 자율적으로 운영되는 순수민간조직이며 일본, 노르웨이, 필리핀, 튀르키예(터키) 등은 공사중간(公私中間) 형태이다.

예금보험제도의 기능과 역할은 다음과 같이 요약될 수 있다.

① 소액예금자를 보호한다(현행; 원리금 합계액이 1인당 5천만원 이내).

② 파괴적인 '뱅크런'(bank-run; 예금인출 쇄도사태)을 방지한다.

③ 금융기관 퇴출처리에 대한 명확한 규율을 제공함으로써 부실에 따른 손실축소와 관련자 손실분담원칙을 적용하여 납세자부담을 줄이는 역할을 한다.

④ 금융위기 발생가능성을 약화시킴으로써 안정적인 금융시스템을 유지한다.

⑤ 예금보험의 존재는 다른 은행과의 공정경쟁 여건을 조성·촉진한다.

⑥ 금융안전망장치의 범위에는 최종대부자기능, 예금보험기능, 건전성규제감독기능 등이 있어 금융시스템을 안정화시킨다.

2) 한국의 예금보험제도 도입현황

한국은 1996년 예금보험공사(Korea Deposit Insurance Corporation)를 설립하여 은행에 대한 예금보험제도를 처음 실시하게 되었다. 1998년 7월에 예금자보호법 개정으로 예금보호한도를 재조정함에 따라 2001년 1월 이후 보험사고가 발생하는 경우에는 은행, 증권, 종금, 저축은행 등에 대해서는 원금과 소정의 이자를 합쳐 5,000만원까지 보호하도록 되어 있다. 또한 이들 보호대상 예금내용은 〈표 4-1〉과 같다.

금융기관은 예금보험[2]에 가입되어 있는데, 한편으로는 도덕적 해이(moral hazard)와

---

2) 보험요율은 예를 들어 은행의 경우 분기별보험료 = 예금분기별평균잔액×8/1만×1/4이며, 동 출연금은 자본금×1.0%이고, 의무가입제이다.

대리인(agent) 문제, 대규모의 사회적 비용 팽창문제 등의 예금보험제도의 역기능을 우려하는 목소리도 있다.

IMF 위기 발생 이후(1997. 11월~2005. 6월말) 금융부문 공적자금 지원현황을 보면 총 165조원인데, 이 가운데 예금대지급지원은 26.5조원으로서 전체 지원액의 16.9%에 이르고 있다.[3]

〈표 4-1〉 금융기관별 보호대상예금		
구 분	상시 보호	비보호
은 행	예금, 적금, 부금, 적립식예금,외화예금,예금보호대상상품운용확정기여형퇴직연금 및 개인퇴직적립금, 원금보전신탁	CD, RP, 금융투자상품(수익증권, Mutual Fund, MMF 등), 특정금전신탁(실적배당형신탁), 은행채, 농-수협중앙회공제상품 등
증 권 (투자매매업자, 투자중개업자)	고객예탁금(현금잔액), 대주담보금-신용설정보증금-신용공여담보금 등의 현금잔액, 원금보전금전신탁, 예금보호대상상품운용확정기여형퇴직연금 및 개인퇴직적립금	금융투자상품(수익증권, Mutual Fund, MMF 등), 청약자예수금, 제세금예수금, 선물-옵션거래예수금, 유통금융대주담보금, 증권사발행채권, RP, CMA, ELS, ELW, 랩어카운트 등
보 험	개인보험계약, 예금보호대상상품운용 확정기여형퇴직연금 및 개인퇴직적립금, 원금보전금전신탁 등	법인보험계약, 보증보험계약, 재보험계약, 변액보험계약(주계약)
종 금	발행어음, 표지어음, CMA	금융투자상품(수익증권, Mutual Fund, MMF 등),, RP, CD, CP, 종금사발행채권 등
상호저축은행	보통예금, 저축예금, 정기예금, 정기적금, 신용부금, 표지어음 등, 상호저축은행중앙회발행 자기앞수표 등	상호저축은행발행채권

자료 : 예금보험공사.

---

3) 자료출처: 재정경제부, 공적자금관리백서.

제2절 대출시장

1. 대출의 의의

대출(loan)이란 은행이 자금을 필요로 하는 차입자에게 약정기한인 만기(maturity)에 원리금(principal and interest)의 상환을 확정하고 필요자금을 차입자에게 일정조건하에 빌려(대부)주는 것을 말한다. 일반적으로 이자는 매월마다 은행에 납부하도록 약정하며 이자체납의 경우에는 연체기간 동안 원금(principal) 전체에 대해 일정 가산율의 연체이자율이 적용된다.

대출의 종류에는 (1) 대출형식에 따라 어음대출, 당좌대출, 증서대출로 구분된다. 어음대출은 은행이 차입자로부터 은행을 수취인으로 하여 그가 발행하는 약속어음을 받고 자금을 빌려주는 방식이다. 당좌대월(또는 당좌대출)은 당좌계정거래자와 은행간의 약정에 의거하여 지급위탁계약인 당좌거래약정계약에 따라 은행이 일정금액(credit line) 범위 내에서 당좌거래자가 당좌예금잔액을 초과하여 발행한 당좌수표를 결제해주는 형식으로 자금을 빌려주는 방식이다. (2) 대출자금의 사용목적에 따라 생산자금융(기업대출), 소비자금융(소비자대출), 증권관계대출, 은행간 대출 등으로 구분된다. (3) 대출기간에 따라 장기대출, 단기대출로 구분된다. (4) 대출금상환방법에 따라 분할상환대출, 일시상환대출, 대출한도거래 등으로 구분된다. (5) 담보여부에 따라 담보대출과 신용대출로 구분된다. (6) 대출계약의 이행시기에 따라 현물대출(spot lending), 선물대출(forward lending) 등으로 구분된다.

일반적으로 통용되는 대출형태를 중심으로 주요한 것만을 소개하면 다음과 같다.

2. 생산자금융

생산자금융(producer loan)은 자금용도가 재화 또는 상품의 원활한 생산활동을 지원하기 위한 금융제도인데 기업의 유통금융 또는 운전자금으로서 본래 제조업자 또는 판매업자가 그들의 제품 또는 상품을 판매하여 그 판매대금으로 대출금을 자체상환(self liquidation)할 수 있도록 하여 회전기간 동안 필요한 생산 및 구입자금을 지원하는 목적의 대출이다.

이와 함께 자금의 용도가 특별히 정해지지 않고 운전자금지원을 목적으로 하거나 또는 시설자금지원을 목적으로 하는 일반자금대출이 있다. 생산자금융대출에 있어서 기간별 대출의 구분은 1년 이내의 대출을 단기대출, 1년 이상의 대출을 중장기대출이라 한다. 이를 차례대로 설명하면 다음과 같다.

1) 일반자금대출

생산자금융(기업대출) 가운데 '유동금융'인 상업어음할인, 무역금융, 기업구매자금금융 등은 뒤에 고찰하기로 하고 여기서는 '일반자금대출', 적금관계대출, 대출한도거래(일반대출한도, 회전대출한도), 텀론, 조건부대출부터 다루기로 한다.

'일반자금대출'은 자금용도를 특별히 지정하지 않고 대출과목도 지정하지 않는 대출을 총칭하며 기간은 보통 1년 이내이지만 '기업시설자금대출'의 경우는 3~7년의 장기대출도 이루어진다. 이 경우는 일정한 상환유예기간(grace period)이 허용되고 그 이후는 매년 분할상환하도록 되어 있다.

2) 적금관계대출

적금관계대출은 적금대출과 적금담보대출로 나누어진다. 적금대출은 소정월부금 불입회차 이상(예: 3분의 1회차 이상 부금납입)을 연체없이 정상적으로 납입한 경우 계약금액 전액을 대출받는 방식이고, 적금담보대출은 이미 불입한 월부금 합계누계액의 범위 내에서 그 부금누계액을 담보로 대출을 받는 방식이다.

3) 대출한도거래

대출한도(line of credit)거래란 대출고객이 은행과의 약정하에 일정한도를 정해 놓고 이 한도 내에서 고객의 대출신청에 의하여 언제든지 대출을 하겠다는 은행의 약속이다.

이 약속은 구두 또는 문서로 확정된다. 일정기간(통상 1년)마다 한도 재사정을 하며 주요 약정내용은 대출한도, 이자율, 약정기간, 약정수수료 등이 포함된다. 대출한도는 다시 일반대출한도(line of credit)와 회전대출한도(line of revoling credit)로 구분된다.

① 일반대출한도(line of credit)

일반대출한도는 고객에게 한도를 알려주는 '통지한도'(advised line), 고객에게는 알려 주지 않고 내부지침으로만 사용하는 '내부한도'(guide line), 기업의 인수 등 특별거래 목 적에만 한정하여 설정하는 '특별한도'(special transaction line) 등으로 구분된다. 일반대출 한도는 주로 기업의 계절적인 자금수요나 기업이 자금시장에서 CP 등을 발행하여 자금 을 조달할 때까지의 잠정기간 동안 자금지원을 하는 1년 이내의 단기자금에 활용된다.

② 회전대출한도(line of revoling credit)

회전대출한도는 은행이 법적으로 구속력이 있는 대출의무를 지는 공식대출약정 (formalized loan commitment)으로 일종의 '선약대출'(forward lending)이다. 이때 은행은 장래 대출실행시에 대출자원 조달금리, 기회비용, 고객의 옵션 행사에 따른 위험, 시차 간 금리변동위험 등 많은 리스크를 안고 있다.

회전대출한도는 장기운전자금, 시설자금 등 1년 이상의 장기금융에 이용된다. 고객 은 언제든지 대출금상환 또는 재차입(재대출)이 가능하다. 대출한도거래는 경기변동, 계 절적 자금수요변동 등 불확실한 자금수급의 상황하에서 당사자 쌍방에게 모두 유익한 운영방식이 된다. 따라서 현실적으로는 이 같은 보험적 기대편익에 대응한 약정수수료, 보상예금예치(compensation deposit balance) 등 무형의 거래도 수반된다.

4) 텀론(term loan)

텀론은 대출기간을 1년부터 10년으로 하는 장기할부금융으로 텀론의 특징은 대출기 간, 분할상환, 텀론약정 등에서 잘 나타난다. 텀론의 만기는 최소 1년 이상으로 분할상 환이 원칙이지만 만기에 일시상환도 한다. 상환방식에는 정기균등분할상환과 체증식

분할상환(풍선형 상환방식; balloon payment)이 있다.

텀론의 약정형식은 일반텀론방식과 회전대출방식을 결합한 혼합방식이 있는데, 일반 텀론은 대출금의 만기를 1년 이상으로 정하고 이 기간 중 정기적으로 균등분할상환하는 방식이다. 혼합방식은 처음 얼마 동안만은 회전대출방식으로 운영하다가 기업의 자금 소요기간이 확정되면 기업의 선택에 따라 일반텀론으로 전환하는 방식을 말한다. 텀론의 약정사항은 여타 대출에 비해 은행측의 채권보전장치가 강하다.

텀론의 경우 자금용도 면에서 주로 특정시설의 구입, 장단기운전자금, 기업인수자금 등 중장기적 용도를 띠고 있다. 은행측은 다른 대출에 비해 신용위험(credit risk)이 크므로 철저한 채권보전조치를 대출약정에 넣고 있다.

5) 무역금융(foreign trade loan)[4]

'유통금융' 가운데 무역금융이란 수출입거래(국제간 신용장거래 등)와 이와 직접 관련되는 국내거래(내국신용장거래; local L/C 거래) 및 해외현지거래의 각 단계에 필요한 자금을 제공하여 무역증대에 기여할 목적으로 하는 제반 여신대출을 뜻한다. 무역금융은 수출입거래에 직접 수반되는 경우뿐만 아니라 무역거래의 각 단계에서 발생하는 상품생산, 가공, 집하(集荷), 구매 등을 위한 모든 단계별 자금유통을 포함한다.

그런데 앞으로는 WTO협정에 따라 보조금 또는 지원금 성격의 무역금융은 '금지보조금'으로 규제되기 때문에 점차 축소될 전망이다. 이들 무역금융은 한국은행에서 지원을 해주는 정책금융의 범주에 포함되는데 각 은행별로 지원한도 총액이 따로 설정되어 있다.

---

4) 무역금융제도의 핵심이 되는 신용장거래에 관해서는 제3장 7. 심층연구, "신용장 거래의 개요" 참조.

6) 상업어음할인(bills discounted)[5]

상업어음이란 제품 등의 판매자(채권자)와 구매자(채무자) 간의 외상결제를 목적으로 구매자가 발행한 어음을 말한다. 구매자(채무자)가 판매자로부터 구매한 원료, 자재, 중간재, 완제품 등의 대금을 현금결제가 아닌 어음발행에 의해서 지급하는 경우 판매자(채권자)는 이 받을어음을 자기 거래은행에서 할인하고 할인료를 공제한 금액을 대출받는데, 이것을 상업어음할인이라고 한다.

상업어음할인은 무역금융, 기업구매자금금융 등과 더불어 '유통금융'이라 하는데, 유통금융은 생산된 재화의 원활한 유통을 위해 제공되는 대출로서 중간재를 대상으로 하는 생산자대출과 재판매업자에게 제공되는 판매신용을 포함한다. 상업어음(진성어음; real bill)할인의 특성은 다음과 같다.

① 중간재에 대한 기업간 거래를 원활케 함으로써 생산우회도(迂回度; degree of round-about)를 증대시키고 기업간(특히 대기업과 중소기업간) 수직적 계열화를 촉진함으로써 중소기업의 안정적 성장에 기여한다.

② 재화유통과정에서 발생하는 판매대금을 대상으로 통상 1회전 기간동안 제공된다는 점에서 금융의 '자동상환성'(self-liquidation)을 확보한다.

③ 실물거래를 기초로 한 '비인플레이션'(non-inflation)신용이며, 단순 융자목적의 '융통어음'(accommodation/financial bill)과 다르다.

④ 대부분 물품대금을 대상으로 발생되므로 자금용도가 분명하여 자금의 유용(流用)을 억제함으로써 자금흐름의 개선을 도모할 수 있다.

⑤ 재판매(resale)업자에게 유통시설 및 운전자금을 제공하여 유통구조를 개선하게 함으로써 운용비용을 절감하고 소비자에게 보다 저렴한 가격으로 재화를 제공할 수

---

5) 은행의 상업어음할인은 이 할인상업어음의 재매출과 함께 무역어음, 팩토링어음 등도 상업어음과 더불어 원어음의 남은 만기를 기초로 한 "표지어음"을 발행해서 유통하는 제도가 1989년부터 실시되고 있다. 발행조건은 500만원 이내 할인방식이며, 발행기관은 은행, 종금사, 상호저축은행 등이다. 표지어음의 매수자는 기관, 법인, 개인 등으로 구성된다. 미국의 BA시장과 흡사하다.

있다. 현재 금융기관에 의해 제공되는 유통금융으로는 상업어음할인, 무역금융, 기업구매자금금융 등이 있다.

요약하면, 상업어음할인은 생산된 재화의 판매대금회수를 원활히 하기 위해 제공되는 대출이다. 여기서 상거래상 발행한 어음을 상업어음이라고 하며, 상업어음시장은 은행이 할인한 상업어음을 재매출하는 시장을 말한다.

할인어음이라는 말은 할인의뢰인(고객)이 만기가 도래하지 않은 어음[6]을 일반적인 배서양도의 방법으로 은행에 매각하고 어음금액에서 만기까지의 이자 및 기타 비용을 공제한 금액을 할인인(은행)으로부터 수령하는 것을 말한다. 할인의뢰인(고객)과 할인인(은행 등)간의 법률관계는 어음매매 성격을 가진다. 다시 말해서 상업어음시장은 은행이 할인한 상업어음을 재매출(resale)하는 시장이다.

어음의 구분에는 상거래에 수반하여 발생된 지급대전(어음금액)을 일정기간 후 물품매입자(외상매입자: 채무자)가 물품판매자(채권자)에게 지급할 것을 확약하는 '약속어음'(2당사자어음; promissory note) 또는 '환어음'(3당사자어음; bill of exchange)의 형식으로 발행한 상업어음(trade bill/real bill; 진성어음)이 있고, 상거래와 관계없이 단순히 자금의 융통을 위해 자기신용으로 발행하는 '융통어음'(accommodation bill) 또는 '기업어음'(commercial paper: CP)이 있다. 즉, 상업어음을 '진성어음'(real bill)이라 하고 그 밖의 어음을 '융통어음'(financial bill)이라고도 부른다. 어음할인시장은 원래 일반기업간의 단기거래금융을 가능케 하는 기업간금융, 즉 상업어음할인이 주류였으나 단기금융시장의 발달로 일반기업은 물론 금융기관들이 적극적인 부채관리수단으로 CP를 활용함으로써 CP시장까지 확대되었다고 할 수 있다.

---

6) 어음은 원래 상업신용의 원천적 객체이며 경제사적으로 볼 때 어음(於音 · 魚驗)은 금융수단의 편의성에서 발생된 이연결제제도라고 볼 수 있다.

[그림 4-3] 상업어음(약속어음)의 견양(앞, 뒤)

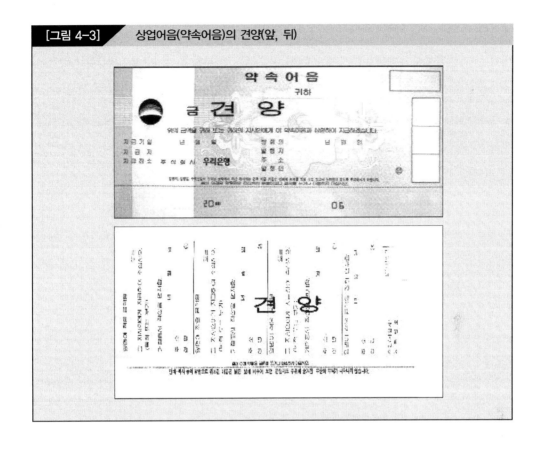

할인어음은 주로 은행과 종금사 등이 취급하고 있다. 은행이 할인(discount)한 상업어음은 그 일정부분을 한국은행이 재할인(rediscount)하여 주고 있다.

상업어음할인의 특성은 그 유동성에 상응하는 재화나 서비스의 뒷받침이 있는 비인플레이션(non-inflation)적인 금융방식인 동시에 상거래의 이행에 따른 자체청산력(self-liquidation)이 있다. 상업어음 할인은 은행의 건전성 유지에 유익한 고래(古來)로부터 있어온 전통적 상품으로 운전자금의 공급경로를 개선하고 금융자금의 회전율 및 효율성을 제고시키는 데 크게 기여한다.

7) 기업구매자금대출(corporate procurement loan)

기업구매자금대출이란 구매업체(외상구매자: 채무자)가 거래은행(지급은행)으로부터 구매자금(환어음결제대전)을 융자받아 납품업체(물품판매자: 채권자)에게 현금으로 결제하는 새로운 생산유통금융제도이다. 이는 현행 어음제도의 부작용(대기업의 하청기업에 대한 결제지연, 자금부담 전가)을 줄이고 중소기업금융의 활성화를 위해 도입된 대표적인 유통금융의 한 형태이다. 기업구매자금대출제도는 기업간 상거래의 경우 어음사용을 줄이고 현금결제를 확대하도록 유도하는 데 목적이 있다. 기업구매자금의 메커니즘을 그림으로 설명하면 [그림 4-4]에서 보는 바와 같다.

주요 내용을 보면 납품업체(채권자)가 물품을 납품한 후 구매기업(채무자)을 지급인으로 하고 납품대금을 지급금액으로 하는 환어음을 발행하여 거래은행(지급인)에 추심을 의뢰하고, 구매기업(채무자)은 거래은행(지급인)을 통하여 통보받은 환어음의 지급결제시기, 약정대출한도 범위 내에서 기업구매자금을 융자(대출)받아 그 환어음을 현금으로 결제하는 방식이다.

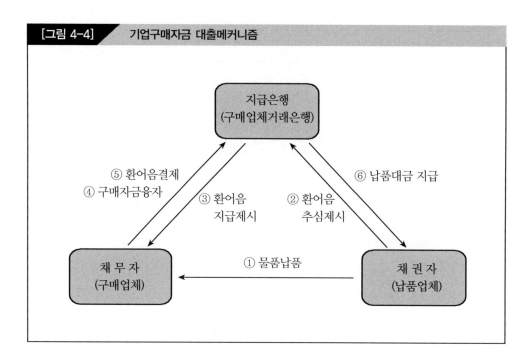

[그림 4-4] 기업구매자금 대출메커니즘

3. 소비자금융

1) 소비자금융의 의의

소비자금융(consumer loan) 혹은 소비자신용(consumer credit)은 소비자가 재화나 서비스를 구입하거나 개인적인 일반지출 충당을 위해 은행으로부터 금융(차입)을 일으키는 것을 말한다.

소비자금융은 원래 1930년대 중반까지는 그다지 바람직한 금융형태로 간주되지 않았지만 미국의 대공황기에 접어들어 유효수요창출이 경기를 회복시키는 바른 길이라는 논의들이 활발해지면서 점차 적극적인 경기조절수단으로 각광을 받게 되었다.

소비자신용에 대한 긍정적 시각은 Keynes(1936)의 일반이론 중 '유효수요이론'(theory of effective demand)에 의해 부각되기 시작했다. Mead, Dusenberry 등 Keynes 학파는 소비자신용이 소비를 촉진시킴으로써 유효수요를 창출하여 경제성장 또는 경제균형을 유도할 수 있다고 보고 경기조절정책수단으로 소비자신용의 유효성을 주장하였다.

Keynes 이후 소비이론은 '항상소득가설'(permanent income hypothesis: M. Friedman)과 '생애주기가설'(life-cycle hypothesis: Ando-Modigliani) 등으로 발전되어 왔다. 이 이론은 소비자신용이 개인의 주어진 평생소득 하에서 소비의 최적배분을 가능케 함으로써 잠재소비를 현재소비화하여 소비자의 후생증대를 도모할 수 있다고 주장하면서 새로운 소비자신용이론의 장을 열었다고 할 수 있다.

Keynes의 '유효수요이론'이 미국 경제불황의 대응책으로 힘이 실리게 되었고, 그 후 미국 상업은행들도 이에 따라 소비자대출을 본격화해서 확대함으로써 대공황기의 경기회복에 기여하였다. 처음에는 소비자금융회사들만이 소비자대출을 취급하였고 은행들은 이들 금융회사에 대해 대출지원을 함으로써 간접적으로 소비자금융에 참여를 해왔었으나 '소비자신용보호법'(Consumer Credit Protection Act)의 제정, 신용분석기능의 발전, 높은 수익성 기대 등에 영향을 받아 점차 은행들도 직접적으로 소비자금융(대출)에 참여하게 되었다.

소비자대출 방식은 분할상환방식(할부상환대출; installment loan)의 경우가 주류를 이루고 일시상환방식이 뒤를 따른다. 할부대출의 경우 대출금으로 구입한 물건 자체가 담보가 된다. 일시상환방식(non-installment loan)에는 단순개인대출(single payment loan)과 신용카드(credit card)에 의한 카드대출 등이 있다. 주택대출도 기업이 아닌 소비자에게 제공된다는 관점에서는 광의의 소비자신용으로 분류할 수도 있으나 자금용도가 일반소비재 구입이나 생활비와는 달리 장기고정투자적 성격이 강하여 별도로 분류하고 있다.

2) 소비자대출(consumer loan)

소비자금융(대출)이란 소비자가 직접 필요한 자금(의료비, 교육비, 가정내구용품, 개인생활비충당 등)을 은행으로부터 대출 받는 것을 말한다. 한국의 소비자금융은 경제개발연대에 있어서 그 동안 '생산자금융'(producer loan) 우선주의에 밀려 상대적으로 미흡하였으나, 최근 국민경제수준의 향상과 복지증진이 유효수요 창출에 직결된다는 인식이 고조되면서 점차 금융비중이 늘고 있다. 소비자금융(대출)의 취급기관으로는 은행을 비롯하여 생명보험회사, 상호저축은행(상호신용금고), 신용협동조합, 신용카드회사 등이 있다.

3) 판매신용(sale credit)

판매신용은 소비재 판매과정에서 구매자금을 융통해주는 대출형식이다. 따라서 소비자금융에 준해서 소비자에게 신용혜택이 귀속된다. 여기에는 일시상환방식(non-installment loan)과 할부상환방식(installment loan)이 있다. 판매신용은 일부 전자제품이나 의류 등과 같이 비교적 가액이 크지 않은 품목에 대해서는 순수신용으로 대출이 제공되기도 하지만, 자동차와 대형 냉장고, 고급 TV 등과 같이 가액이 큰 품목의 경우 구입자는 구입한 상품에 대해 사용권을 가지나, 소유권은 할부금의 상환이 완료될 때까지 판매신용회사에 유보되는 근저당(collateral mortgage)방식이 보통이다.

판매신용을 제공하는 기관은 은행, 할부금융회사, 신용카드회사 등 전문소비자신용회사, 제품제조업자, 제조업자계열 판매신용회사 등이 있다.

4) 주택자금대출(housing loan)

주택자금대출이란 주택구입자금, 주택건설자금, 주택개보수자금 등의 지원을 위해 제공되는 대출인데 해당 주택을 담보(mortgage)로 하고 상환기간이 보통 10~30년인 장기대출이며 분할상환이 특징이다. 주택금융제도는 계약조달방식, 예금조달방식, 저당은행방식의 3가지가 있다.

계약조달방식은 대출수요자가 일정기간 저축을 하면 대출자격이 주어지는 제도로 주로 개도국에서 시장이자율보다 낮은 우대금리로 대출하며, 이를 위해 정부가 직·간접으로 뒷받침을 하는 방식이다.

예금조달방식은 일반은행이 대중을 상대로 조성한 예금을 재원으로 대출하는 방식이다. 그리고 저당은행방식은 일반은행들이 주택저당대출을 실시하고 취득한 저당권(mortgage)[7]을 저당은행에 매각 또는 이를 증권화하여 자본시장에서 유통을 통해 자금을 조달하는 방식이다. 이 방식은 자본시장편에서 공부하게 될 ABS(asset-backed securities) 시장의 일종이다. 미국이 전형적이며 대부분의 선진국에서 이를 도입하고 있다.

4. 담보대출(secured loan)

1) 담보의 개념

은행이나 금융기관의 대출업무(이를 與信이라 함)는 항상 상환불능위험(default risk)에 노출되어 있다. 따라서 대출을 실행하기에 앞서 반드시 채무자(차입자)의 채무불이행 위험에 대비해 놓지 않으면 안 된다.

---

7) mortgage는 라틴어의 mortus(죽음)와 gage(담보)의 합성어로서, 금전소비대차에 있어서 차주의 채무변제를 담보하기 위해 차주 또는 제3자 소유의 부동산에 설정하는 저당권 내지 일체의 우선변제권을 지칭하거나 이를 내용으로 하는 제반 서류를 말한다.

대출은 대출금의 상환을 보장하기 위한 장치의 여부와 그 종류에 따라 신용대출(free loan), 보증대출(guaranteed loan), 담보대출(secured loan) 등으로 구분한다. 이 가운데 담보대출은 은행이 고객으로부터 담보를 취득하고 그 범위 내에서 대출하는 것으로 은행대출에서 가장 일반화되어 있다. 담보대출에는 부동산담보대출, 유가증권담보대출, 매출채권담보대출, 재고자산담보대출, 창고증권담보대출, 지적재산권담보대출 등이 있는데 이를 차례로 고찰하고자 한다.

2) 부동산담보대출

부동산담보대출은 은행이 대출 담보조건으로 부동산을 취득하는 것으로, 법원 등기에 의해 권리가 보전되는 부동산담보권은 가치 평가와 담보물건의 관리가 비교적 용이하기 때문에 대출담보로서 가장 널리 활용되고 있다. 가장 많이 일반적으로 이용되고 있는 담보설정방식은 저당권, 가등기담보권, 양도담보권 등의 방식이다.

저당권이란 채무자 본인 또는 제3자(물상보증인: 지상권자, 소유권자 등)가 담보로 제공한 부동산을 평소에는 담보제공자가 계속 사용·수익하다가 만약 대출금을 상환하지 못하면 저당권자(은행: 채권자)가 그 부동산을 법원을 통해 경매하여 채권을 우선하여 변제받을 수 있는 제도로서 현재까지는 가장 전형적인 채권담보제도이다. 저당권은 당사자간에 저당권설정계약을 체결하고 관할 법원등기소에 신청하여 '저당권 설정등기'를 함으로써 효력이 발생하게 되며, 이때 신청서에는 채권금액과 채무자명의가 반드시 기재되어야 한다.

근저당권(根抵當權)은 은행거래에서 이용되는데, 근저당권이란 계속적인 거래관계로부터 발생하는 불특정한 채권을 장래의 결산기(통상 법원의 경매개시결정 확정일)에 가서 일정한 한도(등기부상 설정최고액)까지 담보하는 저당권이다.

근저당권에는 특정근저당권과 포괄근저당권의 두 가지가 있는데 특정근저당권은 이미 체결되어 있는 특정거래계약만을 대상으로 하는 것이고, 포괄근저당권은 특별한 제한없이 채무자가 채권자에게 현재 부담하고 있거나 장래 부담하게 될 일체의 채무를 대상으로 한다. 따라서 전자에 비해 후자가 채무부담범위가 훨씬 광범위하다.

3) 유가증권담보대출

유가증권담보대출(loan secured by securities)은 채무자가 은행(채권자)에서 금융을 받을 때, 국공채, 회사채, 주식, 생명보험증서 등의 유가증권을 담보로 제공하고 대출을 받는 것을 말한다. 유가증권을 담보로 취득할 경우 채권자(은행)는 채무자 또는 제3자로부터 당해 유가증권을 교부받아 점유하고 '채무자가 변제기에 채무변제를 이행하지 못할 경우 이를 처분하여 우선적으로 변제받을 수 있는' 질권(質權)을 설정하는 바(이를 '질권설정'이라 함), 구체적인 담보취득절차는 기명의 유가증권은 등록기관 또는 발행기관에 담보제공자와 채권자의 연서(連署: 연속 기명 날인하는 행위)로 등록청구서를 제출하거나, 질권설정을 통지하여 이를 등록하고 질권등록필통지서 또는 질권설정승낙서를 받아 놓아야 한다.

유가증권담보는 담보권설정이 간편하고 담보권의 실행이 비교적 용이하다는 장점이 있는 반면 부동산이나 동산에 비해 유가증권발행인의 재정경영상태, 주가변동(상장주식의 경우) 등에 따라 증권가치 변동폭이 크므로 안정성이 변동되는 단점이 있다. 따라서 채권은행은 항시 당해 유가증권의 안정성, 시장성, 신용도 등 평가를 지속적으로 유지관리해 나가야 한다.

4) 매출채권담보대출

외상매출금, 받을어음 등의 매출채권을 유동화하기 위해서는 이들 유동자산을 담보로 하여 은행 등 금융기관에 제공하고 그로부터 대출을 받음으로써 미수채권을 현금화할 수 있다. 선진국의 경우 매출채권의 규모가 점증하고 있으며, 담보로서 설정된 기존 매출채권이 새 매출채권으로 계속 대체됨으로써 매출채권담보대출은 실제로 대출한도 거래와 비슷한 계속금융이 되고 있다(일종의 팩터링금융; factoring). 팩터링은 원칙적으로 고객이 매출채권을 상품송장(invoice) 그대로 무소구권(without recourse)으로 팩터(factor)

에게 양도하는 것인데, 한국의 경우는 대부분 소구권부성격으로서 상품송장이 아닌 '은행도어음'(銀行渡어음)⁸⁾을 할인(bill discounting)하는 형식을 취하고 있어 실제 어음할인과 별다른 차이점이 없다.

5) 재고자산담보대출

재고자산대출(inventory loan)이란 제품을 제조판매하는 과정에서 원료나 재공품은 물론 완제품 중에서 미처 팔리지 않은 상품이나 제품 등은 수량이 많은 경우(예: 급작스러운 경기부진 등 원인으로) 지정창고에 적재보관해야 하는데, 이때 창고내에 보관되어 있는 재고자산을 담보로 하여 은행으로부터 대출받는 것을 말한다. 재고자산이 담보되기 위해서는 목적물(재고자산)의 범위가 특정되어야 하고, 또 목적물이 소재하는 장소와 그 내용의 종류와 수량 등이 명시되어야 한다(예: 특정창고, 공장, 품목, 수량 등). 또한 재고의 정기점검도 필수적이다.

6) 창고증권담보대출

창고증권담보대출(warehouse receipt financing)이란 담보자산을 차입자로부터 격리하여 창고회사가 별도로 보관하고 그 창고회사가 발행하는 '창고증권'(warehouse receipt)을 은행이 담보로 취득한 후 대출을 하는 방식을 말한다. 여기서 창고증권은 임치물반환청구권(delivery order)을 표창하는 일종의 유가증권이다.

7) 지적재산권담보대출

지적재산권담보대출이란 특허권, 실용신안권(實用新案權), 저작권 등 배타적 사용권을

---

8) '은행도'(銀行渡)어음이란 은행의 당좌거래처가 어음을 발행하면서 어음용지의 좌상단에 두 개의 횡선(橫線)으로 교환지출은행명을 특정해서 표시하는 경우의 어음이다. 이 경우는 은행거래어음으로만 사용되며 개인거래간에는 사용될 수 없음을 나타내는 의미가 된다.

가지는 무형재화에 대해 질권을 설정하여 권리를 보전하고 대출채권을 상환받지 못할 경우, 동 권리를 법원의 양도명령(讓渡命令) 또는 매각명령 등 특별환가방법으로 처분하여 대출채권을 보전하는 방식의 대출을 말한다.

은행이 이러한 지적재산권(intellectual property right)에 대한 담보권을 확보하기 위해서는 먼저 지적재산권 자체가 정당한 권리자에 의해서 적법하게 등록되어 있고 담보권자가 이에 대한 권리를 확실하게 집행할 수 있도록 법적 장치가 되어 있어야 한다. 즉, 은행(등록권리자)과 채무자(설정의무자)가 질권설정계약을 체결하고 공동으로 특허청에 질권설정등록을 하여 담보로서 설정해야 한다. 만약 당사자간에 분쟁이 발생할 때는 특허법원이나 특허심판원이 개입하여 전담 처리한다.

최근 은행권에서 지적재산권담보대출이 활발하게 이루어지고 있다. 또 이에 따른 지적재산권 소송보험제도도 활성화되고 있다.

제3절 대출의 유동화(流動化)

은행대출은 대출만기에 도달되어야만 자금이 회수되므로 은행 쪽에서 보면 대출자산은 유동성이 매우 낮은 자산이다. 즉, 은행대출은 고정화되어 있는 반면에 예금은 여러 가지 단기구조로 유동화되어 있어 기간불일치 위험에 노출되어 있다. 따라서 은행이 대출만기가 돌아오기 전에 대출자원을 활용하는 과제가 대두되는데 이것이 대출의 유동화이다. 대출채권을 유동화하는 방법에는 대출채권 자체를 제3자에게 매각하는 방식과 대출채권을 근거로 새 증권을 발행하는 증권화방식이 있다.

1) 대출채권매매

대출채권매매(loan brokering)의 경우는 대출을 실행한 은행 등 금융기관(loan originator)이 대출증서를 대출상환기일 도래 이전에 제3자(양수자)에게 매각하는 것을 말하며, 이때 양수자는 원칙적으로 대출채권에 대해 원대출만기까지는 상환을 청구를 하지 않는다. 금융기관의 대출채권 매각방법은 권리의무의 승계, 채권원리금의 회수방법 등에 따라 양도(assignment), 경개(更改; novation), 대출참가(sub-participation) 등 세 가지로 구분된다.

① 양도(assignment)

양도인(매각자)과 양수인(매입자)간에 양도양수계약을 통해 대출채권의 양도가 성립하며 효력발생 및 대항요건은 차주(借主; 원채무자)의 승낙 또는 차주에의 통지가 필요하다.

② 경개(更改; novation)

양도인(매각자)과 차주(원채무자)간에 체결된 원계약(原契約)에 기초하는 채권·채무관계를 소멸시킴과 동시에, 양수인(매입자)과 차주(원채무자)간에 새로이 동일한 내용의 채권·채무관계를 발생시키는 것으로, 양도인(매각자), 양수인(매입자), 차주(원채무자) 3자간의 3면계약으로 이루어진다. 또 저당권설정이 되어 있는 경우에는 그 저당권의 이전도 동시에 이루어질 필요가 있다.

③ 대출참가(sub-participation)

양도인(original lender)이 양수인(sub-participant)에게 대출채권에 대한 원리금수취권리의 일부만을 양도하는 것으로 채권양도 후에도 차주(원채무자)와 양도인(원채권자)과의 채권 채무관계는 계속 유지되며 양수인(매입자)은 차주(원채무자)에 대해 직접 대출금변제를 요구하거나 '기한의 이익'을 상실시키는 행위를 할 수 없다.

2) 대출의 증권화

대출의 증권화(securitization)는 대출을 자본시장에서 거래될 수 있는 증권의 형태로 변환시키는 것으로서 다음과 같은 방식 등이 있다.

① 동질·동종 대출을 묶어 이를 표창(表彰)하는 새 증권을 발행하는 방법

② 대출채권 자체를 담보로 하여 새 증권을 발행하는 방법

③ 대출채권을 신탁하고 신탁증서를 발급받아 이를 유통시키는 방법

제4절 환업무

1. 개 요

환(換; 송금; fund transfer)이란 격지간(隔地間) 자금의 이동을 말한다. 우리가 일상생활에서 돈(지급수단/결제수단)을 멀리 떨어진 지역으로 보내고자 할 때 은행이 없다고 상상해 보면 얼마나 환업무가 요긴한지 알 수 있다.

은행의 환거래 상품은 크게 송금(remittance), 추심(collection)으로 나누어 살펴볼 수 있다. 그리고 송금 자체를 볼 때 송금 당사자 측에서는 당발환(當發換)이 되고, 송금 수령인 측에서는 타발환(他發換)이 된다.

송금은 격지간의 자금이체를 말하는데 거래은행에서 송금이 이루어질 경우에는 거래계좌를 통해서 송금을 하면 되며, 거래은행이 아닌 경우에도 당발환이 취급된다. 송금의 신속처리를 위해 전신송금방식을 이용할 수도 있다. 이 경우 물론 요금비용이 더 비싸다.

2. 환거래상품

1) 송 금

송금(remittance)업무는 크게 당발송금(當發送金)과 타발송금(他發送金)으로 구분된다. 당발송금은 송금인의 신청에 따라 은행이 자금을 당지(當地; 서울)에서 타지(他地; 부산)로 송금하는 것을 말한다. 타발송금은 당발송금과는 반대로 타지(부산)에서 송금 의뢰인의 요청으로 타지은행을 통해 당지(서울) 수취인에게 송금되는 것을 말한다.

송금업무내용은 송금방법에 어떤 수단을 이용하느냐에 따라 송금종류가 나누어진다.

① 우편송금(M/T: mail transfer)

당발은행(서울)이 송금대전 지급지시서를 자금수취은행(부산)에 통지할 때 일반 보통 우편으로 보내는 경우를 말한다. 따라서 요금은 저렴하지만 우편소요일수만큼 송금을 수령하는데 시간이 더 오래 걸린다.

② 전신송금(T/T: telegraphic transfer)

당발은행이 송금대전 지급지시서를 자금수취은행에 통지할 때 전신(電信)으로 보내는 경우를 말한다. 따라서 가장 빠른 시간 안에 송금대전을 수령할 수 있다. 물론 요금이 전신료부담만큼 더 든다. 일반적으로 거액자금이동시 또는 긴급을 요히는 경우에 이 방법이 이용된다.

③ 송금수표(D/D: demand draft)

송금수표를 당발은행에서 발급받아 본인이 직접 지참하고 내려간다든가 또는 그 송금수표를 타지 수령인 앞으로 우송한다든가 하는 경우이다. 송금수표는 보통 소액거래에 많이 이용된다.

2) 추 심

추심(推尋; collection)이란 수표(어음) 소지인(채권자)이 매도 또는 추심의뢰한 타지발행의 수표 또는 어음을 당지 취급은행이 채무자(또는 발행자) 앞으로 지급제시하여 자금의 대차관계를 결제하는 업무를 말한다.

추심업무는 추심대전(代錢)의 추심결제시점을 기준으로 추심전매입과 추심후지급의 두 가지 형태가 있다.

① 추심전매입(bills purchased)

추심전매입은 고객의 요청에 따라 타지 지급은행에서의 지급이 확실하다고 예상되는 수표나 어음을 당지 취급은행이 매입하여 대금을 고객에게 미리 먼저 지급한 후 지급은행 앞으로 추심의뢰하여 매입한 자금을 회수하는 것을 말한다. 이 경우 당지 취급은행은 타지 거래은행에 전화조회 등 방법으로 해당 수표(어음)의 결제확인을 받은 후 취급하는 것이 관례로 되어 있다. 물론 비용이 더 든다.

② 추심후지급(bills collection)

추심후지급은 고객의 추심위임에 의해 추심절차와 과정을 거친 후 추심대전이 당지 취급은행 예치금계좌에 입금된 후 안전하게 고객에게 대금을 지급하는 것을 말한다.

제5절 인터넷전문은행[9]

1. 개 요(핀테크의 등장)

이 절에서는 앞의 1절~4절까지 설명한 '전통은행금융시장'과는 판이한 모습으로 등장하여 금융시장의 판도를 흔들고 있는 전 세계적인 '핀테크금융'을 기반으로 한 '인터넷전문은행'을 소개하고자 한다.

이미 제1장 4절 '금융시장의 진화'에서 소개한 바와 같이 인터넷전문은행이 기반으로 하는 '핀테크'는 원래 '금융(Finance)'과 '기술(Technology)'의 융합을 나타내는 합성어이다. 즉, IT기술을 기반으로 기존 전통금융의 문제를 간편하게 풀고 새로운 금융서비스를 제공하는 금융 분야이다. 서비스 시간대도 기존 은행이 일정한 주간 시간대에 지정장소에서 대면거래(face to face)에 의해서만 제한적으로 이루어지던 것에 반해, 핀테크금융은 24시간 주야를 막론하고 언제 어디서나 원하는 서비스를 비대면거래로 처리하여 고객이 원한 시간과 장소에서 바로 이루어지는 게 특징이다.

핀테크 분야는 송금, 자금결제, 크라우드펀딩, P2P 대출, 자산관리 및 소셜투자, 보험 등 6가지이며, 핀테크는 최근에 이르러 글로벌 금융시장의 발전추세에 따라 진화(evolution)를 거듭하고 있는데 그 특징은 다음과 같다.[10]

첫째, IT기술의 단계가 높이 진화하고 금융거래기술에 융합되고 있다.

둘째, 금융거래가 국경을 넘어서 글로벌 거래로 확대 되고 있다.

셋째, 온라인상에 숫자로만 존재하던 신용화폐가 널리 현실적으로 범용되고 있다.

넷째, 금융플랫폼 개방시대의 도래로 다양한 선진 서비스를 공유하게 된다.

2. 핀테크 서비스[11]

본격적인 핀테크 시대가 도래되면 다양한 새로운 금융상품이 등장하는데 대체로 송금, 결제, 투자, 소액대출, 자산관리, 보험 등이 여기에 해당하나. 그러나 나라마다 금융규제가 달라서 실행하는 데 많은 제약이 있다. 우리나라도 예외가 아니다.

1) 송금(국내 및 해외송금)

송금은 격지간의 자금이체를 말하는 데 금융과 IT기술이 결합한 핀테크는 금전을 주고받는 업무인 송금이 중요한 시발점이 된다. 종전에는 은행이나 ATM을 송금 의뢰인이 직접 찾아가 돈을 입금하고 이체처리를 했다. 그러나 핀테크시대에는 고객기반을 갖춘 SNS기업과 휴대전화 제조사, 온라인에서 가장 많이 방문하는 포털 등 새로운 플레이어들이 등장하고 이들이 가진 고객기반, 디바이스 플랫폼, 인터넷 플랫폼 등을 통해 송금(국내 또는 해외) 의뢰인과 수취인을 빠르고 간편하고 저렴한 비용으로 직접 연결시켜 자금이체 목적을 달성한다.

예를 들어 아프리카의 오지인 케냐의 통신사인 사파리콤(Safaricom)에서 출시한 엠페사

---

9) 신무경, 인터넷전문은행, 미래의창, 2016에서 참조함.

10) 현경민 외, 왜 지금 핀테크인가, 미래의창, 2015.

11) 현경민 외, 전게서.

(M-PESA)[12]는 모바일 머니를 이용하는 모바일 송금 서비스이다. 엠페사는 2012년에 등장하여 케냐 인구의 38%인 1,700만명이 이용하고 GDP의 31%인 180억 달러의 자금이 거래(송금)되는 이 나라의 주요 지급결제수단으로 자리 잡았다. 케냐 통신청은 2014년 9월 기준 휴대전화 보급률이 80.5%에 달했다고 밝히고 있다. 현금 위주로 움직이던 케냐는 엠페사 등장 이후 핀테크(fintech, 금융과 정보 기술을 접목한 산업) 혁신의 대명사로 부상했으며 미 경제지 포천은 '세상을 바꾸는 기업' 1위(2015년)로 사파리콤과 보다폰을 꼽았다.

또 하나의 사례로 비트코인(bitcoin)[13]을 들 수 있다. 사토시 나카모토라는 프로그래머가 개발한 P2P 기반의 가상화폐가 바로 비트코인이다. 가상화폐란 실물 없이 온라인상에서만 정보형태로 거래되는 '전자화폐'를 말한다. 비트코인이라는 가상화폐는 상대방 지갑(계좌)의 주소(숫자와 영문이 혼합된 번호)만 알면 앱 마켓에서 비트코인 앱을 다운받아 주소(계좌번호)와 QR코드(Quick Response code)를 얻어내면 플랫폼 송금 준비는 끝난다. 비트코인의 가격은 바로 수요와 공급의 원칙에 따라 결정되며, 플랫폼에 관계없이 언제 어디서나 현금교환이 가능하다. 비트코인은 원화, 달러, 유로화, 엔화 등 다양한 통화와 교환이 가능하며 송금수단으로 이용이 가능하다. 이 가상화폐는 개인간 거래나 거래소를 통해서 매매할 수 있다.

실제 사례로는 미국의 코인베이스(coin base)로서 2015년 1월 미국 최초로 금융당국의 허가를 받은 거래소이다. 우리나라도 코빗(Kobit), 엑스코인(Xcoin), 야피존(Yapizon) 등의 비트코인 거래소가 있다. 거래소는 비트코인의 구매와 판매를 중개할 뿐만 아니라

---

12) M-Pesa는 케냐의 통신사 사파리콤과 남아프리카 공화국의 통신사 보다콤의 휴대 전화를 이용한 비접촉식 결제, 송금, 소액 금융 등을 제공하는 서비스이다. 케냐의 수많은 금융 소외 인구에게 기본적인 은행업무를 제공하고 자본에 대한 접근성을 높이는 것을 목적으로 설립된 엠페사는 현재 로컬 금융 그룹인 네드뱅크와 제휴해 사업을 진행하고 있다.

13) 비트코인(Bitcoin)은 2009년 사토시 나카모토가 만든 디지털 통화로, 통화를 발행하고 관리하는 중앙 장치가 존재하지 않는 구조를 가지고 있다. 대신, 비트코인의 거래는 P2P 기반 분산 데이터 베이스에 의해 이루어지며, 공개 키 암호 방식 기반으로 거래를 수행한다.

결제도 중개한다. 이와 같은 여러 거래에서 수수료를 챙기고 있는 것이다. 현재 비트코인 거래 주요 고객은 애플, 페이팔, 중국의 바이두(Baidu) 등이며 송금과 결제수단으로 널리 활용되고 있다.

2) 결제(간편결제)

핀테크 결제는 온라인 결제와 오프라인 결제로 나뉜다. 온라인 결제는 인터넷이나 스마트폰으로 구매 또는 결제를 행하는 것을 말한다. 이에 반해서 오프라인 결제는 매장에서 물건을 구매할 때 현금이나 신용카드로 결제하는 것을 말한다. 오프라인 결제는 판매자와 구매자가 대면거래(face to face)에서 이루어진다. 삼성페이(Samsung Pay)는 스마트폰으로 신용카드를 대체하는 오프라인의 대표적인 핀테크이고, 애플페이(Apple Pay) 및 페이팔(Paypal), 알리페이(Alipay), 카카오페이(Kakaopay)도 대표적 결제 핀테크인데 이들은 결제도구가 모바일이란 점이 다르다. 그 만큼 진화한 것이다.

온라인 결제 절차는 PG사(Payment Gateway=대표가맹점)가 중심이 되어 이루어진다. 즉, 온라인 가맹점에 결제수단을 제공해 주는 사업자이다. 따라서 PG사는 각 카드사와 가맹점계약을 미리 맺어 놓고 카드사별로 서로 상이한 온라인 결제방식을 모두 지원하는 모듈(module)을 만들어 고객인 소규모 가맹점들에게 이를 제공한다. 그리하여 카드사는 PG사의 결제모듈을 쇼핑몰에 연결만 하면 모든 결제절차는 마무리된다.

삼성은 2015년 3월 삼성페이(Samsung Pay)를 출시했는데, 신용카드 뒷면의 마그네틱 띠의 저장정보 내용을 자기장으로 만들어 내장하는 기술을 보유하고 있는 미국 루프페이(LoopPay)를 인수하고 그 혁신적인 기술을 탑재한 삼성페이를 고안한 것이다.

삼성페이는 갤럭시폰의 카메라를 통한 문자인식 방법으로 카드번호를 인식한다. 그리고 이 정보를 암호화하여 스마트폰 내부에 저장해 두고 결제시 지문인식을 통해 본인임을 인증하며 자기장을 형성해 결제를 유도한다. 이때 3인치(약 7.6cm) 이상 떨어지면 결제기기에서 읽을 수 없도록 자기장을 약하게 발생시키는데, 이는 사용자가 인식하지 못하는 사이에 결제되지 않도록 하기 위한 사전적인 강력한 보안조치이다.

글로벌시장에서 삼성과 경쟁하는 애플은 2014년 10월에 이미 애플페이를 출시했는데, 지문인식 기능인 터치 ID를 통해 본인인증을 하고 모바일월렛인 아이폰 애플리케이션 패스북을 통해 등록된 신용카드를 관리하는 것으로서 다소 복잡하다. 해외 온라인결제 서비스로는 페이팔(PayPal)과 알리페이(AliPay) 등 여러 결제도구가 있다.

삼성페이와 함께 국내에서는 카카오페이(Kakao Pay)가 등장했다. 카카오페이는 카카오톡 앱에 신용카드정보를 등록한 뒤 인터넷 쇼핑몰에서 쇼핑할 때 비밀번호 입력만으로 간편하게 결제할 수 있는 결제서비스인데, 신용카드를 최대 20개까지 등록할 수 있다. 인터넷 쇼핑에서 결제할 때마다 각종 플러그인을 설치하고 카드번호와 유효기간, 비밀번호를 입력해야 했던 기존 결제의 불편함들을 대폭 줄여 자신이 설정한 비밀번호만으로 즉시 결제가 이루어진다. 2022년 1분기 말 기준 카카오페이 누적 가입자 수는 3,788만명으로 집계됐다. 이 숫자는 우리나라 15세 이상 인구의 80% 이상을 차지하는 수준이다. 카카오페이는 금융결제뿐 아니라 온라인 업무영역을 확장하고 있다.

이 밖에도 온/오프라인에서 수많은 핀테크 지불결제 서비스가 등장하고 있다.

3) 크라우드펀딩(대중 집합투자)

크라우드펀딩(Crowd Funding)은 핀테크의 한 분야로서 그 의미는 Crowd(대중)+Funding(기금), 즉 대중이 함께 만드는 기금이란 뜻이다. 2015년부터 당국에서 허용되고 있는 자금조달방식인데, 일반적으로 말하면 십시일반(十匙一飯) 형태의 자금 끌어모으기이다. 창업-벤처-중소기업의 자금을 조달하는 취지로 출발했다. 예를 들어 특정사업을 벌릴 경우 해당 사업의 아이디어에 대한 투자금을 익명의 다수 투자자에게서 모을 수 있도록 한 제도이다.

금융위에 따르면 크라우드펀딩은 제도 시행 후 4년간 총 585개 기업이 1,128억원을 조달하는 등 새로운 자금조달 수단으로 자리매김했다. 하지만 여전히 발행기업 요건과 투자한도 등의 규제로 인해 기업의 참여가 저조한 문제를 해결하고자 발행기업 범위를 기존 비상장 창업·벤처기업에서 비상장 중소기업 전반으로 확대하기로 했다.

크라우드펀딩은 투자목적 및 투자방식에 따라 후원형, 기부형, 대출형, 지분투자형 등으로 나뉜다.

4) P2P 대출(소액대출)

P2P 대출(Person to Person 대출)은 온라인상에서 대출을 원하는 사람이나 중소기업이 여윳돈으로 높은 수익을 원하는 개인이나 기업과 연결시켜주는 서비스를 말한다. 이는 높은 은행금리에 비해 대출금리를 대폭 낮출 수 있는 것이 최대 장점이다. 2005년 영국을 시작으로 미국과 중국에서 P2P 대출 플랫폼이 등장하기 시작했다. 우리나라도 2007년에 머니옥션과 팝펀딩이라는 P2P 플랫폼 서비스가 등장했다. 이와 같이 전 세계적으로 빠른 속도로 성장하고 있는 P2P 대출시장은 핀테크의 기반을 형성하는 기술혁신과 2008년 이후 다가온 글로벌 금융위기 여파로 공공 대출금융 위축에서 오는 대안적 상품이다. 주로 대상은 중소기업과 저신용 서민층 대출수요자가 여기에 해당한다. 이 대출은 기존 금융회사 대출과 기본적인 구조는 비슷하나 대출을 해주는 주체가 금융회사가 아니라 다수의 일반투자자란 점과 중간에 중개기관 없이 투자자와 대출신청인이 온라인 플랫폼을 통해 직접 거래한다는 점에서 큰 차이가 있다.

우리나라의 경우 금융당국에서 정한 엄격한 'P2P 대출 가이드라인'에 따라 당사자들이 이 원칙하에서 준수의무를 다하면서 거래를 이행하고 있다. P2P 대출상품 투자시 유의사항은 투자원금보장이 안되고 손실 가능성이 있다는 점, P2P 업체의 회계투명성 확인, 영업방식의 건전성 등을 사전에 꼭 확인하도록 되어 있다.

우리나라 P2P 대출시장은 개인대출과 창업자금조달 목적으로 운영되는데 직접 대출업무 대신에 법규상 대부업이 가능한 저축은행을 통해 우회적인 방법으로 대출중개업의 형태를 취하고 있다. 이를 활성화하는 경우 중소기업 중금리 자금조달 창구로 크게 역할을 할 것으로 보인다.

5) 자산관리 소셜(SNS)투자(빅데이터 기반)

문화핀테크시대에 접어들어 비대면 계좌개설로 인해 소액자산가 혹은 사회 초년생을 대상으로 한 자산관리 서비스가 가능해졌다. IT기술 기반의 자산관리는 고객에 따라 달라지는 최적화된 자산관리솔루션을 제공할 수 있으며, 저렴한 관리비용으로 이를 지속적 장기적으로 관리할 수 있게 된다.

자산관리: 핀테크 선진국인 미국과 영국에서는 이미 핀테크를 활용한 자산관리 서비스가 확대되고 있으며 주로 자산포트폴리오 제공, 금융상품 비교, 투자자문 등이 활발히 이루어지고 있다. 자산관리 서비스의 궁극적인 목적은 고객의 자산을 키워주거나 금융위기로부터 방어하는 것을 말한다. 최근 로봇이 전체 산업에서 점하는 비중이 높아지고 있는데, 금융 분야에서도 그 역할이 커지고 있다. '로보 어드바이저'(Robo Advisor)라고 불리는 온라인 금융자산관리 서비스는 컴퓨터 알고리즘을 바탕으로 전통적인 자문사보다 낮은 수수료에 고객의 포트폴리오를 관리하는 온라인 금융자문사이다. 이들은 주로 인터넷을 통해 고객의 재테크 설계를 도와주고 수수료를 받는다. 미국에서 2008년 글로벌 금융위기 이후 이 분야에 뛰어드는 벤처기업이 빠르게 증가하고 있다.

로보 어드바이저의 대표 서비스로는 미국의 베터먼트(Betterment)와 웰스프런트(Wealth Front)가 있다. 2008년 뉴욕에서 설립된 베터먼트는 고객의 현재 자산상태와 은퇴상태, 투자상황에 맞춰 글로벌 투자상품의 포트폴리오를 제시한다. 기존 자산관리 서비스가 주로 PB(Private Banking)에 의한 면대면(face to face) 또는 전화상담 위주로 이루어진 데 반해서 베터먼트는 철저한 온라인 서비스를 지향하고 있다. 이에 대하여 2008년 같은 해에 설립된 웰스프런트는 온라인을 통해 투자정보와 자문을 전달하는 서비스인데, 기존 증권사나 투자자문사에 비해 저렴한 수수료로 고객의 성향에 맞춘 투자상품을 추천하고 매매타이밍도 알려준다. 특히 단순 알고리즘만으로 분석하는 것이 아니고,

국내 유수 전문가 투자팀을 통해 포트폴리오를 구성하고, 여기에 빅데이터 등의 IT 기술을 융합해 전문성과 효율성을 함께 두루 갖추고 있다.

소셜투자(투자정보): SNS는 'Social Network Service'의 약자로 인터넷을 통해 서로의 생각이나 정보를 주고받을 수 있게 해주는 서비스를 말한다. 여기서 출발하여 이루어지는 투자정보제공 서비스는 핀테크의 자산관리에서 중요한 서비스 분야이다. 주식투자에 활용되며, 다양한 공식-비공식 정보를 빅데이터로 분석하고 이를 SNS 플랫폼으로 구현한 것이 '소셜 트레이딩'이다. 주식투자와 소셜네트워크를 결합한 서비스가 바로 여기에 해당한다. 서비스 이용자에게 수익률 상위투자자의 주식보유현황과 포트폴리오를 보여주고, 서비스 구성은 트위터(Twitter)와 같은 SNS를 이용하여 전체적인 투자흐름을 충분히 읽게 한다.

2011년 초 영국 더웬트캐피털(Derwent Capital)이 트위터 분석을 통해 펀드 투자에서 성과를 거둔 것이 좋은 사례가 되고 있다. 수백만 건의 트윗 중 주식시장과 관련 있는 10% 정도를 분석해 투자심리를 파악해 보니 S&P 500 지수가 2.2% 하락한 2011년 7월 일반 헤지펀드 운용수익률은 0.76%에 그쳤으나 더웬트는 1.86%를 달성했다고 한다.

빅데이터를 분석하여 투자정보 서비스를 제공하는 금융리서치 플랫폼인 '스넥(SNEK)'을 운용하는 우리나라 금융인공지능 스타트업인 '위버플(Uberple)'은 핀테크시대에 주목받는 기업이다. 스넥은 각종 뉴스 정보와 웹 콘텐츠를 수집하여 증권 전용 검색엔진과 이를 재가공하고 매매분석 데이터와 매칭시키는 빅데이터 엔진을 자체 개발했다. 위버플은 주식정보 서비스 외에도 자산관리 서비스로 영역을 확장하고 있다.

6) 보험(사물인터넷과의 결합)

운전경력이 적은 초보 운전자가 자동차보험에 가입하려면 비싼 보험요율을 적용받을 수밖에 없다. 초보 운전자가 저렴한 보험요율을 적용받으려면 보험사의 자동차 진단용 소형기기를 장착하고 정해진 기간동안 운전을 한 다음 보험료를 재산정할 수 있다. 이처럼 초년 운전자가 자동차를 운행하면서 기기를 통해 실시간으로 전송된 주행거리, 운전시간대, 급제동 등 주행습관 데이터를 분석한 결과에 따라 보험사로부터 적정한 보험요율을 적용받을 수 있는 것은 보험이 사물인터넷과 결합한 예이다.

이와 같은 사례처럼 사물에 지능을 부여하고 네트워크로 연결해 정보를 공유하는 사물인터넷(IoT)을 활용한 보험(사물인터넷보험)산업에서의 핀테크 활용이 활발하게 진화하고 있다. 자동차보험의 경우 연령, 차량 등 기반보험료 산정방식에서 개인행동 기반 보험료 산정방식으로 바뀌고 있는 것이다.

자동차보험사가 사물인터넷을 이용해 가입자의 운전습관을 파악해서 보험요율을 책정하는 것처럼 건강보험사도 가입자의 운동량을 측정해서 요율 결정에 활용하고 있다. 미국 건강보험사 휴매나(Humana), 시그나(Cigna)는 핏비트(Pitbit)와 같은 운동량 측정 웨어러블 디바이스를 활용하기 시작했다. 이들의 사업모델은 가입자가 기기를 장착하고 운동 목표량을 달성하면 보상을 해주는 방식이다.

국내에서도 2015년 1월 KT와 흥국화재해상보험이 업무협약을 체결하고 한국형 UBI(Usage-Based Insurance)상품을 출시했다. 이 보험은 운전자 습관에 따라 보험료 부담이 달라지는 상품이다. KT는 차량에 장착된 사물인터넷(IoT) 기반 차량정보 수집장치를 통해 실시간 운행정보를 확보하고 빅데이터 기술이 적용된 분석 툴인 'UBI 솔루션'을 활용해 운전자의 운행패턴을 분석하는 시스템을 담당한다. 흥국화재는 KT가 제공하는 정보를 활용해 사고발생과의 상관관계를 분석하고 UBI상품을 개발해 출시하게 되었다.

미국의 경우는 2013년에 보험사 스테이트팜(State Farm)이 보안업체 ADT(보안전문기업) 및 대형 가정용품 유통업체 로이스(Lowe's)와 협약을 맺고 보험 고객이 협력업체가 제공하는 가정용 보안제품 및 스마트 센서 제품을 구매할 경우 주택보험료를 대폭 할인해 주는 서비스를 운용하고 있다.

보험산업에서 핀테크는 주로 빅데이터를 활용해 보험을 인수(Underwriting)하는 심사시간 단축 및 간편화 방향으로 진화 발전하는 추세에 있다.

3. 국내 인터넷전문은행(케이뱅크와 카카오뱅크)

1) 개 요

금융 당국이 ICT(정보통신기술)와 금융 부문간 융합을 통한 금융서비스 혁신과 은행산업의 경쟁력 제고를 목적으로 인터넷전문은행 도입을 결정하고 2015년 11월 국내에 최초로 케이뱅크와 카카오뱅크 두 곳을 예비인가했다. 그 후 케이뱅크가 2017년 4월 개점했고, 카카오뱅크는 2017년 7월에 개점하여 업계는 두 개의 복점(duopoly) 경쟁체제를 형성하면서 인터넷전문은행의 본격적인 업무를 개시했다.

우리나라는 선진금융권의 경우와는 달리 1998년 IMF금융위기를 겪으면서 금–산분리 제도를 확립하고 있어 인터넷전문은행의 도입이 지연되어 왔었다. 그러나 제1단계 인터넷전문은행이 출범하고 제도적 개선이 이루어지면서 제2단계 발전과정으로 제3인터넷은행 토스뱅크도 본인가를 받고 2021년 10월 영업에 들어갔다.

2017년 우리나라에서도 인터넷전문은행이 새로운 글로벌 금융체제를 갖추고 첫걸음을 내디디게 되었다. 이로써 한국도 일본, 중국, 미국 유럽 등 글로벌 지역에서 현재 50여개에 이르는 해외 인터넷전문은행 대열에 당당하게 들어서게 된 것이다.

인터넷전문은행의 기대효과로는 첫째, 정보통신기술(ICT)과 금융의 융합산물인 신금융서비스 출현으로 금융소비자들의 편익이 증대되었다. 둘째, 새로운 경쟁 및 차별화된 금융사업 모델의 출현으로 기존 은행간 경쟁촉진에 의한 금융산업 전반의 경쟁력 향상을 유도하게 되었다. 셋째, 핀테크 활성화, 새로운 인터넷전문은행 사업모델 구축 등을 통해 은행사업의 해외 글로벌 진출을 촉진하고 활성화를 이루게 될 것으로 전망된다.

2) 인터넷전문은행의 특징과 전망

국내 인터넷전문은행의 도약과 글로벌 발전을 위해서는 다음과 같은 핵심 문제들을 고려해야 한다.

첫째, 금-산분리 완화이다. 일반은행이 아닌 인터넷전문은행에 한해 산업자본의 소유한도를 완화 혹은 폐지하는 방안을 검토해야 한다. 현행법은 산업자본은 은행지분을 10%까지만 소유할 수 있고, 의결권은 4%로 제한하고 있다.

둘째, 겸업주의 허용이다. 비대면거래에서 불완전판매에 대한 리스크는 정보제공과 고객관리를 통해 줄일 수 있다. 인터넷 접촉 고객을 콜센터 전화로 유도해 이해와 만족도를 높일 수 있으므로 인터넷전문은행의 특성인 하나의 채널에서 판매하게 되면 편의성은 증대되고 비용은 감소되면서 불완전판매에서 벗어날 수가 있다.

셋째, 자기자본 기준 완화이다. 일반 시중은행과 마찬가지로 인터넷전문은행도 자기자본 비율의 감독하에 있는 만큼, 이를 해결하면서 동시에 규모의 경제를 달성하기 위해 자기자본비율을 완화해 주는 것이 바람직하다.

넷째, 금융실명제에 대한 기반검토이다. 인터넷거래의 첫 입문 단계인 '본인확인' 즉, 실명제도의 검토이다. 현행법상으로는 본인확인의 방법으로는 신분증 사본 온라인 제출, 기존 계정 활용, 영상통화, 현금카드 전달 시 확인, 비대면 확인 방식 등이다. 이들 제도를 현실에 맞게 조절할 필요가 있다.

3) 케이뱅크와 카카오뱅크의 출범[14]

국내 인터넷전문은행은 당국 인가에 의해 케이뱅크가 2017년 4월에 출범했고, 이어서 카카오뱅크도 2017년 7월에 출범하였다. 두 은행 모두 핀테크를 중심으로 하는 인터넷전문은행으로 등장했지만 업무취급 내용에서는 약간씩 다른 특징을 가지고 있다. 이 두 은행 특징을 비교하면 〈표 4-2〉에서 보는 바와 같다.

---

14) 한편, 3대 인터넷전문은행 가운데 가장 늦게 출범한 토스뱅크(Toss Bank)는 2020년 1월 31일 설립되고, 2021년 10월 5일부터 영업을 시작했다.

내용	케이뱅크	카카오뱅크
은행영업개점일	2017. 4. 3.	2017. 7. 27.
자본금	2,500억 원	3,000억원
주요주주 (지분율)	우리은행(10%), GS리테일(10%), 한화생명보험(10%), 다날(10%), KT(8%)	한국투자금융지주(50%), 카카오 (10%), 국민은행(10%), 우정사업 본부(4%)

주요핵심제공
서비스
	– 중금리대출(빅데이터 기반)
	  토탈 간편지급결제(Express Pay)
	– 휴대폰/이메일 기반 간편송금
	– 로보 어드바이저(Robo-advisor)
	  기반 자산관리
	– 리얼타임(Real-time) 스마트
	  해외송금
	– Open API[16](다양한 '결합') 활용
		– 중금리대출(빅데이터 기반)
		– 카카오톡 기반 간편송금
		– 카드-VAN-PG 없는 간편결제
		– 카카오톡 기반 금융 비서
		– 카카오 유니버셜 포인트
		– 저렴한 마이너스 통장금리에 역점

〈표 4-2〉 케이뱅크와 카카오뱅크의 특징 비교[15]

4) 케이뱅크와 카카오뱅크의 일반사항 및 사업모델

(1) 케이뱅크 일반사항[17]

① 핵심 서비스

비대면 금융거래를 기반으로 하여 중금리 개인 신용대출(빅데이터 기반), 간편심사 소액대출(통신요금 납부정보 등 기준), 체크카드, 직불 간편결제 서비스, 퀵 송금 등 핀테크 서

---

15) 금융감독위원회 보도자료, 인터넷전문은행 예비인가 결과, 2015. 11. 29.

16) Application Program Interface, 응용프로그램에서 사용할 수 있도록 운영체제나 프로그래밍 언어가 제공하는 기능을 제어할 수 있게 만든 인터페이스를 말한다.

17) 금융위원회, 보도자료, 2016.12.14. 요약.

비스 가운데 주요업무를 선택하여 업무를 집행한다. 앞으로 영업 추세를 보아가면서 점차적으로 신용카드업, 방카슈랑스, 펀드판매업 등을 별도로 인허가 신청 절차를 밟아 영업할 것이다.

② 지배구조

주주구성은 케이티(KT), 우리은행, NH투자증권, GS리테일, 한화생명보험, KG이니시스, KG모빌리언스, 에잇퍼센트, 다날, 포스코ICT, 한국관광공사, 얍컴퍼니, DGB캐피털, 한국정보통신, 모바일리더, 이지웰페어 등을 비롯하여 모두 21개사로서 컨소시엄 형태로 이루어진다. 총 자본금은 2,500억원이다.

(2) 케이뱅크 사업모델(상품 및 서비스)

① 수신상품
- 디지털 정기예금: 고객에게 디지털 음원이용권 등 다양한 혜택이 부여되는 상품
- 고금리입출금예금: 요구불예금 중 여유자금을 고금리정기예금으로 전환 가능케 하는 상품

② 여신상품
- 중금리개인신용대출: 빅데이터 기반 신용평가를 활용한 중신용자 대상 대출상품
- 간편심사 소액대출: 가입-심사 절차가 간소화된 마이너스통장 형태의 소액대출
- 우량직장인 신용대출: 직장인 대상 신용대출
- 예적금 담보대출: 예적금을 담보로 하는 대출

③ 체크카드
- 포인트적립형: 전 업종 대상 포인트 적립형 체크카드
- 통신캐시백형: 통신요금 할인형 체크카드

④ 송금

- 퀵 송금(Quick Remittance): 휴대폰 번호 기반의 간편 송금

⑤ 고객상담

- 24시간 상담서비스: 24시간, 365일 Total Care Service 제공, 분실신고, 뱅킹 Help-desk, 상품 가입/해지 상담 서비스 등 제공

- 챗봇 서비스(Chatbot): 채칭 기반 고객 상담서비스, 인터넷채팅을 통해 상품 안내, 자주 묻는 질문에 대한 답변(FAQ) 등 제공

⑥ 숭상기 줄시 예정 상품(예정)

- 직불 간편결제: 고객-가맹점을 직접 연결하는 직불결제방식의 모바일 간편결제 서비스

- 모기지론: 모바일 기반으로 서류제출 등을 최소화하고 고객편의성을 최대화하는 주택담보대출 상품

- 로보 어드바이저 서비스: 고객의 투자성향, 투자전략을 알고리즘화하여 제공하는 맞춤형 자산관리 서비스

- Open API[18] 뱅킹: API를 통해 소비와 여신이 결합된 금융서비스. 사례로 부동산 중개앱 안에 케이뱅크 대출신청 또는 쇼핑몰앱 안에 케이뱅크 결제기능 이용 가능 등이 있다.

- 핸드폰 기반 해외송금: 해외통신사 제휴를 통한 전화번호 기반 해외 송금 서비스

---

18) Application Program Interface(응용프로그램 영역). 응용프로그램에서 사용할 수 있도록 운영체제나 프로그래밍 언어가 제공하는 기능을 제어할 수 있게 만든 인터페이스를 말한다. 주로 파일 제어, 화상 처리, 문자 제어 등을 위한 인터페이스를 제공한다. 케이뱅크의 API영역에는 구체적 O2O online service로서 통신(모바일), 카드, 보험, 증권, 유통(편의점), e-커머스, 미디어 등 다양한 영역이 결합된다.

(3) 카카오뱅크 일반사항[19]

① 핵심 서비스

비대면 금융거래를 기반으로 하여, 중금리 개인신용대출(빅데이터 기반), 카카오톡 기반 간편송금 및 해외송금, 소상공인 소액대출, 체크카드, 카드-VAN-PG 없는 간편결제, 카카오톡 기반 금융서비스, 카카오 유니버설 포인트 등이 핵심 서비스이다. 앞으로 더 광범위하게 영역을 넓혀 가면서 추가적으로 인허가 과정을 거쳐 영업을 확대해 나갈 계획이다.

② 지배구조

주주구성은 한국투자금융지주, 카카오, 국민은행, 넷마블, 서울보증보험, 우정사업본부, 이베이, YES24, Skyblue 등 9개사의 컨소시엄 형태로 이루어진다. 총 자본금은 3,000억원이다.

(4) 카카오뱅크 사업모델(상품 및 서비스)

① 수신상품
- 입출금예금: 요구불예금 중 단기 여유자금을 설정하여 금리혜택 부여
- 정기예금: 예적금 상품(시중은행 대비 금리우대)

② 여신상품
- 모바일속 비상금: SGI서울보증을 통해 저신용자까지 소액 마이너스 대출
- 중신용대출: SGI서울보증 자체신용평가모형을 활용한 중신용자 대상 중금리 대출
- 고신용대출: 신용평가모형에 따른 사용자 대상 일반 및 마이너스 대출

---

19) 금융위원회, 보도자료, 2017.4.5. 요약.

- 소상공인 신용대출: 오픈마켓의 소상공인(판매자)대상 중신용자 대출

- 전월세 보증금대출: 보증부 전월세 보증금대출

- 부동산 담보대출: 모바일 기반 주택담보대출

③ 체크카드

- 체크카드: 타 체크카드 대비 높은 혜택 제공

④ 자금결제/외환

- 간편 송금: 카카오톡 주소록 기반으로 은행 앱내에서 구동되는 간편 송금 서비스

- 간편 해외송금: 제휴망을 통한 해외 송금 서비스

- 간편결제: 앱 기반 소비자(구매자)-판매자간 현금 간편결제 서비스

⑤ 신용카드

- 신용카드: 일반 신용카드 업무

⑥ 기타 고객 서비스

- 중소상공인 마케팅채널: 목적성 예적금 고객 등 특정 상품 수요를 가진 고객에게
  판매자를 연결해 주는 마케팅 플랫폼

- 유니버셜 포인트: 목적성 고객의 금융거래(예금이자, 카드사용, 이체)에 따라 제휴사와
  연계한 은행 포인트 제공

- 금융봇: 카카오톡 기반의 인공지능 개인금융 비서 서비스

- 핀테크 Open API: API제공을 통해 외부 핀테크 업체와의 연계로 혁신 금융 서비
  스 제공(타 플랫폼 내 카카오뱅크 서비스를 이용)

⑦ 오픈 플랫폼(Open Platform)

카카오뱅크의 기능을 자유롭게 활용할 수 있도록 핀테크 업체들의 오픈 플랫폼을 구

축하여 활용한다.

4. 일반은행과 인터넷전문은행은 어떻게 다른가?

1) 차이점 비교

우리가 핀테크 부분에서 고찰해 온 간편결제, P2P 대출, 송금서비스 등을 '핀테크 1.0시대'로 정의한다면, 빅데이터, 인공지능(AI), 사물인터넷(IoT) 등 최첨단 정보통신기술(ICT)를 이용해 종전의 점포 중심 금융산업 인프라를 변환시키는 것을 '핀테크 2.0시대'라 할 수 있다.[20)]

핀테크 2.0시대에 들어서면 인터넷전문은행이 그 중심이 된다. 인터넷전문은행의 특징을 요약하면 다음과 같다.

① 온라인을 기반으로 하는 '무점포 은행'이다.

② 오프라인 점포 대신 ATM, 인터넷 카페, 디지털 키오스크(Kiosk: 공공장소에 설치된 터치스크린-교통정보 등 무인정보단말기) 등이 점포 역할을 한다.

③ 점포를 설치하는 데 드는 비용이나 이를 운영 관리할 인건비를 절감함으로써 고객에게 예금 및 대출금리, 수수료 상의 절감 유인을 제공한다.

④ 온라인을 기반으로 하는 만큼 시공간(시간과 장소)의 제약이 없다.

⑤ 빅데이터를 활용한 고객 맞춤형 서비스가 가능하다.

기존 일반은행과 인터넷전문은행의 차이점을 비교하면 다음 〈표 4-3〉과 같다.

---

20) 신무경, 인터넷 전문은행, 미래의창, 2016. pp.53-55.

주요특징	일반은행	인터넷전문은행
대면채널	– 지점이 핵심 채널, 창구 중심의 영업	– 기본적으로 지점이 없지만 고객 서비스 차원에서 고객센터 개념으로 최소 운영
비대면채널	– 보조적인 영업 채널로 한정 – 조회 및 이체거래 중심	– 비대면 채널이 핵심 채널 – 금융 쇼핑 중심으로 해당 은행의 모든 거래가 인터넷을 통해 이루어짐
영업기반	– 지점을 중심으로 해당 지역에 기반을 두고 있는 고객 중심	– 해당 국가 전체
영업시간	– 지점은 평일 오전 9시부터 오후 4시까지	– 해당 은행의 모든 업무가 24시간 가능
업무범위	– 금융관련 대부분의 업무 취급	– 자금결제, 소액대출, 신용카드, 전자화폐 등 다양하게 특화

〈표 4-3〉 일반은행과 인터넷전문은행의 차이점과 특징 비교[21]

2) 진화하는 인터넷전문은행[22]

인터넷전문은행은 시간이 흐를수록 점차 진화의 속도를 더해 가고 있다. 1995년에서 2000년까지의 '1세대 인터넷전문은행 시대' 그 후 2000년에서 2005년까지의 중반을 '2세대 인터넷전문은행 시대' 그 후 2005년 중반을 지나서 현재까지를 '3세대 인터넷전문은행 시대'라고 3단계로 전문가들은 분류하면서, 금융 핀테크 진화 단계를 설명하고 있다.

1세대 인터넷전문은행 시대는 초창기로서, 1995년 세계 최초로 등장한 미국 시큐리티

---

21) 한경민 외, 왜 지금 핀테크인가, 미래의창, 2016. p.176 참조.
22) 신무경, 전계서, p.55에서 참고함.

퍼스트 네트워크 뱅크(SFNB), 1996년 넷뱅크(Net Bank) 등에서 찾을 수 있는데, 초창기에는 거래비용(수수료)을 낮추고 수신금리를 높이면서 수시입출금 금리를 높게 우대해 주는 전략으로 고객을 빠르게 유치했다.

2세대 인터넷전문은행 시대에 들어와서는 1세대의 고금리−저수수료 전략에 더해서 모회사와 주주사 네트워크와 그들의 영업기반을 활용하는 금융상품 서비스를 마케팅하는 시너지효과를 창출하는 전략을 구사하였다. 일본의 SBI스미신넷뱅크(2007), 라구텐뱅크(Rakuten Bank, 2001) 등이 여기에 해당한다.

3세대 인터넷전문은행 시대는 2000년대 중반을 지나 등장한 것인데 중국의 위뱅크(WeBank, 2015), 프랑스의 헬로뱅크(Hello Bank, 2013) 등이다. 이때는 인터넷전문은행들이 스마트폰을 주요 채널로 삼고서 더 진화한 빅데이터, 핀테크 기술을 모바일로 제공하기 위해 다양한 시도를 하는 시기였다.

① 웨어러블금융(Wearable Finance)

웨어러블(wearable) 기기는 2012년부터 출시되었는데 손목시계를 비롯하여, 안경, 팔찌, 장갑, 목걸이, 허리띠, 신발, 배지, 의류 등 다양한 형태로 진화하고 있다. 이러한 웨어러블 기기를 활용한 뱅킹서비스는 단시일 내에 주요 금융 트랜드로 부상할 것으로 보인다. 국내에서는 2015년에 NH농협은행이 금융권에서는 처음으로 스마트워치 기반의 웨어러블뱅킹(NH워치뱅킹)을 출시했다. NH워치뱅킹은 별도의 현금카드 없이도 스마트워치 만으로 전국 NH농협은행 농−축협 ATM에서 1일 30만원 이내 현금출금이 가능한 금융서비스이다.

인터넷뱅킹 이용시 간편하게 앱 인증 번호도 확인이 가능하다. 또 소액간편 이체서비스, NFC[23] 기능을 활용한 부가서비스 등 금융서비스 범위를 확대하고 있다. 또한 같은 해, 신한은행은 써니뱅크 출시와 함께 스마트워치로 다양한 금융서비스를 이용할 수 있게 영역을 확장하고 있다.

해외의 사례는 더 발 빠르게 진화를 거듭하고 있다. 영국 바클레이스뱅크는 손목 밴드, 장식, 스티커 등 3가지 웨어러블 기기를 이용하는 비페이(bPay)를 출시했다.

호주의 웨스트팩뱅크(WestPac Bank)는 자사의 뱅킹 앱 캐시탱크(Cash Tank)의 버전을 통해 뱅킹서비스뿐만 아니라 ATM 점포찾기, 납입만기일 알림 서비스 등을 제공한다.

② 바이오금융(Bio Finance)

바이오금융 서비스는 금융에 생체인식 기술을 접목한 금융업을 의미하는데, 핀테크 서비스의 진화를 엿볼 수 있다. 바이오인증이란 본인확인을 통한 지문, 홍채, 얼굴, 음성 등의 다양한 바이오정보를 이용하여 간편하고 안전한 사용자 인증을 제공하는 서비스를 밀한다. 곧 '내 몸·신체가 열쇠' 인 것이다. 생체인식 기술 영역에는 지문인식, 정맥인식, 홍채인식 등 생체인식 기술을 CD/ATM에 적용하여 본인 확인을 한 후, 현금인출을 할 수 있도록 설계하고 더 나아가 영업점 일선 가맹점에서 지불결제에 활용하게 마련된 서비스이다.

금융업무 운영에서 금융사고를 사전에 방지하려면 사전적으로 제도적인 시스템을 완비해야 하는데, 이러한 보안장치는 생체인식 기술을 동원하는 것이 최상의 장치이다. 특히 인터넷전문은행의 영업 포인트는 비대면 금융거래이므로 본인 확인 과정에서 필요한 가장 확실한 것은 바로 본인의 생체인식 외 다른 방법이 없다.

국내에서 바이오금융 사례로는 2001년 우리은행의 '지문인식 마우스'에 손을 올려 놓으면 은행 기 제출 지문과 대조되어 본인확인이 바로 끝나게 되는 서비스 시스템이다. 이 서비스는 점차 영역 범위를 확대하여 지문을 이용한 계좌조회, 송금이체 등을 실

---

23) NFC : Near Field Communication. 비접촉 근거리 통신 방식의 네트워크이다. 교통카드와 스마트 카드 결제 기능으로 사용된다. 10cm 이내의 가까운 거리에서 동작하기 때문에 보안성이 좋으며 쌍 방향 통신이 가능하기 때문에 다양한 상용화가 시도되고 있다. NFC는 전자태그(RFID)의 하나이 며, 13.56MHz 주파수 대역을 사용하는 비접촉식 근거리 무선통신 모듈로 10cm의 가까운 거리에 서 단말기 간 데이터를 전송하는 기술을 가진다. NFC는 결제뿐만 아니라 슈퍼마켓이나 일반상점에 서 물품정보나 방문객을 위한 여행 정보 전송, 교통, 출입통제 잠금장치 등에 광범위하게 활용된다.

시했는데 대중적인 뒷받침이 모자라 결국 활성화에 실패했다.

하지만 2015년 인터넷뱅킹 공인인증서 의무사용이 폐지됨에 따라 금융권에서는 바이오인증이 활기를 띠게 되었다. 2016년에는 국내 거의 모든 은행들이 생체인식 서비스를 도입 실행했다. 예를 들어 신한은행은 2015년 손바닥 정맥인식 기술을 수도권에 도입 실시했다. IBK기업은행은 2015년 영업부와 그밖에 몇 곳에, NH농협은행은 공인인증서를 대체하는 지문인증 기술을 개발 시행했다. 홍채인증 ATM을 설치 운영했고 우리은행과 KB국민은행도 홍채, 정맥인식 시스템을 도입했다.

해외에서는 일본이 전국 ATM에서 시중은행 거의 모두 손바닥 정맥인식 방법을 활용하고 있다.

〈표 4-4〉는 바이오인증 서비스에 관한 내용을 정리한 것이다.

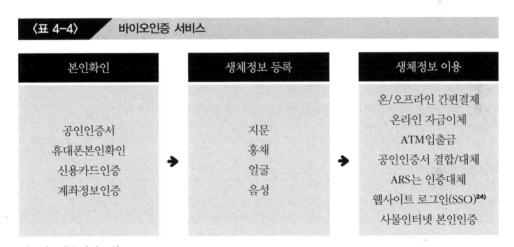

〈표 4-4〉	바이오인증 서비스	
본인확인	생체정보 등록	생체정보 이용
공인인증서 휴대폰본인확인 신용카드인증 계좌정보인증	지문 홍채 얼굴 음성	온/오프라인 간편결제 온라인 자금이체 ATM입출금 공인인증서 결합/대체 ARS는 인증대체 웹사이트 로그인(SSO)[24] 사물인터넷 본인인증

한국정보인증 사이트 참조.

---

24) SSO : Single Sign-On. 단 한 번의 로그인만으로 어떤 기업의 각종 시스템 또는 인터넷 서비스에 접속하여 기능을 연결해 주는 보안 응용 솔루션을 말한다. 각각의 시스템마다 인증 절차를 밟지 않고도 1개의 계정만으로 다양한 시스템에 접근할 수 있어 ID, 비밀번호에 대한 보안 위험 예방과 사용자 편의 증진, 인증 관리비용의 절감 효과가 있다.

5. 인터넷전문은행의 미래 전망

1) 개 요

금융당국이 2015년 11월 국내에 최초로 케이뱅크와 카카오뱅크 두 곳을 예비인가 한 후 케이뱅크가 2017년 4월 개점했고, 카카오뱅크는 2017년 7월에 개점하여 업계는 두 개의 복점(duopoly) 경쟁체제를 형성하면서 인터넷전문은행의 본격적인 업무를 개 시했다.

우리나라는 선진금융권의 경우와는 달리 1998년 IMF금융위기를 겪으면서 금·산분 리제도를 확립하고 있어 인터넷선문은행의 도입이 지연되어 왔었다. 그 후 2020년 1월 세 번째로 토스뱅크(주)가 예비심사에 통과하여 2021년 7월 출범 예정이었으나 연기되 어 10월에 제3인터넷전문은행 토스뱅크가 영업을 시작하여 우리나라는 3자 경쟁시대로 진입하게 되었다.

2) 토스뱅크Toss Bank) 신규예비인가 내용

토스뱅크(Toss Bank) 예비인가 신청 내용을 보면 다음의 〈표 4-5〉와 같다.

〈표 4-5〉	토스뱅크 예비인가 신청 내용
상호명	**주주 구성 현황**
토스뱅크 (주주사 11개)	비바리퍼블리카(토스), KEB 하나은행, 한화투자증권, 중소기업중앙회, 이랜드월드, SC제일은행, 웰컴저축은행, 한국전자인증, 알토스벤처스, 굿워터캐피탈, 리빗캐피탈

[자료출처] 금융위원회, 보도자료: 2019.12.16.(1)

3) 토스뱅크(Toss Bank) 출범

비바리퍼블리카를 모기업으로 하는 토스뱅크는 이미 출범한 케이뱅크와 카카오뱅크

보다 3년 정도 늦게 출범한 후발 은행이다. 2020년 1월 31일에 창립되고, 2021년 10월 5일부터 영업을 시작했다.

(1) 사용방법

은행계좌를 한번 등록하면, 그다음부터는 인증서나 OTP(보안카드) 없이도 핸드폰에서 비밀번호만 입력하면, 바로 돈을 보낼 수 있다. 지문인식(Touch ID)으로도 송금할 수 있다.

(2) 서비스

① 돈 받기

사용자가 상대방으로부터 이체(송금)받아야 할 금액을 요청해 주는 서비스이다. 연락처를 추가한 후 주소록 내 토스회원을 검색하거나, 전화번호를 직접 입력해 금액과 메시지를 입력한 후 '요청하기'를 누르면 된다.

② 신용관리

Toss는 신용정보조회를 무료로 제공하고 있다. 첫 정보조회를 한 뒤, 나중에 다시 진행할 때는 약관 동의 절차 없이 암호만 입력하면 확인이 가능하다.

③ Toss QR

Toss QR은 가계에서 현금을 받기 위해 계좌이체를 할 때, QR코드를 이용해 간편하게 계좌이체를 하는 서비스이다.

④ 환전

Toss에서 서로 다른 종류의 화폐를 교환하는 것을 환전이라 말한다. 이 서비스는 공인인증서 없이 암호와 지문인증으로 즉시 신청이 완료된다.

⑤ 해외여행보험

한화손해보험(주)과 제휴해서 함께 제공하는 서비스이다. 보험료도 바로 결제 가능하다. 개인정보제공 동의를 한 후, 보험가입 신청을 누르고 여행일정과 가입자 정보를 입력하면 보험료를 확인할 수 있다.

⑥ 선물하기

이것은 카카오톡의 선물하기와 유사한 방식으로서 구매한 선물과 수량을 선택한 후 결제하는 방식이다.

⑦ 토스 신용카드

2020년 4월 6일에 하나 · BC · VISA카드로 출시되었다.

⑧ 기타 서비스

현금적립, 문화상품권 구매, 기부, 미션계좌(목표액 설정) 등이 있다.

4) 인터넷전문은행의 미래 시장 전망 – 케이뱅크 · 카카오뱅크 · 토스뱅크 3파전 · 과점(寡占)경쟁의 빅뱅 전개 예상 [25]

그동안 공정거래법상 금산분리원칙(금산분리원칙)에 따른 제한 때문에 IT(정보통신)기업들이 대주주로 등장하는 데 어려움을 겪어 왔지만, 2019년 11월에 국회법안심사 소위원회에서 인터넷전문은행특례법개정안이 심의 통과됨으로써 제한이 크게 완화되었다.

이에 따라 케이뱅크 및 카카오뱅크 등 기존 인터넷전문은행들이 적극적으로 자본확충에 돌입할 수 있게 되었고, 신규 인터넷전문은행 토스뱅크가 등장하면서 3파전 과점 경쟁을 벌이게 되었다. 이들 세 은행의 성장은 은행건전성 평가기준인 국제결제은행의 BIS비율 14% 확보여부가 관건이다.

케이뱅크는 KT · 우리은행 · NH투자증권 등 주주사가 5,000억 규모의 증자를 진행하고 있다. 만약 증자가 이루어지면 케이뱅크는 1조원이 넘는 자본금을 확보하게 됨으로써, 은행건전성 평가기준인 국제결제은행의 BIS비율 14% 확보가 가능하게 된다. 따

---

25) MDN(월요신문)(since 2001)(wolyo2253), 시사주간지 월요신문 블로그 인용.

라서 여신업무분야의 획기적 성장이 기대된다.(케이뱅크는 2021년 약 1조원 규모의 증자를 진행하여 2조원이 넘는 자본금을 확보하게 됨으로써, 은행건전성 평가기준인 국제결제은행의 BIS비율 17.9%를 확보하였다.)

카카오뱅크는 대주주를 한국투자지주회사로부터 카카오뱅크로 전환함으로써 산업자본이 은행의 최대주주가 되어 증자에 성공했다. 그리고 2021년 8월에 기업공개(IPO; Initial Public Offering)를 하여 다시 자본을 확충하였다. 따라서 국제결제은행 건전성기준 (BIS)비율 14%를 충족할 수 있어 영업의 대폭 확충이 기대된다.(카카오뱅크는 자본금 2조 483억원으로 BIS비율 19.85%를 확보하였다.)

토스뱅크는 대주주 관련 문제는 없다. 2021년 6월 9일 금융위원회본인가 승인이 나 10월부터 본격적인 경쟁시장에 돌입해 3파전이 본격화되었다. 인터넷뱅킹 기반을 가지고 있는 카카오뱅크와 토스뱅크는 현재 증권계업계에 진출 확대를 하고 있으면서 동시에 카드업계에도 새로운 기법으로 도약 중에 있어, 인터넷은행뿐만 아니라 머지않아 전 금융권이 지각변동을 일으킬 것으로도 관측된다.

요약하자면 인터넷뱅킹의 시장판도는 카카오뱅크에 케이뱅크가 반격을 준비하고 있고, 신규 제3인터넷전문은행인 토스뱅크가 경쟁에 뛰어들어 가세함으로써 시장은 3파전으로 빅뱅현상이 전개될 전망이다.

Financial Markets

제 5 장

자산운용시장

자산운용시장은 은행신탁, 증권투자신탁, 부동산투자신탁, 증권저축 등 모든 금융자산의 관리, 운용, 처분 등을 목적으로 거래되는 전문시장을 말한다. 자산운용시장을 각 부문별로 다음과 같이 차례로 다루고자 한다.

제1절 은행신탁시장

1. 신탁의 의의

신탁(trust)이란 개인 또는 단체인 위탁자(委託者; trustor)가 금전 또는 그 밖의 재산의 관리 또는 처분을 신탁금융기관(受託者; trustee)에게 일정기간 동안 위탁하여 운용하게 하고, 여기서 발생하는 운용수익은 수익자(受益者; beneficiary: 위탁자 본인 또는 그가 지정하는 제3자)에게 귀속시키는 것을 말한다. 수탁자는 수탁업무 수행에 따른 서비스 제공의 대가로 신탁수수료를 위탁자로부터 받는다.

신탁의 인수를 업으로 하는 상행위를 신탁업이라 한다. 한국에서는 은행 등이 신탁업을 영위하려면 '신탁업법' 및 '증권투자신탁업법'의 규정을 따르도록 강제한다. 개인이나 단체들은 재산규모가 커지고 그 운용수단이 다양해짐에 따라 그들의 재산을 효율적으로 증식, 보전, 처분 등을 하기 위하여 전문가(신탁금융기관)에게 이를 맡길 필요가 있다. 신탁은 이와 같이 위탁자와 수탁자간의 신임관계(fiduciary)를 바탕으로 개발된 제도이다.

신탁의 대상이 되는 재산은 법률상으로 소유권의 이전과 처분이 가능한 것이 전제가되며 신탁업법상 신탁회사가 인수할 수 있는 재산은 금전, 유가증권, 금전채권, 부동산, 지상권, 전세권, 토지임차권 등으로 한정된다. 또 신탁재산의 수익자(beneficiary)로 위탁자 자신을 지정하든가 제3자를 지정할 수도 있어 자산운용결과 생기는 과실(果實)이나 원금을 수취할 수 있다.

2. 신탁재산의 종류

1) 금전신탁

은행신탁상품은 신탁재산의 형태에 따라 '금전신탁'과 '금전 이외의 신탁'(또는 '재산신탁')으로 분류된다. 금전신탁은 위탁자가 신탁재산의 운용방법을 특정하고 있는가의 여부에 따라 특정금전신탁과 불특정금전신탁으로 구분된다.

금전신탁은 신탁인수시에 금전으로 수입하고 신탁자산의 운용수익과 원본(원금)을 수익자에게 교부(지급)할 때에도 금전으로 지급하는 신탁이다. 금전신탁은 위탁자가 운용방법을 특별히 지정하는 경우를 특정금전신탁, 특별히 지정하지 않는 경우를 불특정금전신탁으로 양분한다. 즉, 특정금전신탁은 신탁재산운용대상으로 특정주식, 특정대출등 구체적으로 정하는 경우이고, 불특정금전신탁은 이를 수탁자에게 일임하여 신탁종료시에 금전으로 환급할 것을 약정하는 것으로 주로 고수익을 목적으로 은행에 신탁하는 경우이다.

신탁재산의 운용방법은 합동운용(common fund trust)과 개별운용(private fund trust)으로 분류된다. 전자는 개별위탁자들로부터 받은 신탁자금을 공동자금으로 하여 합동운용하고 운용과실을 위탁자들에게 적절히 분배하는 것을 말한다. 후자는 신탁재산을 매건마다 별도로 단독운용하는 것을 말한다. 한국의 은행에서 취급하고 있는 불특정금전신탁의 종류에는 일반불특정금전신탁, 개발신탁, 가계금전신탁, 기업금전신탁, 노후생활연금신탁, 국민주신탁 등이 있다.

2) 금전신탁 이외의 신탁

금전신탁 이외의 신탁은 수탁자가 인수시의 그 재산 종류에 따라 결정되며 여기에는 유가증권신탁, 금전채권신탁, 부동산신탁, 동산신탁, 이 밖에 지상권, 전세권, 임차권 등의 신탁이 있다. 이하 세부 순서대로 고찰하고자 한다.

① 유가증권신탁

유가증권신탁은 위탁자가 유가증권의 관리, 운용, 처분을 수탁자에게 위탁하는 것을 말한다. 은행에서 취급하는 유가증권신탁은 투자신탁회사의 그것과 별 차이가 없으나 양자간에는 법률적으로는 다소 차이가 있다. 즉, 은행은 '신탁업법'의 적용을 받아 '수탁자'(은행) 중심으로 규제되고 있는데 반하여, 투자신탁회사는 '증권투자신탁업법'의 적용을 받기 때문에 '위탁자'(의뢰인: 고객) 중심으로 당사자간 계약사항이 규제된다.

유가증권신탁은 신탁목적에 따라 관리신탁, 운용신탁, 처분신탁으로 구분된다. 관리신탁은 유가증권의 이자배당금의 추심을, 운용신탁은 유가증권대여 등 대여료수입을, 처분신탁은 유가증권을 지정가격과 지정기간 내에 처분해 주는 것을 각각 목적으로 한다.

② 금전채권신탁

금전채권신탁은 수탁자가 금전채권 등 신탁재산을 위탁자로부터 수탁하여 이를 관리하고 그 대금을 받아 위탁자에게 지급하는 것을 말한다. 금전채권신탁은 금전채권의 종류에 따라 일반금전채권신탁과 생명보험신탁으로 구분된다. 전자는 어음, 채권 등 일반 금전채권 등을 대상으로 하며 '추심신탁'이라고도 하고, 후자는 보험료불입, 보험금수 령 등 대행업무를 맡는다.

③ 부동산신탁

부동산신탁은 부동산 또는 부동산에 관계되는 재산권을 대상으로 하는 신탁이며 신탁목적에 따라 관리신탁과 처분신탁으로 구분된다. 관리신탁은 부동산의 권리와 그 관리권을 전부 수탁자에게 위탁하든가, 부동산의 권리만을 위탁하고 그 관리는 위탁자 자신이 하기도 한다.

관리신탁은 부동산의 재산권을 안전하게 보전하고자 하는 목적이다. 예를 들어 일단 신탁으로 설정된 재산은 강제집행이나 경매 등 제3자의 재산권침해로부터 보호받을 수 있기 때문이다(위탁자가 미성년이거나 장기간 해외거주인 경우 활용됨). 처분신탁은 부동산의 매각을 목적으로 하는 신탁이다.

최근에는 이 같은 신탁서비스 외에 부동산담보신탁과 토지신탁이 새로 등장했다.

④ 동산신탁

동산신탁은 동산의 관리·처분을 목적으로 동산을 신탁재산으로 인수하는 신탁을 말한다.

⑤ 지상권, 임차권, 전세권신탁

이들 신탁은 수탁물건에 부수되어서 일괄 신탁계약형태로 체결하든가, 아니면 별개의 계약형태로 체결할 수가 있다(예: 부동산신탁의 경우 그 부동산건물을 전세임대했을 때 임대료 등 수입금 관리를 관리항목으로 추가해서 포함할 수 있다).

제2절 증권투자신탁시장(펀드시장)

1. 증권투자신탁의 의의

증권투자신탁은 투자신탁회사가 일반투자의 자금이나 영세투자자들의 소액자금을 모아 대형기금을 형성하고 투자관리전문기관으로서 이를 증권에 투자 운용하여 그 결과 발생하는 과실을 투자자의 지분비율에 따라 배분하는 것을 말한다.

증권투자신탁은 다음과 같은 특성을 가지고 있다.

① 증권투자신탁회사는 투자전문기관으로서 투자관리서비스를 제공하고 그 서비스에 대한 수수료수입을 주업으로 하는 수수료산업(fee business)이다. 따라서 반드시 선관의무(bona fides)가 뒤따르게 된다.

② 증권투자신탁은 투자대상증권의 발행업체를 지배나 통제의 목적으로 투자하는 것이 아니라 단순히 투자수익만을 목적으로 한다. 따라서 지주회사의 경우처럼 지배를 목적으로 하지 않는다.

③ 증권투자신탁회사는 기관투자가로서의 기능을 갖는다. 투자신탁회사는 증권의 발행시장에서 주식이나 채권의 인수에 참여하는 한편, 유통시장에서 증권의 매매에 참가하여 증권의 가격과 물량에(즉, 증권의 수요와 공급 양 방향에서) 커다란 영향을 미친다.

④ 증권투자신탁은 간접투자를 통하여 일반대중의 증권투자를 촉진함으로써 자금잉여집단과 자금부족집단을 연계시키고 자금동원을 증대시켜 기업의 자금수요를 뒷받침한다.

⑤ 증권투자신탁회사는 정부나 공공기관이 발행하는 국공채 등을 인수함으로써 거시경제면에서 재정 및 통화정책의 효율적 운용에 기여한다.

2. 증권투자신탁의 종류

1) 계약형 증권투자와 회사형 증권투자

① 계약형 증권투자신탁

계약형(contractual type) 증권투자는 위탁자(trustor), 수탁자(trustee) 및 수익자(beneficiary)간의 신탁계약에 의거하여 이루어지며, 영국의 단위형신탁(unit trust)이 이에 속한다. 한국, 일본, 독일 등이 이 형태를 취하고 있다.

계약형 투자신탁은 신탁재산을 설정 운용하는 위탁자, 그 재산을 보관 관리하는 수탁자간에 체결된 신탁약관(信託約款; trust deed)에 의해서 신탁재산을 창설하고 이에 대한 수익권을 균등하게 분할하여 표창(表彰)하는 지분증서인 수익증권(beneficiary certificates)을 수익자(투자자)가 취득하는 형태이다. 이들 3자간의 법률관계는 모두 신탁약관이 법적 기초가 된다.

위탁자는 투자신탁을 설정하여 수익증권을 발행한다. 이를 수익자에게 매출하여 자금을 조성하고 이 자금으로 증권에 투자 운용함으로써 이에 따른 관리사무, 예를 들어 신탁재산의 보관, 출납, 증권배당, 이자지급에 관련된 업무 등을 수탁자가 대행하게 된다.

계약형 투자신탁은 원본(元本; 투자신탁 원금)을 추가설정하게 되는데 이를 '추가형 투자신탁'이라 한다. 이에 대하여 '단위형 신탁'은 동일계약에 의하여 1회의 설정으로 독립 운용관리가 끝나는 펀드형(fund)이다.

② 회사형 증권투자신탁

회사형(corporate type) 증권투자는 증권의 대형투자를 목적으로 설립된 회사가 일반대중에게 주식을 발행하고 그 운용수익을 배당하는 제도이다. 미국의 상호기금(mutual fund), 영국의 투자신탁(investment trust) 등이 그 전형이다. 한국은 1998년에 이를 처음 도입하였다.

회사형은 계약형에 비하여 설립절차가 용이하고, 회사채 등 부수증권의 발행을 통해서 자금조달을 신축성 있게 할 수 있다. 투자신탁업무수행에 대한 감시기능이 발휘될 수 있는 장점이 있는 반면에 투자자보호장치가 약하다는 단점이 있다. 계약형은 인·허가과정을 통해 투자자보호가 잘 마련되지만 회사형은 주주총회에만 의존하고 있기 때문에 투자자보호가 미흡하다.

2) 개방형 투자신탁과 폐쇄형 투자신탁

개방형(open-end) 투자신탁은 환매청구권이 부여된 증권(회사형-지분 또는 주식, 계약형-수익증권)을 투자자에게 매각하는데, 이때 투자자가 증권을 환매할 경우 적용되는 가격을 '기준가격'이라 한다. 이 가격은 신탁재산의 자산총액에서 부채총액과 신탁재산에 부담되는 제 경비와 신탁보수 등을 차감하고 나머지 순자산액(net asset value)을 잔존수익증권 총좌수로 나눈 금액이다.

폐쇄형(closed-end) 투자신탁은 증권의 추가발행이나 환매가 안 되는 대신, 투자신탁 설정액의 일정률을 표시하는 증권이 유통시장(거래소 또는 장외시장)에서 거래되므로 그 가치는 유통시장의 시가에 의해 결정된다.

3) 단위형 투자신탁과 추가형 투자신탁

단위형 투자신탁은 당초 설정한 수익증권의 원본(元本; 투자신탁 원금)에 추가설정이 불가능한 투자신탁으로 일정한 투자기간이 설정되어 있어 원칙적으로 추가설정이 안 된다. 일반적으로 각 펀드마다 상이한 수익률, 신탁보수, 해지, 상환 등이 적용된다.

추가형 투자신탁은 신탁설정에 의해 발행된 수익증권이 모두 매출된 경우 일정한도 내에서 원본액(元本額)을 증액하여 수익증권의 추가발행이 가능한 투자신탁이다. 신탁약관 및 수익증권에 추가설정의 한도액과 수익권의 총좌수가 명문화되어야 한다.

4) 그 밖의 증권투자신탁의 종류

① 고정형(fixed trust)과 관리형(flexible trust)은 계약형 중 단위형에 대한 구분으로 고

정형은 일단 단위에 편입된 증권은 증권발행사의 합병·해산 등 불가피한 경우를 제외하고는 위탁자가 그 운용을 마음대로 변경할 수 없는 것을 말하고, 관리형은 위탁자에게 운용관리에 관한 일체의 권한이 위임되는 것을 말한다.

② 공모형과 사모형은 공모방식에 따른 구분으로 공모펀드는 증권투자신탁회사가 일반공모를 통해서 자금을 모집하는 것이고 사모펀드는 소수(50~100인 미만)의 투자자 또는 전문투자가를 대상으로 자금을 모집하는 것이다. 사모펀드는 공모펀드에 비해 투자자보호의 필요성이 상대적으로 적다. 따라서 사모펀드[1]는 일반적으로 고위험 고수익을 추구하므로 운용성과에 따라 운용보수를 정해야 한다.

③ 자사주펀드는 상장회사가 간접적으로 자기회사 주식을 살 수 있도록 투자신탁회사에서 만든 펀드이다.

④ 모자형 펀드(family fund)는 다수의 개별펀드·자(子)펀드의 신탁재산을 1개 이상의 특성을 달리하는 모(母)펀드에 통합하여 운용하고 자펀드는 펀드의 성격에 따라 해당 모펀드의 수익증권을 편입하여 운영하는 투자신탁을 말한다.

⑤ 역외펀드(off-shore fund)는 비거주자(non-resident)를 대상으로 하는 증권투자신탁이다. 현재 한국에는 외국인전용수익증권(외수펀드; 국내투자신탁회사가 발행주체)과 외국펀드(발행주체가 외국의 펀드운용회사)가 있다. 후자는 외국의 증권거래소에 상장된 것이 보통이다.

---

1) 헤지펀드(hedge fund)도 사모펀드의 일종이다. 이에 대해서는 심층연구 "헤지펀드"(제12장 국제금융시장 제2절) 참조.

펀드(Fund) 탐방

1. 펀드란 무엇인가?

개념과 의의

펀드란 여러 투자자들이 자금을 모아서 조성한 대규모 기금(fund)을 말한다. 일반적으로 투자신탁운용회사나 자산운용회사들이 기금을 모집하고 투자전문가를 펀드매니저로 고용해 이를 운용하도록 하는 형태이다. 펀드매니저는 펀드 자금을 주식, 채권, 유동자산, 파생상품 등 다양한 투자대상에 투자하고 이를 통해 얻은 손익을 투자자에게 지분비례로 분배한다.

구체적으로 살펴보면 증권투자회사 등 자산운용사가 주식, 채권 등에 대한 투자를 목적으로 증권회사 또는 은행 등을 통해서 일반 투자자들로부터 자금을 모집하여 주식 또는 채권 등에 분산투자하고 거기서 발생된 손익을 투자자의 투자비율에 따라 배분하는 '간접투자상품'을 말한다. 다시 말해서 투자신탁과 펀드는 같은 개념이다.

2. 투자신탁의 조직 형태는 어떤 것이 있는가?

계약형과 회사형

계약형 조직은 수익증권(beneficiary certificate)을 발행하여 모집한다. 이 수익증권은 증권거래법상 유가증권의 일종으로 투자신탁운용회사가 일반 투자자로부터 자금을 모집하여 펀드를 만들 때, 이 펀드에 투자한 투자자들에게 출자비율에 따라 나누어 주는 '권리증서'를 지칭한다.

회사형 조직은 뮤추얼펀드(mutual fund: 상호기금)를 말하는데 유가증권 등에 투자하여 그 수익을 주주에게 배분할 목적으로 설립된 주식회사를 통칭한다. 뮤추얼펀드는 법인격을 부여받은 주식회사지만 보통의 회사와는 다르다. 즉 페이퍼 컴퍼니(paper company)이며, 따라서 사무실도 직원도 없는 서류상의 회사조직이다. 이 형태의 회사는 자산운용회사, 펀드판매회사, 일반수탁회사, 자산보관회사 등 여러 회사들이 업무를 분담해서 유지 운영된다. 판매회사(증권사, 은행)는 뮤추얼펀드의 모집과 판매업무를 대행하고 자산운용회사는 판매회사가 모집한 자금으로 유가증권(주식, 채권 등)에 투자·운용하는 업무를 수행한다. 그리고 수탁회사는 뮤추얼펀드 주식발행, 발행주식의 명의개서, 운용결과의 결산업무 등을 수행하며, 자산보관회사는 증권투자회사의 자산을 보관·관리하는 업무를 담당한다.

3. 주요 펀드 용어

환매: 투신사가 고객(투자자)에게 팔았던 수익증권을 되사들인다는 뜻이다. 다시 말해서 투자자가 펀드에서 돈을 인출하는 것, 즉 수익증권을 회사에 팔아서 현금화함을 뜻한다. 수익증권거래통장에서 환매는 출금형식을 밟는다. 주식관련 수익증권의 경우는 환매요청일로부터 4일째 되는 날, 채권관련 수익증권의 경우는 3일째 되는 날에 각각 환급이 된다.

보수율: 펀드의 운용과 관리에 소요되는 비용으로서 판매회사와 운용사 등 펀드 관련 회사에게 지급되는 비용이다. 보수율은 매일 매일 순자산에 대하여 해당 비율만큼 연(%) 단위로 차감된다.

환매수수료: 약정기일이 지나기 전에 투자금을 중도에 환급 받았을 때 부과되는 일종의 중도해약비용이다.

자산운용보고서: 펀드가 어떻게 운용되고 그 결과가 어떻게 되었는가를 설명하는 보고서이다. 특정 기간 중의 투자신탁(투자회사)의 개요, 자산, 부채, 신탁원금 등에 관한 사항, 각 유가증권의 포트폴리오에 관한 사항, 운용전문인력에 관한 사항 등을 설명한다.

4. 펀드의 유형별 분류

펀드를 유형별로 분류하면 다음의 〈표 5-1〉과 같이 요약할 수 있다.

〈표 5-1〉		펀드의 유형별 분류		

분류기준		펀드 이름		내 용
모집방법	환매여부	개방형펀드 (open-end)		· 환매가 가능한 펀드로, 운용 후에도 추가로 투자자금 모집 가능(개방형펀드는 본래 무기한 펀드)
		폐쇄형펀드 (closed-end)		· 환매가 원칙적으로 불가능한 펀드로, 첫 모집 당시에만 자금 모집 가능 · 신탁기간이 종료될 때에 전 자산을 정산해 수익자에게 상환
	추가설정여부	단위형펀드		· 추가입금이 불가능하고 기간이 정해져 있음(3년, 5년 등)
		추가형펀드		· 수시로 추가입금 가능
운용유형 (투자대상)	주식형 (신탁재산의 60% 이상 주식투자 고수익 추구)	성장형 펀드		· 시황에 따라 탄력적으로 상승하는 종목을 골라내서, 높은 수익을 추구하는 상품
		가치주형 펀드		· 시장에서 저평가되는 주식을 발굴하여 집중투자하는 유형
		배당주형 펀드		· 보유현금이 많고, 배당성향이 높은 기업에 투자해 수익 추구
		섹터형 펀드		· 업종 대표기업에 집중투자하여 운용하는 펀드
		인덱스 펀드		· KOSPI 200과 같은 지표를 추종하도록 운용하는 펀드
		다국적 펀드		· 한 펀드에 여러 나라의 상장된 주식에 골고루 나누어 투자하는 펀드
	채권형 (신탁재산의 60% 이상 채권투자, 안정적 수익 추구)	하이일드 펀드		· BB+이하인 투기등급채권 및 B+이하인 기업어음에 펀드자산의 100%를 투자
		회사채 펀드		· 투자 적격인 BBB- 이상인 우량인 회사채에 투자하는 펀드
		국공채 펀드		· 국가나 공공금융기관, 지방자치단체에서 발행하는 채권에 투자
		MMF펀드		· 단기금융상품에 운용하는 개방형 투자신탁의 일종. CD, CP, RP 등 단기금융자산에 분산투자함으로써 시장금리 변동이 그대로 반영되는 복합적 금융상품 · 입출금이 자유롭고 중도환매를 하더라도 별도의 수수료를 내지 않음
	혼합형 (주식형과 채권형 이외상품)	주식및채권에 일정비율로투자 (주식비중 60%이내)	성장위주 혼합형	주식비율이 70% 이상
			안정성장위주 혼합형	주식비율이 31~69%
			안정위주 혼합형	주식비율이 30% 이하
	실물형			· 부동산이나 금과 같이 실물에 투자하는 실물형, 주가지수와 연계하여 수익을 지급하는 ELS 펀드 등이 있음
공모방법	공모형 펀드			· 불특정 다수인을 대상으로 판매하는 펀드
	사모형 펀드			· 간접투자자산운용법상 30인 이하의 투자자들에게 직접 판매
투자지역	국내형 펀드			· 한국 내의 법규에 따라 설정된 펀드
	해외형 펀드	역내펀드		· 한국 외의 다른 나라에서 설정된 펀드
		역외펀드 (해외 뮤추얼펀드)		· 역외펀드는 해외운용사에 의해 운영됨. 따라서 세제혜택이나 수익률(환차손)의 차이가 있음

자료: http://blog.daum.net/_hdn/blank_article.html

제3절 부동산투자신탁시장(REITs시장)

1. 부동산투자신탁의 의의

부동산투자신탁(Real Estate Investment Trusts: REITs)은 신탁회사가 불특정다수인으로부터 금전을 수탁 또는 불입받아 자금을 모집한 후, 이 자금으로 특정 부동산을 매입, 개발, 관리, 처분하거나 부동산관련 채권, 유가증권 등에 투자하여 그 투자수익을 수익자 또는 투자자에게 교부하는 투자상품을 말한다. 부동산투자신탁(렛츠: REITs)은 신탁형과 회사형으로 구분된다.

신탁형은 '신탁업법'에 의하여 운영되며 부동산투자회사가 금전을 신탁받고 그 대가로 수익증권을 교부하고 자산운용결과 발생하는 운용이익을 수익자에게 배분하는 제도이다. 회사형은 '부동산투자회사법'에 의하여 운영되며 부동산투자회사가 자본금을 불입받고 그 대가로 주식을 발행교부한다. 자산운용결과 발생하는 운용이익은 주주에게 배당하는 형태인데 일종의 부동산뮤추얼펀드(real estate mutual fund)의 성격을 띠고 있다.

2. 부동산투자신탁의 기능

부동산투자신탁(렛츠: REITs)은 부동산공급시장과 수요시장을 금융시스템을 통해서 상호 연결·보완해 주는 기능을 한다. 즉, REITs제도를 통하여 대규모부동산 또는 개발사업을 소액화, 증권화하여 일반투자자에게 제공하는 경우 부동산시장의 유동성을 제고시키고, 가격등락위험을 완화시켜주며, 부동산투자의 소액대중화를 통해 투자수익을 공유하게 할 뿐만 아니라 금융시장과 실물시장의 연계발전을 가능하게 하는 역할을 한다.

제4절 증권저축시장

1. 일반증권저축

증권저축은 일반 소액투자자의 경우 투자정보나 투자관리기술이 부족하고 자금의 영세성 등으로 직접 증권투자가 어렵기 때문에 증권저축취급기관이 이들의 소액저축금을 모아 증권투자관리를 대행해 주는 제도를 말한다.

증권저축제도는 정부에 의해서 여러 가지 세제상의 혜택이 부여되고 있다. 즉, 증권저축은 근로자나 저소득자의 재산형성을 지원한다는 취지에서 증권저축투자수익에 대해서 비과세를 하며 증권저축금에 대해서는 세액공제를 해주는 등 세제상의 혜택이 주어지는 상품이다. 증권저축에는 일반증권저축과 종업원지주제도가 있다.

일반증권저축은 소액투자자 일반을 대상으로 하는 증권저축으로 그 종류에는 저축주체, 운영관리체제, 신용제공 여부 등에 따라 다음과 같이 분류된다.

(1) 저축주체별 분류

① 개인형 증권저축(예: 한국의 위임형 증권저축)

② 단체형 증권저축(예: 한국의 재형증권투자저축, 우리사주조합)

(2) 운영관리형태별 분류

① 위임형 증권저축 — 취급기관의 단순 관리대행

② 신탁형 증권저축 — 신탁받아 관리대행

(3) 신용제공 여부관련 분류

① 적립식 증권저축 — 불입저축금내 매입, 보관, 관리

② 할부식 증권저축 — 매입자금융자, 원리금 분할상환

2. 종업원지주제도

종업원지주제도(employee stock ownership plan)란 회사의 종업원 자신이 회사의 주주가 되어 수익배분에 참가하는 제도이다. 매년 급여의 일정액 또는 미리 정한 금액을 종업원지주신탁에 출연하고 동 신탁에서는 자사주 50% 이상 및 다른 주식에 투자하여 종업원 퇴직시에 퇴직금으로 받도록 하는 제도이다. 확정갹출형 기업연금의 일종인데 이제도의 기본 취지는 종업원들 스스로가 기업에 대한 주인의식을 갖고 기업경영 및 이익에 참여함으로써 노사관계의 개선을 통해 생산성을 향상시키고 동시에 근로자들의 재산형성을 촉진하여 퇴직 후 노후보장을 한다는 것이 주요 목적이다.

한국의 종업원지수제도는 우리사주조합을 통해 운영되고 있다. 특히 상장기업의 경우는 기업공개 또는 유상증자시 의무적으로 일정비율을 종업원에게 우선배정토록 하고 있으며 주식취득자금에 대해서는 기업자체, 한국증권금융(주), 은행 등에서 일부지원 또는 대출을 해주며 주식취득가액의 일정액을 종업원의 소득세액에서 공제해 주고 있다. 다시 말해서 종업원보상제도의 일종이다. 이때 취득주식에는 일정기간 양도제한이 뒤따른다.

심층연구

스톡옵션(stock option)제도

임직원 보상제도의 일환으로 주식매입선택권이 있다. 주식매입선택권(incentive stock option)제도는 특정한 성과를 올린 경영진이나 핵심종업원에게 주식매입권한 또는 옵션행사가격과 시가와의 차액(stock appreciation rights)을 현금 또는 자기주식으로 부여하는 제도이다. 주식매입선택권제도는 동기유발의 목적과 방법에 따라 다양한 형태가 있다.

예를 들어 ROE, ROA 등 특정경영성과를 달성하는 것을 조건으로 하는 조건부 스톡옵션, 수익을 일정시점의 주가가 아닌 계약기간 전체의 평균적인 주가에 의하여 결정하는 경로종속옵션(path-dependent stock option), 경영성과를 제대로 평가하기 위해 경영자능력과 무관한 주가변동부분을 분리하는 outperformance 옵션 등이 있다.

현재 한국에서 증권거래법상 주식매입선택권을 임직원에게 부여할 수 있는 법인으로는 주식상장법인, 협회등록법인, 벤처기업 등으로 금감위등록법인이다. 유사한 보상제도로서 주식상여제도(stock bonus)와 이윤분배제도(profit sharing plan: 자사주 분배) 등이 있다.

Financial Markets

제3편
비은행금융시장

요약

본편에서 다루게 될 각 시장들의 영역은 이미 고찰한 화폐시장과 은행금융시장에 이어 비은행금융시장을 대상으로 한다. 여기에는 여신전문금융시장, 종합금융시장, 보험 및 연금시장 등이 포함된다.

여신전문금융시장에서는 리스시장, 팩터링시장, 신용카드시장, 할부금융시장 및 벤처캐피털시장 등이 연구대상이며, 종합금융시장에서는 프로젝트 파이낸싱시장, 보증 및 인수시장, 금융부대서비스시장 등이 고찰대상이다. 또한 보험 및 연금시장은 보험부문에서 생명보험시장과 손해보험시장을 살핀 다음, 마지막으로 연금시장을 고찰한다.

비은행금융시장은 복잡한 여러 시장을 망라하기 때문에 특색 있는 사례연구와 심층연구, 그리고 그림설명 등 다양한 편집으로 독자의 이해를 도왔다.

본편 제6장에서 첫 번째로 리스시장을 다루는데, 여기서는 리스(lease)의 의의와 구조, 특징 등을 고찰한다. 두 번째로 팩터링(factoring)시장에서는 팩터링의 의의와 구조, 종류별 개념, 그리고 각 종류별 메커니즘을 이해하도록 그림설명 등을 넣어서 편집했다. 세 번째로 신용카드시장에서는 신용카드의 의의와 구조, 기능, 종류 등의 고찰과 아울러 사례연구와 지급수단의 발전과정 등 특징적인 내용으로 구성을 하였다. 네 번째로 할부금융시장은 할부금융의 의의, 리스와 연불판매의 차이점 비교에 초점을 두었다. 다섯 번째는 벤처캐피털시장을 다루었다.

제7장에서는 종합금융시장을 다루는데 프로젝트파이낸싱의 개념설명과 시장구조의 그림설명, 그리고 각 종류별 특징과 프로젝트 진행상의 대응책에 대해서 고찰한다. 보증 및 인수시장에서는 보증채무와 연대보증의 특징적 차이점을 분석하고 보증과 보험의 차이점도 아울러 고찰한다. 금융부대서비스시장에서는 신용평가, 자문서비스, 유가증권관리업무 등 관련업무내용을 살펴본다.

제8장 보험 및 연금시장에서는 생명보험시장에서 보험의 의의와 보험의 역사를 음미하고 종류별로 상품을 고찰한 다음 손해보험시장에서 손해보험의 개념과 특성을 살핀다. 끝으로 연금시장은 연금제도의 의의, 종류, 특징 등을 차례로 고찰한다.

제6장

여신전문금융시장

이 장에서는 전문적인 여신금융을 주업으로 하는 비은행금융시장을 다루는데 리스시장, 팩터링시장, 신용카드시장, 할부금융시장, 벤처캐피털시장 등 「여신전문금융업법」의 적용을 받는 금융시장들을 차례로 설명해 나가고자 한다. 여신전문금융업법은 1998년 1월부터 새로이 제정·시행된 법으로서 그 이전까지는 시설대여업법(리스금융업법), 신용카드업법, 할부금융업법, 신기술사업금융업(벤처캐피털)법 등 여러 법률들이 각각 별개로 시행되고 있어서 여러 가지 문제점을 내포하고 있었으므로 이를 하나의 금융업법으로 통합하여 효율적으로 운영하기에 이르렀다.

제1절 리스시장

1. 리스의 의의

리스(lease)는 임대인(lessor)이 설비시설 또는 현금이 아닌 자산을 임차인(lessee)에게 대여하여 일정기간 사용하게 하고 그 대가로 임차인으로부터 일정 리스료를 정기적으로 지급받는 것을 말한다. 전통적인 금융과 구분하여 물융이라 하기도 한다. 일반적으로 임대인은 설비의 제작회사나 금융기관 또는 독립된 리스회사들이며, 임차인은 주로 기업이다. 리스의 대상은 기업설비자산이 일반적이나 최근에는 자동차리스 등 소비자금융, 항공기, 발전설비까지로도 확대되고, 더 나아가 유통업계에서 렌탈회사와의 제휴 하에 TV · 냉장고 · 세탁기 등을 리스판매하는 사례가 활성화되고 있다.

리스시장의 메커니즘을 그림으로 설명하면 다음의 [그림 6-1]과 같다.

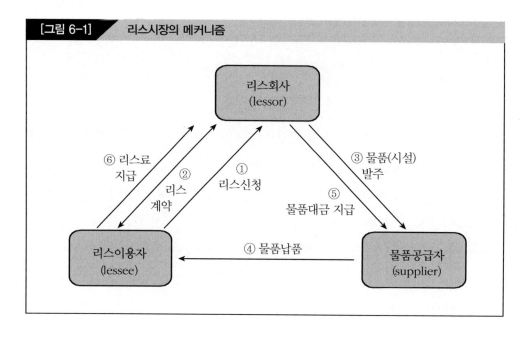

[그림 6-1]   리스시장의 메커니즘

2. 리스의 특징

리스는 임대인(lessor)이나 임차인(lessee) 모두가 이 계약으로 혜택을 얻게 되는데 양자의 이점을 나열하면 다음과 같다.

1) 임대인의 이점

① **세금절약**: 임대인은 리스자산의 소유권이 있기 때문에 리스자산에 대한 감가상각비나 설비유지비용에 대한 절세효과와 투자세액공제 혜택을 누릴 수 있다.

② **담보효과**: 임대인은 리스기간 중 설비소유권이 자신에게 귀속되어 자동적으로 담보효력이 있기 때문에 이들 리스자산을 담보로 제공하고 금융기관으로부터 융자를 받을 수 있다.

③ **관리비절감**: 리스전문 임대인은 다량의 설비를 구매함에 따라 규모의 경제를 실현할 수 있고 리스자산에 대한 전문적 지식을 활용하여 관리비를 절감할 수 있다. 또 리스계약이 표준화되어 있어 중소기업의 설비금융수단으로서도 장점이 있다.

2) 임차인의 이점

① **위험절감**: 임차인은 기술진보에 따른 설비의 진부화(陳腐化) 위험 등 설비소유에 수반한 위험(risk)을 줄일 수 있다. 즉, 임차인은 이 위험을 임대인에게 완전히 전가할 수 있다.

② **자금절약**: 임차인의 입장에서 볼 때 설비를 직접 구입하지 않고 리스(임차)를 함으로써 투자자금의 절약효과가 있다. 만약 임차인이 고가의 설비를 직접 구입하려면 여기에 따르는 자금부담은 설비자산 전체 구입자금은 물론, 직접자금조달의 경우 주식·회사채 발행관련 비용을 감당해야 한다. 간접자금조달의 경우도 금융기관(은행)의 간접비용 등을 부담하며 회사채나 은행대출의 경우 역시 정기적으로 차입기간 동안 일정 이자부담을 해야 한다. 따라서 리스이용을 하면 이러한 자금과 부대업무의 부담을 절감할 수 있게 된다.

③ **자금코스트 인하**: 임대인은 리스를 통하여 절세효과를 얻게 되는데, 이때 절세이득의 범위 안에서 임차인에게도 어느 정도의 리스료 탕감효과를 얻을 수가 있다. 또 외부자금동원에 의해서 직접 구매하는 경우에 비해 소요비용(주식발행비용, 큰 규모의 자금부담비용 등)을 낮출 수 있다.

④ **부외거래 효과**: 임차인이 리스에 의해 차입한 설비는 기업의 대차대조표상에 기재되지 않고 각주란(脚註欄)에 표시되므로 리스설비나 그 자금조달은 사실상 기업의 자산이나 부채규모를 과소계상하게 된다. 이를 기초로 산출한 부채비율 등 재무비율도 양호하게 평가되고 자산수익률 등 수익성비율 등은 과대평가된다. 즉, 부외거래(簿外去來; off-balance) 효과를 가져온다.

제2절 팩터링시장

1. 팩터링의 의의

팩터링(factoring)이란 금융(신용)공여자인 팩터(factor: 금융기관)가 고객(client)이 보유한 매출채권의 구입을 통해서 고객에게 간접적으로 금융을 제공하는 것을 말한다. 팩터는 원래 수수료를 받고 위탁상품의 판매를 대신해 주는 판매대행인(commission merchant)이었으나 점차 이런 기능이 없어지고 매출채권의 매입을 통한 신용공여자로서 변모하였다.

팩터링의 경우 매출채권을 금융의 대상으로 한다는 점에서 매출채권담보대출(pledging)과 매우 유사하지만, 매출채권의 회수책임과 거래선(customer)의 지급불능사태 발생시 손실을 누가 부담하느냐에 있어서 양자가 다르다. 즉, 매출채권담보대출(pledging)의 경우는 이 책임이 고객 자신에게 있는데 반하여, 팩터링의 경우는 고객이 매출채권을 매각함에 있어서 팩터(금융기관 또는 팩터링회사)에게 당초 이미 소구불능조건(遡求不能條件; without-recourse basis/ non-recourse basis)으로 매각한 것이므로 그 책임도 팩터에게 있게 된다는 점이다. 팩터링의 메커니즘을 설명하면 [그림 6-2]와 같다.

한국의 경우 팩터링은 받을어음할인 또는 매출채권할인의 두 가지 방식이 있는데 주로 받을어음을 대상으로 이루어진다. 또한 채무불이행(default)이 발생할 경우 금융기관이 소구권을 행사하는 방식이므로 한국의 팩터링은 실제로 매출채권을 담보로 금융을 제공하는 매출채권담보 금융(pledging)에 가깝다. 할부금융이 소비자금융이라 한다면 팩터링금융은 생산자금융으로서 형식적 차이만 있을 뿐 자금의 사후관리 및 자금의 흐름은 서로 유사하다. 팩터링을 취급하는 금융기관으로는 은행, 종금사, 여신전문금융기관 등이며 팩터링전업회사도 있다.

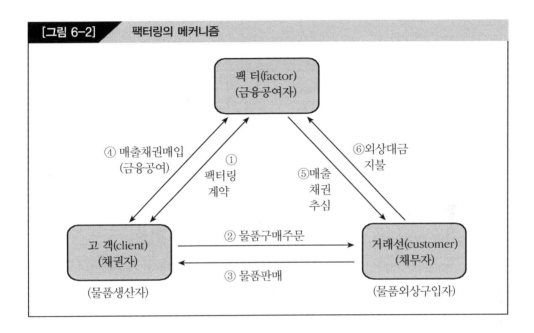

[그림 6-2]　팩터링의 메커니즘

2. 팩터링의 종류

1) 만기팩터링(maturity factoring)

팩터(factor)가 고객(client)에게 제공하는 서비스는 크게 매출채권관리(신용조사), 위험부담, 대출(금융공여) 등 3가지 기능을 들 수 있다. 만기팩터링은 이 중 대출기능을 제외한 신용조사, 위험부담의 기능만을 제공하는 것으로 팩터가 고객으로부터 매출채권을 구입하되 그 대금은 외상채권의 '평균만기일'에 지급한다.

$$평균기일 = \frac{\Sigma 매입채권금액 \times 매입일로부터 \ 채권만기일까지의 \ 기간}{매입채권총액}$$

평균만기일＝평균기일＋대금회수에 소요되는 일수

고객은 팩터링을 통해 매출채권의 확실한 회수 이외에도 회계기장 등의 서비스를 받을 수 있다.

2) 종합팩터링(full service factoring)

종합팩터링이란 팩터(factor)가 거래선(client)에게 신용조사, 위험부담, 대출 등 모든 서비스를 종합제공하는 것을 말한다. 팩터는 매출채권의 '평균만기일' 이전에 고객에게 매출채권의 일성비율에 해당하는 금액을 대출형식으로 선급(先給)한다. 이 경우 고객은 대출일부터 '평균만기일' 까지를 할인형식으로 이자를 선급하게 된다. 이때 적용되는 이자에는 순수한 이자와 팩터가 매출채권을 회수하는데 대한 수수료가 포함되어 있다. 미국의 경우 그 적용비용이 우량대출금리(prime rate)보다 2~3%포인트가 높은 것이 일반적이다.

3) 중개팩터링(drop-shipment factoring)

중개팩터링은 고객이 신용도가 낮아 팩터에게 '신용보증과 업무대행을 의뢰' 하는 계약으로, 팩터가 자신의 신용을 무기로 하여 매출거래의 중개역할만을 하는 것을 말한다. 상품을 판매하는 고객(client)은 공급자(supplier)와 매입자(buyer)를 지정하여 상품구입신청서(purchase order)를 작성하고 이를 팩터에게 보낸다. 팩터는 매입자의 신용상태를 분석하여 적격하다고 판단되면 공급자에게 '고객(client)명의' 로 구입신청서와 함께 '지급보증서' 를 보낸다. 또한 팩터는 공급자로부터 상품송장(shipping invoice)을 받음과 동시에 매입자(buyer: 채무자)에게 이 대금을 팩터에게 지급할 것을 통지한다. 매입자로부터 대금을 받은 팩터는 공급자에게는 상품대금을, 팩터링을 의뢰한 고객(client)에게는 팩터링수수료를 차감한 상품매매이익(gross margin)을 송금하게 된다.

4) 국제팩터링(international factoring)

팩터링이 국제무역의 결제기능을 수행하기 위하여 국제간 무역당사자 사이에 거래쌍방의 수출팩터(export factor) 또는 수입팩터(import factor)가 개입하여 무역대금을 결제해주는 것을 국제팩터링이라 말한다. 이는 다시 계약자가 수출업자인가 수입업자인가에 따라 수출팩터링(export factoring), 수입팩터링(import factoring) 등으로 구분된다.

국제팩터링은 '무신용장방식'(non L/C base)인 일종의 '단순송금방식'에 의해 무역거래가 이루어질 경우, 팩터가 수출업자와 수입업자 사이에서 무역대금의 '지급보증'(letter of guarantee)과 '선급금융'(advance financing)을 제공하는 것이 주요 기능이다.

국제팩터링회사는 거래처의 신용조사, 신용위험인수(지급보증), 대금회수, 회계업무처리대행 등 여러 가지 서비스까지 총망라해서 제공한다. 따라서 수출업자(client)에게는 수입팩터링회사의 신용승인(지급보증)으로 대금회수에 대한 불안감 없이 외상수출을 확대할 수 있기 때문에 거래처의 다양화 및 수출물량확대가 용이해지고, 수출계약상 외상수출대금회수시까지 전도금융(advance financing)을 수혜받을 수 있어 자금압박에서 벗어날 수 있으며, 수입팩터링회사를 통한 수입업체의 신용상태 등 정보획득이 용이하고 외상판매대금 관리대행에 따라 인력 및 비용절감을 기할 수 있는 이점이 있다.

국제팩터링거래에 따른 수수료는 수출채권 양도시 수출업체가 부담한다. 수수료의 책정기준은 수입업자의 자체신용도, 수입국의 국가신용등급에 따라 송장금액의 일정률 범위 내에서 결정된다.

5) 수출환어음매각(forfeiting)[1]

수출환어음매각(forfeit)이란 일반적으로 자본재수출과 관련하여 발생한 외상수출채권

---

1) forfeit라는 어원은 채권(債權)을 '포기' 또는 '양도'하는 대가로 현금을 받는 것을 의미하는 프랑스어 'a forfait'에서 유래된 말이다.

을 은행 등 금융기관(forfeiter; 포피터)이 소구권을 행사하지 않는(without recourse) 조건으로 수출업자와 사전에 약정한 고정금리로 할인 매입하는 중장기무역금융을 말한다.

수출환어음매각거래에서 매입대상금융채권은 통상 수입업자발행의 약식약속어음 (short-form promissory note)이거나 또는 수출업자발행의 환어음(bill of exchange)이 이용된다. 이들 어음거래는 국제무역거래에서 양도가 용이하고 빈번하게 통용되는 방식이다.

신용공여기간은 3년에서 5년 이내의 중장기금융, 또는 초단기 90일에서 10년까지 매우 다양화된 기간이 활용된다.

수출환어음매각거래의 메커니즘을 설명하면 [그림 6-3]과 같다. 이 금융기법은 수출업지 측에서는 매출채권의 신속한 현금화, 매출채권의 신속회수 및 서류작성 등 각종 부대비용 절감, 신용위험의 회피 등을 기대할 수 있다. 그리고 수입업자 측에서는 차입능력의 증대 및 다양화를 도모할 수 있고 포피터(forfeiter) 입장에서는 다른 투자수단에 비해 높은 수익률을 기대할 수 있다. 또한 보증은행의 경우는 보증료와 인수수수료 등 수익증대를 기할 수 있게 된다.

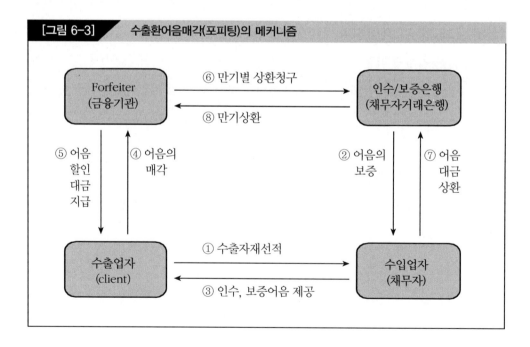

[그림 6-3] 수출환어음매각(포피팅)의 메커니즘

제3절 신용카드시장

1. 신용카드의 의의

신용카드(credit card)란 카드회원의 신청에 따라 신용카드사(card issuer)가 카드회원과 계약을 체결하여 신용카드사가 카드회원(card holder)에게 카드를 발행하며, 카드회원은 이 카드를 이용하여 가맹점(merchant)에서 현금없이 계속적·반복적으로 물품구입 또는 용역(서비스)의 제공을 받을 수 있고, 또한 카드사나 그와 제휴한 제3자로부터 제휴카드(affiliated card)에 의해 해당 서비스 또는 신용을 제공받을 수도 있음을 증명하는 하나의 증표를 말한다.

한편 신용카드의 메커니즘을 그림으로 설명하면 [그림 6-4]와 같다.

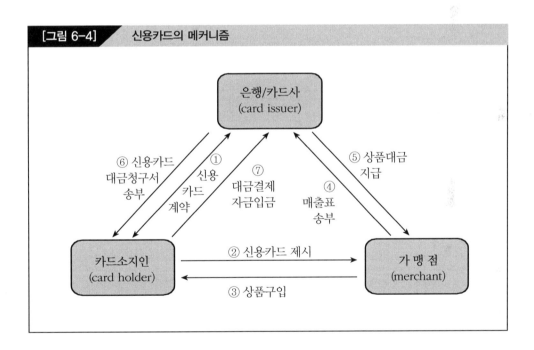

[그림 6-4] 신용카드의 메커니즘

2. 신용카드의 특성[2]

신용카드는 다른 지급수단과 비교할 때 다음의 특성을 가지고 있다.

첫째, 신용카드는 대면성거래(face to face transaction)를 원칙으로 하며 따라서 회원, 가맹점, 발행자의 3당사자의 존재가 필수적이다.

둘째, 신용카드는 카드회원이 현금 대신으로 물품구입이나 용역제공을 받을 수 있는 증표이기 때문에, 이 점에 있어서 신용카드는 전자자금이체제도(Electronic Fund Transfer System: EFTS)와 함께 제3의 지급수단[3] 또는 대용화폐로서의 성격을 갖는다. 또 현금이나 장표식 지급수단(수표·어음 등)이 1회 사용만으로 그 효력이 다하는 데 반하여, 신용카드는 소정 유효기간 동안에 계속적·반복적으로 사용이 가능하다는 점이 다르다. 이 같은 차이점은 신용카드가 특히 범용성, 간편성, 안전성, 기록정리성 등의 특성과 장점을 동시에 가지고 있어서 더욱더 특징적 차이를 더해가고 있다.

셋째, 신용카드 회원은 자기의 신용을 이용하여 물품구입 및 용역제공을 얻을 수 있다. 그 대금지급은 약정결제일에 이루어지기 때문에 구입일 또는 제공일로부터 대금결제일까지[4] 자기의 신용을 이용하게 되고 일정금액 규모 내에서는 그만큼 현금수요를 감소시키게 된다.

그러나 이와 같은 신용카드는 재산권을 표창하는 증권이 아니기 때문에 유가증권이라 할 수 없고, 신용카드의 소유권은 카드 발행자인 신용카드사가 보유한다. 또한 신용카드는 화폐의 대용지급수단 또는 파생지급수단으로서의 지급결제기능뿐만 아니라 소비자 신용기능, 신분증명기능, 정보수집저장기능, 대용화폐기능, 외환기능, 보험기능,

---

2) 이요섭, 신용카드의 통화량변동에 대한 영향분석연구, 2000, pp.15∼17.

3) 지급수단(means of payment)이란 화폐의 파생적 기능으로서 신용경제가 발달함에 따라 재화 및 상품의 인도시기와 결제시기가 분리되는 경우에 약정기간 후 현금화폐로 지급이 이루어지는 경우도 있지만, 현대경제사회에서는 비현금지급수단이 동원된다. 예를 들어 수표·어음 등 장표식 지급수단과 신용카드, 전자화폐 등 전자식 지급수단이 동원된다.

4) 한국의 신용카드회사들은 대략 최단 27일에서 최장 57일간의 지급유예기간이 보장된다.

통신판매기능, 여행전문기능, 공익기능 등 다양한 기능을 복합적으로 발휘한다.

3. 국내 신용카드산업의 발전 개요

한국의 신용카드산업의 도입역사는 그 세계발달사에 비하여 매우 짧다. 한국에 신용카드가 처음 들어온 것은 백화점 등 유통업체가 그 효시이다. 1969년 7월 신세계백화점이 2당사자카드의 신용카드를 발행한 것이 시초이며, 그 후 미도파백화점(1974년), 롯데백화점(1979년), 코스모스백화점(1979년)이 카드를 발행하였다.

심층연구

지급수단의 발전과정과 발전체계

한 국가의 지급제도는 그 나라의 실물시장과 금융시장을 움직이는 중요한 제도이다. 고대 물물교환시대부터 현대사회에 이르기까지 교환의 매개기능의 역할을 수행하는 데 초점을 두면서 지급제도는 끊임없이 발전해 왔다. 지급제도는 모든 사람들이 재화와 서비스에 대한 대가(代價)를 지불하는 데 있어서 그것을 불편함이 없이, 그리고 그 시대에 가장 적합하게 사용할 수 있어야 한다.

상품화폐는 고대시대로부터 오랜 기간 동안 모든 사회에서 가장 대표적인 교환의 매개기능을 수행해 왔다. 그러나 금·은·보석 등 귀금속을 기반으로 하는 상품화폐는 막대한 거래이동비용, 시간적 차이, 거래의 불확실성, 거래정보비용, 거래대기비용, 도난의 위험 등 헤아릴 수 없는 문제점과 불편이 뒤따른다. 현대사회에 들어와서 지폐와 동전의 등장으로 그러한 문제가 대부분 해소되었다고 하지만 지폐와 동전의 단점은 여전히 남는다. 운송비용, 도난위험, 부피과다 및 보관불편 등이 그것이다.

지급제도가 발전함에 따라 이들 문제를 해결하기 위하여 수표·어음이라는 획기적인 지급수단이 등장한다. 수표의 도입은 지급제도의 효율성을 크게 증대시키는 매우 발전적인 혁신이었다. 그러나 그 수표도 여러 문제점을 수반하는데, 수표를 다른 지급 장소로 이동하는 시간이 소요된다는 점과[5] 수표의 문서처리비용이 많이 발생된다는 점이 대표적인 문제이다.[6] Mishkin(1997)은 현재의 전자식 지급방식(Electronic Fund Transfer System: EFTS-전자자금이체제도)은 이러한 모든 문제를 함께 해결해주는 금융혁신 이라 보고 있다.

이러한 지급수단의 발전은 [그림 6-5]에서 살펴볼 수 있는 것처럼 발전과정에 따라 여러 갈래의 새로운 지급수단이 등장되었다.

[그림 6-5]　　지급수단의 발전체계

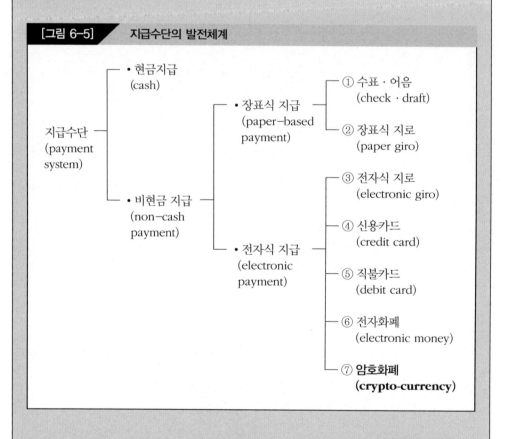

현재 상품, 재화 또는 서비스 구매의 대가를 지불하기 위해 이루어지는 지급수단에 는 현금 이외에 수표·어음, 장표식 지로(paper giro),[7] 전자식 지로(electronic giro), 신

용카드(credit card) 및 직불카드(debit card)의 5종류가 있다. 이 다섯 가지를 현대의 5대 지급수단이라고 일컫는다. 그 후 전자화폐(electronic money)가 추가됐고, 최근에는 암호화폐(crypto-currency)가 새로이 등장했다.

그러나 이들 유통계카드는 기능이나 목적이 제한되어 범용성카드로 발전하지 못하고 단순한 2당사자간의 고객카드(customer card)의 단계를 벗어나지 못하였다. 이러한 제한적 카드기능에서 벗어나 전문적이고 본격적인 신용카드회사가 등장한 것은 미국의 경우에서와 마찬가지로 은행계카드가 발행되면서부터라고 말할 수 있다.

은행계카드는 1978년 한국외환은행이 Visa International의 정회원으로 가입하여 해외여행자를 위한 비자카드를 제한적으로 발행한 것이 최초였다.

그 이후 1980년에 국민은행에서 국내통용을 위한 국민카드를, 그리고 1982년에 조흥 · 상업 · 제일 · 한일 · 서울 등 5대 시중은행이 공동설립한 은행신용카드협회[8]에서 비씨카드를 각각 발행하였다. 이와 같이 은행들이 전국적인 영업조직망과 결제시스템 그리고 우월하고 막강한 공신력을 바탕으로 하여 신용카드를 발행함으로써 본격적인 전문계

---

5) 수표, 어음을 격지로 이동하는데 시간이 걸릴 뿐만 아니라, 이를 격지에서 다시 현금화하기 위해 은행을 통해 추심을 할 때에도 역시 시간이 이중으로 걸리는 문제점이 있다.

6) 현재 미국 내에서 쓰이는 모든 수표를 처리하는 데 소요되는 연간비용은 50억달러 이상으로 추정된다. 또 한국의 경우도 1997년 기준으로, 예를 들어 10만원권 자기앞수표 발행과 유통 · 보관에 따른 총 연간비용은 약 1조원(10만원보수발행: 9억 1,700만장, 순수발행비용: 330억원, 수표취급관련 인건비: 7,800억원, 교환수표추심료 · 보관비용 · 사후관리비용 등: 1,870억원)에 달하는 것으로 알려져 있다(한국은행 · 조폐공사 자료).

7) Giro라는 말은 그리스어의 원(圓) 또는 회전(回轉)이라는 뜻을 가진 guros에 어원을 두고 있다. giro제도는 은행대체제도로서 입금대체 · 구좌이체 · 자동이체 등의 기능을 금융기관 지로센터에서 수행하고 있으며, 공공요금수납뿐만 아니라 최근에는 일반 상거래에도 광범위하게 이용되고 있다.

8) 현재의 비씨카드(주)의 전신임.

카드시대가 열리고 신용카드 인구확대에 크게 기여하였다.[9]

이 밖에도 카드발행전문회사가 등장했다. 국내계로는 1978년에 한국신용카드(주)의 KOCA카드(후에 세종신용카드로 변경), Korean Express사의 KE카드, 그리고 1979년에 대한보증보험(주)의 KC카드[10]가 발행되었으며, 외국계로는 1982년에 비씨카드와 국민카드가 각각 MasterCard International의 정회원으로 가입하여 국제카드를 발행하였다. 이들 두 카드사는 그 후 VISA International에도 정회원으로 가입하여 역시 각각 외국계 카드를 발행하였다. 또한 1983년에는 일본의 JCB카드가 비씨카드와의 제휴하에 한국에 상륙하였으며, 1984년에 Diners Club Card와 American Express Card 등이 국내시장에 속속 상륙하였다.

1987년 신용카드업법이 제정되기 전까지는 외환비자카드, 국민카드, 비씨카드[11] 등 은행계카드가 주축이 되어 국내신용카드시장을 형성하였다. 그 후 장기신용은행이 1987년에 장기신용카드(주)를 설립하고 장기신용카드를 발행하였다(장기신용카드는 그 후에 국민카드에 합병되었다). 또 LG그룹이 Korean Express(주)를 인수하여 엘지신용카드(주)(그 후 신한카드에 합병됨)를 설립하고, 삼성그룹은 (주)KOCA사를 인수하여 삼성신용카드(주)를 설립하여 신용카드시장에 참여하였다. 1993년 1월 대우그룹이 Diners Club 한국지점을 인수하여 (주)다이너스클럽 코리아를 설립하였고, 1995년에 동양그룹이 American Express 한국지점을 인수하여 동양카드(주)를 설립해 새로이 신용카드시장에 진출하였다.[12]

---

9) 비씨카드(주), 비씨카드 10년사, 1992, p.274.

10) KC카드는 1982년 4월 국민카드로 흡수되었다.

11) 비씨카드는 1984년 3월 3개 특수은행(기업은행·주택은행·농협)과 그리고 1985년 6월 5개 지방은행(대구은행·부산은행·충청은행·경기은행·경남은행)으로부터 각각 출자를 받아 회원은행으로 추가 영입하여 13개 회원은행을 포용하는 대형카드사로 비약하였다.

12) 엘지, 삼성, 대우, 동양 등 재벌그룹의 카드사 인수는 당시 정부의 신규사업불허방침(시장규모를 감안하여 카드사 난립 방지 목적)을 우회하는 양상이었다.

2015년 국내에서 신용카드업을 영위한 사업자는 8개 신용카드 전업사(비씨, 신한, 우리, 하나, KB국민, 삼성, 현대, 롯데카드)와 이들과 제휴관계를 맺어 신용카드를 발행한 12개 겸영은행 카드사(경남, 기업, 농협, 대구, 부산, SC제일, 한국씨티, 제주, 수협, 전북, 광주, 외환), 기타 유통계 겸영카드사(백화점, 쇼핑센터 등 유통업체) 8개사였다. 은행계카드는 은행이 설립한 신용카드 전업사로서 비씨카드(13개 은행공동 출자), 국민카드 등이 있고 비은행계 카드는 삼성카드, 현대카드, 롯데카드 등이었다.

1993년 1월에 창립된 한국신용카드업협회(Korea Credit Card Association: KCCA)는 회원사 상호간 업무협조, 정보교환, 대외공동 업무수행, 대고객 서비스향상정책수립, 신용카드 질서 유지 활동, 공익광고, 연구조사활동 등을 목적으로 출범했으며, 1998년 1월 1일부터 시행된 여신전문금융업법에 따라 한국리스업협회 및 한국할부금융업협회와 함께 통합 개편되어 '여신전문금융협회'(여신금융협회: The Credit Finance Association)에 새로이 확장 개편 발족되어 오늘에 이르고 있다. 회원사로는 신용카드사를 비롯하여 리스사, 할부금융사, 신기술금융사 등이 포함되어 있다.

사례연구

주요 국제카드의 발전과정

미국의 신용카드제도의 기원은 1894년 1월 Hotel Credit Letter Company가 처음으로 신용카드를 발행한 것이 효시이다. 신용카드는 1914년 세계대전이 발발하기 전까지는 몇몇 백화점에서 단골 고객에게 외상구매를 위한 증표로서 이용되었다. 1914년에 General Petroleum Corporation이 coin형태의 oil card를 발행하였고, 이어서 철도회사, 항공사들도 카드를 발행하기에 이르렀다.

본격적인 카드 전문회사로는 Diners Club이 1951년에 설립되면서 현대적 카드산업의 발전기를 맞이했다. Diners Club카드는 oil card와는 달리 자체상품 판매가 아니면서 판매업자들과 가맹점 계약을 체결하여 카드 제시 회원에게 외상판매토록 하는 제도로서 3당사자카드의 시초이다. 이 카드는 T&E(Travel and Entertainment: 여행 및 사교)카드의 효시로서 여행이나 오락 접대를 비롯하여 다양한 사교목적 기능을 가지고 있어 호텔, 레스토랑, 항공사, 극장, 골프장 등 다목적카드의 기능을 다 하게 되어 범용카드로서의 자리를 잡게 되었다.

은행계카드의 시초는 1951년 뉴욕주 플랭클린은행이었으며, 시작 후 수년간의 침체기를 거쳤다. 1958년 Bank of America가 VISA카드의 전신인 Bank Americard를 발행하여 미국 서부지역의 광범위한 서비스망과 할부거래기능 및 현금서비스기능을 추가 제공함으로써 카드보급이 획기적으로 증가하였다. 이 무렵 미국 동부지역 17개 은행이 현재의 MasterCard의 전신인 Interbank Card Association(ICA: 은행 카드 연합회)을 설립하여 Interbank Card를 발행하기 시작했다. 이 두 카드가 세계 각국의 은행계 또는 전문계카드사와 업무제휴를 통하여 카드를 발행하면서 VISA, MasterCard의 이름으로 국제카드로서의 업무영역을 넓혀가고 있다.

일본에서는 1961년 초에 할부금융사인 일본신판(日本信販)과 산와은행(三和銀行)이 주축이 되어 Japan Credit Bureau(JCB)를 설립하고 JCB카드를 발행하였다. 1967년에는 미쯔비시(三菱)계의 Diamond Credit(DC), 1968년에는 스미토모(住友)계의 Smitomo Card와 도까이은행(東海銀行)계의 Million Card(MC), 그리고 1969년에는 몇몇 도시은행 합동으로 Union Credit(UC) 등이 설립되어 각각 카드를 발행함에 따라 카드산업이 확산되었다.

현재 세계의 신용카드시장은 VISA, MasterCard, American Express, Diners Club, JCB 등에 의해서 주도되고 있으며 그 가운데서도 VISA와 MasterCard의 비중이 압도적이며 American Express는 T&E 분야에서 우위를 차지하고 있다.

세계 신용카드시장의 발전과정과 앞으로의 전망을 요약하면 다음과 같다.

첫째, 그 동안에 신용카드시장은 규모의 경제 실현, 보상개념 등장, 공동브랜드(co-brand) 프로그램의 등장에 의해서 지속적인 성장을 거듭하여 왔다.

둘째, 1980년대 말에서 1990년대 초에 이르러서 제휴(affinity or affiliated card)모델 개념이 도입되었고 정보마케팅, 시장세분화, IC카드 등장으로 새로운 영역을 개척하게 되었다.

셋째, 앞으로는 신용카드의 기능은 단순한 신분표시 및 지불수단이라는 역할인식으로부터 신용대출수단으로서의 여신기능, mobile banking기능, 광범위한 e-commerce(전자상거래)시장 등에서의 사이버카드의 기능뿐만 아니라 U-commerce(유비쿼터스 거래기능)의 영역으로까지 복합적 기능확대가 예상된다.

4. 신용카드의 기능

신용카드의 기능은 다음과 같이 요약될 수 있다.

① 대금지급수단(화폐의 대용수단)

재화와 서비스거래에서 현금 대신 그 대가로 지불하는 수단이 된다.

② 소비자신용기능

외상구매의 기능과 더불어 소비자금융의 활용수단이 된다.

③ 신분증명기능

자기신분을 증명하는 수단으로 활용된다. 또한 출퇴근 점검(pass)기능을 담당한다.

④ 외환기능

국외의 가맹점에서 상품이나 용역을 구매하고 지불하는 통화는 현지통화로 즉시 환산처리된다.

⑤ 정보저장기능

IC카드의 경우 모든 개인정보가 카드 안 IC칩에 수록내장되어 있어 실생활에 바로 적용이 가능하다.

⑥ 대용화폐기능

국내가맹점에서 구매하는 상품이나 용역의 대가지불시에 화폐에 갈음하여 결제처리된다.

⑦ 기타 기능

이 밖에 통신판매기능, 보험기능, 여행전문기능, 공익기능 등 점차 기능이 추가되고 있으며, 앞으로는 모바일뱅킹(mobile banking)을 비롯한 복합기능(예: 유비쿼터스(Ubiquitous)커머스, e-commerce 등)이 도입·범용화될 것으로 보인다.

신용카드는 재산권을 표창하는 증권이 아니며, 따라서 유가증권이라 할 수 없다. 신용카드의 소유권은 카드발행자인 신용카드사가 보유한다. 그리고 신용카드는 카드발행사(또는 은행; issuer), 카드소지인(holder), 가맹점(또는 판매점; merchant)간의 3당사자계약에 의해 이루어진 '3당사자카드' 이다.

사례연구

1. 다이너스클럽 카드의 출범과 맥나마라

1951년 미국 다이너스클럽 카드가 세계카드사상 처음으로 전문계신용카드(T&E card)인 3당사자카드로 출범한 것은 다 아는 사실이다. 이 현대적 여행·사교카드가 세계 최초로 탄생하게 된 이면에는 하나의 일화가 있다.

어느 날 미국의 저명한 실업가인 맥나마라가 한 레스토랑에서 식사를 마친 후 음식값을 지불하려고 포켓 속에 손을 넣었으나 아무리 뒤져봐도 지갑이 들어 있지 않았다. 집을 나설 때 상의를 갈아입으면서 깜박 잊고 그대로 왔던 것이다. 맥나마라는 하는 수 없이 종업원에게 사정 이야기를 하고 잠시 후 다시 와서 음식값을 지불하겠노라고 간청을 했다. 하지만 종업원은 막무가내였고 맥나마라의 체면은 말이 아니었다. 맥나마라는 그 후 이 같은 곤욕을 치르게 된 체험을 바탕으로 외상이 통용되는 레스토랑을 클럽으로 만들어 설립한 것이 오늘날의 다이너스클럽이다.

2. 클린턴과 신용카드 이야기

빌 클린턴이 대통령 재직시의 일화이다. 그가 대통령이던 1999년 봄 어느 날, 유타주 파크 시티(park city)에서 아내와 딸과 함께 가족이 모처럼 꿈과 같은 휴가를 즐기던 중이었다. 대통령이라는 신분은 잠시 잊고 시내의 한 서점에 들렀다. 복잡다단한 업무에서 해방된 그 순간만은 자연인 클린턴으로서 읽지 못했던 책을 읽고 싶었기 때문이었다. 그는 주섬주섬 책을 고른 뒤 계산대로 걸어가 자신의 신용카드를 내밀었다. 미국사회에서 부와 명성을 상징하는 아메리칸 익스프레스 카드였다. 클린턴은 카드회사의 광고선전 문구인 "결제의 부담에서 해방되십시오!"라는 말을 머릿속에 떠올리며 순간적으로 카드의 편리함을 막 느끼고 있을 찰나였다. 그런데 그때 서점 직원의 입에서 충격적인 말이 나왔다.

"클린턴 씨! 믿어지지 않겠지만 어제 카드 사용기한이 끝났습니다."

직원의 말에 클린턴은 어이없다는 표정을 지었다.

"집에다 새 카드를 두고 온 것 같은데, 난 '빌 클린턴'이오."

클린턴은 자신이 대통령임을 넌지시 내비쳤다. 그 직원은 서둘러 아메리칸 익스프레스에 전화를 걸어 'W. J. 클린턴'의 이름을 또박또박 불러주며 거래승인을 요청했다. 하지만 소용이 없었다. 미합중국 대통령은 당혹감을 감추지 못하였다. 클린턴은 수행비서에게 돈을 빌려서 책값을 치르고 서둘러 서점을 나왔다.[13]

이 일화는 미국 사회가 개인의 지위 고하를 막론하고 신용체제가 얼마나 철저하게 체크 당하고 있는지를 극명하게 보여주는 대목이다.

5. 신용카드의 종류

신용카드의 카드소지인(holder)이 신용카드로 물품 또는 서비스를 구입하고 결제대전(決濟代錢)이 카드소지인의 거래은행의 결제계좌에서 실제 결제되는 결제시점(settlement time-point)을 기준으로 하여 선불카드, 직불카드, 후불카드(신용카드) 등 3가지로 구분하는데, 이들의 주요 특징을 비교하면 다음 〈표 6-1〉에서 보는 바와 같다.

〈표 6-1〉	선불카드·직불카드·후불카드의 주요 특징 비교		
구 분	후불카드(credit card)	직불카드(debit card)	선불카드(prepaid card)
성 격	여신상품	수신상품	수신상품
발급대상	자격기준 해당자	예금계좌 소지자	제한 없음
주요 시장	중고액 거래업종	소액 다거래업종	소액 다거래업종
가맹점이용	가맹점 공농이용*	가맹점 공동이용	가맹점 공동이용
연회비	있음	없음	없음
이용한도	각 회사 자체기준에 의거 신용도에 따라 차등	1회 50만원, 1일 100만원	발행권면금액의 최고한도 20만원

주) *종전에는 카드회사별로 가맹점을 구분·이용하였으나, 1999년 9월부터 가맹점 공동이용제가 시행되었다.

① **선불카드**(prepaid card)

선불카드는 결제계좌에 미리 결제대전을 입금하여 두고(선불), 대기상태에서 그 후 거래시마다 그 예치액이 차감되어 나가는 카드이다. 예를 들면 지하철정액권, 공중전화카드, 버스카드(KT교통카드) 등이 그 전형이다. 백화점선불카드도 광의의 선불카드지만 2당사자카드의 제약 때문에 정해진 물품, 정해진 매점에서만 사용이 가능하다.

② **직불카드**(debit card)

직불카드는 카드사용 실시간(real time)에 결제대전이 은행계좌에서 직접인출결제되는 방식의 카드이다. 이 경우는 결제모(母)계좌에 미리 결제금액이 예치되어 있거나, 마이너스통장(minus a/c)인 경우에 적용된다. 자금의 로스(loss)를 방지하고 수수료를 절약할 수 있는 장점이 있다.

③ 후불카드(credit card)

후불카드는 카드소지인이 카드사용 후 일정기간 경과 후 결제하는 제도로서 진정한 의미의 신용카드이다. 최단 27일부터 최장 57일까지 지급결제가 유예되며 또 할부결제 (1, 3, 6, 12개월)도 가능하므로 소비자신용의 기능을 한다. 할부결제의 경우는 수수료가 부과되는 것이 보통이다.

최근에는 신용카드의 발달로 전자화폐(electronic money)가 등장했다. 전자화폐는 IC(직접회로)칩이 카드에 내장되어 있어 대량의 정보용량이 실시간 처리 가능하며 암호화에 의해 처리되므로 보안방지도 된다. 또 사용자의 익명성이 보장되며 즉시적 환전기능도 고안돼 있어 휴대도 간편하다. 예를 들어 영국의 Mondex, 미국의 VISA Cash, 덴마크의 Danmont, 핀란드의 Avant, 독일의 Geltkarter, 벨지움의 Ploton 등이 있다.[14]

한국의 경우는 2000년 7월에 한국은행이 주관하여 국내은행과 국내카드사가 공동으로 'K-cash'[15]를 서비스했다. 케이캐시는 은행 계좌가 있으면 언제든지 즉시 발급받을 수 있는 한국형 전자화폐로 K-Cash, MYbi, Visa Cash가 있었는데 교통카드와 각종 페이에 밀려 2020년 12월 15부로 20년만에 역사 속으로 사라지게 되었다.

6. 2020년 3분기 국내 카드이용 실적 분석

2020년 3분기 국내 카드 승인금액은 228.4조원으로, 전년 동기 대비 11.8조원(5.4% ↑), 전분기 대비 5.9조원(2.7%↑) 증가했다. 업종별로는 전년 동기 대비 온라인쇼핑(+8.5 조원, 22.7%↑), 국산신차 판매(+2.8조원, 41.2%↑), 통신서비스(+1.85조원, 54.8%↑) 등이 증

---

13) 「클린턴 신용카드 거부당하다」, 「휴스턴 크로니클」, 1999. 3. 2., p.A3.

14) 이요섭, 신용카드의 통화량 변동에 대한 영향분석연구, 2000, pp.99~109.

15) 한국의 경우 중앙은행인 한국은행 주관하에 2000년 7월부터 22개 국내은행과 7개 카드사 공동으로 'K-cash' 라는 전자화폐 시범실시에 들어갔다. 카드당 10만원 내에서 재충전되는 소액거래용 전자화폐를 제한적 구역에서 시범 가맹점을 통해 실시하고 있다. 전자화폐가 보급·확대되면 소액 동전거래, 1만원권 지폐, 캐시카드거래 등은 점차 대체되어 감소하게 될 전망이다(자료: 한국은행 보도자료; 공보, 2000. 7. 25. 참조).

가한 반면, 코로나 19로 인한 대외활동 감소로 인해 항공서비스(−2.04조원, 81.2%↓), 일
반음식점(−2.47조원, 8.4%↓), 대중교통(−0.85조원, 24.1%↓) 등은 감소하였다.

자세한 내용은 〈표 6−2〉에서 보는 바와 같다.

〈표 6-2〉	카드매출 증가 · 감소 업종별 분석						
주요 카드매출 증가업종				주요 카드매출 감소업종			
업종	'19.3분기	'20.3분기	증감(율)	업종	'19.3분기	'20.3분기	증감(율)
온라인 쇼핑	37.36조	45.84조	+8.48조 (22.7%↑)	항공사	2.51조	0.47조	−2.04조 (81.2%↓)
국산신차	6.89조	9.73조	+2.84조 (41.2%↑)	면세점	0.99조	0.51조	−0.49조 (48.8%↓)
통신 서비스	3.37조	5.22조	+1.85조 (54.8%↑)	일반 음식점	29.37조	26.90조	−2.47조 (8.4%↓)
슈퍼마켓	8.33조	9.74조	+1.42조 (17.0%↑)	대중교통	3.54조	2.69조	−0.85조 (24.1%↓)
가전제품	3.22조	3.76조	+0.54조 (16.8%↑)	학원업종	3.26조	2.81조	−0.45조 (13.9%↓)
일반가구	0.72조	0.87조	+0.16조 (21.6%↑)	숙박업종	1.82조	1.46조	−0.36조 (19.7%↓)

(자료출처: 금융위원회 2020.10.29.)

이 자료를 바탕으로 업종별 카드매출금액을 살펴보면, 코로나19 대응책인 사회적 거
리두기 강화로 인해 온라인 · 실내활동관련 소비지출이 증가한 한편, 외식 등 외출, 여
행 등과 직접적 관련성이 높은 업종은 매출감소가 지속되고 있는 것으로 판단된다. 반
면에 주요 실적증가업종은 '2020년 3분기 중 사회적 거리두기 강화에 따라 비대면(언택
트) · 온라인 쇼핑, 자동차(自動車) 수요, 실내활동 관련 업종이 주로 성장세를 나타냈다.
온라인 쇼핑* 카드매출액은 약 45.8조원으로, 전년 동기 대비 약 8.5조원 증가(22.7%↑)
하여 카드승인금액 증가의 주된 원인으로 나타났다. 국산신차 판매 카드매출액도 약

9.7조원으로, 전년 동기 대비 약 2.8조원 증가(41.2%↑)했다. 3/4분기 중 신차판매효과 등으로 인한 국내 자동차판매 증가가 카드매출액 증가로 연결된 것으로 추정된다.

그 외 통신서비스(+1.85조, 54.8%↑), 슈퍼마켓(+1.42조, 17.0%↑), 가전제품(+0.54조, 16.8%↑), 일반가구(+0.16조, 21.6%) 등 업종이 카드매출 증가세를 주도하였다.

주요 감소업종에서 소비지출 감소는 주로 사회적 거리두기에 따른 국내·외 여행, 일반음식점, 대중교통 등 외부활동의 감소와 관련한 업종이 대부분인 것으로 파악된다. 국내·외 여행수요 감소에 따라 항공사 카드매출은 약 0.47조원으로, 전년 동기 대비 약 2.04조원 감소(81.2%↓)하였으며, 여행수요 직접관련 주요 업종인 면세점 카드매출도 0.51조원으로, 전년 동기 대비 약 0.49조원 감소(48.8%↓)하였다. 또한, 외부활동 감소로 인하여 일반음식점 카드매출은 약 26.90조원으로, 전년 동기 대비 약 2.47조원 감소(8.4%↓)하였고 대중교통 카드매출의 경우에도 약 2.69조원으로, 전년 동기 대비 약 0.85조원 감소(24.1%↓)하였다.

그 외의 외부활동과 관련성이 높은 학원업종(-0.45조, 13.9%↓), 숙박업종(-0.36조, 19.7%↓) 등도 감소 추세를 나타냈다.

7. 사업자표시 전용카드(PLCC)[16]의 진화

2021년 5월에 카카오페이와 삼성카드가 제휴하면서 카드업에 우회(迂廻) 진출계획을 발표했다. 카카오페이 이름을 내건 신용카드를 삼성카드가 만들고 관리해주는 '사업자표시 신용카드(PLCC)' 형태이다.

이와 같은 제휴형태는 토스와 하나카드가 제휴해서 출시한 사례를 비롯하여 대한항공과 현대카드가 제휴카드를 발행하는 등 날로 진화를 거듭하고 있다.

---

16) Plastic Leaded Chip Carrier; 신용카드사와 제휴기업이 합작으로 카드업에 우회진출하는 상태를 말한다.

* 온라인 쇼핑은 '인터넷상거래' 업종과 'PG가맹점' 업종 등을 합산했다.

제4절 할부금융시장

1. 할부금융의 의의

할부금융(割賦金融; installment financing)이란 소비자(구매자)가 고가의 내구소비재 구입시 할부금융회사가 그 물품대금을 대출형식에 의거 제품판매자에게 대신 지급해 주고 일정기간 동안 소비자(구매자)로부터 그 대출의 원리금을 분할회수하여 상환받는 금융방식을 말한다. 물건의 판매대금을 분할하여 상환한다는 점에서 할부금융은 연불금융이나 금융리스와 유사한 점이 많다.

2. 할부금융의 특징

할부판매는 소비자금융의 대표적 금융방식의 하나인데, 판매대금을 2개월 이상 기간 동안 3회 이상에 걸쳐 분할지급하는 것으로 정의되고 있다. 그러나 이와 같이 할부금융을 정의할 때 금융방식 외에는 할부금융에 관한 명확한 구분은 없는 상태이다. 예를 들어 구매물건의 용도, 종류, 대상, 가액 등에 대한 분류가 분명하지 않다. 그러나 현실적으로 선진국들의 사례 등을 감안해서 할부금융의 특징을 몇 가지로 요약하면 다음과 같다.

① 할부금융은 정기적으로 정액소득원을 가지고 있는 중산층소득계층에 적합한 전형적 소비자금융이다.

② 구입물건(제품)의 구입대금을 분할상환한다는 점에서 연불금융이나 금융리스와 유사하지만, 리스이용자(염가구매권자; bargain purchase option holder)에게 반드시 물건의 소유권이전이 전제가 되지 않는 리스와는 달리, 할부금융은 연불금융과 마찬가지로 최종할부금 납입이 완료되면 반드시 소유권도 구매자에게 이전된다.

③ 구입물건(제품)의 소유권 이전시기에 있어서 연불판매(hire purchase)는 최종대금 완납 후에 결정되는 경우가 있으나, 할부판매는 당사자간의 계약에 따라 구체적인

이전시기가 사전에 결정된다.

④ 할부판매는 판매대금을 2개월 이상, 3회 이상 분할지급하는 것으로 규정되어 단기할부금융의 특성을 가지고 있지만 연불판매는 2년 이상에 걸쳐 정기적으로 분할지급하는 것으로 규정되어 있어 장기할부금융의 성격을 지닌다.

⑤ 선진국의 사례를 보면 할부금융 대상은 기계류, 전자제품 등 시설재이지만 리스 대상은 자동차, 주택 등 내구소비재가 포함된다. 한국의 경우도 할부금융의 주된 대상은 내구소비재이다.

⑥ 할부금융은 소비자금융 대상자 중에서도 고소득층(유동성제약이 거의 없는 계층)이나 저소득층(유동성제약이 크고 상환능력이 부족한 계층)보다는 중소득층(정기적인 정액소득 계층)이 표적이다. 이들의 유동성제약을 완화시켜 줌으로써 잠재수요를 유효수요로 변환시키고, 제품의 생산증대를 촉진하여 중산층 소비자들로 하여금 소비의 시차배분을 통해 그들의 소비자효용(consumer efficiency)을 증대시킨다.

제5절 벤처캐피털시장

벤처캐피털(venture capital)은 '벤처기업'(venture business)을 창업하거나 벤처기업의 사업확장시에 여기에 소요되는 자금을 지원·투자하여, 나중에 그 벤처기업이 사업에 성공한 후에 투자원금의 회수뿐만 아니라 그 벤처기업의 상장 후에 자본가치 상승(예: 상장주가 상승)으로 높은 자본차익을 거양하는 것을 목적으로 하는 기업 또는 투자가그룹(창업투자)을 말한다.

미국 '중소기업투자법'에 의하면, "위험성이 크나 성공할 경우 높은 수익이 기대되는 신기술 또는 아이디어를 바탕으로 영위하는 신생기업"이라 규정하고 있다.

한국의 경우는 창업투자회사의 투자액이 자본금의 10% 이상이거나 매출액 대비 연구개발비 비중이 5% 이상인 것으로 「벤처기업육성에 관한 특별조치법」에서 정의하고 있다.

벤처캐피털은 벤처기업에 대해 주식, 신주인수권, 신주인수권부사채, 전환사채, 전환우선주 등의 취득형태를 통해서 투자를 하는데 주식보다는 이익배당이나 청산의 경우 우선권이 있는 전환우선주나 전환사채 등을 취득하는 것이 일반적이다. 이 외에도 벤처캐피털은 벤처기업에 대하여 대출, R&D지원, 경영기술컨설팅 등의 서비스를 제공한다.

벤처캐피털이 투자자금을 회수하는 방법에는 벤처기업의 공개, 제3자와의 합병, 경영자에의 매각, 벤처기업이 실패할 경우의 회사정리 등이 있다. 이 중에서도 기업공개를 통한 회수가 가장 일반적이다. 그 방식은 벤처기업의 공개를 통해 보유주식을 매각하고 자본이늑을 취하는 것이다. 벤처캐피털은 기업(벤처기업)에 자금을 지원(금융지원)하는 점에서는 일반 금융기관과 유사하지만, 지원사업이 성공 못하면 자본이득을 얻을 수 없게 되는 위험(risk)이 차이점이다. 또한 벤처캐피털은 벤처기업과 그 벤처사업에 대한 위험을 분담 내지 공유한다는 점에서 일반금융과 다르며, 벤처기업에 대한 지배(ownership control)의 목적이 없다는 점에서 출자관계와 다르다.

한국은 1998년 1월부터 코스닥시장에 벤처기업 전용시장을 개설하고 벤처기업에 대해 의결권 없는 주식을 발행주식 총수의 1/2까지 발행할 수 있게 하여 금융지원의 유인책으로 활용하고 있다.

제7장

종합금융시장

종합금융회사는 특정한 업무(지급결제업무, 보험업무, 가계대출업무 등)를 제외하고 기업금융업무의 대부분을 영위하는 금융기관이다. 1975년 12월 「종합금융회사에 관한 법률」이 제정·공포되면서 그 제도적 기반이 갖추어졌다. 종합금융회사는 영국의 머천트뱅크(merchant bank)와 미국의 투자은행(investment bank) 기능에 중장기설비금융의 기능을 혼합한 업무를 취급하면서 기업금융을 전문으로 하는 금융기관이다.

이 장에서 다루게 될 범위는 기본업무와 부수업무 중 단기금융, 외환관련업무 및 증권업무를 비롯한 일부 중복업무 분야는 다른 장에서 별도로 고찰하기 때문에 여기서는 제외하고, 그 가운데서 프로젝트 파이낸싱시장, 벤처캐피털시장, 보증 및 인수시장, 금융부대서비스시장 등을 다루는데, 벤처캐피털시장도 제6장(제5절)에서 다루었기 때문에 여기서는 제외하기로 한다.

제1절 프로젝트 파이낸싱시장(PF시장)

1. 개 념

프로젝트 파이낸싱(project financing: PF)이란 항만건설, 고속전철건설, 대형교량건설, 공업단지시설건설, 상업용 공항건설, 자원개발사업 등 초대규모급 프로젝트투자사업을 중장기 기간 동안 수행하면서 유발되는 공사발주·시공행위, 공사자금차입조달, 보험부보대응조치(장기간의 불확실성에 대응하는 내용), 원자재조달 등 전반적 총괄관리를 수행하고 프로젝트공사 완공 후는 원 발주처와의 계약내용에 따라 일정기간 동안 프로젝트사업의 운영관리(생산 및 판매)를 통해 발생하는 수익금으로 투입공사비용 등 사업투입자금을 회수하는 종합프로젝트사업을 말한다. 이러한 초대형 프로젝트는 주로 세계적 규모의 다국적기업(multi-national corporation: MNC)이 시행하여 오고 있다.

프로젝트 파이낸싱의 투입자금 회수방식은 일반적인 은행대출과는 달리 사업(project) 자체에서 산출되는 생산물 판매대금 또는 수익(cash flow 또는 revenue)을 여신(대출)의 상환조건으로 하고 프로젝트의 자산(완공물)을 담보로 한다는 점에 가장 큰 특징이 있다. 따라서 자금차입자(sponsor) 측의 개별적인 재력이나 신용, 제3자의 보증 등은 부차적인 것일 뿐, 중요한 것은 공사의 완성과 생산, 판매(운영수입) 등 프로젝트의 성공적인 수행이 전제되고 있다.

따라서 프로젝트 파이낸싱은 투자사업 상환자금을 프로젝트 사업운영 자체에서 나오는 현금흐름(cash flow)으로부터 조달하는 것으로 한정되며, 모기업(sponsor)에게 상환청구를 할 수 없는 비소구조건(non-recourse/without recourse)이거나 또는 설령 상환청구를 하더라도 그 범위가 극히 제한적(limited recourse)이라는 점에 큰 특징이 있다.

대규모 프로젝트의 경우 소요자금 규모가 크고 장기건설에 따른 위험(risk)이 높기 때문에 복수의 관계당사자들에 의해서 합작(joint venture) 또는 컨소시엄(consortium)을 구성하거나 하청계약(sub-contract)을 통하여 책임과 위험을 분산하게 되며, 사업의 성공적인 수행을 보장하고 위험 극소화를 위해 복잡한 내용의 각종 계약을 체결하게 된다.

또한 프로젝트를 지원하는 금융도 복수의 금융기관에 의해 서로 다른 조건으로 공여되는 것이 통례이다(예를 들어 consortium, syndicated loan, co-financing 방식 등을 택한다). 프로젝트 파이낸싱의 구조를 보면 [그림 7-1]과 같다.

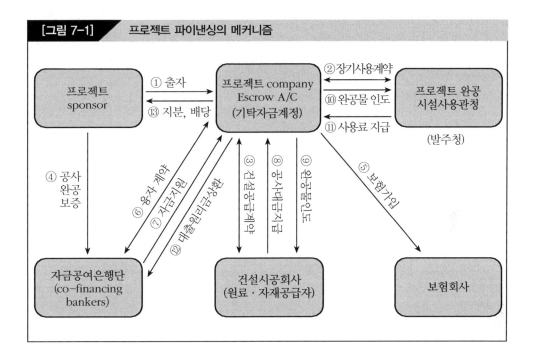

[그림 7-1] 프로젝트 파이낸싱의 메커니즘

프로젝트 파이낸싱은 1930년대 미국의 군소 석유채굴업자들의 석유개발 프로젝트에 대한 융자에서 시작되었으나, 1970년대의 제1차 석유파동 이후 에너지 및 자원개발관계 프로젝트에 대한 투자 필요성이 증대되고 다국적기업(multi-national corporations: MNC)의 범세계적 활동에 따른 프랜트건설 등 대규모 프로젝트들이 추진된 것이 주요 발전배경[1]이다.

---

1) 우리나라의 저축은행에서 취급한 프로젝트파이낸싱 취급실적이 한때 저축은행 총대출액의 20% 가까이 폭증하면서 부실채권의 위기에 처하기도 했으나, 그 후 금융당국과 저축은행 자체의 총합된 노력을 경주한 결과 7년이 지난 2015년 6월말 저축은행 전체의 순이익이 흑자로 전환함으로써 그 동안의 부실을 털게 되었다.

2. 종류

① BOT방식(완공 · 운영 · 이양 방식)

BOT(build, operate, transfer) 프로젝트방식은 일국의 기간산업 등과 같이 민간사업자와 정부 또는 공공기관과의 계약하에 이루어지는 특수한 프로젝트 파이낸싱이다. 프로젝트 파이낸싱방식에 의해 완성된 프로젝트는 완공(build) 후 사업자가 일정기간(보통 10~20년) 동안 해당사업을 일단 운영(operate)하여 그 수익으로 채무상환 및 출자지분에 대한 배당을 실시하고 운영기간이 종료되면, 발주자에게 소유운영권을 이양(transfer)하는 내용이나. 이러한 사업형태는 원래 개발자금이 부족한 개도국의 정부가 터널, 교량, 항만, 전력 등 사회간접자본(SOC)의 구축에 민간 및 국제투자가의 자본참여를 유도하기 위한 정책적 고려에서 시작되었다.

② BLT방식(완공 · 임대 · 이양 방식)

BLT(build, lease, transfer) 프로젝트방식은 외국기업이 투자에 따른 설비를 완공 또는 확충(build)하고 이 투자설비를 현지 내국기업 또는 현지 정부에 임대(lease)하여 일정기간 임대료 수입을 통해 투자원리금을 회수한 후, 투자시설을 이양(transfer)하는 방식이다. BOT방식과 비교하면 사업기간 중 소유권이 투자자에게 있는 점이 같고, BOT사업과는 달리 투자자의 운영권은 배제된다는 점이 다르다.

③ BTL방식(완공 · 이양 · 임대 회수방식)

BTL(build, transfer, lease) 방식은 외국기업이 투자에 따른 설비를 확충(build)하는 점은 BOT와 같으나 투자설비를 현지 국내기업 또는 현지정부에 이전 또는 헌납(transfer)한 후에 일정기간 투자자 책임 하에 시설을 운영하는 한편, 그 정부 또는 정부 지정의 내국기업에 임대료(lease)를 지급하고 잔여이익을 회수한 후 임대기간 만료와 함께 사업권(운영권)을 이양하는 형식을 취한다. 이는 외국투자기업이 투자유치국(개도국) 내의 기존시설, 예를 들어 토지나 건물들의 상당부분을 활용하여 투자하는 경우에 그 국가의 기존시설에서 얻을 수 있는 '기회비용'에 외국인의 투자협조에 따른 사업투자이익분을 임대료로 먼저 환수하면서 일정기간 운영권을 투자자에게 유보한다는 점에서 개도국정부에 의해 선호되는 방식이다.

프로젝트 파이낸싱의 주요 당사자로는 사업주(project sponsor), 사업시행회사(project company), 대주(貸主＝은행단; lender) 등이 있다. 이 중 사업시행회사는 프로젝트를 시행하는 법률적 주체로서 단독법인, 합작법인, 비법인합작사업체(unincorporated joint venture) 등의 형태를 취한다. 대주는 대형상업은행, 국제개발금융기관, 수출입은행 등 다양하며 리스사, 보험사가 참가하기도 한다. 자금의 조달형태로는 co-financing, syndicated loan, international leasing, 국채발행, 지분참여 등 여러 가지가 있다.

국내에서는 최근 몇 년 동안 PF시장에서 이상과열현상이 일어나 PF사업자들의 무분별한 부동산개발사업 전개과정에서 부실이 발생해 대형금융위기사태가 일어났다. 따라서 금융당국은 2010년 9월 1일 상호저축은행·종금사·증권사 등 관련 금융기관의 규정을 개정하여 사업주의 대손충당적립금을 상향 강화하는 「금융투자업」 규정을 개정·시행토록 하였다.

기타 종류에는 BOS(build, operate, selling), BTO(build, transfer, operate), BOO(build, owner, operate), BT(build, transfer: supplier's credit) 등 다양하다.

3. 프로젝트 진행 중 대응책

프로젝트 파이낸싱은 프로젝트 착수 후 원리금 상환 완료시까지 장기간(보통 10~20년)이 소요되어 각종 불확실성 요인과 위험(risk)이 개재되어 있기 때문에 구체적 상황진행에 따라 다음과 같은 대응책 수립이 요구된다.

① 공사완공지연위험(completion delay)

공사 시공에서 가장 중요한 요소는 공기를 맞추어 완공하는 일이다. 아무리 공사 시공이 훌륭하더라도 이유없이 소정 완공기일에 공사를 끝내지 못하면 지연과태금(delay penalty)을 부담하게 된다.

따라서 공사완성보증, 이행보증(performance guarantee), 건설보험(completion insurance), 외부컨설턴트의 사업타당성 검토보고서 등을 사전에 징구해서 이에 대비하여야 한다.

② 공사비용초과위험(cost over-run)

십수년에 걸쳐서 시행되는 장기공사의 경우는 인플레이션에 의한 공사비증가, 자재비 상승, 인건비 상승 등이 뒤따르며, 여기에 설계누락 또는 미비, 공법상 하자발생, 건설예산과소책정, 노사분쟁, 시공자(건설시공회사) 파산 등 예상하지 못한 수많은 문제점이 발생한다. 따라서 처음부터 이러한 문제발생가능성에 대비해야 한다. 여기에는 사업주의 공사완성보증(completion guarantee), 설계변경에 의한 공사비 증액절차에 필요한 사업주의 추가출자보증 등을 사전 징구하는 일이 중요하다.

③ 시장여건변동위험(marketing risk)

예상치 못한 시장여건 변동, 즉 제품가격변동, 원자재가격상승, 제품수요감퇴, 기술진부화(陳腐化), 경쟁산업 출현 등으로 예상수익의 미달 위험이 발생하는데, 여기에는 사업주측의 장기공급계약, 인수 또는 지불계약, 최저가격유지계약 등을 사전 체결해서 대비해야 한다.

④ 정치적 위험(political risk/country risk)

사업현장이 속해 있는 현지국의 정치적 위험, 즉 국유화, 몰수, 추방, 외환규제, 허가취소, 전쟁, 내란, 정변 등의 발생위험에 대해서도 대비해야 한다. 또한 철저한 country risk 분석, 국가별 한도운영, 제3국과의 공동융자, 현지 정부의 사업보장협약, 양허협정(concession agreement), 현지 중앙은행의 외환지급 약속, 수출보험부보 등으로 대비한다.

⑤ 천재지변위험(force majeure risk)

지진, 태풍, 폭우, 화재 등에 대비하여 보험가입으로 대응한다. 보험가입시에 천재지

변의 경우라 하더라도 예외적 특수조항을 사전에 특약해 두는 것도 중요하다.

제2절 보증 및 인수시장

1) 보증채무(guarantee)

보증채무(保證債務)란 주채무자(借主＝은행대출수령자)가 채무(은행대출상환)를 이행(변제) 하지 않을 경우 보증인(guarantor)이 채권자(은행)에 대해 이를 대신이행(代位辨濟)하여야 하는 채무를 말한다. 보증인은 법률상 별개의 보증계약에 의하여 채무를 부담하지만, 채권자(은행)는 주채무자(차주)에게 먼저 청구하여 채권을 회수하는 것이 원칙이므로 보 증인은 단지 주채무자에 대한 담보기능을 수행하는 것이라 할 수 있다.

이에 반해 '연대보증(連帶保證)'은 보증인이 주채무자(借主)와 연대하여 채무(은행대출 상환)를 부담함으로써 주채무의 이행을 담보하는 보증채무를 말한다. 연대보증은 주채 무자가 있고 또 이를 담보한다는 점에서 보통의 보증채무가 갖는 부종성(附從性)을 가지 고 있으나, 주채무자와 연대하여 채무를 부담하기 때문에 보충성(補充性)은 인정되지 않 는다.[2]

---

2) 예를 들어 은행이 고객에게 연대보증에 의해 대출을 하였을 경우, 연대보증인은 부종성이 있으므로 대출약정이 무효인 경우에는 연대보증도 무효가 되고, 또 주채무자에게 제때에 청구하지 못하여 소 멸시효가 완성되어 버리면 연대보증인(co-signer)에게도 청구하지 못하게 되지만, 보충성이 없으 므로 만약 일반적인 상황에서 주채무자가 변제기일에 대출금을 갚지 못할 경우, 은행은 주채무자에 대한 청구절차를 꼭 거칠 필요없이 곧바로 연대보증인에게 청구할 수 있다.
우리나라의 '민법'의 연대보증개념은 영미법에는 존재하지 않으며 최고(催告)의 항변권(抗辯權)이나 검색(檢索)의 항변권을 배제하고자 할 경우 문장에 별도로 규정해야 한다. 우리나라는 1999년 7월부 터 연대보증제도를 단계적으로 폐지했고 2000년 하반기부터 무분별한 금융기관의 보증요구를 억제 하기 위하여 '보증총액한도제'를 도입했다.

2) 채무인수(acceptance)

채무인수는 어음인수의 형태(예: 수입상 거래은행이 BA환어음을 인수하는 행위)로서 은행이 고객으로 하여금 금융기관을 지급인으로 하는 어음을 발행하도록 하여 이를 인수하는 것을 말한다. 어음인수는 어음상의 채무를 주채무자로서 부담하겠다는 의사표시로 어음 발행자가 아닌 제3자가 인수한 경우에는 보증과 유사하다. 그러나 보증인의 경우는 법률적 성격상 주채무자가 아닌 종채무자라는 점에서 인수인과 차이가 있으며, 채무부담 의무의 정도라는 측면에서 인수가 보증보다 강하다고 할 수 있다.

3) 보증과 보험의 차이점

① 보증계약은 '민법'의 적용을 받고, 보험계약은 '상법'의 적용을 받는다. 그러므로 실생활에 있어서 각각 그 효력의 범위에 차이가 있다.

② 보증은 채권자의 채권전액에 대해 변제할 의무를 지는 채권담보적 기능을 갖는데 반해, 보험은 실손해액만큼에 대해서만 보상할 의무가 있는 손해보상의 기능을 갖는다. 따라서 보증이 더 광범위하다.

③ 보증의 경우 '대수의 법칙'의 적용을 전제로 하지 않으나, 보험의 경우 '대수의 법칙'(law of large numbers)[3]이 적용된다.

④ 보증은 계약자의 고의 또는 과실 등 보증사고의 인위성에 기인하는데 반해, 보험은 계약성립시 사고발생의 불확실성으로 인한 보험사고의 우연성에 기인한다.

⑤ 보증의 경우 '민법'상의 보증인의 항변권이 인정되나, 보험의 경우 이것이 인정되

---

3) 대수의 법칙(law of large numbers)이란 다음과 같이 설명된다. 일반적으로 동전(coin)을 던지면 앞이 나올 확률이 1/2이고 뒤가 나올 확률이 1/2이다. 따라서 동전을 10번 던지면 이론적으로 앞이 5번, 뒤가 5번 나와야 하지만 그 결과는 대개 그렇지 않다. 그러나 동전을 던지는 횟수를 10,000번, 100,000번 또는 1,000,000번으로 늘리면 앞과 뒤가 나온 횟수가 점점 같아져 실험결과가 이론적 예측값에 접근한다. 이를 '대수의 법칙'이라 한다.

지 않는다(항변권에는 최고(催告)의 항변과 검색(檢索)의 항변이 포함된다).

⑥ 보증은 보증인이 피보증인에 대한 구상권(求償權)을 행사할 수 있으므로 보증료는 수수료적 특성을 가지지만 보험은 원칙적으로 구상이 불가능하므로 보증료는 위험에 대한 대가(premium)적 성격을 갖는다.

금융기관의 보증 또는 인수는 신용력이 약한 고객에게 금융기관의 신용을 이전하는 여신행위의 일종이다. 금융기관의 보증 또는 인수가 금융기관의 전형적인 여신업무인 대출과 다른 점은 대출의 경우 금융기관의 자금이 당장 지출되는데(자금부담) 반해 보증·인수는 금융기관의 직접적인 자금부담을 수반하지 않고, 다만 부담사유가 발생시에만 실행되는 조건부 채무행위이다.

제3절 금융부대서비스시장

금융부대서비스란 금융시장의 금융거래에 있어서 이들 거래와 연관되어 부수적으로 발생하는 업무분야를 체계화한 것을 말한다. 금융부대서비스로는 신용평가, 자문서비스, 유가증권의 관리대행, 현금관리서비스, 보호예수업무 등이 있다.

1) 신용평가

기업이 자본시장을 통해 회사채를 발행하여 자금을 조달하는 경우 발행기업의 신용평가등급이 채권의 금리를 결정한다. 이와 같이 신용평가업무는 피평가대상기업이나 이들이 발행하는 유가증권의 신용등급을 평가하여 정보를 제공하고 그 대가를 수수료의 형태로 받는 행위를 말한다. 신용평가회사의 존재이유는 정보의 비대칭을 완화함으로써 금융시장의 효율성을 증대시키는 것으로 그 이론적 배경은 정보제공대가설(reputational capital view)에 근거하고 있다. 이는 특히 정보수집비용을 절감해 주기 때문에 이에 대한 대가를 지불하는 것이 타당하다는 의미를 지니고 있다.

2) 자문서비스

금융기관의 자문서비스(advisory service) 업무에는 크게 두 가지가 있다. 첫째, 금융기관이 보유하고 있는 여러 가지 금융기법과 정보를 활용하여 개인고객에 대한 투자, 보험, 세금, 재산관리, 평생생활설계(life-cycle planning) 등 소위 PFP(personal financial planning)서비스에 관한 자문을 하는 개인고객자문서비스 업무이다.

둘째, 기업에 대한 경영지도 및 기업상담 등을 비롯하여 경기예측, 판매예측, 경영계획, 세무상담, 사금운용표 작성 등 모든 기업업무를 자문하는 기업고객자문서비스 업무이다.

3) 유가증권의 보관 및 관리대행

금융기관이 VIP 고객을 확보할 목적으로 그들이 필요로 하는 다음의 일상적 금융업무들을 대행하고 있다. 즉, 유가증권의 보관 및 관리대행(custody)업무를 투자가(고객)를 대신하여 수행하면서 유가증권에 대한 보관, 관리 및 제반 권리행사를 대행해 주는 서비스를 말한다. 이 업무는 다음과 같다.

① 증권매매주문(placement of orders)
② 증권매매에 따른 자금 및 증권의 결제
③ 투자유가증권의 보관·관리
④ 실질주주명세관리
⑤ 유·무상 청약
⑥ 배당금 수령
⑦ 각종 통보 수령 및 주주권 행사
⑧ 조세관리(절세상품 관리)

⑨ 각종 보고서 및 정보 제공

⑩ 법령에 의한 각종 신고

4) 기타 서비스

금융자유화가 급진전되고 규모의 경제와 범위의 경제가 확산되면서 금융기관의 겸업
주의(universal banking)가 일반화되었다. 여수신업무 외에도 부수업무가 개발되어 서비
스가 다양화되고 있다. 이를 열거하면 다음과 같다.

① 컴퓨터서비스: 단순계산수탁, 장부관리대행 외에 software의 개발, data base기
   능 서비스 제공

② 현금관리서비스: 각 은행 상호간 또는 은행과 비은행 금융기관간의 자금이체

③ 자금추심: 채권, 채무 결제 등 대행

④ 대리업무: 자금의 수입, 지출 대행

⑤ 보호예수: 고객의 귀중품 기타의 보관업무, safe-box의 활용 관리

Financial Markets

제8장

보험 및 연금시장

제1절 생명보험(life insurance)시장

1. 보험의 의의

보험(insurance/assurance)이란 동종의 위험(예: 운전자의 도로상의 교통사고)에 노출되어 있는 다수의 사람들이 일정한 대가(보험료)를 지불하고 그 위험을 제3자(보험회사)에게 전가하여 피해를 복구시켜 주는 경제제도로서 위험(risk)관리의 한 수단이다. 따라서 개별적 손해를 다수인이 공동의 힘으로 피해를 회복시킨다는 점에서 보험은 우리 현대생활에서 없어서는 안 되는 필수불가결한 사회제도이다.

보험이라는 제도는 개별경제주체 측에서 보면 위험기피적 효용함수를 가진 경제주체가 장래의 부(富; wealth)의 불확실성을 줄여 주는 대가로 보험료라는 수수료를 지급하는 행위이며, 국민경제적인 측면에서 보면 동질적 위험으로부터 노출되어 있는(위협받는) 다수의 경제주체가 우발적 사건 발생으로 인한 예측가능한 금전적 부담을 공평하게 분담하는 경제제도이다. 우리가 일상생활 속에서의 위험, 즉 재난 등의 우발적인 사고발생이 언제 일어날지 미리 알 수 없지만 사고발생의 확률은 알려져 있는 '불확실성' (uncertainty)을 의미한다. 사고발생 위험은 통계적 기법을 이용하여 크기를 정량화(定量化)함으로써 객관적으로 제시할 수 있는 우발적 사건인 것이다. 다시 말해서 재난은 개개인으로 볼 때는 발생가능성을 예측할 수 없는 위험이지만, 다수인의 평균적인 측면에서 보면 예측이 가능한 사건이며 이에 따른 경제적 손실의 예측도 또한 가능하다고 할 수 있다.

보험회사는 이와 같은 개별적 위험을 한데 묶어 총체적으로 관리함으로써 개인의 경우와는 달리 보험가입집단 전체의 평균손실액(보험료)을 안정적으로 예측할 수 있게 되었다. 그 예측방법은 통계학의 '대수의 법칙'(law of large numbers)[1]을 활용한다.

생명보험에서는 평준보험료(level premium)를 산출하여 납입하게 되는데, 보험계약기간을 보험회사 측에서 보면 초반부에서는 사고위험(발생)보다 보험료 수준이 높아 보험료의 일부는 저축의 형태로 누적되어 자산운용수익을 증대시키게 된다. 그러나 [그림 8-1]에서 보는 바와 같이 계약기간이 경과하면서 보험가입자의 연령이 많아지는 보험계약기간 후반에 도달하면 평준보험료에 비해 사망위험(발생)이 높아지는데, 이 때에 부족부분은 초반에 여유있게 적립한 잉여보험료(및 자산운용수익)로 충당이 가능하게 된다.

일반적으로 보험의 위험을 분류하면, 노령위험(gerontic risk), 재해위험(catastrophic risk), 영업위험(operational risk)으로 대별되며, 보험업이란 이러한 위험을 인수하여 이를 효율적으로 관리하는 행위를 주된 사업으로 하는 업종을 말한다.

보험은 보험계약자(policy holder)와 보험자(insurer: 보험회사)간의 임의적 계약에 의해 이루어지는 사보험(private insurance)과 관련법에 의해 가입이 강제되는 사회보험(social insurance)으로 대별된다. 현재 한국에서 시행되는 사회보험은 국민연금, 산업재해보상보험, 의료보험, 실업급여, 고용보험 등이 있다. 사회보험의 경우는 사회보장적 관점에

---

1) 앞의 제7장 각주 3) 참조.

서 보험계약자의 보험료 부담능력을 고려하여 근로자, 기업주, 정부가 공동으로 부담하는 것이 일반적이다.

보험상품은 크게 생명보험(life insurance)과 손해보험(property and liability insurance)으로 구분할 수 있다.

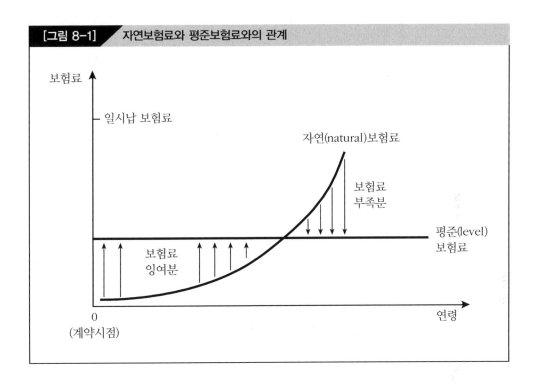

[그림 8-1] 자연보험료와 평준보험료와의 관계

2. 생명보험의 종류

1) 생명보험상품은 피보험자(insured)를 기준으로 하여 개인생명보험(individual life insurance)과 단체보험(group life insurance), 신용생명보험(credit life insurance) 등으로 분류한다.

개인생명보험은 개개인을 피보험자로 하는데 비해 단체보험은 일정한 조건을 갖춘 단체의 구성원을 피보험자로 하는 집합보험으로 고용주가 보험기간 중 피보험자의 사망, 질병, 상해 등의 재해를 당하거나 퇴직할 경우에 대비하여 가입하는 보험이다.

신용생명보험은 채권·채무관계에서 채무자의 사망시 잔여채무액을 보험자가 채권자에게 지급하는 보험으로 금융기관의 대출시 첨가되는 것이 보통이다. 여기서 개인생명보험은 다시 보험금지급조건에 따라 사망보험(life insurance), 생사혼합보험(endowment insurance), 생존보험(pure endowment insurance) 등으로 분류된다.

보험(insurance)의 기원

인류 역사상 최초의 보험 출현은 고대 바빌로니아 시대로 거슬러 올라간다. 보험이라는 제도가 B.C. 2250년에 제정된 함무라비 법전(code of Hammurabi)에서 나타난다. 당시 바빌론(Babylonian) 상인(物主)들은 원거리 교역과정에서 행상을 고용하고 그들이 먼 대상(隊商) 길을 다녀오는 동안에 노상강도를 만나 '고의(故意)가 아닌 불가항력으로 손실이 발생하면' 주인인 바빌론 상인(物主)에게 대상 출발 전에 맡겼던 담보물(처자, 재산)을 빼앗기지 않는다는 조항이다. 즉, 고용행상들은 노상에서 '우연히 불가항력적으로 사고를 당하면' 담보물로 맡긴 처자나 재산을 보호받게 되는 것이다. 이것이 오늘날 보험의 기원이다.

또 원시 중국에서는 원주민들이 험준한 산에서 식량을 구해 뗏목을 이용해 수로(水路)로 촌락까지 수송하였는데, 때로는 급류를 만나 힘들게 구한 식량을 모두 잃어버리는 경우가 종종 있었다. 이러한 '불가항력의 상황에 대응하여' 원주민들은 뗏목이 출발하기 전에 공동으로 서로 약속을 하여 격류에서 뗏목과 식량을 잃게 되면 무사히 내려온 나머지 사람들이 피해당한 참가자에게 먹을 것을 나누어주는 약조를 하였다고 한다. 이러한 약속은 사고 전에 이루어지며 그 약속에 참여한 사람들이 구성원 중 뗏목을 잃은 사람의 가족생계를 공동으로 보장해 주는 것으로서 오늘날 보험의 원리와 유사하다고 하겠다.

근대적 형태의 보험은 17세기 해상무역이 발달한 영국에서 로이드(Lloyd)가(家)에 의해서 시작되었다. 영국 런던의 테임즈 강변에는 그 당시 많은 무역상선이 드나들었는데 사무엘 로이드(Samuel Lloyd)가 1688년에 다방(茶房; coffee shop)을 열어 해상무역업자들이 많이 모이는 장소가 되었다. 사무엘의 아들 에드워드 로이드(Edward Lloyd)는 해상무역에 관련된 여러 소식을 모아 1696년부터 「Lloyd's News」를 발간하여 운송업자들에게 정보편의를 제공하였는데, 해상운송업자들이 '커피숍'에 더욱 많이 모이게 되었다. 이를 경험한 에드워드는 해상보험을 창안하여 승객의 생명, 해적의 나포, 몸값 요구 등에 대한 보장제도를 마련하였다. 이때 생긴 용어가 보험가입신청서(slip), underwriting(보험사업자가 위험인수 의사표시로 slip 아래에 서명하는 것) 등이다. 또한 이때 복잡해진 커피숍에서 보다 빠른 서비스를 받기 위하여 손님들이 팁(TIP: To Insure Promptness)을 주기 시작하였는데 이것 역시 보험의 한 유형이다.

로이드의 이 같은 해상보험업은 계속 발전하여 오늘날 세계적 명성의 보험업자가 된 것이다.

2) 사망보험은 예기치 못한 사망으로 인한 경제적 손실에 대비하기 위한 보장을 목적으로 하는데, 피보험자가 보험기간 중 사망 또는 1급장애가 발생했을 때만 보험금이 지급되는 보험이다. 사망보험은 다시 피보험자가 보험기간 만료일까지 생존했을 때는 보험금은 물론 만기환급금도 지급되지 않는 '순수보장성보험'과, 피보험자가 보험기간 만료일까지 생존했을 때는 만기환급금이 지급되나 만기환급금이 피보험자가 납입한 보험료를 초과하지 않는 '일반보장성보험'이 있다.

사망보험은 보험계약기간에 따라 정기보험(term life insurance)과 종신보험(whole life insurance)으로 나눌 수 있다.

3) 정기보험은 약정한 보험기간 중에 피보험자가 사망할 경우에 한하여 보험금이 지

급되는 사망보험으로 특정기간 중에만 보험의 보호가 필요한 경우에 이용된다.

이처럼 정기보험은 보험기간 중 사망시는 큰 보장을 받을 수 있지만 보험기간 종료시까지 피보험자가 생존할 경우 해약환급금(cash surrender values) 형태의 급부(benefit)가 없기 때문에 여타 보험에 비해 보험료가 저렴하다.

4) 정기보험에는 사망보험금이 계약기간 중에는 일정한 정액보험(level face amount policy), 기간이 경과함에 따라 보험금이 체감하는 체감정기보험(decreasing term insurance) 등이 있다.

체감정기보험은 계약 첫 해에 보험사고가 발생하였을 경우에는 당초 약정한 보험금 전액(face amount)을 지불하나, 이후 해가 갈수록 보험금지급액이 적어지는 방식이다. 보험수혜자의 나이가 어린 경우에 주로 이용된다. 즉, 나이가 어려 경제력이 약한 보험수혜자가 성장하여 경제력이 향상되어 보장의 필요성이 줄어들게 됨에 따라 보험금이 줄어든다.

5) 종신보험은 피보험자가 사망하면 보험기간에 관계없이 보험수익자(beneficiary)에게 약정된 사망급부금(death benefit)을 지급하는 보험을 말한다. 종신보험은 다시 보험료납부방법에 따라 전기납종신보험(全期納終身保險; continuous premium whole life), 단기납종신보험(短期納終身保險; limited payment whole life), 일시납종신보험(一時納終身保險; single premium whole life)으로 구분된다.

전기납종신보험은 피보험자가 사망할 때까지 소정의 보험료를 정기적으로 계속하여 납입해야 하는 보험이고, 단기납종신보험은 보험료를 소정기간 동안만 납입하면 종신 동안 계약이 유효한 보험으로서 보험계약자의 소득이 높은 시기에 보험료의 납입을 완료하기 위해 고안된 제도이다. 일시납종신보험은 계약체결시 전기간 동안의 보험료를 일시에 납입하는 제도로서 한정된 기간 동안 거액의 소득이 있는 운동선수 등이 이용한다.

6) 생존보험은 피보험자가 보험기간 만료일까지 살아있어야만 보험금이 지급되는 보

험으로 한국에서는 순수한 의미의 생존보험은 판매되지 않고 있으나 '교육보험' 및 '연금보험'을 생존보험으로 분류하고 있다.

생사혼합보험은 피보험자가 보험기간 만료일 전에 사망했을 때는 사망보험금을 지급하고, 만기까지 생존했을 경우에는 만기보험금 또는 약정된 환급금을 지급하는 보험이다. 따라서 생사혼합보험은 정기보험과 생존보험의 성격이 혼합된 형태라고 할 수 있다.

7) 연금보험(annuity policy)은 연금지급개시 이전에 피보험자가 사망시에는 사망급부금을, 그리고 피보험자가 일정기간까지 살아있는 경우 그 이후에는 정기적으로 연금(living cash benefit)을 지급하는 보험이다.

8) 생명보험은 피보험자의 수에 따라 단생보험(single life insurance), 연생보험(joint life insurance), 단체보험(group life insurance)으로 구분된다. 단생보험은 피보험자가 1인, 연생보험은 2인 이상 5인 이하, 단체보험은 5인 이상인 경우를 말한다.

연생보험은 부부, 친자 등 2인 이상의 조합을 고려하여 조합구성원의 생사를 동시에 보장하는 보험으로서 자녀의 학자금 보장을 목적으로 하는 교육보험이 그 대표적인 예이다.

연생보험의 주피보험자는 보장의 주가 되는 피보험자로서 통상 계약자가 되며 보험료납입, 계약의 해지 등의 권리도 함께 보유한다. 종피보험자는 주피보험자와 결합하여 계약관계를 형성하며 가입시 반드시 본인의 동의가 필요하다.

9) 생명보험은 계약자에게 배당을 지급하는가의 여부에 따라 배당상품(유배당상품, participating product)과 무배당상품(non-participating product)으로 구분된다. 계약배당은 보험회사가 생명보험계약의 장기성과 경영의 불확실성 등을 고려하여 예정위험률, 예정이율, 예정사업비율 등이 안전하게 설계된 계산기초에 의해 산정된 보험료율과 실제 보험금 지급액의 차액을 정산하여 보험계약자에게 반환하는 개념이다. 무배당상품은 계약자배당을 지급하지 않는 상품으로 보험료에 이와 같은 배당요소가 포함되어 있지 않기 때문에 보험료가 배당상품에 비해 저렴하다.

제2절 손해보험시장

1. 개요 및 종류

손해보험(non-life insurance)은 화재, 도난, 해손(海損) 등 우발적 사건에 따른 재산상의 손실을 보상하는 재산보험(property insurance)과 피보험자가 제3자에게 법적으로 부담하는 재산상의 배상책임을 보상하는 책임보험(liability insurance)으로 구분된다.

재산보험은 다시 화재보험, 자동차보험, 해상보험, 보증보험, 신용보험, 장기보험, 재보험 등으로 구분된다.

1) 보증보험(guaranty insurance)은 보험자가 보험료를 받고 채무자인 보험계약자가 채권자인 피보험자에게 계약상의 채무불이행 또는 법령상의 의무불이행으로 손해를 입힌 경우에 그 손해를 보상하는 것을 목적으로 하는 보험이다. 보증보험의 종류에는 입찰, 매매, 도급, 금전소비대차, 특약점판매계약 등에 대한 보증들이 있다. 이들은 대개 보증증권(surety bond)으로 발급되는데, 이 종류에는 입찰보증(bid bond), 이행보증(performance bond), 선수금보증(advance payment bond), 하자유보보증(retain bond), 납입보증(supply bond), 신원보증(fidelity bond) 등이 있다.

2) 신용보험(credit insurance)은 상품, 서비스 또는 금융을 신용으로 제공한 채권자가 채무자의 지급불능(default)이나 채무불이행 등으로 채권을 회수하지 못하여 입게 되는 경제적 손실을 보상하는 실손보상보험(indemnity insurance)의 하나이다. 신용보증의 종류에는 상업신용보험, 금융신용보험, 신원신용보험 등이 있다.

3) 장기보험은 보험기간 종료시 보험급부가 전혀없는 일반손해보험과는 달리, 만기시에 기납입한 보험료를 되돌려 받을 수 있는 보험이다. 즉, 보장과 저축을 겸비한 형태인데 화재보험과 상해보험분야에서 주로 취급되고 있다.

4) 재보험(reinsurance)이란 보험자가 피보험자로부터 인수한 책임의 일부 또는 전부를 위험분산을 통해 사업의 안전을 기할 목적으로 다시 타보험업자(예: Lloyd 보험회사)에게 부보시키는 제도이다. 재보험자는 원보험자(primary insurer)로부터 인수받은 위험을 다시 타보험자에게 재부보 시킬 수 있다. 이 경우를 재재보험(retrocession)이라고 한다.

2. 보험시장의 발전방향

1) 최근 들어 보험이 전통적인 위험보장기능에서 나아가 고객의 자산, 부채관리, 신용 및 수익보장기능까지 수행하는 상품이 등장하고 있다. 특히 보험상품에 은행 및 증권상품의 원리를 접목시킨 대체위험전가시장(alternative risk transfer: ART) 등이 개발되고 있다.

2) 대체위험전가시장(ART)이란 보험기능에 금융기능을 결합시킨 새로운 형태의 상품으로 금융보험과 보험상품의 증권화 현상이 대표적인 예이다. 금융보험은 기존의 무한배상책임이 되는 일반재보험과는 달리 보험금지급을 한정(finite)하는 대신, 계약기간 만료시 기납입 보험료로 운영한 투자수익부분을 보험계약자에게 환급해 주는 보험제도이다. 보험상품의 증권화란 대재해부채권(catastrophe bonds, 예: 지진피해보험) 등과 같이 보험을 담보로 채권 등을 발행하여 투자자에게 매각함으로써 보험보상위험을 투자자에게 전가(transfer)하는 방식이다.

심층연구

변액보험에 대한 지식탐구

변액(變額)보험이란 보험금이 사전에 정해져 있는 일반 보험과는 달리 보험금이 변동한다는 뜻이다. 일반보험의 구조를 보면 보험회사가 계약자로부터 보험료를 받으면 이를 보험회사가 채권, 대출 등 여러 가지 형태로 자신의 책임하에 자산을 운용하여 보험금지급사유가 발생하면 이들 자산운용결과를 재원으로 하여 보험금을 지급하게 된다.

그러나 변액보험은 보험회사가 보험료를 받게 되면 이를 사전에 설정된 펀드에 편입시켜 투자신탁의 형태로 운용하게 되며, 펀드의 운용은 보험회사가 하는 것이 아니라 특별계정을 만들어 전문투자신탁운용회사가 맡게 된다. 즉, 고객이 납입한 보험료를 모아 펀드(기금)를 구성한 후 주식, 채권 등 유가증권에 투자하여 발생한 이익을 배분하여 주는 실적배당형보험을 말한다. 그 종류에는 변액보험, 변액유니버셜보험, 변액연금보험 등이 있다.

변액보험은 예금자보호법 대상이 아니다. 일반보험의 경우 예금자보호법이 대상이되어 최고 5천만원까지는 예금보험공사에서 그 지급을 보장하지만 변액보험은 예금자보호법의 대상이 아니다.

변액보험은 보험료에서 사업비(수수료)등을 공제한 나머지금액을 주식이나 채권 등에 투자해 여기서 나오는 수익금을 보험금에 적립하고 보험금으로 되돌려 주는 상품이다. 따라서 운용실적에 따라 받는 보험금이 달라진다. 그러나 장기간, 예를 들어 10년이상의 경우는 변액보험이 유리할 수 있지만, 10년 이내의 단기간에는 조기에 사업비(수수료)공제비율이 상대적으로 크기 때문에 턱없이 불리할 수 있다. 10년 이상 장기변액보험의 경우에는 비과세혜택이 있고 투자수익에 대해 수수료가 부과되지 않는 유리한 점이 있다.

제3절 연금시장

1. 연금제도의 의의

연금제도(annuity)란 소득생활자가 일정한 소득이 있는 기간 동안 국가 또는 소속 직장에서 운영하는 기금에 소득 중 일정액을 정기적으로 갹출납부하여 퇴직 후 또는 미리 정한 연령에 도달한 후부터 일정한 금액(annuity)을 정기적으로 수령하여 노후생활의 안정을 기하고자 운영하는 제도를 말한다.

연금의 사회적 기능으로 공적연금제도는 소득재분배 효과가 있으며, 국민들의 노후생활을 정부에서 보장하기 때문에 생활의 안정을 기할 수 있다. 기업연금제도는 근로자의 안정된 노후생활을 보장하기 때문에 장기근속을 유도하고 생산성을 높이는 효과가 있다.

연금의 경제적 기능으로는 연금기금이 정년퇴직시까지 장기간을 금융기관에 예치하기 때문에 선진국에서는 연금기금의 자산규모가 생명보험이나 은행예금보다 큰 경우가 많기 때문에 그 자산을 장기적으로 국민경제 발전방향에 맞추어 운영하게 된다. 따라서 주식이나 국공채 등 장기채권에 대한 투자확대를 통해 자본시장의 발전에 크게 기여한다. 연기금은 또한 기관투자자로서 의결권 행사를 통해 기업의 지배구조개선에도 큰 역할을 하고 있다.

연금제도의 사회적 기능 때문에 영국, 미국 등의 선진국에서는 일찍부터 국민연금제도를 전 국민을 대상으로 시행하였는데, 개인별로 적립된 금액을 지급하지 않고, 현재 납입되는 보험료와 투자수입으로 연금을 지급하는 이른바 'pay-as-you-go' 방식[2]을 채택하였다. 따라서 2차대전 후 베이비붐시대가 연금수혜자가 되는 2010년 이후부터 각국이 기금 부족현상을 겪게 되어 이 문제를 해소하기 위해서 연금구조 개혁·개편작업을 지속하고 있다.

2. 연금제도의 종류

1) 연금제도는 연금운영주체에 따라서 정부에서 노후의 최저생활보장을 위해 운영하는 공적연금제도, 기업에서 기업주가 근로자의 표준적인 생활보장을 위해 운영하는 기

---

2) 자신이 출연(出捐)하는 돈은 이전 세대를 위한 연금지급액으로 충당되고 자신이 미래에 받게 될 연금은 차기 다음 세대가 그 때 갹출하는 돈으로 충당지급된다는 의미에서 만들어진 용어이다.

업연금제도, 개인이 풍요로운 노후를 위해 본인 스스로 준비하는 개인연금제도의 세 가지 형태로 나누어진다. 이 세 가지 제도를 통칭하여 '연금제도의 3층구조'라고 하며 기업연금 및 개인연금제도를 합해서 사적연금제도라고 부르기도 한다.

2) 연금은 연금을 받는 기간의 구분에 따라 미리 정한 기간 동안만 연금을 수령할 수 있는 '확정기간연금'(temporary annuity)과 연금수령자가 사망할 때까지 받을 수 있는 '종신연금'(life annuity)이 있다. 종신연금은 환급금 지급 여부에 따라 순수종신연금과 확정기간 보증부종신연금으로 구분할 수도 있다.

3) 순수종신연금은 연금수령자가 생존해 있는 기간 동안에는 정기적으로 연금이 지급되지만 연금수령자가 사망하면 연금지급이 종료되고 환급금 지급이 전혀 없다. 즉, 평균적인 사망연령 이전에 사망한 자에게 평균적인 사망연령까지 지급할 연금을 이보다 더 오래 사는 사람에게 지급해 주는(혜택을 주는) 생존보험의 일종이다. 반면에 확정기간 보증부종신연금은 연금수령자가 미리 정한 기간 내에 사망할 경우 미리 정한 기간까지에 받게 될 연금총액과 이미 지급받은 금액과의 나머지 차액을 유족(상속인) 등 수익자(beneficiary)에게 분할 또는 일시불로 환급해 주는 제도이다.

4) 이 밖에도 연금을 구분할 때는 연금기금 출연방법에 따라 ① '일시납'과 ② '정기납', 또 연금지급개시 시점에 따라 연금가입 후 즉시 지급이 시작되는 ③ '즉시연금'(immediate annuity)과 연금가입 후 일정기간이 지나고 난 후부터 연금이 지급되는 ④ '거치연금'(deferred annuity) 등으로 나눈다.

5) 현재 한국의 연금제도는 공적연금으로는 국민연금과 공무원연금, 군인연금 및 사립학교교직원연금 등이 있다. 또 사적연금으로 기업연금은 법정퇴직금제도가 있기 때문에 본격적인 발전을 하지 못하고 있고, 개인연금은 은행, 보험회사, 투자신탁회사 등 금융기관에서 취급하고 있다.

제4편
자본시장

자본시장(capital market)이란 자금잉여부문으로부터 장기여유자금 또는 장기투자자금을 투자주체의 시간선호(time preference)에 따라 직접적으로 또는 매개를 통하여 자금부족부문에게 공급하는 금융시장을 말한다. 구체적으로는 주식, 국채, 회사채 등 직접금융상품(직접증권)이 발행·유통되는 장기금융시장이다.

자본시장은 증권시장(주식시장) 및 채권시장으로 구성된다. 각 시장은 발행시장과 유통시장으로 나누어지는데 발행시장은 신규발행증권이 발행자로부터 투자자에게 최초로 매출되는 시장이며, 유통시장은 이미 발행된 증권이 투자자간에 재매매되는 시장이다.

주식시장은 거래대상주식에 따라 거래소시장(코스피시장=KOSPI: Korea Stock Price Index), 코스닥시장(KOSDAQ시장: 협회중개시장), 코넥스시장(KONEX: Korea New Exchange)으로 구분된다. 제9장에서는 증권시장을 다루는데 증권시장의 개요와 그 구조, 주식시장, 자본시장통합법에 따른 금융투자상품 및 자산유동화증권시장을 고찰한다. 제10장에서는 채권시장을 다루면서 채권의 상품별 종류를 구체적으로 살펴보고자 한다.

2009년 2월 4일부터 '자본시장과 금융투자업에 관한 법률'(통칭; 자본시장법)이 시행됨에 따라 금융시장은 은행, 보험, 자본시장의 3대 권역으로 나뉘어 글로벌 체제로 나아가게 되었다. 또한 국내 자본시장은 증권, 선물, 자산운용, 신탁업 등 관련 업종간 장벽(칸막이)이 제거되고, 전 영역을 하나로 통합하여 운영하는 대형 금융투자회사(투자은행: investment bank) 설립이 가능하게 되었다. 금융시장에서 거래되는 금융상품은 그 '경제적 실질'에 따라 특성별로 증권, 파생상품으로 분류하고, 원본 손실가능성이 있는 상품은 금융투자상품, 원본 손실가능성이 없는 상품은 비금융투자상품으로 분류한다. 금융투자상품은 다시 원본까지만 손실발생 가능성이 있으면 '증권'으로 분류하고, 원본을 초과하여 손실이 발생할 가능성이 있으면 '파생상품'으로 분류한다. 또한 파생상품은 증권선물거래소 등 정형화된 시장에서 거래여부에 따라 '장내파생상품'과 '장외파생상품'으로 분류한다.

거래소에서는 선의의 고객을 보호하고 유가증권시장의 효율성을 제고하기 위해 증권매매관리수단으로 여러 가지 제도적 장치를 마련하고 있다. 가격제한폭제도, 매매거래중단 및 재개, 관리종목·감리종목의 지정 등 다양한 장치를 제도화하여 공공거래질서를 확립하고 투자자를 보호한다.

자본시장 전체의 거시경제적 기능을 정리하면 다음과 같다. 첫째 자금중개기능, 둘째 거래금융자산의 가격결정기능, 셋째 투자운용자산의 효율성 제고, 넷째 중앙은행 통화신용정책에 대한 매개기능 등을 수행하고 궁극적으로 기업의 투자결정에 영향을 미친다.

제9장

증권시장

제1절 증권시장이란 무엇인가

증권상품은 증권시장(securities market)에서 거래되는 상품을 말하는데, 증권시장은 이와 같은 증권상품의 거래를 통해서 1년 이상의 장기기업자본을 직접조달하는 것을 주 내용으로 하는 발행시장과 그 발행상품의 매매유통을 주로 하는 유통시장으로 이루어 진다. 증권시장은 다시 그 거래상품의 종류에 따라 자기자본 조달방식의 주식시장과 타 인자본 조달방식의 채권시장으로 구분되고 이들은 모두 광의의 자본시장(capital market) 으로 불리워진다. 자본시장은 장기자본의 조달과 그 유통을 목적으로 하기 때문에 장기 증권상품을 주로 거래한다. 이는 지금까지 이 책에서 다루어 온 은행상품, 자산운용상 품, 비은행금융상품 등의 단기금융시장과 구별된다.

1. 증권의 의의

증권(securities)이란 유가증권의 줄임말로서 '권리의 유통을 원활하게 하기 위하여 발행된 재산적 권리가 표창된 유가증권'을 말하며, 화폐증권(어음, 수표 등), 상품증권(창고증권 등), 투자증권 내지 자본증권(주식, 사채 등) 등을 포괄한다(광의의 개념). 그러나 증권의 의의를 협의로 정의한다면 '투자증권 내지 자본증권을 지칭하는 개념'으로 정의된다.

2. 유가증권의 범위(증권거래법상 정의)

'증권거래법' 제2조 제1항에 의하면 유가증권의 범위를 다음과 같이 규정하고 있다.

① 국채증권

② 지방채증권

③ 특별법에 의해 설립된 법인발행의 채권(예: 금융채)

④ 사채권

⑤ 특별법에 의해 설립된 법인발행의 출자증권

⑥ 주권 또는 신주인수권부 증서

⑦ 외국인이나 외국법인발행의 증권(증서)으로서 ① 내지 ⑥호의 증권(증서) 중 재경부장관이 지정한 것

⑧ 외국법인발행의 증권(증서)을 기초로 발행한 유가증권예탁증서(DR)

⑨ ① 내지 ⑧호의 증권(증서)과 유사 관련된 것으로서 대통령이 정하는 것

⑩ 유가증권지수의 선물거래는 유가증권거래로 의제(擬制)한다.

⑪ 이상의 유가증권에 표시되어야 할 권리는 그 유가증권이 발행되지 않은 경우에도 유가증권으로 본다.

한편 '증권거래법시행령'에서는 유가증권의 범위를 다음과 같이 추가 규정하고 있다.

⑫ 신탁업법에 의한 수익증권(신탁증권)

⑬ 자산유동화법에 의한 수익증권

⑭ 자산운용사가 발행하는 수익증권(fund)

⑮ 투자전문회사의 지분(mutual fund)

⑯ 유동화전문회사 발행의 출자증권(ABS: Asset Backed Securities)

⑰ 주택저당채권유동화회사 발행의 주택저당증권(MBS: Mortgage Backed Securities)

⑱ 익명조합, 합자회사, 유한회사 출자지분

⑲ 기업어음(CP), 주권 또는 주가지수연계권리(ELW: Equity Linked Warrant)

⑳ 주권 또는 주가지수연계증권(ELS: Equity Linked Securities)

㉑ 유가증권가격, 이자율, 신용위험 등의 변동과 연계된 증권(DLS: Derivatives Linked Securities)

3. 증권시장의 거래대상 종목과 시장의 기능

1) 거래대상 종목

증권시장(securities market)은 증권이 거래되는 시장(장소)을 말한다. 증권시장에서 거래되는 증권으로는 회사가 발행하는 주식(stock), 회사채(corporate bond), 국가 또는 공공기관이 발행하는 국공채(government bond) 등이 있다. 이들 증권의 만기가 장기이기 때문에 단기금융시장과 대비하여 증권시장을 장기금융시장이라고도 한다. 증권시장은 주식, 채권이 주로 거래되는 장기직접증권시장이다.

심층연구

기업공개(IPO) 절차 개요

기업공개(IPO: initial public offering)란 기업(채무자: 자금부족집단)이 주식을 거래소 시장 또는 코스닥시장에서 거래하기 위해서 불특정다수인(투자자: 자금잉여집단)에게 주식을 모집 또는 매출하는 것을 말한다. 기업공개의 절차에는 선행절차, 예비절차, 본절차 등이 순차적으로 이루어져야 한다.

① **선행절차**: 기업공개를 추진하는 기업은 선행조건으로 금융감독위원회에 등록하고 증권선물위원회가 지정하는 감사인에게 최근 사업연도 재무제표에 대한 회계감사를 받아야 한다. 이때 주간사회사(bookrunner)로 하나의 증권회사를 선정해야 한다.

② **예비절차**: 예비절차로는 수권주식수 조정, 발행주식의 종류, 신주인수권의 배제여부, 전환사채(CB) 및 신주인수권부사채(BW) 발행 등과 관련하여 회사의 정관을 개정히고, 닝의개서대리인을 선정하며 우리사주조합을 결성하여야 한다.

③ **본절차**: 기업공개의 본절차는 먼저 신주의 종류와 주식수, 신주의 발행가액 등에 대한 이사회결의서, 주간사의 인수가액 결정, 금융감독위원회에 「유가증권신고서」 제출 등의 절차를 밟아야 한다. 주간사는 금융감독위원회가 유가증권신고서를 수리한 날로부터 15일이 경과하면 신주발행기업과 협의를 거쳐 청약안내를 공고하고 청약기간 동안에 청약을 받는다.

납입일에 주금납입이 모두 이루어지고 신주발행기업이 자본금변경등기, 금융감독위원회에 「유가증권발행실적보고서」 제출, 증권거래소 또는 증권업협회에 상장 또는 등록신청을 함으로써 기업공개절차가 완료된다.

2) 증권시장의 국민경제적 기능

증권시장의 국민경제적 기능은 다음과 같이 요약할 수 있다.

① 기업의 자금조달

기업경영에서 소요되는 자금 중에는 공장건설이나 기계설비 등 장기투자자금과 원료구입 및 임금지불 등 단기운영자금이 있는데, 이 가운데 장기투자자금을 증권시장을 통해 안정적으로 조달 가능하게 하고 일반 영세유휴자금을 흡수 활용하게 한다.

② 재정자금의 조달 및 재정금융정책수단 제공

증권시장은 국공채, 금융채(산업금융채권 등) 등의 발행과 상환을 통해 필요한 재정자금의 수급조절을 가능하게 함으로써 효과적인 재정금융정책을 실현하는 수단을 제공하고 더 나아가서 공개시장조작을 통해 유동성조절기능을 수행한다.

③ 자금의 효율적 배분

증권시장은 경쟁력 있는 회사와 그렇지 못한 회사와의 경쟁을 통하여 자금의 효율적 배분과 산업간 합리적 자본이동을 촉진하고 산업구조의 고도화를 촉진한다.

④ 소득의 재분배

증권시장은 국민의 자산운용의 장소(place)가 될 뿐만 아니라 주식의 분산을 통해서 대중자본주의의 실현으로 소득재분배를 구현하고 경제력집중의 완화와 분배의 공평성을 실현하는 중요한 정책수단이 된다.

⑤ 금융자산 운용의 장소 제공

증권시장은 자금공급자(투자자: 자금잉여집단)에게 금융자산을 효율적으로 운용할 수 있는 투자시장을 제공한다. 그러므로 투자자 측면에서 투자자산 운용을 통해 운용수익의 증대를 가져오고 부의 축적과 자산증식을 실현시키며 국민경제의 후생을 증대시켜준다.

제2절 증권시장의 구조

1) 발행시장

발행시장은 증권을 신규로 발행하여 장기자금을 조달하는 시장인데, 이를 제1차시장(primary market)이라고도 하며, 증권의 발행자와 투자자 사이에서 수직적으로 이루어진다는 뜻에서 '종적시장'(縱的市場; vertical market)이라고도 부른다.

발행시장이란 말은 증권의 매매시설을 갖춘 구체적 시장이 아니고 증권이 발행시점으로부터 최초투자자 수중(手中)에 그 증권이 들어갈 때까지의 과정(process)을 가리키는 추상적 개념의 시장이다. 이러한 발행시장에 있어서 자금의 수요자는 기업, 정부, 공공단체, 금융채 발행은행 등이며, 자금의 공급자는 일반 개인투자자, 증권회사, 투자신탁, 은행, 보험회사, 각종 기금 등 기관투자가이다.

발행시장의 참여자는 증권발행자(자금수요자), 투자자(자금공급자), 증권발행기관이다. 발행시장은 증권의 종류에 따라 주식발행시장과 채권발행시장으로 나누어진다. 발행시장의 메커니즘을 설명하면 [그림 9-1]에서 보는 바와 같다.

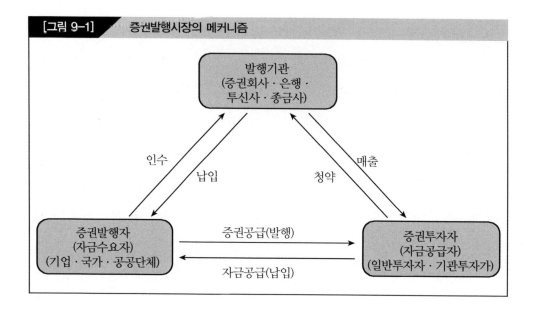

[그림 9-1] 증권발행시장의 메커니즘

2) 유통시장

유통시장은 발행시장에서 최초로 발행된 증권이 그 후 투자자간에 재매매 거래되는 시장으로서 증권거래소가 개설하는 시장이 중심이 되는 구체적 시장이다. 이미 발행된 증권이 유통된다는 뜻에서 제2차시장(secondary market)이라고 하며, 투자자와 투자자 사이에서 수평적으로 증권이 이전된다는 뜻에서 '횡적시장'(橫的市場; horizontal market)이라고도 부른다.

유통시장에서의 주식 매매유통은 투자자 상호간에 매매거래가 이루어지는 형태이지만, 실제 매매과정에는 증권회사가 개입하여 투자자들로부터 매매주문을 받아 증권거래소를 통해 매매계약을 체결하고 자금결제가 이루어지기 때문에 증권거래소가 유통시장의 중추적 역할을 담당한다. 그리고 유통시장은 매매거래가 이루어지는 조직적이며 구체적 개념의 시장이다.

3) 직접발행과 간접발행

증권의 발행은 발행위험을 발행자와 인수자 사이에 누가 부담하느냐에 따라 직접발행과 간접발행으로 나누어진다.

① 직접발행

직접발행은 증권발행자 자신이 증권발행에 따른 위험, 즉 공모발행시 미인수잔여분이 발생하였을 경우 이를 인수해야 하는 위험을 직접 부담하는 발행방식이며, 증권발행자 자신이 발행증권을 소화시킬 수 있는 재정적 능력이 있어야 한다. 직접발행은 다시 증권발행자 자신이 발행사무까지도 담당하는 자기모집과 발행사무만을 중개인에게 대행시키는 위탁모집으로 나눈다.

자기모집은 발행사무가 비교적 간편한 경우에 이용되며, 위탁모집은 발행사무에 따른 시간이나 비용 등을 절약하기 위해 증권발행자가 모집주선인에게 발행사무만을 위탁하는 것이며, 모집주선인은 증권발행에 따른 분매(分賣; distribution)업무만을 담당하고 발행증권의 미소화분은 발행자에게 되돌려 준다. 모집주선인은 발행된 부분에 대해서는 소정의 수수료(commission)를 증권발행자(의뢰인)로부터 받는다.

② 간접발행

간접발행은 인수자(underwriter)가 증권발행자로부터 발행증권을 인수하는 방식이다. 전문적 지식과 조직을 가진 전문기관에 발행사무를 의뢰하여 발행하므로 모집발행이라고도 한다. 인수는 유가증권의 매매차익을 목적으로 단순히 취득(acquisition)하는 것이 아니라 인수업자가 유가증권의 공정가격형성 등 공정한 거래가 이루어질 수 있도록 하기 위해 일단 자기계산으로 취득하였다가 분매하는 행위를 말한다.

간접발행은 증권인수방식에 따라 이를 다시 총액인수방식(firm commitment underwriting), 잔액인수방식(stand-by underwriting), 전부 아니면 무효방식(all or none: AON) 등으로 구분한다.

총액인수방식은 인수인이 사전에 발행자와 약정한 가액으로 증권발행총액을 인수하여 이에 소정의 이익을 붙여 일반대중에게 판매하는 방식이며, 인수인은 인수수수료나 판매수수료를 받지 않고 인수가격과 판매가격의 차액(bid-asked spread)을 발행위험과 발행시무대행의 보수로서 챙기는 것이 원칙이나 실무에서는 발행자와의 협의에 따라 결정된다.

잔액인수방식은 인수인이 일차적으로 발행증권을 발행인과 사전에 약정한 가격으로 일반대중에게 매각한 다음 미소화분이 있을 경우 이를 인수하는 방식으로서, 이때 인수인은 발행액 전액에 대한 인수 및 판매수수료를 받는다.

전부 아니면 무효방식(AON)은 인수자가 일단 발행증권 특정량을 모두 맡아 분매하되, 일정기간 내에 인수전량을 분매하지 못할 경우 인수제의 자체가 무효가 되는 계약이다.

4) 공모와 사모

주식의 모집방식에는 공모(公募; public offering)와 사모(私募; private placement)가 있다.

공모(公募; public offering)는 증권의 인수자로 하여금 인수증권을 불특정다수인에게 공매하게 하는 방식으로 증권거래법상 모집, 매출(賣出)이 이에 해당한다. 공모의 경우 인수하는 조건은 수의계약(negotiation) 또는 공개입찰(competitive bid) 중에 한 가지를 택해서 정한다.

사모(私募; private placement)는 증권발행자가 직접 특정 소수의 인수인과의 교섭을 통하여 증권을 발행하는 방식으로 비공모발행이라고도 한다.

공모는 일반투자가를 대상으로 하므로 일시에 거액의 자금조달이 가능하고 선전효과를 얻을 수도 있다. 반면 사모는 발행절차가 간편하고 발행자와 인수자간의 긴밀하게 신축적인 교섭이 가능하며 발행비용도 공매에 비해 저렴하고 공모시 요구되는 까다로운 재무상태의 공개의무가 부과되지 않는 이점이 있다.

5) 기타의 주식발행

상장회사의 재무정책적인 목적을 달성하기 위하여 주식발행을 하는데 다음과 같은 발행방식들이 있다.

① 주식배당(stock dividend)

주식배당은 주주에 대한 이익배당을 현금 대신 주식으로 하는 것으로 이익의 사내유보와 같은 성격을 가진다.

② 주식분할(stock split)

주식분할은 자본금의 변화 없이 기 발행주식의 액면가를 낮추어 주식수를 증가시키고, 이들 주식을 주주에게 기존 주식수에 비례하여 교부하는 것이다.

③ 주식병합(reverse split)

주식병합은 여러 개의 주식이 한 개 또는 소수의 주식으로 병합되는 것으로 자본금의 감소나 회사합병의 경우에 발생한다.

④ 전환우선주(convertible preferred stock) 또는 전환사채(convertible bond)

소유자가 전환권을 행사할 경우에는 미리 정해진 조건으로 주식과 교환된다. 전환우선주는 소유자가 우선권을 행사할 경우 우선주가 보통주로 전환되는 것으로, 이 경우 기업의 자본금에는 아무런 변화가 초래되지 않는다. 그러나 전환사채의 경우에는 전환액에 상응하는 타인자본이 감소하고 동액의 자본금이 증가하여 실질적인 증자효과가 있다.

6) 유통시장의 구조

유통시장은 이미 발행된 증권이 매매거래되는 시장(secondary market)을 말하며 그 거래가 이루어지는 방식에 따라 '집중거래시장'과 '계속거래시장', 거래가 이루어지는 장소에 따라 '거래소시장'과 '장외시장'으로 나누어진다.

(1) 집중거래시장과 계속거래시장

① 집중거래시장

집중거래시장이란 증권을 거래하고자 하는 사람들이 일정한 시간과 일정한 장소에 집중적으로 모여서 개별 수문을 내면, 이를 일정시간 단위의 간격으로 주문을 모아서 일괄적으로 거래를 성립시키는 시장이다. 이를 경매형 시장(call market)이라고도 부르며, 이 시장은 주문의 전달방식에 따라 구두주문과 서면주문으로 나누어진다.

구두주문방식은 경매인이 잠정적으로 거래가격을 제시하면 사자측과 팔자측이 원하는 수량을 제시하고, 양측의 수량이 균형을 이루도록 가격을 조정하는 방식이다.

서면주문방식은 주문장에 주문내용이 기록되는 집중거래방식이며 한국의 동시호가제도가 이런 유형의 거래제도이다.

② 계속거래시장(continuous market)

계속거래시장이란 거래조건만 맞으면 언제든지 거래가 성립되는 시장이다. 거래규모가 크고 복잡한 경우 그 유용성이 크며, 한국의 경우 동시호가가 형성된 이후의 거래성립제도가 이에 해당된다고 볼 수 있다. 계속거래의 경우는 가격, 수량 등의 조건만 맞으면 언제라도 거래가 가능하기 때문에 거래의 즉시성(intermediacy)을 제공하고 정보확산의 신속성을 증대시킨다는 장점이 있다.

그러나 매수, 매도 주문이 접수되는 시간순서에 따라 수요 · 공급이 편중될 수 있고, 이로 인해 가격의 급등락이 발생할 가능성이 있는 단점이 존재한다. 계속거래시장은 딜러시스템과 대리인시스템의 두 가지가 있다.

(2) 거래소시장, 장외시장, 사이버거래시장

① 거래소시장(on-board market)

거래소시장이란 상장증권의 집단매매거래를 실행하는 구체적인 조직적 시장을 말한다. 이에 비해 장외시장(off-board market)은 상장증권은 물론 비상장증권에 대하여 고객 상호간, 고객과 증권회사간 또는 증권회사 상호간의 개별적인 매매거래, 즉 상대매매의 형태로 거래가 행해지는 비조직적 시장이다. 한국의 경우, 거래소시장은 다시 유가증권시장(한국거래소=주식시장; KRX)과 협회중개시장(코스닥시장; KOSDAQ), 코넥스시장(KONEX: Korea New Exchange)으로 나누는데, KRX시장은 유가증권거래를 위해 한국거래소가 개설한 시장을 말하고, 코스닥시장은 유가증권시장에 상장되지 아니한 주권의 매매거래를 위하여 한국금융투자협회(구, 한국증권업협회)가 운영하는 시장을 말하며, 코넥스시장은 중소기업전용을 위한 새로운 시장이다.

② 장외시장(off-board market)

장외시장이란 거래소시장 밖에서 이루어지는 시장을 말하는데, 크게 증권회사의 창구에서 고객과 증권회사간에 이루어지는 점두매매와 매매당사자간에 개별적으로 거래가 이루어지는 직접매매의 두 가지 형태가 있다. 주로 증권회사의 창구에서 장외거래의 대부분이 이루어지며, 이를 점두시장(over-the counter market: OTC)이라고도 한다. 장외거래는 매매당사자간에 자율적으로 거래되기 때문에 거래가격은 동일시각, 동일종목이라 할지라도 매매당사자에 따라 상이한 가격이 형성될 수 있다.

③ 사이버거래시장(cyber market)

사이버거래란 유가증권의 거래행위와 관련된 모든 사항(발행, 공시, 분매, 정보교환, 투자분석, 주문, 매매체결, 거래조회, 결제 등)들이 증권의 발행 및 유통과정에서 사람의 접촉 없이 인터넷 등 전자통신매체를 통해 수행되는 거래를 말한다. 사이버거래시장에서 이루어지는 증권거래 주요 유형에 인터넷직접공모(internet direct public offering)와 인터넷사모(internet private placement)로 나눌 수 있다. 인터넷직접공모는 유가증권 발행자(기업)

가 전문인수업자의 도움 없이 인터넷을 이용하여 직접 유가증권을 공모하는 것을 말하고, 인터넷사모는 기업이 전문인수업자의 도움 없이 인터넷을 이용하여 직접 유가증권을 발행하되 투자자를 일정 범위 이내로 제한하는 것을 말한다.

사이버증권중개는 사이버증권회사가 고객의 주문을 자사의 인터넷 홈페이지를 통해 수탁하여 증권거래소에서 매매체결하는 것을 말한다. 사이버증권회사로는 사이버 공간에서만 영업을 영위하는 형태, 종합증권회사가 전통적인 업무와 함께 사이버거래를 병행하는 형태 및 증권회사가 사이버거래 자회사를 두는 형태 등이 있다.

한국은 '증권거래법시행령'의 개정으로 1997년 3월부터 증권회사를 통한 사이버증권매매가 가능하게 되었다.

7) 매매거래 및 관리제도

(1) 매매거래의 종류

매매계약 체결일과 결제일의 시간적 간격에 따라 당일결제거래와 보통거래로 나눈다.

① 당일결제거래는 매매계약을 체결한 당일에 수도결제하는 것으로서 채권의 매매거래에 적용되고 있다.

② 보통거래는 매매계약을 체결한 날로부터 3일째 되는 날에 수도결제하는 것으로서 주식 및 채권의 일반적인 거래에 적용된다.

결제방법에는 두 가지 종류가 있는데, 하나는 결제기한에 증권의 수도를 이행하고 대금을 수수하는 ① 실물결제거래와, 수도결제일 전에 반대매매를 하여 차액을 수수함으로써 결제하는 ② 차금결제거래가 있다. 결제기한에 따라 매매계약 체결 즉시 계약을 이행하는 즉시거래가 있고, 계약체결일과 결제일 사이에 간격이 있는 일종의 외상거래인 선물거래가 있다. 또한 증권매매계약일로부터 3일째 되는 날에 반드시 현금과 증권이 서로 교환되지만 투자자는 결제기한 이전에 증권을 매도할 수 있으며 결제대금을 차입하여 다른 증권을 매입할 수 있는 절충형 거래가 있다. 또한 신용여부에 따라 매매거래의 결제를 현금으로 하는 현금거래와 매매거래의 결제에 필요한 금전이나 유가증권을 증권회사로부터 융자(margin) 또는 대주(short sale)의 형태로 신용을 제공받아(빌려서) 결제하는 신용거래가 있다.

(2) 매매계약 체결방법

매매계약 체결방법에는 다음의 세 가지 유형이 있다.

① **경쟁매매**: 다수의 매수자와 매도자 사이에서 매매거래가 이루어지는 것.

② **상대매매**: 단일의 매도자와 매수자 사이에서 매매거래가 이루어지는 것.

③ **경매**: 단일의 매수자 또는 매도자와 복수의 매도자 또는 매수자 사이에서 거래가 이루어지는 것.

현재 한국에서는 개별경쟁매매방식을 취하고 있다. 개별경쟁매매방식에 의한 매매체결에는 다음의 4원칙을 따른다.

① **가격우선의 원칙**: 저가의 매도호가는 고가의 매도호가에 우선하고 고가의 매수호가는 저가의 매수호가에 우선한다.

② **시간우선의 원칙**: 동일한 가격호가에 대하여는 먼저 접수된 호가가 나중에 접수된 호가에 우선한다.

③ **수량우선의 원칙**: 동일 호가간에 시간의 선후가 분명하지 않을 경우에는 수량이 많은 호가가 적은 호가에 우선한다.

④ **위탁매매우선의 원칙**: 고객의 위탁매매호가가 증권회사의 자기매매호가에 우선한다. 즉, 동일가격의 동시호가에 의한 매매체결시에는 고객분이 전량 처리된 후에야 증권회사의 자기매매분이 처리된다.

(3) 매매주문 방법

투자자들은 매매주문을 할 때 가격을 결정해 주는데, 가격지정방법에 따라 다음과 같이 네 가지로 구분을 한다.

① 지정가주문

지정가주문(limit order)은 투자자가 브로커에게 매매주문을 할 때 가격을 제한하는 주문이다. 매입주문인 경우 브로커는 지정된 가격이나 그 이하에서만 매입을 체결시켜야 하고, 매도주문인 경우 지정된 가격이나 그 이상에서만 체결을 시켜야 한다. 지정가주문의 단점은 매매체결률이 낮아진다는 것이다.

② 성립가주문

성립가주문(market order)은 현재 형성된 가격으로 매매체결이 이루어지도록 하는 주문으로서 매매체결은 거의 확실하게 이루어질 수 있다. 이 주문을 받은 브로커는 최선을 다해 매입자에게는 가능한 한 낮은 가격으로, 매도자에게는 가능한 한 높은 가격으로 거래가 이루어지도록 노력한다.

③ 역지정가주문

역지정가주문(stop order)은 특정한 가격을 지정해 주고 시가가 그 가격에 이르면 매입하라든지 또는 매도하라고 내는 주문이다. 일반적으로 매입주문인 경우 지정된 가격은 현재 시가보다 높으며, 매도주문인 경우 현재 시가보다 낮다. 가격이 변동되어 지정된 가격에 이르러 거래가 성립되면 그 시점에서는 성립가주문이 되므로, 이를 조건부 성립가주문이라고도 한다.

④ 지정폭주문

지정폭주문(stop-limit order)은 가격을 두 가지 지정해 주는 주문이다. 즉, 매입주문일 경우 일정가격에 매입하되 반드시 얼마 이상에는 매입하지 말라고 한다든가 또는 매도주문일 경우 일정가격에 매도하되 최소한 얼마 이상은 받아야 한다는 식의 주문을 말한다.

프로그램매매(Program Trading)

주가지수를 거래하는 선물시장과 주식시장(현물시장)의 가격이 일치하지 않는 현상을 이용한 매매기법 가운데 하나가 프로그램매매이다. 주로 기관투자자가 컴퓨터 프로그램을 이용해서 선물과 현물의 일시적 가격차를 통한 무위험소득을 얻는 투자방법이다. 즉, 양 시장에서 비싼 것은 팔고 싼 것은 사는 차익거래를 하는 것으로, 현물과 선물주식을 동시에 매매하려면 컴퓨터 프로그램을 통해 한꺼번에 주문을 내야 하기 때문에 프로그램매매라 한다. 선물을 사고 현물을 팔 때를 프로그램매도(매도차익거래)라 하며, 선물을 팔고 현물을 살 때를 프로그램매수(매수차익거래)라 한다. 주식의 현물가격과 선물가격이 이론적으로는 동일하게 움직이는 것이 정상이지만, 만기 전에는 두 가격이 일치하지 않는 경우가 많다. 선물에 참여하는 투자자들이 현물보다 선물을 더 많이 사면 선물은 상대적으로 고평가되기도 하고 반대의 현상도 일어난다. 이때 비싼 것은 팔고 싼 것을 사는 차익거래가 프로그램매매이다. 기관들이 흔히 지수 영향력이 큰 20~30개의 주식을 사고 팔기 때문에 프로그램매매는 종합주가지수에 큰 영향을 미친다.

(4) 매매관리수단(투자자보호장치)

증권거래소는 공정거래질서를 확립하고 투자자를 보호하며 유가증권시장의 효율성을 제고하기 위하여 각종 제도적 장치를 갖고 있다. 이 중에서도 매매거래와 직접적으로 관련된 관리수단으로 가격제한폭, 매매거래의 중단 및 재개, 관리 및 감리대상종목의 지정 등을 살펴보기로 한다.

① 가격제한폭

증권거래소는 유가증권의 공정한 가격형성과 급격한 시세변동에 따르는 투자자의 피해방지 등 거래질서를 확립하기 위하여 하루에 변동할 수 있는 증권가격의 상하폭을 일정한 범위로 제한하고 있으며 1998년 12월 1일부터 주권, 외국인주식예탁증서 및 수익증권은 기준가격에 0.15를 곱한 범위 내에서 가격이 움직이도록 제한하고 있었는데, 이 제한폭을 2015년 6월 15일부터 0.3(±30%)으로 확대했다.

소액채권의 경우 기준수익률의 상하 0.3포인트 범위 내에서 움직이며, 다만 시장상황의 급변에 따라 거래소가 시장관리상 필요하다고 인정한 경우에는 가격제한폭을 확대하거나 두지 않을 수 있다.

② 매매거래의 중단 및 재개

투자자 보호와 시장관리상 필요하다고 인정되는 경우에 해당종목의 매매거래를 일시적으로 중단할 수 있다. 우리나라는 1998년 12월 7일 매매거래중단제도(Circuit Breakers)를 도입하였다. 종합주가지수가 10% 이상 급락하여 1분간 지속되는 경우 거래소는 주식시장의 매매거래를 중단할 수 있으며, 매매거래 중단 후 20분이 경과한 때에 매매거래를 재개하게 된다.

그 밖에 풍문 등에 의거해 주가 및 거래량이 급변할 경우 매매거래를 중단시킨다(예: 회사부도발생, 은행거래정지, 영업활동정지, 파산, 해산, 회사정리절차개시신청 등 풍문·보도).

③ 관리종목[1] 및 감리종목[2]의 지정

거래소는 주권의 상장폐지기준에 해당하는 종목을 관리종목으로 지정할 수 있으며 그 지정사유가 해소될 때 지정을 해제하고 있다. 또한 주가 및 거래량 등과 관련하여 시장관리상 감리가 필요하다고 인정되는 종목을 감리종목으로 지정하고 있다.

---

1) 관리종목: 사업보고서 미제출, 감사의견 부적정, 영업활동정지, 부도발생, 은행거래정지, 자본전액 잠식, 회사정리절차신청, 불성실공시 등이다(동 사유가 1년 내에 해소되지 않으면 원칙적으로 상장 폐지된다).

2) 감리종목: ① 최근 5일간 주가상승률이 75% 이상인 경우로서 연 3일간 계속되는 종목, ② 최근 7일 간 주가상승률이 동업종 산업별 상승률의 4배 이상인 종목, ③ 보통주보다 주가가 높은 우선주로서 최근 3일간 주가상승률이 30% 이상인 경우 등이다.

제3절 주식시장 [3]

1) 발행시장

주식발행시장은 주식을 신규로 발행하여 장기자금을 조달하는 시장으로서 이를 제1차시장(primary market)이라고도 한다.

한국은 신주발행방식에 있어서 일반적으로 인수자에 의한 간접발행방식을 채택하고 있고, 또한 공모가격 산정방식에 있어서도 발행자와 인수자가 협의하여 자율적으로 결정토록 되어 있다. 그리고 주식발행분은 주간사(book runner)가 총액 인수하여 기관투자가로 구성된 인수단을 대상으로 수요예측방식(book building)으로 배정함으로써 주간사의 인수책임을 강화했다.

수요예측방식은 유가증권의 공모인수가격을 결정하기 위해 주간사가 사전에 예정인수단으로부터 당해 증권의 공모희망가격과 수량 등을 제시받아 가격탐색과정(price discovery process)을 거친 후 공모가격을 사업성, 시장상황, 공모규모 등을 고려하여 발행회사와 협의가액으로 결정하는 방식이다. 증권의 발행을 주관한 인수인(underwriter)은 동 증권의 가격이 상장 또는 등록 후 일정기간 동안 적어도 인수가격의 일정수준 이상이 되도록 가격지지책을 쓰는 경우도 있는데, 이를 시장조성(market making)이라 한다. 시장조성기능이 없이 상장 또는 등록 후 증권의 가격이 발행가격(인수가격)을 하회할 경우 인수인을 믿고 증권을 구입한 일반투자자는 손실을 볼 우려가 있다. 즉, 이 경우 인수인(증권회사)의 공신력이 떨어지게 된다.

---

3) 거래소 상장요건: 설립 후 3년 이상 경과하며, 계속 영업 중이어야 하고, 납입자본금과 자기자본이 각각 50억원, 100억원 이상이며, 최근 3년간 평균매출액과 최근 연도 매출액이 각각 150억원, 200억원 이상이어야 한다. 주식분산비율이 30% 이상(자기자본 500억원 이상 기업은 10% 이상)이며, 소액주주수가 1,000명 이상이어야 한다.

| [그림 9-2] | 주식(株券)의 견양 |

2) 유통시장[4]

(1) 유가증권시장(KOSPI; 코스피시장)

유통시장은 이미 발행된 증권이 투자자간에 재매매거래가 이루어지는 시장으로서 증권거래소가 개설하는 시장이 중심이 되는 구체적 시장이다. 또한 이미 발행된 증권이 유통된다는 뜻에서 제2차시장(secondary market)이라고도 한다. 코스피시장(Korea Stock Price Index: KOSPI)은 증권시장의 중추시장이다. 한국의 주식매매제도는 계속거래제도가 근간을 이루고 있으며, 유가증권시장에서는 동시호가의 처리에 있어서만 경매형의 집중거래제도를 채택하고 있다. 증권거래소는 상장증권의 집단적 매매거래가 매일 정해진 시각에 한하여 형성되는 조직적인 시장기구이다.

(2) 협회중개시장(KOSDAQ; 코스닥시장)

장외주식 전문 중개회사인 코스닥증권시장(Korea Securities Dealers Automated Quotations: KOSDAQ)이 1996년 7월 1일 개설되었는데 증권거래소시장(KRX)과는 별도

---

4) 2005.1.27. 종전의 증권거래소, 선물거래소, 코스닥시장, 코스닥위원회를 통합한 '한국거래소' (Korea Exchange: KRX)가 통합 출범하였다.

의 시장으로 금융투자협회(구, 증권업협회)에 등록된 주식이 매매되는 곳으로서, 증권거래소시장과 마찬가지로 경쟁매매방식을 도입하여 고객의 매매주문을 '가격 및 시간우선의 원칙'에 따라 거래체결을 한다.[5]

(3) 코넥스시장(KONEX: Korea New Exchange)

코넥스시장은 2013년 7월 1일 출범한 '중소기업 전용 주식시장'이다. 기존의 코피스시장 및 코스닥시장의 상장조건에 부합하지 못하는 중소기업 혹은 유망한 벤처기업이 상장할 수 있도록 진입장벽을 대폭 낮춘 제3주식시장이다. 중소기업 지원을 목표로 한다. 상장요건은 자기자본 5억원 이상, 매출액 10억원 이상, 순이익 3억원 이상 등 3가지 요건 중 한 가지만 충족해도 상장 가능하다.

코넥스시장의 특징으로는 '지정자문인제도'가 있는데, 증권사가 지정자문인이 되어 중소기업을 발굴하고 코넥스시장에 상장시켜 이를 관리하는 역할을 맡는다. 지정자문인이 된 증권사는 상장예비기업의 적격성 심사, 대상주식 판매 주선 등을 관할하고, 공시업무, 신고대리업무 등을 한다.

(4) 제3시장

'장외호가중개시장'이 있는데 이는 거래소시장(유가증권시장)이나 코스닥등록요건에 미달하는 기업의 발행주식(또는 상장·등록폐지된 주식)에 유동성을 부여하기 위해 거래되는 시장이다. 거래소시장과 코스닥시상에 이어 2000년 3월 27일 세 번째로 개장했으며, 2005년 7월 13일에 금융투자협회가 이를 다시 개편해 '프리보드(Free Board)' 시장이 출범하였다. 이밖에 '중소기업전용주식시장'을 등장케 하여 코스닥시장 상장요건(연간매출

---

5) 코스닥 등록법인의 증권시장 등록요건은 설립 3년 경과, 납입자본 5억원 이상, 경상이익 실적, 부채비율 동업종 1.5배 미만, 무자본잠식, 적정감사의견, 20% 이상 소액주주 100명 이상 주식분산 등이다.

액 50억원 이상)에 미달하는 중소기업에 대한 원활한 자본조달이 가능하도록 제도적 마련과 더불어 별도의 시장이 추진 중이다.

3) 주식의 종류

주식(stock)은 주식회사에 대한 지분(equity)을 표창하는 증서인 동시에 자본의 구성단위로서의 의미와 주주권으로서의 의미를 동시에 갖는다. 출자단위로서의 주식은 자본금을 산출하는 기초로서 액면주식만이 인정되고 있는데, 1주의 금액은 5,000원 이상이어야 한다. 벤처기업의 주식은 1주의 금액을 100원 이상으로 할 수 있다.

(1) 보통주, 우선주, 후배주

① 보통주(common stock)

보통주는 주주가 가지는 각종 권리, 즉 이익배당청구권, 경영참가권(의결권), 잔여재산분배청구권 등을 평등하게 가진 주식으로 이익배당이나 잔여재산분배 등의 권리에 차이가 있는 주식과 구별되는 상대적 의미의 보통주라 부르며, 우선주와 후배주의 중간형태로 기준이 되는 주식이다.

② 우선주(preferred stock)

우선주는 이익배당 또는 잔여재산분배 등과 같은 재산적 이익을 받는데 있어서 여기에 참가순위가 보통주에 비해 우선적 지위가 인정되는 주식이다. 그러나 사채보다는 후순위에 있다.

우선주는 보통주에 우선하여 배당을 받을 수 있는 우선배당률이 사전에 결정되어 있다는 점에서 사채와 유사하나, 우선배당률은 사채와 같이 보증되어 있는 것은 아니다. 그리고 우선주는 여기서 부족배당의 차후 누적실행시기를 놓고 다시 누적적 우선주, 참가적 우선주 등과 같이 우선권에 대해서 다음과 같이 갈린다. 즉, 누적적·비누적적 우선주, 참가적·비참가적 우선주로 구분된다.

· **누적적 우선주와 비누적적 우선주:** 누적적 우선주란 회사의 경영사정에 의해 어떤 사업연도에 우선배당률 이하의 배당을 하거나 전혀 배당을 하지 못하는 경우, 미지급된 배당분을 다음 결산기에 보상하는 누적적 조건을 붙인 우선주를 말한다. 비누적적 우선주는 이러한 부족배당이 보전되지 않고 당해 결산기가 경과하면 자동 소멸되는 우선주이다.

· **참가적 우선주와 비참가적 우선주:** 우선주가 일정률의 우선배당을 받은 다음에 남은 이익에 대해서도 보통주와 같이 배당참가하느냐 않느냐에 따른 구분인데, 일반적으로 배당률에 제한이 없는 보통주의 배당액이 우선주보다 높은 경우 그 차액에 대한 참여가 가능한 것이 참가적 우선주이며, 이에 참가할 수 없는 주식이 비참가적 우선주이다.

③ 후배주(deferred stock)

후배주는 보통주에 비해 이익배당이나 잔여재산분배의 참가순위가 열위(후순위)에 있는 주식이다. 열후주 또는 후취주라고도 하며, 이익이나 이자의 배당, 잔여재산의 분배 등에 있어 다른 주식에 비해 불리한 조건이 인정되는 주식을 말한다. 통상 배당을 지급하지 않고 지배를 위한 의결권만의 부여를 목적으로 발기인 등에 제공되기 때문에 미국이나 영국에서는 발기인주(founder's share)라고 한다. 한국에서는 실용되지 않고 있다.

(2) 의결권주와 무의결권주

의결권이란 주주총회에 상정되는 여러 의결사항에 대한 결정권을 의미하는데, 주식에는 의결권이 부여되는 것이 일반적이다. 이러한 주식을 의결권주(voting stock)라고 부른다. 무의결권주(non-voting stock)는 의결권이 부여되지 않거나 의결권행사에 있어서 특별한 제한이 가해지는 주식이다. 무의결권주는 우선적 배당을 전제로 의결권을 부여하지 않는 것이므로 소정의 배당우선권이 실현되지 아니할 때에는 의결권이 부활된다. 무의결권주식의 총수는 발행주식총수의 1/4을 넘지 못하도록 하고 있다. 그리고 발행주식총수에는 산입하지 아니한다.

(3) 액면주와 무액면주

액면주(par value stock)는 주권에 그 주식의 액면가액이 기재되어 있는 주식을 말한다. 액면가액은 자본금의 구성단위(=액면가액×주식발행수)라는 점 이외에는 별 의미가 없다. 한국에서는 액면주 발행만이 허용된다. 무액면주(non value stock)는 주권에 액면가액이 기재되지 않은 주식으로서 발행가액은 주식을 발행할 당시의 시가가 보통이다. 한국의 '상법'에는 무액면주의 발행을 인정하지 않고, 미국·일본 등 선진국에서는 무액면주가 보편화되어 있다.

(4) 기명주와 무기명주

기명주는 주주의 이름이 주권 및 주주명부에 기재되어 있는 주식으로 권리행사자를 명확히 알 수 있고 그 통지를 함에 있어서도 편리하다는 이점이 있다. 무기명주는 주주의 이름이 주권이나 주주명부에 기재되지 않고 주권을 소지함으로써 주주로의 자격을 인정받게 된다. 한국의 경우 무기명주는 정관에 그 발행을 예정하고 있는 경우에만 가능토록 되어 있고, 발행이 되었을 경우에도 그 권리행사를 확정짓기 위해서는 주권을 회사에 공탁시키도록 하고 있다.

(5) 보증주, 상환주, 전환주

① 보증주(guaranteed stock): 이익배당의 지급을 제3자가 보증한 주식으로 사회적 신용도가 낮은 회사가 주로 발행하며 주로 모회사가 보증하는 경우가 대부분이다.

② 상환주(redeemable stock/callable stock): 주주권의 존속기간이 한정되어 있는 주식이다. 주식발행으로 조달된 자본은 회사의 자기자본을 구성하고 회사가 존속할 때까지 영구적으로 회사에 귀속되는 것이 원칙이나, 상환주는 그 발행시부터 일정기간 후에는 회사이익으로 소각하도록 예정되어 있는 주식을 말한다. 수의상환채권(callable bond)과 유사한 성격을 지녀 원금이 상환된다는 점에서 사채적 성격을 가지고 있다. 한국 '상법'에서는 우선주에 한하여 발행을 허용된다.

③ **전환주**(convertible stock): 주식 소유자의 의사에 따라 일정조건하에 소유주식을 다른 종류의 주식으로 전환할 수 있는 주식이다. 회사가 여러 종류의 주식을 발행하는 경우 일정요건 하에 정해진 전환율에 따라 다른 종류의 주식으로 전환할 수 있는 권리가 부여된 주식이다. 전환권은 우선주에 부여되는 경우가 많으며 보통주로 전환되는 것이 일반적이다.

제4절 자본시장통합법 및 금융투자상품

1) 자본시장 통합 출범시행

2009년 2월 4일부터 『자본시장과 금융투자업에 관한 법률』(통칭; "자본시장법")이 시행됨에 따라 금융시장은 은행, 보험, 자본시장의 3대 권역(圈域)으로 나뉘어 글로벌 체제로 나아가게 되었다. 또한 국내의 자본시장은 증권, 선물, 종합금융자산운용, 신탁업 등 관련 업종간 장벽(칸막이)이 제거되고 전 영역을 하나로 통합해 대형 금융투자회사(투자은행: investment bank) 설립이 가능하게 되었다. 자본시장통합 출범에 따른 금융시장 권역 변화는 [그림 9-3]에서 보는 바와 같다.

자본시장통합법의 기본방향은 ① 원본손실 가능성(투자성)이 있는 금융투자상품 범위를 열거주의에서 선진국과 같은 포괄주의로 전환 확대하고, ② 기능별규제체제를 도입하여 금융투자업을 기능별 유사성 기준으로 6가지로 재분류하여 동일기능에 동일규제를 적용하며, ③ 투자자보호장치와 제도를 선진화하고, ④ 금융투자업자의 업무범위를 송금, 결제 등 지급결제업무까지 확대 허용하였다. 따라서 우리나라에서도 세계적인 대형 투자은행의 출현이 가능하게 되고 기업 및 투자자의 니즈(needs)에 부합하는 새로운 혁신적 파생결합금융상품 출현이 예상돼 자본시장의 성장을 촉진하고 금융산업의 겸업화·대형화를 가속화할 전망이다.

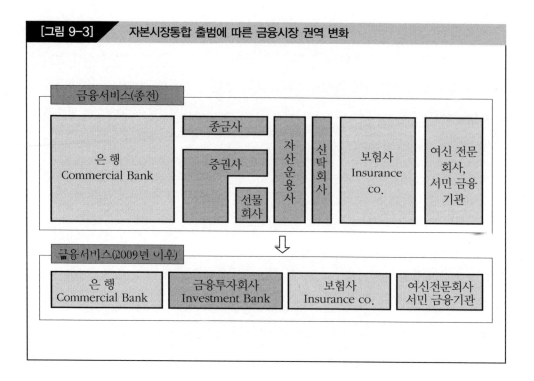

[그림 9-3] 자본시장통합 출범에 따른 금융시장 권역 변화

2) 금융투자상품의 분류체계

금융상품이란 이익을 얻거나 손실을 회피할 목적으로 현재 또는 장래 특정 시점에 금전 등을 지급하기로 약정함으로써 취득하게 되는 권리로서, 원본손실(元本損失) 가능성(투자성)을 부담하는 상품을 말한다. 금융상품은 '경제적 실질'에 따라 특성별로 증권, 파생상품으로 분류하고, 원본 손실 가능성이 있는 상품은 금융투자상품, 원본 손실가능성이 없는 상품은 비금융투자상품(전통적 금융상품)으로 분류한다. 또한 원본만 손실발생가능성이 있으면 『증권』으로 분류하고, 원본을 초과해 손실이 발생할 가능성이 있으면 『파생상품』으로 분류한다. 파생상품은 증권선물거래소 등 정형화된 시장에서 거래여부에 따라 『장내파생상품』과 『장외파생상품』으로 분류한다. 이를 그림으로 설명하면 [그림 9-4]와 같다.

주식, 사채 등의 전통적 증권은 채무증권으로, 주식·신주인수권·출자증권 등은 지

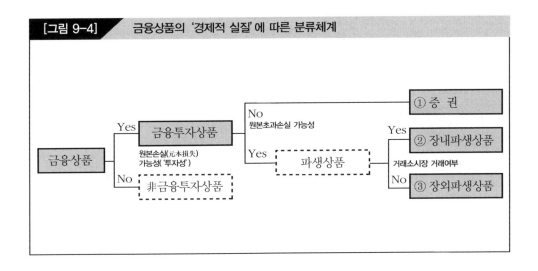

[그림 9-4] 금융상품의 '경제적 실질'에 따른 분류체계

분증권으로, 신탁수익증권과 신탁형집합수익증권 등은 수익증권으로, 또 국내증권예탁증권(KDR)과 외국증권예탁증권(GDR, ADR) 등은 증권예탁증권으로 분류해 각각의 개념을 추상적인 포괄주의로 전환하고, 투자계약증권과 파생결합증권(기초자산의 가격, 이자율, 지표, 단위 또는 이를 기초로 하는 지수 등의 변동과 연계)을 따로 분류하였다. 또한 집합투자증권(CIS), 구조화증권(Structured Product)과 같은 신종 증권은 투자계약 및 파생결합증권과 같이 새로운 추상적 개념을 도입하여 포괄주의로 전환하였다.

장외파생상품은 선도, 옵션, 스왑으로 구분해 개념을 추상적으로 정의하고 파생상품의 기초자산 개념을 최광위로 규정하여 가능한 모든 대상을 기초자산으로 개발 허용하였다(지진 등 재해를 기초로 하는 파생상품, 범죄발생률을 기초로 하는 파생상품, 강수량이나 강설량 등 날씨를 기초로 하는 파생상품 등장). 장내파생상품은 선도, 옵션, 스왑 등의 파생상품 중 증권거래소 시장에서 거래되는 금융상품을 모두 포함하며, 상장 가능한 장내파생상품의 범위도 확대하였다. 이 밖에도 금융투자상품을 종전의 상품분류와 대비해 모호한 부분은 구분 정리하여 규율했는데 개요는 다음과 같다.

양도성예금증서(CD)는 원본 손실가능성이 있어 개념적으로 금융투자상품에 해당되나 만기가 짧고 금리변동에 따른 가치변동이 미미하여 투자자보호 필요성이 적어서 정책적으로 배제했고, 원본보전신탁의 수익권을 제외한 모든 신탁(처분신탁, 운용신탁, 관리신탁)의 수익권은 금융투자상품(증권)개념에 해당하는 것으로 하였다. 기업어음(CP)은 적정한 형식(조폐공사 발행 용지 사용)을 갖춘 모든 CP를 금융투자상품으로 간주하였다.

3) 금융투자업의 분류체계

자본시장 관련 금융업(금융투자업)은 '경제적 실질'에 따라 다음과 같이 6개의 금융투자업으로 정의 · 분류한다(다수의 법률에 산재한 금융투자업을 경제적 실질에 따라 분류한 기능별 분류는 〈표 9-1〉을 참조할 것).

① **투자매매업**(dealing): 자기의 계산으로 금융투자상품을 매도 · 매수, 발행 · 인수 또는 그 청약의 권유 · 청약 · 청약의 승낙을 하는 업.

② **투자중개업**(arranging deals): 타인의 계산으로 금융투자상품을 매도 · 매수, 그 청약의 권유 · 청약 · 청약의 승낙 또는 발행 · 인수에 대한 청약의 권유 · 청약 · 청약의 승낙을 하는 업.

③ **집합투자업**(collective investment): 2인 이상에게 권유하여 모은 금전 등을 투자자로부터 일상적인 운용지시를 받지 않고 자산을 취득 · 처분 그 밖의 방법으로 운용해 결과를 투자자에게 배분하여 귀속시키는 업.

④ **투자자문업**: 금융투자상품의 가치 또는 투자판단에 관해 자문하는 업.

⑤ **투자일임업**: 투자자로부터 금융투자상품의 투자판단 전부 또는 일부를 일임 받아 투자자별로 구분, 자산을 취득 · 처분 등 방법으로 운용하는 업.

⑥ **신탁업**: 신탁법에 의한 신탁을 수탁하는 업.

관 련 법	회사 명칭	규정된 금융투자업	금융투자업 기능
증권거래법	증권회사	매매업, 인수업, 매출업	① 투자매매업
	증권회사	위탁매매업, 중개업, 대리업, 매매위탁의 중개 · 주선 · 대리업, 모집 · 매출의 주선업	② 투자중개업
선물거래법	선물회사	선물거래업	
종합금융회사에 관한 법률	종합금융회사	중개업	② 투자중개업
		매매업, 인수업	① 투자매매업
		어음관리계좌업무	수신업
	자금중개회사	자금중개업	자금중개업
신탁업법	신탁회사	신탁업, 개인연금신탁업, 연금신탁업	⑥ 신탁업
자산운용업법	은행,증권,보험 자산운용사	간접투자증권의 판매	① 투자매매업 또는 ② 중개업
	투자자문사	투자자문업	④ 투자자문업
	투자일임사	투자일임업	⑤ 투자일임업
	자산운용사	투자신탁재산의 운용 · 운용지시	③ 집합투자업
		투자회사재산의 운용업무	
	–	투자전문회사(PEF)의 업무집행사원 기능	
	수탁회사	투자신탁재산의 수탁업	⑥ 신탁업
	자산보관회사	투자회사의 자산보관업	
부동산투자 회사(REITs)법	자산관리회사	위탁관리REITs 자산의 투자 · 운용	③ 집합투자업
		CrREITs 자산의 투자 · 운용	
	자산보관기관	위탁관리REITs와 CrREITs 자산보관업	⑥ 신탁업
선박투자회사법	선박운용회사	선박투자회사 자산의 운용	③ 집합투자업
	자산보관회사	선박투자회사 자산의 보관	⑥ 신탁업
중기창업지원법	창업투자회사	창투조합의 업무집행조합원 기능	③ 집합투자업
산업발전법	CRC 등	기업구조조정조합의 업무집행조합원 기능	
벤처육성특별법	창투사, 일반인 등	벤처투자조합/개인투자조합의 업무집행 조합원 기능	
부품소재특별법	창투사, 상장법인 등	부품소재전문투자조합의 업무집행조합원 기능	
여신전문금융업법	신기술 사업금융업자	신기술투자조합자금의 관리 · 운용	
문화산업진흥법	문화사업자, 투자자 등	문화산업전문회사 자산의 운용	
	자산관리자	문화산업전문회사 자산의 보관 · 관리	⑥ 신탁업

제5절 유동화증권시장

유동화증권(asset backed security: ABS)은 금융기관이나 기업들이 보유한 대출채권이나 매출채권 등을 담보로 발행된 유가증권을 말한다. 이들은 대출유동화를 통해 신규대출재원을 충당하고 자금의 장기고정화를 방지, 금리변동위험을 줄일 수 있다. 투자자로서도 비교적 수익성과 안정성이 높은 금융상품이다.

① **원리금자동이체증권**: 대출자산을 보유한 금융기관이나 매출채권을 보유한 기업은 관리기관에 이들을 매각하고 신탁기관은 이를 담보로 담보집합의 소유권을 표창하는 증권을 발행하여 투자자에게 판매한다. 담보가 된 대출집합으로부터 수입되는 매월 이자총액을 지분에 비례하여 투자자에게 배분하며 담보 중도상환시 지분만큼 상환되므로 원리금자동이체증권(pass-through security)이라 부른다. 담보집합의 소유권은 투자자에게 귀속되어 대출기관의 재무제표에서 삭제된다.

② **자산담보채권**: 자산담보채권(asset backed bond)은 발행기관이 보유한 매출채권집합을 담보로 발행하는 채권이므로 대차대조표상에 부채로 기재되고 기존자산은 계속해서 발행기관의 대차대조표상에 남게 된다.

③ **원리금이체채권**: 원리금이체채권(pay-through bond)은 원리금자동이체증권과 자산담보채권의 성질을 결합하여 만들어진 채권이다.

④ **다계층증권**: 원리금이체채권이 단일 만기를 갖는데 비하여, 그 성격상 다계층증권(collateralized mortgage obligation: CMO)은 복수의 만기를 갖고 있다는 점 이외의 다른 성격은 원리금이체채권과 동일하다.

자산유동화업무는 유동화전문회사, 신탁회사, 자산유동화전문법인이 영위하며 유동화전문회사는 자신 명의로 유동화증권을 발행하되 자산보유자와는 별도의 법인격이 부여된 특별목적회사(special purpose company: SPC)로 운영된다.

제10장

채권시장

제1절 채권시장이란 무엇인가

1. 채권의 개념과 본질

1) 채권의 개념

채권(bond)은 정부, 공공기관, 특수법인, 주식회사 형태의 기업 등 발행주체(자금부족집단)가 일반대중과 법인투자자 등(자금잉여집단)으로부터 거액의 장기자금을 일시에 대량으로 조달하기 위해 발행하는 일종의 채무증서로서 채권을 발행할 수 있는 기관과 회사는 법률로써 정해진다.

그러나 정부가 국채를 발행하고자 하는 경우에는 국회의 동의를 얻어야 하고, 증권사가 공모로 사채를 발행하는 경우 증권관리위원회에 등록한 후 금융감독원에 유가증권 신고서를 제출해야 하는 등 채권발행에는 일정한 요식행위를 밟아야 한다. 일반적으로 채권은 증권거래법에 정하는 바에 의하여 채권발행주체가 증권회사를 통해 유가증권시장에서 자유롭게 거래할 수 있어 유동성과 편의성이 보장된다.

2) 채권의 본질

① **확정이자부 증권**: 채권은 주식의 경우와는 달리 수익의 발생여부와 관계없이 이자가 지급되므로 발행 당초부터 이자와 상환금액 등이 정해져 있다.

② **기한부 증권**: 채권은 원금과 이자의 상환기간이 사전에 정해져 있어 일정시점이 경과하면 이자를 지급하거나 이자와 원금을 지급해야 한다. 그러므로 잔존기간의 차이는 곧 채권의 투자가치를 달라지게 한다.

③ **장기증권**: 채권은 원리금 상환문제 이외에도 장기적으로 존속해야 하고, 환금성도 부여되어야 하는 장기증권임을 본질로 하므로 유통시장의 존재가 필수적이다.

④ 채권은 안전성, 수익성, 유동성(환금성) 등을 특징적으로 지니고 있다.

제2절 채권의 발행

한국의 채권발행방법은 공모(公募)와 사모(私募), 발행방식은 직접발행과 간접발행이 있다. 국채의 경우 국회의 동의를 거쳐 발행하게 되는데 매출방법은 공모발행, 인수발행, 교부발행의 3가지 방식이 있다.

공모발행은 주로 장기국채발행시에 이용되며 한국은행, 증권회사, 종합금융회사 등을 주선기관으로 하여 일반에게 매출된다.

인수발행은 국채발행 전액을 한국은행, 정부특별회계 또는 국채인수단이 인수하는 방식으로 발행된다. 국채인수단은 은행, 증권회사, 신탁회사 등으로 조직된다.

교부발행은 정부가 채무의 지급시 현금 대신 국채를 발행하여 채권자에게 교부하는 방식으로 정부 인허가업무와 관련하여 강제 소화된다. 지방채는 대부분 첨가소화에 의존하고 금융기관 등이 발행하는 특수채는 첨가소화 또는 일반 매출방식을 취하고 있다.

회사채는 대부분 공모와 회사채인수기구를 통한 총액인수방식에 의해 간접발행방식으로 발행된다. 회사채는 3년 이내의 단기채가 주종을 이루고 있는데, 이는 아직 인플레

기대심리가 상존하여 투자자들이 단기채를 선호하기 때문이다.

회사채의 발행은 발행자가 증권관리 당국에 등록된 발행총액을 일시에 발행하는 '전통적 등록방식'과 등록만 일괄적으로 하고 실제 채권발행은 등록된 발행총액 범위 내에서 분할 발행할 수 있는 '일괄등록방식'이 있다.

회사채를 발행하려면 엄격한 신용평가제도를 거쳐야 하는데, 한국 내의 신용평가기관이 부여한 회사채 신용등급을 참고하여 투자자에게 원리금 회수가능성 정도에 대한 정보를 제공함으로써 회사채 발행금리에 결정적인 영향을 미치게 된다. 회사채발행기업의 입장에서는 신용평가수수료의 부담에도 불구하고 객관적인 신용등급을 획득함으로써 잠재투자자를 확보할 수 있기 때문에 총 자금조달비용이 낮아지는 효과가 있어 회사채 발행은 양편 모두에 유익한 제도이다.

현재 무보증회사채 발행기업은 2개 이상의 신용평가회사로부터 기업의 사업성, 수익성, 현금흐름, 재무안정성 등을 기초로 회사채상환능력을 평가받고 있다. 회사채평가등급은 AAA~D까지 10개 등급으로 분류되는데, AAA~BBB는 원리금상환능력이 양호하다고 인정되는 투자등급, BB~C는 동 상환능력이 상대적으로 의문시되는 투기등급, D는 상환불능상태를 나타낸다.[1]

한국의 신용평가기관의 기업어음 신용평가등급은 〈표 10-1〉에서 보는 바와 같이 최우량급으로 A1, 그 다음은 A2, A3, B, C, D의 순으로 분류된다. 이 중 투자등급은 A1~

---

1) 무보증회사채는 신용위험(credit risk)이 크기 때문에 채무불이행위험(default risk)이 얼마나 높으냐에 따라 채권의 가격이 달라지게 된다. 미국의 증권관리위원회(The Securities and Exchange Commission: SEC)는 Standard & Poor's, Moody's, Fitch, Duff&Phelps, MCM 등을 공식적인 전문적 평가기관으로 인정하였고, 한국에는 1998년 현재 한국신용평가(주), 한국신용정보(주), 서울신용정보(주), 한국기업평가(주) 등 4개 기관이 지정되어 있다. CP발행을 위해서는 4개 평가기관 중 2개 이상의 기관으로부터 B등급 이상의 신용등급을 받아야 한다. 채권등급사정(bond rating)은 AAA급(최우량), AA(우량), A(비교적우량), BBB(중위), BB(저중위), B(저급), CCC, CC, C(모두 최저급), D급으로 분류되며, 이 가운데 A등급 이상이 '투자적격'이다.

A3등급이며, 투기등급은 B등급 이하이다.

<표 10-1> 한국의 CP신용등급체계

구 분	평가등급	등급정의
투자등급 (investment grade)	Al	· 적기상환능력이 최고수준이며 안정성은 예측가능한 장래환경에 영향을 받지 않을 정도
	A2⁺, A2, A2⁻	· 적기상환능력 우수, 안정성 Al에 다소 열등
	A3⁺, A3, A3⁻	· 적기상환능력 양호, 안정성 A2에 다소 열등
투기등급 (speculative grade)	B⁺, B, B⁻	· 적기상환능력은 있으나 단기적인 여건변화에 따라 그 안정성에 투기적인 요소가 내포되어 있음
	C	· 적기상환능력 및 안정성에 투기적인 요소가 큼
	D	· 현재 채무불이행 상태

제3절 채권의 유통

1) 채권의 유통거래는 증권회사와 거래고객과의 사이에서 이루어지는데, 이때 증권회사가 거래고객의 대리인으로서 매매거래를 성립시켜주는 중개방식과 증권회사가 항상 매수 및 매도호가를 제시하여 투자자의 매매상대방이 되어주는 딜러방식이 있다. 앞의 중개방식이 일반적으로 실시되고 있다.

2) 현재 거래소에 상장되어 있는 채권으로는 국채, 통화안정증권, 회사채 등이다. 채권은 주식에 비해 거래소시장보다는 장외시장에서의 거래가 더 활발하다. 이 밖에 제1종 국민주택채권, 서울지하철공채, 지역개발공채 등이 첨가소화형태로 거래되고 있다.

3) 1999년 11월부터 증권예탁원과 한국은행과의 연계를 통해(BOK-Wire) 매매채권의 인도와 동시에 이루어지는 동시결제제도(delivery vs paymen: DVP)가 도입되었다. 그리고 즉시공시체제(real time disclosure)를 구축하여 증권시장의 감시기능을 일층 제고시키고 있다.

제4절 채권의 종류

원칙적으로 채권은 약정된 기일에 원리금을 상환하는 고정수익증권(fixed income security)이다. 발행주체, 원리금상환방법 및 기간, 담보유무, 보증유무, 각종 옵션조건 등의 첨가여부, 이익참가정도의 차이, 금리적용형태 등에 따라 다음과 같이 세분되고 있다.

1) 발행주체에 따른 분류

국공채는 정부 또는 공공기관이 재정수입의 기간불일치로 야기되는 재정적자의 보전 또는 투·융자금의 조달을 위해 발행하는 것이다. 발행주체에 따라 다시 정부발행의 국채(national bond), 지방자치단체발행의 지방채(municipal bond), 공공기관발행의 공채(public bond), 은행 등 금융기관이 발행하는 금융채 및 주식회사(기업)가 발행하는 채권(회사채 등) 등으로 구분된다. 현재 정부가 발행하는 국채로는 국민투자채권, 국민주택채권, 양곡기금증권, 농어촌발전채권, 농지채권 등이 있다.

또한 금융채에는 통화안정증권, 산업금융채권, 중소기업금융채권, 신용카드채권, 리스채권, 종합금융채권, 할부금융채권 등이 있다.

국채발행방식은 종래에는 저금리에 의한 강제배정 소화방식이었으나 금리자유화 이후 시장실세금리에 의한 경매방식 또는 인수단 인수방식으로 전환하였다. 여기서 국채 인수단은 국공채 인수업무를 허가받은 금융기관들로 구성된다.

공채의 경우 현재 지방채인 지하철공채, 특수채인 전기통신공사채, 한국전력채권, 토지개발채권, 기술개발금융채권, 한국도로공사채권 등이 발행되고 있다.

2) 원리금상환방법에 따른 분류

할인채는 채권상환기간 중 이자를 전혀 지급하지 않고 만기에 가서 액면금액만을 상환하는 조건으로 발행시점에서 할인되어(상환기일까지의 이자를 선공제하고) 감액된 매입금으로 발행되는 채권(pure discount bond)으로 무이표부채권(zero coupon bond)이라고도 한다.

이에 반해서 이표채(coupon bond)는 채권의 권면에 이표가 붙어 있어 이자지급일에 일정이자를 지급받는 채권이다. 상환기간 중 정기적으로 이자(coupon)를 지급하고 만기에 가서 액면금액을 상환하는 채권으로 이는 다시 액면금액이 채권의 시장가격보다 큰 할인이표채(discount coupon bond), 액면가격과 시장가격이 같은 액면채(par bond) 및 액면가액이 시장가격보다 낮은 할증채(premium bond)로 구분된다.

영구채(perpetuities/consol)는 원금은 상환하지 않고 일정한 이자만을 영구히 지급하는 채권이다.

복리채는 지급이자가 단위기간 수만큼 복리로 재투자가 되어 만기시에는 원금과 이자가 함께 지급되는 채권이다. 복리채는 할인채의 변형으로 할인채가 액면할인의 형태로 채권발행시에 이자를 선급하는데 반해, 복리채는 채권발행시에는 액면가액으로 발행하고 원리금은 표면이자율로 복리로 계산하여 만기에 일시에 전액 지불함으로써 이자를 후불하는 형식을 취하는 채권을 말한다. 대표적 예로 국민주택채권과 전신전화채권 등을 들 수 있다.

3) 담보유무에 따른 분류

담보채(secured bond)는 발행회사 또는 제3자가 원리금의 상환을 보증하기 위해 담보를 설정한 채권으로 회사 자산을 담보로 수탁회사와 담보신탁계약을 체결하며, 수탁회사는 물상담보권을 설정하고 이를 보존·실행할 의무를 부담하고, 발행회사는 담보가액범위 내에서 사채를 발행한다.

무담보사채(unsecured/debenture bond)는 발행회사의 신용만으로 발행되며, 담보채처럼 사채원리금에 대해 제3자(모회사 등)의 지급보증이나 담보신탁 없이 발행되는 채권이다. 담보채는 다시 제공되는 담보의 종류에 따라 부동산담보채(mortgage bond)와 유가증권담보채(collateral bond)로 구분된다.

4) 옵션성격에 따른 분류

옵션채(option bond)는 통상적으로 일반채권에 옵션적 성격이 첨가된 채권으로 콜옵션 성격(callable feature)과 풋옵션 성격(puttable feature)의 채권으로 구분된다.

(1) 콜옵션형 채권

콜옵션 성격의 채권은 통상채권에 콜옵션이 첨가된 채권으로 이는 다시 수의상환채와 같이 콜옵션이 채권발행인(채무자)에게 있는 채권과 전환사채, 신주인수권부사채, 교환사채 등 주식연계채권과 같이 콜옵션이 채권소지인(채권자)에게 있는 채권으로 구분된다.

① 수의상환채

수의상환채(callable bond)란 채권발행자(채무자)가 채권기간이 일정기간 경과한 후 일정한 상환가격(call price)으로 채권만기 도래 이전에 채권소지자(채권자)의 의사와 관계없이 상환할 수 있는 권리를 갖는 채권을 말한다. 이때 중도상환가격은 액면가격보다 높은 프리미엄(call premium)을 갖는 것이 보통이다.

② 전환사채

전환사채(convertible bond: CB)란 채권소지자(채권자)가 일정기간 후 행사가격에 의해 보통주 또는 우선주로 전환할 수 있는 권리를 가진 채권이다. 미국에서는 전환사채를 발행하는 경우 미전환 또는 잔류(overhanging)를 방지하고 채권보유자에게 전환을 촉구하기 위해 발행회사(채무자)가 수의상환을 할 수 있는 권리(call right)를 가지는 경우도 있다.

③ 신주인수권부사채

신주인수권부사채(bond with warrant: BW)란 채권자가 채권가액의 일정비율에 해당하는 채권발행사(채무자)의 신주를 인수할 수 있는 권한이 부여된 채권이다. 이 채권은 신주인수권이 채권과 분리되어 유통시장에서 거래될 수 있는 것(detachable)과 분리거래가 불가능(non-detachable)하여 채권의 소지자만이 권리를 행사할 수 있는 것이 있는데, 후자의 경우 채권이 상환되면 신주인수권도 소멸된다.

한국의 신주인수권부사채는 기업이 유상증자를 할 때 약정된 신주인수비율에 따라 구주주와 마찬가지로 신주인수권을 부여한다.

④ 교환사채

교환사채(exchangeable bond)란 채권소지자가 채권발행사가 보유하고 있는 다른 상장유가증권으로의 교환을 청구할 수 있는 채권으로 발행사의 자본금의 증가가 수반되지 않는다는 점에서 전환사채와 구별된다. 한국의 경우 현재 증권회사들이 운용자산으로 보유하고 있는 주식을 대상으로 교환사채를 발행하고 있다.

⑤ 지수연동형 신주인수권부사채

지수연동형 신주인수권부사채(index linked bond with warrant)란 워런트(warrant)로서 주가상승분만큼 현금이 지급되는 채권을 말한다. 워런트(전환권)는 행사기간 중 주가지수가 일정수준 이상 상승하면 행사가 가능하며, 이때 행사지수를 초과하면 지수 포인트당 일정금액을 지급한다. 워런트는 채권원리금의 상환이 종료되면 소멸한다. 이 사채는 전환사채, 신주인수권부사채, 교환사채 등과는 달리 특정주식이나 지분의 이전이 발생하지 않는다.

(2) 풋옵션형 채권

풋옵션(put option) 성격의 채권에는 채권소유자가 채권만기 도래 이전에 일정한 가격(행사가격)으로 채권의 만기일을 사전에 명시되는 기일로 단축할 수 있는 ① 단축가능채권(retractable bond)이나 또는 일정기간 중에 채권의 만기를 사전에 명시된 기일로 연장할 수 있는 ② 연장가능채권(extendible bond) 등이 있다.

5) 특수채(特殊債)

(1) 이익채, 이익참가채, 수익채

① 이익채(income bond)는 발행사(채무자)가 일정수준 이상의 이익을 실현했을 경우에 한하여 채권자에게 이자를 지급하는 채권이다.

② 이익참가채(participating bond)는 채권보유자(채권자)가 약정이율로 받고도 채권발행자의 결산이익이 일정수준 이상 실현되었을 경우에 채권자가 다시 이익에 참가할 수 있는 권리를 가진 채권이다.

③ 수익채(revenue bond)는 특정재산이나 프로젝트에서 발생하는 수익으로 원리금을 상환하는 조건으로 발행된 채권이다. 미국의 경우 주로 정부기관이나 정부소유기업 등이 발행한다.

(2) 분할상환채, 연속상환채, 감채기금채

① 분할상환채는 일정 거치기간(grace period)이 경과한 후 원리금을 분할하여 상환하는 채권을 말한다. 그 예로서 지하철공채, 도로공채 등이 이에 해당된다.

② 연속상환채(serial bond)는 채권을 상이한 만기를 가진 여러 개의 조로 나누어 발행하는 것으로 각 조의 채권은 무이표채(serials bond)형식으로 발행되는 것이 보통이다.

③ 감채기금채(sinking fund bond)는 발행회사(채무자)의 채권 원리금 상환가능성을 높이기 위해 발행사의 감채기금 적립을 요구하는 조항이 붙은 채권이다. 적립된 감채기금은 원칙적으로 채권의 매입 또는 상환에 사용되어야 하지만 경우에 따라서는 약관에 따라 다른 용도로 전용되는 경우도 있다. 감채기금채는 이와 같이 발행회사(채무자)가 상환방법의 선택권(delivery option)을 가지고 있기 때문에 선택권이 없는 연속상환채보다 시장가격이 낮은 것이 원칙이다.

(3) 변동금리채(FRB)

변동금리채(floating rate bond: FRB)란 채권의 이자지급액이 고정되어 있지 않고 시장금리 등에 연동되어 변하는 채권을 말하는데 현재 국제채(international bond)의 대부분이 이 방식으로 발행되고 있고 한국에서도 최근 많은 회사채와 공채가 이 방식으로 발행되고 있다. 변동금리채는 매 이자지급기간(보통 매 3개월 단위) 개시 전에 차기 지급이자율이 결정되므로 이자지급기간을 각각 만기로 하는 단기의 고정금리부채권을 만기상환시까지 연속적으로 매입하는 것과 동일한 효과를 갖는다.

(4) 보증채와 무보증채

채권원리금의 상환에 대해 제3자(거래은행 또는 모회사 등)가 보증한 채권을 보증채 (guaranteed bond)라 하고, 그렇지 않은 것을 무보증채라 한다. 지금까지 한국의 회사채는 금융기관이 원리금상환을 보증하는 보증채가 대부분이었으며, 보증기관들이 장기채권에 대한 위험을 회피하기 위해 단기보증을 선호함에 따라 만기구조가 5년 이하로 단기화되는 현상을 보여 왔다. 그러나 최근에는 자본시장이 활성화됨에 따라 무보증채와 장기채의 발행도 증가하는 추세에 있다.

사례연구

증권관련 금융투자상품

최근 자주 등장하고 있는 주요 증권관련 금융투자상품을 소개하면 다음과 같다.

1. **수익증권**(beneficiary certificate): 투신사가 일반 투자자로부터 투자자금을 위임받아 특정 유가증권에 투자 · 운용하고 발생이익을 투자자에게 배분하는 권리증서. 투신사는 투자자금을 모아 펀드를 구성하는데, 이때 수익증권은 수익자, 판매회사, 위탁회사, 수탁회사 간에 이루어진 계약에 의해 조직되고 운용된다. 계약형 투자신탁이라고도 한다. 수익증권은 거치식, 적립식, 임의식 등 다양한 형태로 조성된다.

2. **뮤추얼펀드**(mutual fund): 회사형투자신탁을 말한다. 뮤추얼펀드 자체가 하나의 명목상투자회사(paper company)이며, 주식을 발행하여 취득하므로 주주자격이 부여되며 투자자는 배당을 받게 된다.

3. **상장지수펀드**(ETF: exchange traded fund): 주가지수와 연동하여 운용하는 인덱스 펀드(index fund)를 기초로 하여 발행한 증권을 상장하여 일반 주식처럼 매매거 래하는 펀드이다. 따라서 ETF를 매입한다는 것은 그 ETF가 대상으로 하는 주가 지수를 매입하는 것과 동일하다고 할 수 있다.

4. **주가지수관련 금융투자상품**

   (1) **주가연계증권**(ELS: equity linked securities): 특정 주권 또는 다수 주권의 가격 이나 주가지수의 변동에 따라 지급이익이 결정되는 증권을 말한다.

   (2) **주가연계예금**(ELD: equity linked deposits): 투자원금 중 일부를 원금 보장의 이자율로 정기예금에 가입한 뒤, 나머지 금액으로 주가지수옵션 등에 투자하 여 만기일에 원금을 보장하면서도 이자수익으로 주가지수에 연동해 추가수 익을 지급하는 예금상품이다.

   (3) **주가연계펀드**(ELF: equity linked fund): 펀드자산의 대부분을 국공채나 신용 등급이 높은 회사채 등에 투자하여 원금보전을 추구하면서 나머지 자산은 증권사 발행의 ELS, ELW에 투자하여 펀드수익률이 주가에 연동되게 설계된 펀드이다.

   (4) **주식워런트증권**(ELW: equity linked warrants): 특정 주가 또는 주가지수 변동 에 연계하여 미리 정해진 방법에 따라 만기 때 주권의 매수 또는 현금을 수수 하는 권리가 부여된 신종증권. ELW는 주식옵션과 동일한 구조이지만 매매는 주식처럼 투자할 수 있는 상품으로 고가주를 적은 금액으로 투자할 수 있고, 상승장과 하락장 모두에서 수익의 기회가 존재하는 상품이다.

Financial Markets

제5편
외환시장 및 국제금융시장

요약

외환시장(foreign exchange market)이란 외환이 거래되는 장소(시장)로서, 이때 시장은 외환의 거래가 이루어지는 구체적인 장소는 물론 거래기구, 거래내용 등 외환의 수요와 공급을 연결하는 거래의 모든 형태를 포괄하는 추상적인 개념으로 사용된다.

외환시장은 환율이라는 매개기구를 통하여 외환이 매매된다는 점에서 금리를 매개로 대차(貸借)가 이루어지는 외화단기금융시장과 구별된다.

국제금융시장(international finance market)이란 국제무역, 해외투자, 자금대차거래에 수반하여 금융자산의 거래가 국제적 차원에서 이루어지는 장소 또는 총체적인 거래메커니즘을 말한다. 즉, 국제금융시장은 국가간에 장단기자금의 거래가 지속적으로 이루어지면서 자금의 수급이 국제적 차원에서 효율적으로 연계되는 장소 또는 거래메커니즘을 총칭하는 개념이다.

전통적으로 국제금융시장은 국내거주자간에 자금 대차가 이루어지는 국내금융시장과 대칭되는 개념으로 이용되어 왔으나 최근에는 각국의 금융시장이나 외환시장에서 규제가 크게 완화되고 정보통신기술이 급속히 발전하면서 금융시장의 범세계적 통합화현상이 빠르게 확산되는 중이다. 따라서 국제금융시장은 거주성(居住性)이나 장소적 구분을 초월하여 각국의 금융시장이나 유로시장, 그리고 외환시장을 포괄하는 총체적인 거래메커니즘으로 이행되고 있다.

더욱이 오늘날에는 실물경제와 무관하게 국제금융자산을 효율적으로 운영하여 이익을 창출하고 주식이나 채권을 발행하여 자본을 형성하려는 직접금융방식의 증권화현상, 금융시장의 개방과 통합으로 자본의 이동성 증대, 투자위험 최소화를 위한 파생상품의 개발확대 등으로 국제금융시장의 범위는 점점 확대되는 추세이다.

제11장에서 외환시장, 제12장에서 국제금융시장을 각각 다루는데 엄밀히 말해서 이 두 시장은 별개가 아니라 서로 연계된 하나의 광역시장으로 보아야 할 것이다. 외환시장에서는 외환의 기초개념과 균형환율의 결정이론을 음미하고 여러 가지 외환시장상품을 개괄한다. 국제금융시장에서는 국제단기금융시장, 국제자본시장, 국제파생금융시장, 역외금융시장 등을 차례로 다룬다.

제11장

외환시장

제1절 외환시장이란 무엇인가

외환(foreign exchange)이란 대외지급에 사용하는 지급수단으로 외국통화는 물론 외국통화표시의 은행권, 수표, 환어음, 예금, 외국통화표시 청구권 등을 포괄적으로 일컫는 말이다.

외환시장(foreign exchange market)이란 외환의 매매거래가 이루어지는 장소(시장)를 말하며, 이때 외환시장은 외환의 수요자와 공급자 사이에 외환거래가 지속적으로 이루어지는 구체적인 장소뿐만 아니라 외환의 수요와 공급을 연결해주는 총괄적인 거래메커니즘 및 거래양태까지를 포함하는 추상적 개념도 공유한다. 외환에 대한 수요는 상품 및 서비스의 수입, 이전지급 등 경상지출과 장·단기자본지출에 의해 결정되고 외환에 대한 공급은 상품 및 서비스의 수출, 이전수입 등 경상수입과 외국인직접투자(foreign direct investment: FDI) 등 장·단기자본수입에 의해 결정된다. 외환시장의 수급은 이종통화간의 교환비율인 환율(foreign exchange rate)이라는 매개수단을 통하여 외환의 매매

(賣買)교환이 이루어진다는 측면에서 금리(interest rate)를 매개수단으로 하여 외환의 대차(貸借)가 이루어지는 외화자금시장 또는 외화단기금융시장과 성격이 구분된다. 각국의 외환시장은 국경을 넘어 서로 이종통화간의 금융거래를 형성하고, 세계 주요 외환시장과 지속적 거래연계를 통해 하나의 범세계적 시장(one global market)으로서의 기능을 수행하면서 국제금융거래의 효율화를 촉진하고 있다.

우리나라의 외환시장은 기업·개인 등 일반고객과 외국환은행[1] 사이에 외환거래가 이루어지는 대고객시장(customer market)과 외국환은행간에 외환거래가 이루어지는 은행간시장(inter-bank market)으로 크게 두 가지로 구분할 수 있다. 대고객거래나 회계처리 등의 기준이 되는 매매기준율은 은행간시장에서 결정되기 때문에 일반적으로 외환시장이라고 하면 은행간시장을 의미한다. 우리나라의 환율제도는 고정환율제를 이어오다가 1964년 이후 점진적으로 자유환율제로 접근하면서 1990년에 시장평균환율제도를 거쳐 1997년에 완전자유변동환율제로 이행하였다.

시장참가자는 외국환은행 이외에, 개인이나 기업 등 일반고객, 중개수수료를 받고 은행간 또는 은행과 큰 고객간의 외환거래를 중개하는 외환중개인(foreign exchange broker/money broker), 그리고 외환시장의 질서유지 및 통화신용정책의 효율적 수행을 위해 외환시장에 개입하는 중앙은행 등이다.

은행간거래는 은행간 직접거래와 중개인을 통한 중개거래로 나누어지는데 주요 국제외환시장에서는 후자가 대부분이며 중개인(broker)은 국제화 및 다국적화되어 있다.

주요 국제외환시장의 경우, 은행간 자금결제는 주로 cable transfer(전신이체)를 이용

---

1) '외국환은행'이란 일반은행법에 의해 은행업무를 영위하는 시중은행이 외국환업무의 영위도 겸업을 하고 있는 것으로서 일반시중은행은 모두 외국환은행이다. 따라서 "한국외환은행"(KEB: The Korea Exchange Bank, Ltd.)과는 전혀 별개의 호칭이며, 보통명사인 외국환은행과 고유명사 상호를 혼동해서는 안 된다. 한국외환은행은 2012년 1월 27일자로 하나금융지주회사에 인수·합병되었다.

하며, 은행간 자동금융·전신이체제도인 SWIFT(Society for Worldwide Interbank Financial Telecommunications)나 뉴욕은행간의 자금결제수단인 CHIPS(the Computerized Clearing House Interbank Payment System) 등을 통해 이루어진다. 현재 외환거래에 수반하는 원화자금결제는 외국환은행들의 한국은행지급준비금계정을 통해 이루어지고 있고, 외화자금의 결제는 주로 해외예치환은행(Depo Bank=depositary bank)에 개설된 외화당좌예금계정을 통해 이루어진다.

외환결제시스템에는 CLS(Continuous Linked Settlement: 외환동시결제)시스템이 운영되고 있다. 이 시스템은 세계 주요 15개 국가 통화(한국 원화를 비롯하여 미 달러, 영국 파운드, 유로, 일본 엔, 스위스 프랑, 호주 달러, 뉴질랜드 달러, 캐나다 달러, 스웨덴 크로나, 노르웨이 크로네, 덴마크 크로네, 싱가포르 달러, 홍콩 달러, 남아공 랜드 등; 2004년 9월말)가 가입되어 있는 다자간 외환차액결제시스템이다. 따라서 수취통화와 지급통화의 동시결제로 환리스크를 제거할 수 있고 외환거래에서 필요유동성을 감축시키며 일괄자동처리방식이 적용되어 수작업상 오류 등 운영리스크를 감소시킴과 동시에 원화의 국제통화로서의 위상을 제고시키는 기틀이 마련되었다. 이 공동망은 'CLS은행'(뉴욕 소재)에서 운영하고 있다.

외환거래의 종류는 크게 현물환거래, 선물환거래, 스왑거래의 3가지로 나눌 수 있으며 경우에 따라서는 통화선물이나 통화옵션거래를 추가하기도 한다.

국제금융시장에서 현물환거래(spot exchange transaction)란 외환매매계약체결 후 통상 2영업일 이내(value spot/value today)에 현물의 수도결제가 이루어지는 결제를 말한다. 외환고시는 매입률(bid rate), 매도율(offer rate)이라는 2가지 가격(two way quotation)으로 고시한다.

한국내 외환시장에서는 원·달러 시장만 운영되어 왔으나 2014년 12월 1일부터 원·위안화 직거래시장이 개설 운영되고 있다. 따라서 중국 위안화를 사고팔 때 거래자 측에서 저렴한 수수료부담으로 편리하고 신속한 직거래를 하게 되었다. 거래업무는 중국교통은행 서울지점이 취급하고 있다.

선물환거래(forward exchange transaction)는 매매계약체결 후 2영업일을 초과하여 장래 일정시점(예: 3개월 후)에서 현물의 수도가 이루어지는 거래로 대개 1주, 1개월, 3개월 등 표준일거래(even date transaction)가 많으며, 경우에 따라서는 수도일을 거래당사자가 합의하여 임의로 정하는 비표준일거래(odd date transaction)도 있으나 후자는 그다지 많지 않다. 선물환거래기간은 1년 이내가 일반적이다. 현재 한국 외환시장의 현물환거래는 대고객거래가, 또 선물환거래는 외국통화간거래가 주류를 이루고 있다.

스왑거래는 거래방향이 다른 현물환거래와 선물환거래(spot-forward) 또는 선물환거래와 또 다른 선물환거래(forward-forward)를 동시에 하는 거래이다. 스왑거래는 환위험의 부담 없이 외환의 수취와 결제시점의 불일치를 해소하거나 환위험을 커버하면서 두 통화간의 금리차익을 확보하기 위한 '통화간 금리재정거래'(金利裁定去來) 등을 목적으로 이용된다.

제2절 환 율

1. 환율의 결정

1) 환율의 개념

환율(foreign exchange rate)이란 두 나라 화폐간의 교환비율로서 일국의 통화가치를 상대국의 화폐단위로 표시한 외환의 가격이다. 달러화에 대한 원화환율이 1,000원이라고 하면, 이것은 1,000원을 주고 1달러를 얻을 수 있다는 것으로 원화표시의 1달러 가격을 의미한다. 따라서 환율이 오른다는 것은 자국화폐로 표시한 외국화폐의 가격이 상승(자국화폐가치 하락)하는 것을 말한다.

환율의 표시방법에는 ① 자국통화표시법(직접표시법; direct quotation) 또는 지급계정표시법(giving quotation)과 ② 외국통화표시법(간접표시법; indirect quotation) 또는 수취계정표시법(receiving quotation)의 두 가지 방법이 있다.

자국통화표시법은 미국 외환시장에서 영국통화 1단위에 대한 미달러화를 나타내는 교환비율인 경우 £1 = U$1.5524 또는 U$/£ = 1.5524 등으로 표시되는데, 이 표시방법을 American term이라고 부른다.

외국통화표시법은 미국 외환시장에서 미달러 1단위에 대한 유로화를 나타내는 교환비율인 경우 U$1 = ¢1.5294 또는 ¢/U$ = 1.5294 등으로 표시하는 방법으로 European term이라 부른다.

2) 균형환율의 결정

환율은 외환의 수요와 공급에 의해서 결정된다. [그림 11−1]에서 외환(예: 미달러화)의 수요곡선은 우하향하고, 공급곡선은 우상향한다. 여기서 달러화(외환)에 대한 수요는 한국의 미국상품에 대한 수요(미국상품 수입), 미국 금융자산에 대한 수요(예: 미재무성 T−bond 매입), 미국 실물자산수요(미국내 부동산 매입) 등이고, 달러화에 대한 공급은 미국의 한국상품에 대한 수요(한국상품의 대미 수출), 한국 금융자산에 대한 수요(예: 한국주식시장에서 미국투자가가 삼성전자주식 매입), 한국 실물자산수요(예: 한국내의 부동산 매입) 등이다.

결국, 원/달러 환율의 균형환율(R_0)은 D곡선과 S곡선이 만나는 균형점(E)에서 결정된다.

이 밖에도 환율결정이론에는 구매력평가설[2](purchasing power parity theory: PPP theory)이 있고, 또 이자율평형설[3](interest rate parity theory) 등이 있다.

---

2) 환율이 각국 화폐의 구매력, 물가수준의 비율에 의해서 결정된다는 이론이다. 이 이론은 양국간 교역(수출입)이 자유로운 상황을 전제로 하며, 동일한 재화의 시장가격은 유일하다는 일물일가의 법칙(law of one price)을 전제로 하고 있다.

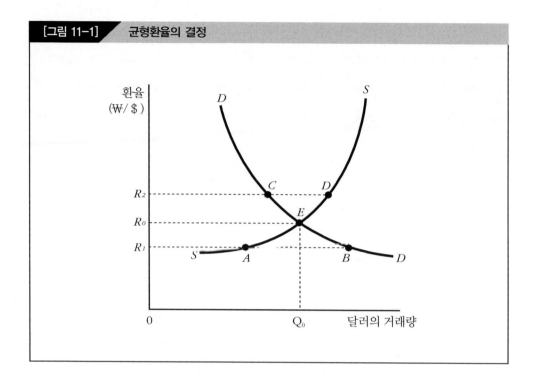

[그림 11-1] 균형환율의 결정

2. 환율의 구조

한국의 현행환율은 크게 1) 기준환율과 2) 외국환매매율로 구분된다. 외국환매매율은 다시 (1) 외국환은행간 매매율, (2) 한국은행 매매율, (3) 외국환은행 대고객매매율로 세분된다.

---

3) 국가간 자본이동이 자유롭다면 투자자가 보유하고 있는 국내통화를 국내에 투자하든, 외환으로 바꾸어서 외국에 투자하든 그 자본투자에 따른 수익률이 같아야 한다는 이론이다. 즉, 환율이 두 나라 간 명목이자율 차이에 의해서 결정된다고 보는 것이다. 이 주장은 양국간의 금리격차와 기대환율변동률과의 관계에서 설명되는데, 예를 들어 고금리상태에 있는 자국통화채권금리와 타국통화채권금리와의 격차가 일정시점에서 2%포인트만큼 확대될 경우 자국통화는 연중 2% 평가절하될 것으로 기대된다고 하는 '국제피셔효과'(international Fisher effect)와 관련이 있다. 국제피셔효과에서는 양국간 명목금리의 격차가 환율의 기대변동률과 동일하다고 본다.

1) 기준환율

기준환율은 각종 외환거래의 기준이 되는 환율로서 전영업일에 거래된 은행간 원/달러 현물거래 중 익일물(value tomorrow)의 거래환율을 거래량으로 가중평균하여 결정하는 환율이며, 시장평균환율(market average rate)의 성질을 가진다. 원화와 기타 통화의 재정환율은 국제금융시장에서 형성된 미달러화와 기타 통화간의 매입·매도율의 중간 환율을 기준환율로 재정(裁定; 중개)하여 산출한다.

2) 외국환매매율

(1) 외국환은행간 매매율

외국환은행간 매매율은 외국환은행간에 외환을 매매하는 데 적용되는 환율을 말한다. 원화와 미달러화간 거래의 경우, 기준환율에 일정폭을 가감한 범위 내에서 외환의 수급사정에 따라 외국환은행이 자율적으로 결정한다.

(2) 한국은행 매매율

한국은행 매매율은 중앙은행인 한국은행의 외국환거래에 적용되는 환율로서 외국환은행간 매매율과 국제통화시세 등을 감안하여 한국은행총재가 따로 결정하며, 한국은행의 외국환평형기금 및 외국환은행과의 거래 등에 적용된다.

(3) 외국환은행 대고객매매율

외국환은행이 고객과 외국환거래를 하는데 적용하는 환율로서 외국환의 결제방법에 따라 ① 전신환매매율, ② 일람출급환어음매매율, ③ 수입어음결제율, ④ 기한부어음매매율, ⑤ 외화현찰매매율 등이 있다. 이 중 외국환은행에서 고시하는 환율은 전신환매매율, 외화현찰매매율, 여행자수표매도율 등이며 여타 환율은 전신환매매율을 기준으로 우편기간과 연지급기간을 고려, 환가료(換價料)[4]를 감안하여 결정된다. 구체적 사례는 〈표11-1〉을 참조하기 바란다.

---

4) 환어음의 우송기간에 대한 금리부분을 환가료(換價料)라고 한다.

① 전신환매매율(telegraphic transfer buying/selling rate)

환어음(bill of exchange)의 결제를 전신으로 행하는 경우 적용되는 환율로서 환어음의 송달과 이에 따른 자금결제가 즉시 완료되므로 우송기간에 대한 금리요인이 개재되지 않는다.

〈표 11-1〉 외국환 대고객 매매율 고시표

(2023. 01. 31. 20:59:19시 기준, 우리은행, 단위:원)

국가명	통화명 · 통화표시		전신환		현금		매매 기준율	대미 환산율
	통화명	통화표시	보내실때	받으실때	사실때	파실때		
미 국	달러	USD	1,251.00	1,227.00	1,260.68	1,217.32	1,239.00	1.0000
일 본	100엔	JPY	959.78	941.34	967.19	933.93	950.56	0.7672
유럽연합	유로	EUR	1,355.24	1,328.42	1.368.26	1.315.40	1,341.83	1.0830
영 국	파운드	GBP	1,541.46	1,510.94	1,556.26	1,496.14	1,526.20	1.2318
캐나다	달러	CAD	930.26	911.84	939.19	902.91	921.05	0.7434
스위스	프랑	CHF	1,348.04	1,321.36	1,360.99	1,308.41	1,334.70	1.0772
홍 콩	달러	HKD	159.67	156.51	161.20	154.98	158.09	0.1276
중 국	위안	CNY	185.14	181.48	192.47	174.15	183.31	0.1479
태 국	바트	THB	37.98	37.24	38.36	36.86	37.61	0.0304
인도네시아	100루피아	IDR	8.37	8.21	8.78	7.71	8.29	0.0067
스웨덴	크로네	SEK	119.82	117.46	121.01	116.27	118.64	0.0958
호 주	달러	AUD	876.85	859.49	885.27	851.07	868.17	0.7007
덴마크	크로네	DKK	181.81	178.21	183.61	176.41	180.01	0.1453
노르웨이	크로네	NOK	124.73	122.27	125.97	121.03	123.50	0.0997
사우디아라비아	리알	SAR	333.30	326.70	346.50	308.55	330.00	0.2663
쿠웨이트	디나르	KWD	4,097.86	4,016.72	4,341.30	3,773.28	4,057.29	3.2746
바레인	디나르	BHD	3,319.02	3,253.30	3,483.32	3,023.27	3,286.16	2.6523
UAE	디르함	AED	333.88	333.88	354.11	315.33	337.25	0.2722
싱가포르	달러	SGD	931.16	931.16	959.37	921.75	940.56	0.7591
말레이지아	링깃	MYR	——	——	303.72	277.44	292.04	0.2357
뉴질랜드	달러	NZD	804.26	788.34	811.98	780.62	796.30	0.6427
타이완	달러	TWD	——	——	43.69	38.75	41.22	0.0333
필리핀	페소	PHP	22.90	22.46	24.72	21.32	22.68	0.0183
베트남	100동	VND	5.29	5.19	5.86	4.62	5.24	0.0042
러시아	루블	RUB	17.85	17.51	18.91	15.57	17.68	0.0143

자료출처: 우리은행 제공.

현재 외국환은행의 대고객 전신환매매율은 기준환율을 중심으로 상하 일정범위 내에서 외국환은행이 자율적으로 결정한다.

② 일람출급환어음매입률(at sight export L/C buying rate)

환어음(bill of exchange)이 지급은행에 제시되어야 지급되는 일람출급환어음(at sight bill) 매입에 적용되는 환율로서 환어음의 우송기간이 경과하여야만 자금화가 되므로 해당기간에 대한 금리를 전신환매입률(T/T buying rate)에서 차감한 율이 된다(환어음의 우송기간에 대한 금리부분을 환가료(換價料)라고 한다).

③ 수입어음결제율(import L/C settlement rate)

수출상의 거래은행(L/C매입은행: negotiation bank)은 신용장개설은행(opening bank)의 대외예치금계좌에서 수입어음의 대금을 즉시 상환(reimbursement)받는데 비해 신용장개설은행은 선적서류(shipping documents)가 우송되어 온 후에야 수입업자로부터 환어음 대전을 회수하게 되므로 우송기간에 해당하는 자금을 부담하게 된다. 따라서 수입어음 결제율은 전신환매도율에 환가료를 가산하여 산출하게 된다.

④ 기한부어음매입률(usance bill buying rate)

기한부어음매입률은 기한부어음매입에 적용되는 환율이다. 외국환은행이 일람 후 일정기간이 경과하여야 지급되는 조건의 기한부어음을 매입할 때에는 동 어음매입 후 대금회수시까지 자금부담을 하게 되므로 이 기간에 대한 금리를 사전에 공제하게 된다.

⑤ 외화현찰매매율(cash buying/selling rate)

외화현찰매매율은 외국통화현찰을 매매할 때 적용되는 환율이다. 매입한 현찰을 외국에 현송(現送)하거나, 부족한 현찰을 현수(現受)하려면 보험료와 운임이 소요되므로 현찰매매율은 전신환매매율의 상하한 범위보다 넓은 범위 내에서 결정된다.

(4) 선물환율

선물환율(futures exchange rate)은 현물환율에 양 통화간의 금리차를 감안하여 결정된다. 즉, 고금리통화의 선물환율은 금리차만큼 현물환율보다 할인(discount)되고, 반대로 저금리통화의 선물환율은 현물환율보다 할증(premium)된다.

(5) 스왑환율

스왑환율(swap exchange rate)이란 스왑거래에 적용되는 환율이다. 외환스왑거래란 현금의 흐름이 서로 반대방향인 두 외환거래를 두 시점(value dates)에 매입하고 매도하는 계약으로 현물과 선물의 스왑(spot-forward swap)이 일반적이나 선물과 또 다른 선물의 스왑(forward-forward swap) 등도 있다. 스왑환율은 통상 현물환율과 선물환율의 차이, 즉 스왑률(swap rate)로 표시되며, 이는 선물환율과 같이 양국간의 금리차를 반영하여 결정되어진다.

외환스왑거래는 주로 환위험(환리스크)을 회피하기 위해 행해지나 경우에 따라서는 스왑률(swap rate)과 양국간의 금리차(interest rate spread)를 목적으로 한 재정거래의 수단으로 이용되기도 한다. 일반적으로 스왑거래는 동일 당사자들간에 매입·매도가 이루어지나 경우에 따라서는 매입거래자와 매도거래자가 서로 다를 수도 있다.

제3절 외환포지션

1. 외환포지션의 개념

외환포지션(position)이란 일정시점에 있어서 은행 및 기업 등이 보유하고 있는 외화표시 자산과 부채와의 차액을 말한다. 즉, 외환 또는 외화채권의 순재고량을 의미한다. 외환시장에서 포지션이라고 하면 흔히 외환거래에 따른 일정외환의 매도액과 매입액의 차액으로서 환리스크(exchange risk)에 노출된 부분을 의미한다.

일반적으로 외국환은행의 외환딜러들에게 포지션 보유는 대단히 중요한 조작대상이 되고 있는데, 이는 통화별 자금수급과 포트폴리오전략 등에 따라 그 보유여부 정도가 결정되며 환율변동에 대한 확률관리(probability management)의 성격을 띠고 있다.

2. 외환포지션의 종류

외환포지션의 종류에는 다음 3가지 형태로 구분된다.

① 균형포지션(square position 또는 flat position)

외환의 매매차액(포지션)이 영(zero)인 경우로서 이 경우 환율의 변동에 따른 리스크도 없을 뿐만 아니라 원화자금면에서도 하등의 부담이 없으나, 외국환은행의 대고객거래는 항상 수동적인 입장에 있기 때문에 균형포지션이 발생하는 경우는 매우 드물다.

② 매입초과포지션(overbought position)

외환의 매매차액이 매입초과인 경우의 외환포지션을 말한다. 외국환은행의 대차관계에서 말하자면 외환매입의 대가로 원화가 유출함에 따라 발생되는 외화채권이라고도 할 수 있다. 보유 중인 매입초과포지션은 그 보유외화의 환시세가 하락하는 경우 평가손실을 부담하는 등 환리스크가 존재한다. 그러나 반대로 환시세가 상승하면 평가이익을 실현하게 된다. 매입초과포지션을 롱포지션(long position)이라고도 한다.

③ 매도초과포지션(oversold position)

외환의 매매차액이 매도초과인 경우의 외환포지션을 말한다. 이 경우는 매입초과포지션의 경우와는 반대로 보유외화의 환시세가 하락하는 경우에는 평가이익을 실현할 수 있지만, 만약 환시세가 상승하는 경우에는 평가손실을 입게 된다. 매도초과포지션을 숏포지션(short position)이라고도 한다.

매입초과포지션과 매도초과포지션은 예상치 못한 환율변동위험에 항상 노출되어 있기 때문에 이를 오픈포지션(open position)이라고도 한다. 외환포지션은 환거래의 종류 또는 그 결제방식에 따라 다시 현물환포지션(spot position), 선물환포지션(forward position), 종합포지션(overal position)으로 분류된다.

현물환포지션은 현금포지션(cash position)에 현물환매매차액을 합산한 포지션을 말하며 일정한 환율로 현실적인 매매가 완결된 외환, 즉 거래통화대금의 수급이 끝난 외환을 의미한다.

선물환포지션은 선물환의 매도·매입차액을 말하고, 종합포지션이란 현물환포지션과 선물환포지션을 합산한 전체포지션을 말한다. 또 포지션의 관리대상에 따라 딜러의 1일 거래 조작대상이 되는 딜러포지션과 개별은행 전체의 환리스크 상태를 나타내는 은행포지션 등이 있다.

3. 외환관리당국의 외환포지션관리

현재 외환관리당국(한국은행이 관장)은 외국환은행에 대하여 외환포지션관리를 행하고 있는데 그 목적은 외환포지션의 과다한 변동에 따른 통화교란과 외환시장의 불안정성을 방지하고 은행의 과도한 위험부담을 완화함으로써 건전경영을 유도하기 위해서이다. 1998년 9월부터 새로운 '외국환거래법'의 제정시행으로 종합포지션 관리체제로 이행하게 되었다.

제4절 외화표시지급보증

외화표시지급보증이란 지급보증의뢰인(accountee)의 의뢰에 의하여 외국환은행(보증인; guarantor)이 보증수혜자(beneficiary) 앞으로 발급하는 외화표시 보증행위를 일컫는다.

보증의 대상·내용은 장래에 의뢰인(계약시공자, 납품자, 구매자 등)이 보증수혜자(계약발주청, 물품구매청, 자재판매청 등)에 대해 이행하여야 할 채무이행행위(공사, 시설, 조달, 구매 등)를 담보하고, 이를 이행하지 못하는 경우 보증인(은행)이 일정내용의 지급보증을 보증수혜자(채권자; beneficiary)에게 부담할 것을 확약하는 증서를 말한다.

지급보증은 지금 당장 보증은행이 자금부담을 하지는 않지만, 장차 후일 은행이 자금을 직접 부담하게 될지도 모르는 위험성(risk)이 내포된 우발채무(contingent liabilities)로서 주채무자(의뢰인)의 채무불이행시에는 은행(보증인)이 대지급(보증채무 이행)에 따른 자금부담(손실)을 입게 된다.

외화표시지급보증에는 국내거주자(resident)를 위한 대내외화표시지급보증과 외국 또는 비거주자(non-resident)를 수익자로 하는 대외외화표시지급보증으로 구분된다.

외화표시지급보증의 종류 및 내용은 다음과 같다.

1) 입찰보증(bid bond/tender guarantee)

입찰보증은 계약발주의 경우 입찰참가자(bidder/tender)에게 요구되는 보증금에 갈음하여 응찰자의 입찰에 수반되는 모든 조건의 이행을 보장하기 위하여 발주처에 제공되는 보증서이다. 통상 보증금액은 계약금액의 5%이다.

2) 계약이행보증(performance bond/guarantee bond)

계약이행보증이란 건설계약 또는 수출계약 등의 경우 당해 계약의 확실한 이행을 보증하기 위하여 발주처 또는 계약상대방 앞으로 제출되는 보증서를 말한다. 보증서발행은행의 보증이행의무는 공급자 등에 의해 계약이 이행되거나 보증서 발행자의 보증채무이행으로 소멸된다. 통상 계약금액의 10% 해당금액이다.

3) 선수금환급보증(advance payment guarantee/refund bond)

선수금환급보증이란 건설 또는 용역계약의 경우에 시공업자가 착공비용(착수금)을 확보할 수 있도록 발주처가 계약금액의 10~20%를 선수금으로 지급하는데 이와 같은 선수금이 지급된 후 계약이 이행되지 않을 경우 당해 선수금의 상환 및 환급을 보증하기 위하여 보증인이 발주처에게 제공하는 보증서를 말한다.

4) 지급이행보증(payment bond)

지급이행보증이란 해외건설업자가 현지의 장비, 자재, 노무비, 제세공과금 등의 지급을 보증하기 위하여 제출하는 경우, 투입인력 등의 송환비용 등을 보증하기 위하여 당해 진출국의 정부당국에 제출하는 경우, 그리고 시공업자의 하청대금지급을 보증하기 위하여 하청업자에게 발행하는 경우 등에 발급되는 보증서를 말한다.

5) 하자보증(maintenance bond)

하자보증이란 시공업자가 공사완공부분에 대해 일정기간 동안 그에 대한 하자를 보수하는 조항이 계약서에 약정되어 있는 경우, 이 하자보수의 담보를 위하여 발급되는 보증서이다. 하자보증금액은 계약금의 10~20%가 보통이다.

6) 유보금환급보증(retention money bond)

유보금환급보증이란 시공회사가 유보된 10%를 현금지급 받는 대신 환급사유가 발생할 경우 동 유보금의 환급을 보증하기 위해 보증인이 발주처에 제출하는 보증서를 말한다. 발주처는 공사계약기간 중 제출되는 매월공사진척증명에 의하여 공사 기성대전(既成代錢)을 매월 시공회사측에 지급하게 되는데, 이때 그 기성대전의 약 10% 정도는 발주처가 유보하고 나머지 90%씩만 지급하는 경우가 보통이다.

제5절 외환거래상품

1) 송 금

송금(remittance)업무는 크게 당발송금(當發送金)과 타발송금(他發送金)업무로 구분된다. 당발송금은 은행이 국내에 있는 송금인의 신청에 따라 원화 또는 외화를 송금대전으로 받고 외국의 수취인에게 송금하는 것을 말하며, 타발송금은 당발송금과는 반대로 은행의 해외지점 또는 해외환거래은행의 위탁에 의하여 국내의 수취인에게 해외송금대금을 지급하는 것을 말한다.

송금 방법에는 우편송금(M/T: mail transfer)과 전신에 의한 전신송금(T/T: telegraphic transfer) 및 송금수표(D/D: demand draft)에 의한 방식 등이 있다. M/T와 T/T는 당발은

행이 각각 지급지시서를 우편과 전신으로 보내는 방식이고, D/D는 수표에 의해 송금하는 방식이다. D/D는 보통 소액거래에 이용된다.

2) 추 심

추심(推尋; collection)이란 은행이 고객이 매도 또는 추심 의뢰한 외화수표 또는 외화어음을 채무자(발행자) 앞으로 지급 제시하여 자금의 대차관계를 결제하여 주는 업무를 말한다.

추심방법에 의한 자금의 거래는 추심전매입거래와 추심후지급거래의 두 가지로 나누어진다. ① 추심전매입(bills purchased)은 고객의 요청에 따라 지급은행에서의 지급이 확실하다고 예상되는 외화수표나 외화어음 등을 은행이 매입하여 대금을 고객에게 먼저 지급한 후 지급은행 앞으로 추심하여 매입자금을 회수하는 것을 말하며, ② 추심후지급(bills collection)은 고객의 위임에 따라 외화수표나 외화어음 등을 우편추심하여 대금이 동 은행예치금계정에 입금되었음을 확인한 후 고객에게 대금을 지급하는 것을 말한다.

3) 여행자수표

여행자수표(T/C: traveller's check)는 해외여행자가 현금휴대에 따르는 분실, 도난 등의 위험을 피하기 위하여 고안된 수표의 일종이다. 대다수 국내은행의 경우 현재 세계 일류금융기관이 발행하고 있는 여행자수표를 위탁판매하고 있다. 여행자수표는 해외여행자가 외국 여행지에 도착하여 물품구매 또는 용역제공 등의 대가로 지급행위를 할 때 외국통화 대신 여행자수표에 자신의 서명(signature)을 하여 통용하는 방식인데, 그 실제 수표견양은 [그림 11-2]와 같다.

4) 외국통화

외국환은행이 보유하고 있는 외국통화(foreign currency)는 통화발행국에 현송(現送)하여 외화타점예치계정에 입금된 후에야 비로소 대외결제자금으로 사용할 수 있으며 보

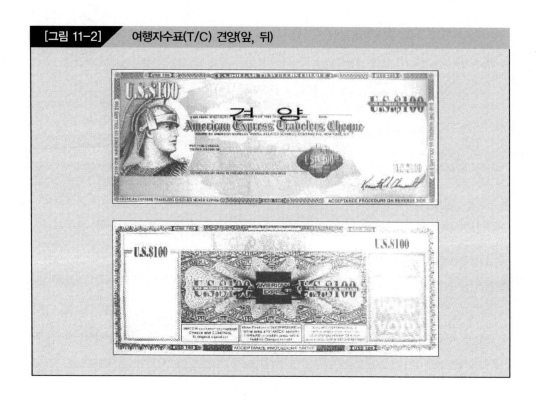

[그림 11-2] 여행자수표(T/C) 견양(앞, 뒤)

유기간 중에는 비수익성자산에 불과하다. 따라서 고객과 외국통화를 매매할 때에는 외화송금 또는 외화현수(現受)에 소요되는 보험료와 운임이 감안된 대고객현찰매매율이 적용된다.

5) 외화예금

외화예금(foreign currency deposit)은 외국환은행이 비거주자(non-resident) 및 거주자(resident)에게 외화예치금계정의 개설을 허용하고 예치고객으로부터 취득 또는 보유하고 있는 대외지급수단이나 외화채권을 말한다. 외화예금은 외국환은행의 외화자금 조달면에서 가장 안정적인 자금조달원천 중의 하나이다. 외화정기예금증서의 견양은 [그림 11-3]과 같다.

[그림 11-3]   외화정기예금증서 견양(앞, 뒤)

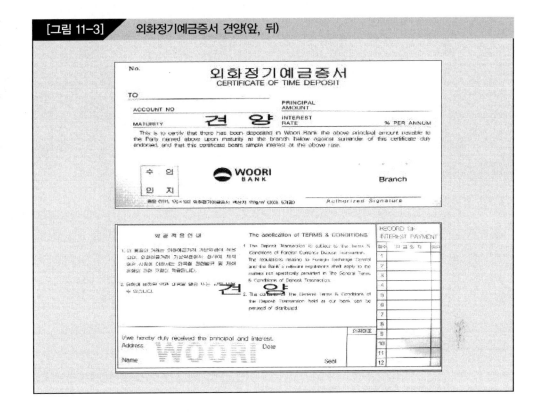

6) 은행간 거래계정(correspondent depository A/C)

국제은행업을 수행하려면 일국 소재 은행이 '환거래은행'(correspondent depository bank) 거래관계에서 발생되는 자금대차를 결제하기 위한 예치금계정을 타국 소재 은행 (major bank: 주로 세계국제금융센터, 즉 뉴욕, 런던 등 소재 현지국 대은행)에 개설하게 된다. 이 경우 타국소재 예치환은행에 개설되어 있는 자행의 계정을 '당방계정'(nostro, due from/our account)이라 부르며, 반대로 자국 소재 자행에 개설되어 있는 타행의 계정을 '선방계정'(vostro, due to/ their account)이라고 부른다.

Financial Markets

제12장

국제금융시장

제1절 국제금융시장의 구조

1. 국제금융시장의 의의

국제금융시장(international financial market)이란 국제무역, 해외투자, 자금대차거래 등에 수반하여 외환, 주식, 채권, 예금증서 등과 같은 금융자산(financial assets)의 이동이 국경을 넘어(cross-border) 국제적으로 또는 국가간에 지속적·반복적으로 이루어지는 장소(place)나 총체적인 거래메커니즘을 말한다. 다시 말해서 국제금융시장은 국가간에 장단기자금의 거래가 지속적으로 이루어지면서 자금의 수요와 공급이 국제적 차원에서 효율적으로 연계되는 장소 또는 거래메커니즘을 총칭하는 개념이다.

원래 국제금융시장은 국제간의 자금거래를 촉진하여 세계 각국의 실물경제가 성장하고 기업의 생산활동이 활발히 운영될 수 있도록 자금을 지원하는 시장으로서 생성 출범을 했다. 오늘날에는 실물경제의 지원과는 무관하게 국제금융자산을 효율적으로 운영하여 이익을 창출하고 주식이나 채권을 발행하여 자본을 형성하려는 직접금융방식의 증권화현상, 금융시장의 개방과 통합으로 자본의 이동성 증대현상, 정보통신기술의 발전을 배경으로 한 투자위험 최소화 수단인 파생상품의 개발확대 현상 등 금융시장 환경의 변화가 심하다. 이처럼 국제금융시장의 범세계적 통합화현상이 가속화됨에 따라 국제금융시장은 거주성이나 장소적 구별을 초월하여 각국의 금융시장이나 유로시장 및 외환시장을 포괄하는 총체적 거래메커니즘으로 확산 발전되고 있다.

2. 국제금융시장의 참가자

국제금융시장은 각국의 금융시장, 유로시장과 같은 역외시장 및 이들 금융시장간의 거래를 연계시겨주는 외환시장을 포괄한다. 이러한 국제금융시장의 참가들로는 다음과 같은 주체들이 있다.

① 각국의 기업
② 각국 정부
③ 각국 가계
④ ①, ②, ③간의 각 거래를 중개하는 은행
⑤ ④와 같은 기능을 하는 금융중개기관(은행, 브로커, 딜러 등)
⑥ 각국의 중앙은행(central bank)
⑦ 국제금융기구(IMF, IBRD, BIS, ADB, AIIB 등)[1]

최근에는 다국적기업, 증권사, 보험회사, 헤지펀드 등 기관투자가들이 고도의 새로운 국제금융기법을 구사하여 국제금융시장에서 대규모 포트폴리오투자를 주도함으로써 주요 기관투자가로 등장하고 있다.

---

1) 최근에는 이 밖에 헤지펀드와 같은 사모형 투자신탁회사들이 고도의 국제금융기법을 구사하여 국제금융시장에서 단기투기자금(핫머니)형태로 공략하는 사례가 있다. 헤지펀드(hedge fund)에 관해서는 이 장의 제2절 심층연구 참조.

3. 국제금융결제제도의 개요

각국의 금융시장과 외환시장 그리고 유로시장에서의 거래자금결제체계는 은행간 자동금융·전신이체제도인 SWIFT(Society for Worldwide Interbank Financial Telecommunications: Brussel)나 또는 뉴욕은행간의 전산자금결제체계인 CHIPS(The Computerized Clearing House Interbank Payment System: 미달러화 뉴욕청산소)를 통해 결제된다. 또한 유로채의 인도·결제기구는 Euro-clear(Euro-clear Clearance System Ltd., Co., Brussel)와 CEDEL(Centrale de Livraison de Valeurs Mobilieres S.A., Luxembourg)과 연계되어 결제되고 있으며, 한편으로 유럽연합(EU)의 각국 중앙은행간 통합결제기구인 TARGET(Trans-European Automated Real-Time Gross Settlement Express Transfer: 범유럽거액결제시스템)가 개발되었고, 다른 한편으로 외환동시결제시스템인 CLS(Continuous Linked Settlement System)가 운영되고 있다. [그림 12-1]을 참조하라.

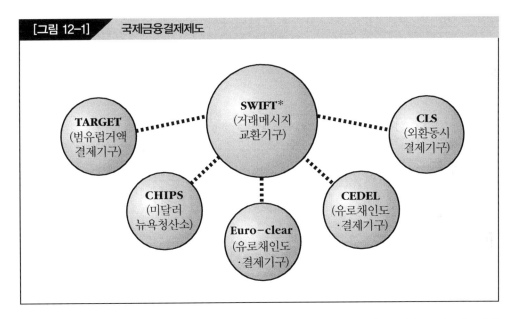

[그림 12-1]   국제금융결제제도

* SWIFT는 국제금융거래 메시지의 신속한 교환을 위해 브뤼셀과 암스테르담, 버지니아 쿨페퍼 등 3개소에 조작센터를 설치하고, 이 조작센터에서는 international data transmission line을 통해 각국의 지역 메시지 처리센터를 연결하여 표준형태의 은행간 거래 메시지를 전달하는 기능을 수행한다. 한국은 1992년 3월에 52개 기관(국내은행 27개, 외국은행 25개 기관)이 SWIFT에 참가 가입하여 결제업무를 시작했다.

4. 국제금융시장의 구조와 분류

국제금융시장은 기능별 금융시장과 지역별 금융시장으로 나누어진다.

(1) 기능별 국제금융시장

① **국제단기금융시장**: 유로단기금융시장, 주요국 단기금융시장:

② **국제자본시장**(국제장기시장): 국제대출시장, 국제채권시장, 국제주식시장, 주식연계
채권시장

③ **파생금융시장**: 선물시장, 옵션시장, 스왑시장

④ **외환시장**: 현물환시장, 선물환시장

(2) 지역별 국제금융시장

① **국제금융시장**(금융센터): 미주시장, 유럽시장, 아시아시장

② **역외금융시장**: 유로시장, 절세형 역외시장, 내외분리형 역외시장

제2절 국제단기금융시장

국제단기금융시장은 미국, 영국, 일본 등 주요 선진국의 단기금융시장과 유로정기
예금, 유로양도성예금증서, 유로기업어음 등을 거래하는 유로단기금융시장으로 분류
된다.

국제단기금융시장에서는 만기가 1년 이하인 기업어음(commercial paper: CP), 은행인
수어음(banker's acceptance: BA), 양도성예금증서(certificate of deposit: CD), 환매조건부
증권(repurchase: RP), 단기재정증권(treasury bill: T-bill) 등의 단기금융자산이 주로 거래
되고 있다. 또한 국제무역금융과 금리차를 이용한 재정거래, 현물 및 선물환율의 변동
에 따른 환투기나 헷징(hedging)을 위한 단기거래 등의 금융거래도 함께 이루어진다.

헤지펀드(hedge funds)

원래 헤지펀드는 금융시장 또는 상품시장에서 투자위험을 회피하고자 하는 거액 투자자들을 대상으로 한 사모(私募)형식의 투자신탁을 일컫는 말이다. 그러나 최근에는 외환, 채권, 주식, 상품시장에서 단기 고수익을 목적으로 투기적 포지션을 보유·운용하고 있는 공격적 투자운용형의 사모형식 투자신탁을 말한다. 미국 증권거래위원회(The Securities and Exchange Commission: SEC)의 공시규제를 회피하기 위해 주로 100인 미만의 회사형 투자신탁형태로 설립되고 있으며, 세부담 및 규제를 회피하기 위해 역외금융시장(예: 버뮤다, 케이만군도 등)에 설립되기도 한다.

헤지펀드는 1949년 Alfred Jones에 의해서 미국에서 처음 설립되어 80년대 말부터 미국 주식투자를 중심으로 급부상하였는데, 현재 전세계에 약 8,000여개에 달하는 헤지펀드가 1조 7,000억 달러에 달하는 자금을 운영하고 있는 것으로 알려져 있다.

최근 15년 동안 헤지펀드의 연평균성장률은 20%, 2012년에는 16조 달러에 이를 것으로 내다봤다(맥킨지 연구소).

헤지펀드의 투자대상은 종전의 증권, 채권, 파생상품, 날씨에서 이제는 복잡한 생명보험, 중소기업대출, 신용카드 대출, 포도주, 그림, 주화, 부동산거래, 집단소송관련 펀드로까지 진화되어가고 있다.

헤지펀드의 투기는 빈번히 각국 중앙은행을 상대로 하는 게임이므로 상대통화가 고평가되어 있거나 또는 상대방 중앙은행의 외환보유액 감소 등으로 대응능력이 약화된 경우에 집중적인 대량매각을 통해 이들 통화의 절하압력을 가중시키는 투기적 공격을 감행한다. 이는 이미 1997년 5월의 태국 바트(Baht)화의 폭락사태와 같은 외환위기에서 그 위력이 증명되기도 하였다. 최근에 와서는 OECD 및 BIS를 중심으로 헤지펀드에 대한 감독강화의 필요성이 제기되고 있다.

제3절 국제자본시장(국제장기금융시장)

국제자본시장은 만기가 1년 이상이 되는 채권, 주식, 대출 등 장기금융상품이 거래되는 시장을 말한다. 국제대출시장에서는 국제상업은행의 금융중개기능을 통해서 예금과 대출이 이루어진다. 국제채권시장은 중장기채권이 발행되고 유통되는 시장이며, 국제주식시장은 주식의 발행과 매매를 통하여 자금의 투자와 조달이 이루어지는 시장이다. 주식연계채권시장은 주식 및 채권의 성격을 동시에 갖춘 채권의 발행과 매매를 담당하는 시장이다. 국제채권시장은 채권발행자의 '거주성'에 따라 유로채시장과 외국채시장으로 구분된다.

유로채시장에서 발행되는 유로채(Euro bond)는 비거주자(non-resident)인 자금차입자가 유로화채권을 발행하는 경우의 채권으로, 예를 들어 미국의 자금차입자가 유럽에서 채권을 발행하여 매각시키는 경우를 말한다. 유로채시장은 은행, 다국적기업, 국제기구, 국제보험회사 등 기관투자가들의 자금조달이나 자산관리를 목적으로 한다.

외국채(foreign bond)는 비거주자인 자금차입자가 외국에서 그 나라(현지국)의 통화표시채권을 발행하는 경우의 채권이다. 예를 들어 미국의 자금차입자가 자금조달목적으로 유럽에서 유로화표시 채권을 발행했을 경우 이를 유로화표시외국채라 한다.

외국채는 발행지역에 따라, 미국시장에서 외국차입자가 발행하는 미달러화표시채권인 양키본드(Yankee bond), 영국시장에서 외국차입자가 발행하는 파운드화표시채권인 불독본드(Bulldog bond), 일본시장에서 외국차입자가 발행하는 엔화표시채권인 사무라이본드(Samurai bond) 등으로 분류된다. 국제채권에는 발행형태에 따라 보통채, 변동금리채, 제로쿠폰채, 주식연계채가 있다.

① 보통채

보통채(straight bond: SB)는 전형적인 형태의 유로채로서 확정고정금리로 이자를 정기적으로 지급하는 고정금리채이다. 주요국의 정부채나 정부기관채 등이 여기에 해당한다(미국정부채의 경우 만기 10년 이하를 note, 10년 초과분을 bond로 분류한다). 보통 만기가 3
~7년인 채권을 note 또는 중기채(medium-term straight bond)라고 하고, 8년 이상인 채
권을 장기채(long-term straight bond)라 한다. 중기채는 일반적으로 만기일에 일시상환
되지만 장기채는 정기분할상환한다.

② 변동금리채(FRN)

변동금리채(floating rate note: FRN)는 금리의 불안정으로 인한 위험을 최소화하기 위
해 LIBOR(London inter-bank offered rate) 등과 같은 국제금리시장의 단기기준금리에 연
동되어 금리가 변동되는 채권을 말한다. 투자자는 채권의 표면금리가 LIBOR 등에 (3개
월 또는 6개월마다) 연동됨으로써 일정수익률을 보장받을 수 있기 때문에 금리의 불안정
으로 인한 위험을 줄일 수 있다. 따라서 민간기업뿐만 아니라 은행 등 금융기관들이 중
장기대출자금 확보를 위해 널리 이용하고 있다. 대부분이 7년을 만기로 하여 발행된다.

③ 제로쿠폰채

제로쿠폰채(zero-coupon bond)는 이자지급 없이 만기일까지 발생되는 액면금액을 현
재가로 할인하여 발행하는 채권으로 투자자는 이자소득이 아닌 자본이득(매입가격-액면
가격)을 얻는다.

④ 주식연계채

주식연계채(equity-linked bond)는 주식 및 채권의 성격을 동시에 갖춘 전환사채와 신
주인수권부사채가 있다. 주식과 채권의 두 성격을 복합한 상품이다.

- **전환사채**(convertible bond: CB): 보통채와 마찬가지로 확정이자를 지급하지만 일정
  한 조건하에 발행회사의 주식으로 전환할 수 있는 선택권이 부여된 채권을 말한다.
  전환사채는 보통채보다 표면금리는 낮지만 발행회사의 주가가 상승할 경우 자본이
  득을 얻을 수 있는 이점이 있다.
- **신주인수권부사채**(bond with warrants: BW): 주식매입권부채권으로 채권의 소지자

는 채권발행회사의 신주나 기 발행주식을 일정한 기간 내에 매입할 수 있는 권한을 갖는다. 투자자는 채권을 소지함으로써 주식매입권 행사에 의한 주식매입을 통해 자본이득을 얻을 수 있는 이점이 있으며, 발행자는 다른 채권보다 낮은 표면금리로 자금조달을 할 수 있는 이점이 있다.

제4절 파생금융시장

파생금융시장(derivatives market)은 외환, 채권, 주시 등과 같은 기초자산(underlying asset)으로부터 파생되는 파생금융상품을 거래하는 시장이다. 파생금융시장은 상품의 계약유형에 따라 선물시장, 옵션시장, 스왑시장으로 분류되고, 통화, 금리, 주가지수 등 기초자산의 유형에 따라 더욱 세분화된다.

① 선물시장

선물시장(futures market)에서는 현재 시점에서 가격이 결정되어 있는 상품이나 금융자산에 대해서 미래의 일정시점에서 인도 또는 인수할 것을 약정한 선물계약이 거래된다.

② 옵션시장

옵션시장(option market)에서는 미리 약정된 가격으로 일정한 자산을 옵션의 만기일이나 그 이전에 매입하거나 매도할 수 있는 선택권리가 거래되는 곳으로 매입 및 매도의 권리부여에 따라 콜옵션(call option)과 풋옵션(put option)으로 분류된다.

③ 스왑시장

스왑시장(swap market)에서는 장래 특정일 또는 특정기간 동안 일정한 금융자산이나 부채를 상대방의 금융자산이나 부채와 교환하는 계약이 거래된다. 금융스왑은 크게 통화스왑(currency swap), 금리스왑(interest rate swap), 혼합스왑(cocktail swap) 등으로 분류된다.

제5절 기타 국제금융시장

① NIF

NIF(note issuance facilities)란 신용공여 및 인수보증(back-up facilities)의 전형적인 형태로 차입자가 자기명의로 일련의 단기어음을 발행할 수 있도록 인수은행이 공여하는 중장기회전신용한도이다.

약정기간은 5~7년이 일반적이지만 발행된 개별어음의 기간은 3~6개월이 대부분이다.

② ECP(유로CP)

ECP(Euro commercial paper: 유로 CP)는 금융기관이나 기업이 단기자금을 조달, 융통하기 위하여 할인식으로 발행하는 어음으로 무담보단기어음이라는 측면에서 NIF와 유사하나 NIF의 주선기관은 약정기간(5~7년) 동안 차입자가 발행하는 단기어음을 의무적으로 판매하거나 인수할 의무를 부담하는 데 비하여 ECP의 주선기관은 미판매어음 인수의무가 없다. 즉, 딜러의 역할에 그친다. ECP는 발행시기와 금액을 신축성 있게 선택할 수 있고 발행절차가 비교적 간단하여 각국 중앙은행 및 은행 등에서 매우 탄력적인 변동금리 차입수단으로 널리 활용되고 있다.

③ Master note

Master note는 CP를 대량으로 발행하는 발행자와 대량으로 인수하는 투자자들이 사전에 최소한의 발행금액(인수금액), 발행금리, 만기 등 발행조건을 정하는 계약이다. 발행자는 만기도래시마다 새로운 note를 발행하거나 발행금리를 재협상할 필요 없이 필요자금을 안전하고 유리한 조건으로 용이하게 조달할 수 있고, 투자자는 개별 note의 만기도래시마다 재투자(roll-over)해야 하는 번거로움을 피할 수 있는 이점이 있다.

④ MTN

MTN(medium term note)은 중기성 사채로서 본래 미국에서 시작되어 1986년 유로시장으로까지 확대 발전되었다. MTN은 CP와 사채의 갭을 보완하기 위하여 개발된 상품이다. 유로 MTN의 만기는 1~10년으로 발행된다.

⑤ FRCD(변동금리예금)

FRCD(floating rate certificate of deposit; 변동금리예금)는 예금이자율이 LIBOR 등의 기준금리에 연동되어 일정기간(3~6개월)마다 재조정되는 통상 만기 3년 이상의 중장기양도성 예금증서이다. FRCD는 금융기관만이 발행되고 비상장으로 수수료가 저렴하다(FRN의 경우는 상장채권으로 유동성이 높은 대신 수수료 등 비용이 많이 든다).

⑥ 글로벌채

글로벌채(global bond)는 주요 국제금융시장에서 동시에 발행되어 각 시장 내에서는 물론 시장간에도 거래가 이루어지는 채권으로 유럽의 Cedel, Euroclear, 미국의 Fedwire, DTC(Depository Trust Company) 등의 국제금융결제시스템을 통해 결제된다.

신용도가 높은 차입자가 대규모차입의 경우 발행하며 다른 국제채보다 유동성이 크고, 만기는 2~30년이나 5~10년이 주종을 이룬다.

⑦ 유로주식

유로주식(Euro equity)은 주로 유로시장에서 국제신디케이트에 의해 인수판매되고 발행자의 국내 상장규제에 구애받지 않는 소지인식주식이다. 유로시장에서 주식을 발행하는 데에는 두 가지 방법이 있는데, 그 하나는 브로커를 통해 직접 주식을 발행하는 방법이고, 다른 방법은 주식예탁증서(DR) 발행을 통해 간접적으로 주식을 발행하는 방법이다.

⑧ DR

DR(depository receipt; 주식예탁증서)[2]은 유로시장에서 주식을 발행하는 방법 가운데 하나인데, 이 주식예탁증서(DR) 발행을 통하여 간접적으로 주식을 발행하는 것을 말한다. 기업이 해외에서 직접 주식을 발행하는 경우에는 주권의 양식, 언어의 상이, 외국증권시장과 국내증권시장간의 거래관습 및 제도의 차이, 주권(株券)의 수송문제 등으로 인해 여러 가지 불편이 따르므로 이 같은 불편(international cost)을 제거하고 간편화하기 위하여 DR방식이 많이 활용되고 있다.

DR은 발행지역에 따라 ADR(American DR), EDR(European DR: London, Luxemburg 등), GDR(global DR: New York, London, Luxemburg 등), HKDR(Honkong DR), DRS(DR of Singapore) 등이 있다.

⑨ 영구FRN(永久債)

영구형 FRN(perpetual FRN)은 만기가 없이 발행되는 FRN으로 발행자에게는 안정적인 자금조달원이 되고, 투자자에게는 보통 FRN보다 높은 수익률을 보장한다.

⑩ VRN

VRN(variable rate note)은 양도가능한 중장기유로채로서 3~6개월 LIBOR에 소정의 가산금리를 더하여 이자율을 정하며, 매 이자지급일에 투자자가 액면가로 '원금상환권'(put option)을 행사할 수 있는 채권이다.

---

2) DR(depository receipt)의 기원은 중세 유럽의 은행 기원과 그 맥을 같이한다. 즉, 금세공상이 사람들로부터 금화를 예탁받고 그 중량과 순도를 증명하는 "보증서"를 발행했는데, 이것이 나중에 금예탁증서(deposit certificate)로 발전했다. 그 후에 이 예탁증서는 사람들이 무겁고 지참하기 불편한 금화를 금세공상의 금고에 맡기고 그 대신 예탁증서만으로 간편하게 상거래를 수행하게 되었다. 오늘날 DR은 국제간 주식의 유통수단으로 이용되는 대체주권이다. DR을 발행하는 이유는 외국주식을 자국시장에서 유통시키는 경우 여러 가지 문제점이 있으므로 원주를 발행하여 국제예탁기관에 맡기고 그 대신 예탁증서를 실제 유통시키는 제도이다.

제6절 역외금융시장

역외금융시장(offshore financial market)은 지역별 분류를 중심으로 하는 개념이며 기능별 분류를 통해 이미 설명이 된 부분이 많으므로 여기서는 중복이 안 되는 범위 내에서 약술하고자 한다. 역외금융시장은 크게 유로시장, 절세형 및 내외분리형 역외시장으로 구분된다.

1) 유로시장

유로시장(Euro market)은 자기 나라 이외의 지역에서 발행된 자기 나라 통화기준 금융자산이 거래되는 시장을 말한다. 국제금융시장에서 초국가적 성격을 갖는 유로시장은 각국의 금융규제로부터 자유로운 역외시장(offshore market)의 성격을 가지고 있다. 이 시장개념은 특정국 통화표시의 금융자산거래가 특정국 이외의 지역에서 이루어지고 있는 시장을 말한다. 예를 들어 미달러화표시예금이 런던이나 싱가포르시장에서 이루어지는 경우, 모두 유로시장에서의 거래가 되며, 이를 역외시장이라고도 말한다.

유로시장은 자국의 금융규제나 통제를 받지 않아 국내금융시장보다 효율적이고 금리 면에서도 유리하기 때문에 많이 이용되고 있다. 유로시장은 거래되는 금융자산 형태에 따라 유로예금시장, 유로대출시장, 유로CP시장, 유로채권시장 등으로 구분된다.

① 유로예금시장

유로예금시장(eurodeposit market)은 각종 유로예금이 거래되는 시장이다. 유로예금의 대부분은 무기명식 정기예금이며 예금의 만기는 1일부터 5년까지 다양하며, 이 중 7일부터 180일 만기 유로예금(단기예금)이 주종을 이룬다.

② 유로대출시장

유로대출시장(eurocredit market)은 만기 1년 이상의 중장기대출시장으로 1960년대 이후 크게 발전하였으나 1980년대 이후 금융증권화현상으로 점차 퇴조하고 있다.

③ 유로CP시장(euro commercial paper market)

유로CP(euro commercial paper)는 유로시장에서 거래되는 기업어음으로 점차 활성화되고 있다.

④ 유로채권시장

유로채권시장(eurobond market)은 중장기유로본드를 발행하여 매매하는 국제장기자본시장이다. 유로채권은 2개국 이상의 채권인수업자들로 구성된 국제적 신디케이트에 의해 2개국 이상의 시장에서 유통되는 채권이다.

2) 절세형 역외시장(tax-heaven off-shore market)

절세형 역외시장(tax-heaven; 조세천국)은 바하마, 버뮤다, 케이맨 아일랜드, 버진 아일랜드 등에 설립된 금융기관으로 절세를 목적으로 하는 각국의 기업이나 금융기관에게 세제상의 특혜를 부여하는 시장이다.

조세회피국 또는 조세천국(tax-heaven)이라고도 불린다. 여기서 조세회피국이란 외국자본을 유치하기 위해 소득에 대한 과세를 면제하거나 극히 낮은 세율을 적용하는 국가를 의미한다. 다국적기업은 이러한 조세회피국으로 이익을 이전함으로써 실질적인 조세부담을 축소하거나 납세를 지연하기도 한다. 전세계적으로 산재해 있는 주요한 조세회피국에는 다음과 같이 무세국을 비롯하여 4가지 유형이 있다.

① 무세국(tax paradise)

직접세인 법인세, 소득세, 양도세와 상속세가 없고, 단지 재산세, 인지세, 관세 등이 재정수입원인 국가이다. 여기에는 바하마, 버뮤다, 케이만제도(Cayman Islands), 모나코, 룩셈부르크와 같은 국가가 있다. 이들 국가에는 신탁회사, 해외보험회사의 해외기지회사가 입지로 선택한다.

② 경과세국(financial center)

조세협약을 준수하는 관계로 낮은 세율과 원천징수를 하지 않는 국가로서 국제금융회사들이 기지로 활용한다. 여기에는 영국령 버진제도(British Virgin Islands), 네덜란드령 앤틸리즈(Netherlands Antilles), 바레인(Bahrain), 두바이(Dubai) 등이 속한다.

③ 해외원천소득 면세국(tax shelter)

국내원천소득에는 과세를 하지만 외국에서의 해운업, 국제무역업, 부동산 투자 등 해외원천소득에는 면세하는 국가로서 홍콩, 파나마, 라이베리아 등이 여기에 속한다.

④ 특정 업종 조세혜택 국가(tax resort)

특정 업종 및 형태에 대하여 주로 소득세를 면제해 주는 국가로서, 예를 들어 지주회사, 투지회사 또는 미개발 지역의 공업화를 촉진시키기 위하여 특정 지역의 공업화에 대한 조세유인을 허용하고 있다. 여기에는 아일랜드, 스위스, 네덜란드, 리히텐쉬타인 등이 있다.

3) 내외분리형 역외시장

내외분리형 역외시장은 미국의 IBF(International Banking Facilities), 일본의 역외시장(Japan Offshore Market: JOM), 싱가포르의 ACU(Asian Currency Unit)시장처럼 국내외 금융거래를 분리하여 자국 내에서 비거주자를 상대로 국제금융거래를 영위하는 국제금융시장으로서, 국제금융거래의 활성화를 위해 설립된 시장이다. 내외분리형 역외시장은 외국은행의 자국유치나 국제금융센터로서의 기능확대 등의 역할을 담당한다.

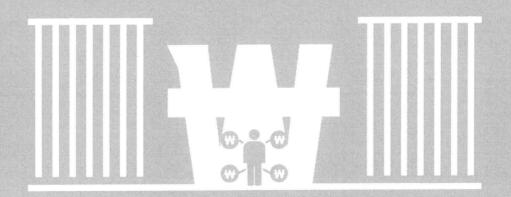

제6편
파생금융시장

파생상품(derivatives)이란 금리(채권, 예금증서 등 기초자산가격), 주가(주식의 가격), 환율(외환의 가격) 등 기초상품(underlying asset)의 가격으로부터 경제적 가치가 파생(derive)되는 신상품을 일컫는 말이다. 이와 같은 파생금융상품에는 선물(futures), 옵션(option), 스왑(swap) 등이 있다.

제13장 선물시장에서는 파생상품의 생성 배경을 고찰하고 기업의 위험노출현상을 요약정리하며, 등장하는 파생상품의 종류와 도입현황을 개괄적으로 소개한다. 그리고 금융공학(financial engineering) 발전이 파생상품개발에 어떠한 기여를 하였으며, 어떻게 연관되어 있는지를 살핀다.

다음으로 선물의 개념에 대해서 고찰한다. 선물(futures contracts)이란 두 거래당사자가 선물시장(futures market)에 상장된 기초자산(underlying asset)의 특정량을 미래의 특정시점(만기일)에 특정한 선물가격으로 쌍방간에 매매 인·수도할 것을 현재의 시점에서 약정한 계약이다. 국내 파생상품시장의 현황과 상품도 이 장에서 소개한다.

제14장에서는 옵션의 개념과 상품들을 고찰한다. 옵션(option)이란 미리 정해진 가격으로 미래의 정해진 기간 동안에 특정 증권(혹은 자산)을 매입할 수 있는 (혹은 매도할 수 있는) 권리(right), 즉 선택권이 부여된 증권(자산)을 말한다. 이때 그 특정 증권(자산)을 매입할 수 있는 권리를 콜옵션(call optoion)이라 하고, 매도할 수 있는 권리를 풋옵션(put option)이라 한다.

제15장에서는 스왑의 개념과 상품들을 고찰한다. 스왑(swaps)은 두 당사자가 장차 일정 수량의 기초자산을 교환하기로 약정한 계약을 말한다. 스왑에서 교환되는 기초자산은 현물시장에서 거래되는 실물자산(actuals)과 구별하기 위해 명목자산(notionals)의 개념을 사용한다. 대개 스왑거래에 있어서는 명목자산을 한 번 이상 거래하며, 일반적으로 스왑 개시시점에서 명목자산을 교환하고 스왑 종료시점에서 이를 재교환한다.

스왑은 은행, 투자은행, 보험회사 등 금융기관이 중심이 되는 장외파생상품(off-board marke products)이란 점에서 선물이나 옵션과 같이 거래소시장(장내거래)이 중심이 되는 장내파생상품(on-board market products)과 구별된다.

제13장

선물시장

제1절 파생상품시장(derivatives market)이란 무엇인가

1. 금융환경 변화와 파생상품의 개요

파생상품(derivatives)이란 금리(채권, 예금증서 등 기초자산가격), 주가(주식의 가격), 환율(외환의 가격) 등 기초상품(underlying asset)의 가격으로부터 경제적 가치가 파생(derive)되는 신상품(금융상품)을 일컫는 말이다. 이와 같은 파생금융상품에는 선물(futures), 옵션(option), 스왑(swap)등이 있다.

본절에서는 파생상품의 생성 배경을 살펴보고 기업의 위험노출 현상을 요약정리하며, 여기에 등장하는 파생상품의 종류와 도입현황 개요를 소개하기로 한다. 그리고 금융공학(financial engineering)이 파생상품발전에 어떻게 연관되어 있는지에 대해서도 살펴보기로 한다.

우선 파생상품의 생성 배경은 다음과 같다.

첫째, 지난 20세기 후반부터 국제금융환경의 불안정성, 즉 추세적 인플레이션 상승과 여러 차례의 석유파동으로 인한 상품가격변동폭 증가 등으로 인해 기존의 기초상품들처럼 간단하게 거래위험(risk)을 효율적으로 관리할 수 없게 되었으며, 이러한 기초자산의 가격변동성에 대한 방어적 헷징수단(means of hedging)으로 등장된 것이 파생상품이다.

둘째, 브레튼우즈체제하의 금태환정지[1] 및 변동환율제 이행으로 환율변동성 급증 속에서 노출되는 환리스크(foreign exchange risk) 증가에 대해 국제금융시장 참가자들이 신속히 대응해서 체계적으로 관리(hedge)하는 손쉬운 상품모형의 존재가 필요하게 되었다.

셋째, 정보통신기술과 컴퓨터의 급속한 발전과 함께 마침 1973년 블랙·숄즈의 옵션가격결정모형(Black-Scholes Model) 발표를 계기로 하여 금융공학적(financial engineering) 기법이 파생시상에 능장됨으로써 본격적으로 실용적인 파생상품시대의 막이 오르게 되었다.[2]

1970년대 이후에는 국제금융시장의 환경변화와 각 부문별 변동성도 크게 증가하여 인플레이션에 이어 환율, 금리, 상품가격, 주가 등 기초자산(underlying asset)가격이 총체적으로 급격히 변동하는 불확실성의 시대에 들어서게 되었다.[3] 이와 같은 불확실성하에서 환리스크가 생성되고, 이에 대응하는 새로운 파생상품이 등장하게 되었다. 최근에는 기초자산의 범위에 기후, 탄산가스(이산화탄소), 날씨, 자연재해까지 포함시켜 그 대상이 확대 되고 있다(자연재해관련 상품에는 '대재해채권'이 있는데 이는 채권의 특성을 보험위험과 결부시킨 상품으로 대상은 지진, 태풍, 해일 등 자연재해 리스크를 채권을 통해 자본시장에 전가시키는 위험관리기법이다).

---

1) 1971년에 미국 Nixon 대통령이 'Nixon Doctrine'을 발표하면서 종전의 '브레튼우즈체제' 하에서의 고정환율제도(순금 1온즈당 35미달러 연동의 금환본위제도의 일종)하의 금태환을 정지시키고, 그 대신 결국 변동환율제를 도입하기에 이르렀으며, 이에 따라 그 후 외환시장에서 외환거래에 따른 환리스크는 크게 증폭되었다.
2) 블랙·숄즈모형(Black-Scholes Model)에 관해서는 부록1을 참조하기 바람.
3) 이와 같은 불확실성 현상은 환율의 변동성 증가, 금리의 변동성 증가, 상품가격의 변동성 증가, 주가의 변동성 증가 등으로 나타나고 있었다.

2. 기업의 위험노출 증가

1) 환위험 노출

외환시장에서 환노출(exchange exposure)이란 장래의 예상치 못한 환율변동으로 인해 기업이 보유하고 있는 외화표시 순자산(자산-부채)의 가치 또는 외환포지션의 순가치가 변동될 수 있는 불확실성을 말한다.

일반적으로 환노출은 (1)회계적 노출(accounting exposure)과 (2)경제적 노출(economic exposure)로 구분된다. 회계적 노출에는 다시 거래노출(transaction exposure)과 환산노출(translation exposure)이 있다.

다음에서 ① 거래노출, ② 환산노출, ③ 경제적 노출을 차례로 설명하려 한다.

① 거래노출

거래노출(transaction exposure)은 환율변동에 의해 외국통화로 표시된 채권이나 채무가 거래시점의 환율과 상이한 환율에 의하여 결제될 때 발생한다. 즉, 거래노출은 상품이나 용역의 수출입, 외화자금의 대차거래 등에 수반하여 거래발생시점과 결제시점간에 발생하는 환율변동에 의하여 초래되는 환차손익을 말한다(Laker항공사의 사례 참조).

② 환산노출

환산노출(translation exposure)은 회계적 노출(accounting exposure) 중의 하나인데, 이는 외화로 표시된 자산·부채와 수익·비용 등의 재무제표를 자국통화 또는 특정 기준통화로 환산할 때에 발생하는 가치변동을 말한다. 일반적으로 해외자회사의 재무제표를 자국(본사국)통화로 평가할 때에 일어난다.

레이커 항공사의 환거래노출 사례

환위험(환리스크) 측면에서 가장 중요한 것은 거래노출(transaction exposure)이다. 거래노출은 수입과 지출의 표시통화가 불일치할 때 자주 발생하며, 그 결과는 기업의 손실·이익으로 직결된다.

미국 Laker 항공사의 경우를 보기로 하자. 1970년대 말에는 미국 달러가 약세이고 영국 파운드가 강세였기 때문에 미국 관광비용이 상대적으로 저렴하였다. 이에 따라 Laker 항공사는 미국으로 향하는 영국인 관광객의 증가에 대비하여 DC-5기 5대를 미 달러 차입금으로 구매하였다. Laker 항공사의 수입은 주로 미국으로 향하는 영국인 관광객으로부터의 파운드 항공수입이고 지출은 주로 미 달러차입금에 대한 이자비용이기 때문에 수입과 지출의 표시통화가 서로 불일치하였다.

이런 상황에서 1981년부터 미 달러가 강세로 돌아섬에 따라 Laker 항공사는 거래노출에 처하게 되었고, 그것이 한 원인이 되어 결국 파산하게 되었다. 즉, 달러의 강세로 영국인 관광객이 감소하여 파운드 표시 항공수입이 감소한 반면에 달러표시 부채를 상환하기 위한 파운드 지출은 증가되어 Laker 항공사는 파산하게 된 것이다.

③ 경제적 노출

경제적 노출(economic exposure)은 예상하지 못한 환율변동으로 인하여 장래에 기대되는 외환흐름의 순현재가치(net present value of expected future cash flow), 즉 기업가치의 변동가능성을 말한다. 환율의 변동은 장래에 있어 기업의 매출량, 제품가격 및 원가 등 실질적인 영업성과에 영향을 미치게 되고, 이는 장래 현금흐름의 변동을 통하여 결국 기업의 장래수익에 영향을 미쳐 경제적 노출로 나타난다.

지금까지 고찰한 환(위험)노출은 상호간에 부분적으로 또는 시차적으로 연관성을 가지고 영향을 미치게 된다. 즉, 회계적 노출과 경제적 노출이 상호간에 부분적으로 관련성을 갖고 있고 모든 경제적 노출은 일정시점에서 회계적 노출로 기록되며 대부분의 회계적 노출은 정도의 차이는 있으나 경제적 노출과 관련되어 있다.

2) 금리위험 노출(interest rate risk exposure)

금리변동으로 인한 거래노출은 환율변동으로 인한 거래노출과 마찬가지로 기업의 손익계산서에 영향을 미친다. 금리변동으로 인한 거래노출의 대표적 사례를 미국 저축대부조합(S&L: savings and loan associations)의 예에서 설명하면 다음 사례와 같다.

사례연구

미국 저축대부조합(S&L)의 금리노출 사례

1970년대에는 미국의 S&L(savings and loan associations: 저축대부조합)은 수익성이 너무 좋아 마치 '돈 찍어내는 기계' 같아 보였다. 이 당시에 미국의 수익률곡선(yield curve)은 우상향곡선(upward sloping curve)을 이루고 있었기 때문에 S&L에서는 단기저축으로 저렴하게 자금을 조달하여 높은 장기고정금리로 부동산담보대출을 실행함으로써 안정적인 수익을 올릴 수 있었다.

이 당시 S&L의 손익계산서를 보면 수입은 금리변동과 무관하게 장기적으로 고정된 반면에 지출은 단기금리변동에 민감하게 영향을 받게 되었다. 즉, 단기금리가 상승하면 S&L의 비용이 증가되어 S&L은 거래노출에 처하게 되어 있었으나 1970년대 동안에는 수익률곡선이 우상향곡선을 이루고 있었기 때문에 S&L은 거래노출에 처하지 않았다.

그러나 1980년대에 접어들어 장·단기금리가 역전되기 시작하였다. 단기금리는 상

승하고 장기금리는 하락하여 수익률곡선이 우하향곡선(downward sloping curve)으로 역전되었고, 이에 따라 S&L은 '돈 찍어내는 기계'에서 '밑 빠진 독'으로 전락하고 말았다. 수익률곡선이 우하향곡선으로 역전됨에 따라 단기차입금리가 장기대출금리를 초과하는 '역금리 현상'이 발생하여 S&L은 '밑 빠진 독'으로 부실화되었던 것이다.

금리변동은 경제적 노출을 야기시킨다. 거래노출에서는 기업의 지출에 초점을 두는 데 반하여, 경제적 노출에서는 기업의 수입에 초점을 두는 경향이 있다.

3. 파생상품(derivatives)의 등장

이미 검토한 바와 같이 기초자산(underlying asset)으로부터 그 경제적 가치가 파생되는 금융상품을 총칭해서 파생상품(derivatives)이라고 한다. 오늘날 외환시장, 화폐시장, 상품시장은 모두 효율적 시장에 가깝기 때문에 가격예측을 통해 가격위험을 헷지(hedge)하는 것은 거의 불가능하다. 이에 따라 기업에서는 그 대체적 방법으로 파생상품을 이용하여 가격위험을 헷지하는 방법을 모색한다. 파생상품은 금융공학(financial engineering)의 발전과 더불어 다양한 형태로 개발되고 있는데, 대체로 기초자산의 형태에 따라 통화파생상품, 금리파생상품, 상품파생상품, 주식파생상품 등으로 분류되고 다시 기능적 특성에 따라 선도, 선물, 옵션, 스왑 등으로 분류된다.

1) 통화파생상품

1972년 시카고상업거래소(Chicago Mercantile Exchange: CME)의 국제통화시장(International Monetary Market: IMM)에서 영국 파운드, 캐나다 달러, 독일 마르크, 일본 엔, 스위스 프랑을 대상으로 통화파생상품인 통화선물을 도입한 데 이어 프랑스 프랑(1974), ECU(1986), 호주 달러(1987)를 대상으로 한 통화선물을 도입하였다. 또 1981년에는 세계은행과 IBM사가 통화스왑을 체결함으로써 통화스왑이 도입되었다. 1984년에는 CME가 독일 마르크를 대상으로 한 통화선물옵션을 최초로 도입한 데 이어, 영국 파운드와 스위스 프랑(1985), 일본 엔(1986), 캐나다 달러(1986)를 대상으로 한 통화선물옵션도 도입하였다. 이 밖에도 1999년에는 한국선물거래소(KOFEX)가 미달러선물과 옵션을 도입하였다.

2) 금리파생상품

1973년 1차 석유파동 이후 금리가 상승하고 금리의 변동성이 증가함에 따라 은행에서는 장기고정금리부대출을 기피하는 대신, 변동금리부대출(floating-rate loan)을 선호하게 되었고, 채권시장에서도 고정금리채권 대신 변동금리채권(floating-rate notes: FRN)이 도입되었다. 변동금리부대출은 은행에서 금리위험을 관리하는 데 사용되었으나, 이는 은행이 금리위험을 차입자(고객)에게 전가시켜 차입자(고객)의 채무불이행위험(default risk)을 가중시키는 부작용을 초래하였다. 이에 따라 변동금리부대출이나 FRN을 대신하여 금리위험을 궁극적으로 헷지할 수 있는 파생상품이 필요하게 되었다.

채권시장에는 장외선도시장이 잘 발달되지 않았기 때문에 장내파생상품으로 금리선물이 첫 번째로 개발되었다.

1975년에 GNMA(Government National Mortgage Association; 주택저당증권)선물(1975)이 도입된 이후에 T-bill선물(CME, 1976), T-bond선물(Chicago Board of Trade: CBOT, 1977), 유로달러선물(CME, 1981), T-note선물(CBOT, 1982) 등의 금리선물이 차례로 도입되었다.

1982년에는 금리스왑이 도입되었고, 1983년에는 선도금리계약(forward rate agreement: FRA)이 도입되었다.

채권시장에도 금리옵션이 도입되었는데, T-note옵션(Chicago Board of Option Exchange: CBOE; 시카고옵션거래소, 1982)이 도입되었다.

또한 금리선물옵션은 T-bond선물옵션(CBOT; 시카고상품거래소, 1982)이 도입된 데 이어, 유로달러선물옵션(CME; 시카고상업거래소, 1985), T-note선물옵션(CBOT, 1985), T-bill선물옵션(CME, 1986) 등의 금리선물옵션이 차례로 도입되었다. 이외에도 영국, 일본,

프랑스, 독일 등 각국에서도 금리선물, 금리옵션, 금리스왑이 도입되었다.

한국도 KOFEX(Korea Futures Exchange; 한국선물거래소)가 1999년 4월에 CD금리선물을 도입한 데 이어 동년 9월에는 국채선물을 도입하였다.

3) 상품파생상품

상품시장에서도 상품가격위험의 증가에 대응하여 다양한 파생상품이 개발되었다. 상품시장은 상품 종류에 따라 농축산물시장, 금속시장, 에너지시장 등으로 구분되며, 각각 하위시장에서 거래되는 상품의 종류는 너무나 다양하고 가격변동의 특성도 서로 다르기 때문에 파생상품도 하위시장과 상품별로 다양하게 개발되었다.

에너지시장에서는 장기계약이 성행하는 관계로 선도계약에 대한 관심은 상대적으로 적었으나 1970년대 말에 원유가격의 변동성 증가에 따라 에너지선물이 도입되었다. 1978년에 뉴욕상업거래소(New York Mercantile Exchange: NYMEX)가 난방유선물을 도입한 데 이어 WTI(West Texas Intermediate)원유선물(1983), 천연가스선물(1990)도 도입하였다. 또 선물옵션형태로는 WTI원유선물옵션(1986), 난방유선물옵션(1987) 등이 도입되었다.

상업은행들도 장내파생상품에 대응하기 위해 1986년에 체이스맨하탄은행(CMB)이 석유스왑(oil swap)을 개발하였다.

금속시장에서는 미국뉴욕상품거래소(COMEX)에서 1983년에 동(銅)선물과 알루미늄선물을 도입한 데 이어, 1986년에는 동선물옵션을 도입하였다. 이 밖에 일본, 브라질, 한국(KOFEX, 1999; 금선물) 등에서 다양한 파생상품을 도입하였다.

4) 주식파생상품

주식시장에서도 주가변동성의 증가에 대응하여 다양한 주식파생상품이 도입되었다. 주식은 다른 금융자산과 달리 위험자산으로 인식되어 있을 뿐만 아니라 포트폴리오 투자가 일반화되어 있으나, 1980년대 이후에는 주가변동성이 크게 증가하여 포트폴리오 투자로도 제거되지 않는 체계적 위험[4]을 관리할 수 있는 파생상품이 필요하게 되었다.

미국 캔사스시티상품거래소(KCBT)에서 1982년에 VLI(Value Line Index)를 대상으로 한 주가지수선물을 최초로 도입했으며, 동년 CME가 S&P 500지수선물을 도입하였다. 1982년에 뉴욕선물거래소(NYFE)가 NYSE종합지수선물을 도입했으며, 1984년에는 CBOT가 MMI지수선물을 도입하였다. 이어서 영국, 일본, 프랑스, 독일 등 각국에서 주가지수선물을 도입하였으며, 한국에서도 한국증권거래소(KSE)가 1996년에 KOSPI 200 지수선물(Korea Stock Price Index 200)을 도입한 데 이어, KOFEX가 2001년에 KOSDAQ 50지수선물을 도입하기에 이르렀다.

4. 금융공학과 파생상품의 발전

1) 금융공학의 개념/금융공학이란 무엇인가?[5]

금융공학(financial engineering)이란 금융상품 개발업무분야에 있어서 고도의 수학이론 또는 컴퓨터를 이용한 시뮬레이션을 통해서 새로운 자산운용수단이나 리스크관리기법을 개발하는 실용학문인데, 여기서 확립된 이론을 금융시장에 적용·실천하는 실천학문을 의미한다.

금융공학은 예로부터 전통적으로 경험적 법칙에 따랐던 이익극대화나 리스크회피 대책을 혁신보강해서 이를 수학적 이론에 기초를 두고 수치화하는 것인데 합리성을 가지고 광범위하게 일반화되어 가고 있다.

금융공학을 좁은 의미로 정의를 한다면 파생상품거래(선물거래, 옵션거래, 스왑거래 및 이들의 혼성상품거래)의 실익과 리스크를 계산측정하는 기법이라고 정의할 수 있고, 금융상

---

4) 체계적 위험이란 포트폴리오 분산투자를 통해서도 제거되지 않는 위험(risk)을 말하며, 여기에는 거시경제변수로 인한 위험, 이자율위험, 인플레(구매력)위험, 환율변동위험, 전쟁위험, 시장위험 등이 있다.

5) 이 부분은 주로 「金融工學」(日興リサーチセンター-, 2000. 7. 7.), pp.13~51을 참조하였음.

품과 금융거래에 있어서 도출되는 수학적 기법 응용사례 전반을 금융공학이라고 정의할 수 있다.

2) 금융공학의 발전과정

(1) 시카고선물시장의 탄생

1847년 미국 농산물거래 중심지인 시카고에서 세계 최초의 선물시장이 탄생하였다. 당시 시카고에서는 밀을 비롯하여 과일 등 농산물과 소 등 축산물을 중심으로 선물시장이 발달하여 왔으며 세계 상품시장의 중심지로 발전하기에 이르렀다. 현재 시카고에는 시카고상업거래소(CME)와 시카고상품거래소(CBOT) 등 두 개의 선물거래소가 존재한다. 1972년에 시카고상업거래소(CME)에 통화선물거래시장이 처음으로 개설되었으며, 이것이 금융선물거래의 효시이다. 그 후 금리 및 주가지수 등 여러 가지 금융선물거래가 시작되면서 시카고는 상품뿐만 아니라 금융도 세계 선물거래의 중심지가 되었다.

시카고에 금융선물거래가 개설된 것은 1971년의 브레튼우즈체제 붕괴, 금 달러 교환정지가 그 계기가 되었다. 금융선물거래의 발상은 그 이론적 배경에 있어서 노벨경제학상 수상자인 M. Friedman(당시 시카고 대학 교수: 시카고학파-신자유주의학파)의 기여가 컸다. 그 이론을 배경으로 하여 선물시장이 발전하게 되었으며 관련분야의 연구, 즉 금융공학이 한 단계 깊이 발전하였다.

(2) 옵션거래의 탄생

옵션거래란 간단히 말해서 장래에 정해진 일정기간 안에 특정상품을 매매할 수 있는 권리를 증서로 해서 매매하는 것을 말한다. 금융공학의 발전에 따라 옵션거래의 이론가격산출이 가능해짐에 따라 옵션거래는 확대되기 시작했는데, 그 혁신적 가격산출모형이 1973년에 발표된 '블랙·숄즈 모형'(Black-Scholes Model)이다. 이 모형은 배당이 없는 주식을 기초로 하는 파생상품의 가격을 미분방식을 이용하여 유도해낸 공식이다. 이 모형은 한 시장에서 만기일까지를 한 단위로 하여 계산을 하게 되는 모형이다. 오늘날에도 이 모형은 옵션이론의 기초라 해서 폭넓게 사용되고 있다.

(3) 짧은 역사의 스왑거래 발전

선물(futures), 옵션(options)과 더불어 또 다른 파생상품거래에는 스왑거래(swaps)가 있다. 스왑은 두 스왑 당사자가 일정 수량의 기초자산을 교환하기로 약정한 계약을 말한다. 스왑거래에는 통화스왑과 금리스왑이 있다. 스왑거래는 1970년대 초에 미국과 영국간에 성행한 평행대출(parallel loan)과 국제상호직접대출(back-to-back loan)에서 그 기원을 찾을 수 있고, 그 후 1981년[6]과 1982[7])년의 여러 금융거래에서 스왑거래 사례가 잘 드러났다.

금융파생상품시장은 1970년대 초부터 약 30여년 동안에 걸쳐 전세계에 확산되어 왔다. 세계의 파생상품거래소(derivatives exchanges)는 미국 21여개 거래소, 유럽 25여개 거래소, 아시아 대양주 30여개 거래소 등 모두 30여개 국가에서 80여개 파생상품거래소가 개설 확산되어 있다.

3) 금-달러 교환정지에 따른 파생상품의 급성장

(1) 변동환율제로의 이행과 통화선물거래 개시

1971년에 미국의 금태환정지 발표('Nixon shock'), Smithonian 10개국 재무상합의(미 달러의 평가절하), 변동환율제로의 이행 등에 의해서 각국의 통화 그 자체가 시장가치가 변동하는 상품으로 인식되기에 이르렀다.

---

6) 1981년에 행하여진 세계은행과 IBM사 간의 통화스왑거래의 사례가 있다. 이 거래를 중개한 기관은 Solomon Brothers사였는데, 그 당시 거액의 달러수요가 있었던 IBM사와, 미 달러와 비교해서 저금리였던 독일 마르크, 스위스 프랑으로 자금조달을 하고 싶어 했던 세계은행과의 요구들(needs)이 서로 맞아떨어졌기 때문에 거래가 체결성립된 사례이다.

7) 1982년에 독일은행이 최초로 금리스왑을 실행하였다.

이와 같은 변화는 국제기업이나 개개인이 환율변동에 의한 손실을 회피할 필요를 느끼게 하였다. 이러한 필요성에 근거하여 1972년 시카고상업거래소(CME의 IMM)에 세계 최초의 통화선물시장이 개설되었다. 이를 계기로 하여 주가지수, 채권, 금리 등 다양한 금융상품이 선물시장에서 거래되었으며 금융공학도 더욱 발전하였다.

(2) 블랙 · 숄즈 모형(Black-Scholes Model)으로 옵션거래 확대

1973년에는 시카고옵션거래소가 개설됨으로써 선물, 옵션과 함께 시카고시장 중심으로 금융공학을 실행 운용하는 계기가 마련되었다. 즉, 시카고옵션거래소에서의 시장거래는 동년에 발표된 '블랙 · 숄즈 모형'(Black-Scholes Model)이 적극 활용되었으며, 그로 인해 파생금융시장 확대에 크게 기여하게 되었다.

거래원의 경험에 의한 거래가 아니라 컴퓨터가 작업한 가격산정에 의지하기 때문에 투자가들이 마음을 놓고 합리적인 판단하에 거래가 이루어진다는 것이 결정적인 요소였다. 더구나 1970년대 두 차례의 석유파동은 시장변동성과 리스크관리의 중요성을 더욱 강하게 인식시키는 계기가 되어 금융공학의 연구에 박차를 가하는 결과를 가져왔다.

또한 1986년의 영국의 빅뱅, 1998년의 일본의 금융빅뱅 등도 금융공학의 응용을 한 단계 더 확산시키는 계기가 되었다.

4) 금융공학의 신상품(파생금융상품) 응용

여기서는 신금융상품을 이용한 여러 가지 편익(benefit)을 분석하는 것을 소개하고자 한다.

(1) 채권을 이용한 신금융상품의 편익

신금융상품은 위험과 이자비용, 대리인비용, 발행비용 등을 감소시키고 세금절감효과를 증대시킨다.

① 위험이전과 이자비용절감

위험을 보다 효과적으로 관리할 수 있는 전문기관이 존재한다면 낮은 비용으로 동일한 위험을 관리할 수 있다. 국가나 공공기관이 발행한 공채(예: T-bill)를 담보로 하여 발행된 일련의 무이표부채권(serial zero coupon)은 재정증권과는 달리 쿠폰은 지급하지 않고 만기에 액면금액을 지급하는 증권이다. 액면금액의 총액은 담보된 재정증권의 액면금액과 동일하지만 개별 무이표채권의 가격은 단기시장이자율에 의해서 결정되기 때문에 매도가격의 합계가 기초증권에 대한 수익(proceeds)을 상회할 수 있다. 결과적으로 발행자도 지급이자가 감소되어 무위험이익(arbitrage profit: 차익)을 얻을 수 있다.

쿠폰부채권(coupon付 債券)을 보유하고 있는 투자자가 이자율위험을 감소시키면서 거액의 액면가격을 분할한 다수의 소액면채권을 발행하여 유동성을 확보한다. 그리고 금융기관은 보유하고 있는 주택담보대출 또는 자동차담보부대출 등 대출채권을 담보로 증권을 발행하여 유동성을 확보하고, 투자자에게는 잘 분산된 포트폴리오에 투자할 수 있는 기회를 제공한다.

② 대리인 비용절감

기존 재래상품의 채권에 투자하면 투자자는 매 기말에 발행시점에서 결정된 고정이자와 만기에 채권금액을 지급받는다. 만일 만기 전에 채권발행자의 신용이 악화되어 채권등급이 하락하면 투자자 채권의 시장가격이 하락하는 위험을 감수해야 한다. 그와 반면에 발행자는 시장이자율이 하락하는 경우에도 발행시점에서 결정된 비싼 이자비용을 감수하거나 발행비용을 부담하고 재조달하여야 한다.

이자율조정부채권(interest reset bond)이나 만기조정채권(puttable-extendible notes) 등은 투자자나 발행자가 채권 만기 중에 발생한 신용평가와 관련한 손실을 방지한다. 신용등급 변동에 대하여 일종의 옵션을 부여하여 이와 관련된 위험을 회피할 수 있도록 하는 것이다. 즉, 채권 발행시 발행자나 대리인이 결정하는 채권의 표면금리가 시장이자율 이하로 되지 않도록 하여 대리인 비용부담을 회피할 수 있게 한다.

③ 발행비용절감

만기연장가능채권(extendible notes)은 2~3년마다 이자율을 조정하여 추가적인 발행비용 없이 기간을 연장(roll over)할 수 있다. 변동쿠폰갱신부채권(variable coupon renewable notes)은 매 분기마다 채권의 만기가 91일로 자동연장되고 쿠폰율이 시장이자율로 조정되며 채권투자자가 자동만기 연장조건을 취소하지 않는 한, 채권만기는 계속 연장된다. 만일 채권소유자가 이자율하락으로 인한 손실이 예상되면 해당 채권을 매각할 수 있다. 인수청구권부채권(puttable bond), 발행조건조정채권(adjustable tender securities) 등은 발행자가 시장이자율 변동에 따라 발행조건을 조정할 수 있는 상품이고, 유로note나 유로CD는 기금수요지인 기입이 금융시상에서 자금을 직접 조달하여 투자은행이나 중개기관을 이용할 때 발생하는 비용을 절감하는 상품이다.

④ 세금차익거래

무이표채권(zero coupon bond)이 대표적인 세금절감 편익상품으로서 무이표채권의 또 다른 이점은 투자자가 쿠폰의 재투자위험을 회피할 수 있는 점이다. 다시 말하면 무이표채권은 채권구입시점의 수익률로 만기까지 복리로 투자할 수 있다.

(2) 옵션, 선물, 기타 이자율위험관리 관련 신금융상품의 편익

옵션, 선물 등의 금융기법은 투자자들이 일정기간 동안 수수료를 지급하고 이자율위험, 환율위험, 주가변동위험 등을 보다 효과적으로 관리할 수 있는 금융기관, 또는 위험을 감수하고 보다 높은 이익률을 얻고자 하는 투기거래자(speculator)에게 전가할 수 있는 금융기법이다.

오랜시간 동안 이자율위험 등의 관리를 위해 출현한 상품 중 가장 중요한 신금융상품이 금융선물이다. 유로시장에서 발달한 채권인수권(warrants to purchase debt)은 만기가 1~5년으로 중기 또는 장기채권에 선택권을 부여한 상품이다.

(3) 우선주 관련 신금융상품의 편익

우선주는 세금을 절감할 수 있다. 즉, 우선주에 투자하면 우선주배당수입의 일정액에 대하여 소득공제를 받을 수 있어 완전과세대상인 단기채권이나 상업어음 투자보다 세금을 절감한다. 그러나 시장이자율이 상승하면 고정된 배당금을 지급받는 우선주에 기회비용이 증가하여 투자가치가 하락한다.

배당률조정부우선주(adjustable rate preferred stock)는 이자율 변동분만큼 배당률을 조정하여 우선주의 투자가치하락을 방지하기 위한 상품이며, 전환가능배당률조정부우선주(convertible adjustable preferred stock: CAPS)는 배당률조정부우선주의 단점(보유기간 동안 타상품에 비해 수익률변동 극심)을 보완하기 위한 상품이다.

(4) 전환가능부채/우선주 관련 신금융상품의 편익

전환가능부채/우선주를 이용한 새로운 금융상품은 추가적인 세금공제를 얻기 위해 개발된 상품이다. 전환채권이나 우선주 투자자들은 대부분 면세자들로서 투자와 관련한 세금공제를 선호한다. 따라서 이러한 투자자들이 선호하는 새 금융상품은 기본적으로 세금차익거래(tax arbitrage)가 가능하도록 설계된다. 전환가능전환우선주(convertible exchangeable preferred stock)는 전환가능하위채권(convertible subordinated debt)과 교환할 수 있다.

우선주의 전환율과 배당률은 교환되는 전환채권의 전환율 및 이자율과 동일하기 때문에 발행자가 세금을 지급해야 하는 경우 우선주의 배당률과 동일한 이자율의 채권으로 전환하여 지급이자에 대하여 세금면제이익과 부채조달에 대한 재조달비용을 절감할 수 있다. 또 전환부채가 세법상 자본금으로 분류되기 때문에 은행이나 발행기관에 대한 자본규제를 회피할 수 있다.

제2절 선물시장이란 무엇인가

1. 선물의 개념

선물(futures contracts)이란 두 거래당사자가 선물시장(futures market)에 상장된 특정 기초자산(underlying asset)을 대상으로 미래의 특정시점(만기일)에 특정한 선물가격으로 특정량을 쌍방간에 매매 인·수도할 것을 현재의 시점에서 표준화계약조건에 따라 약정한 계약을 말한다.

선물거래(futures transaction)는 [그림 13-1]에서 보는 바와 같이 현재시점에서 기초자산의 가격을 즉시 지불함과 동시에 그 기초자산을 즉시 인도하는 현물거래(spot transaction/cash transaction)와 달리, 미래의 만기일까지 거래대금의 지불 및 인도를 이연시키는 이연거래형태이다.

다시 말해 현물거래는 즉시지불과 즉시인도, 즉 즉시결제(immediate settlement)를 조건으로 거래가 이루어지는데 반해, 선물거래는 이연지불과 이연인도, 즉 이연결제(deferred settlement)를 조건으로 거래가 이루어진다. 이런 관점에서 선물은 이연인도계약(deferred delivery contracts)에 속한다.

장내거래인 선물거래와는 달리 거래소 이외의 장소에서 이연결제를 조건으로 하는 사적거래형태도 있다. 이러한 장외거래(over the counter transaction: OTC)를 선물거래와 구분하여 선도거래(forward transaction)라 한다. 선물거래와 선도거래는 미래의 거래가격을 현재시점에서 예약결정하는 매매예약거래라는 점에서는 서로 기능이 유사하지만, 제도적 측면에서는 다음의 〈표 13-1〉에서 보는 바와 같이 차이점이 있다.

선물거래의 계약불이행위험을 완화하는 데는 두 가지 안전장치가 있다. 하나는 거래당사자 간에 결제기관(clearing house)이 개입하여 계약이행을 보증하는 것이고, 다른 하나는 일일정산제도이다. 즉, 선물계약의 가격변동에 따른 정산이 증거금계정(margin account)을 통하여 매일 단위로 실현(daily cash settlement)되기 때문에 선물거래는 연속되는 선도거래로서의 헷지기능을 갖는다. 즉, 1일물의 형식을 취하게 되어 결제불이행위험이 거의 없어진다.

[그림 13-1]	현물거래와 선물거래의 메커니즘

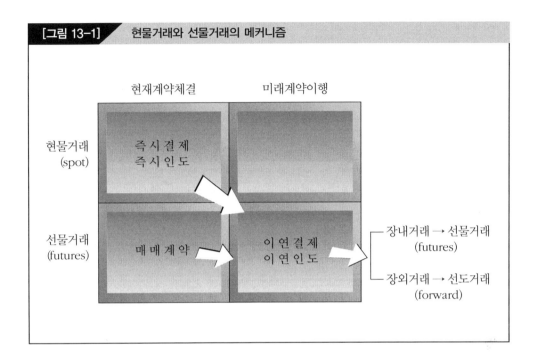

〈표 13-1〉	선물거래와 선도거래의 차이점	

	선물거래	선도거래
거래방법	공개경쟁매매방식	거래당사자가 직접계약
경제적 기능	연속적 헤징기능	불연속적 헤징기능
시장형태 (장소)	조직화된 거래소	장외거래
시장성격	완전경쟁시장	불완전경쟁시장
시장참가자	제한 없음	실수요자 중심
가격형성	매일 형성	계약시 단 한번 형성
거래조건	표준화되어 있음	당사자계약에 따름
계약이행	대부분 실물의 인도 없이 반대거래에 의해 이루어짐	대부분 실물의 인도에 의해 이루어짐
계약이행보증	결제회사(청산소)가 보증	거래당사자의 신용도에 좌우
증거금	개시증거금을 납부하고 계약이행 이 전까지 유지증거금 이상을 유지	원칙적으로 없고 거래시 필요에 따라 징수
가격변동제한	일일 최대변동폭 제한 있음	제한 없음
매매가격	매입(bid)·매도(ask)가격 동시 고시 (two way)	특정단일가격에 의해 매입 및 매도

2. 선물의 종류

선물은 크게 농산물, 축산물, 귀금속, 산업용금속, 에너지 등 실물자산을 기초자산으로 하는 상품선물과, 주가지수, 금리, 통화 등의 금융상품을 기초자산으로 하는 금융선물로 대별된다.

1) 상품선물

상품선물은 농산물선물에서 첫 출발하였다. 1848년에 미국에서 시카고상품거래소(Chicago Board of Trade: CBOT)가 처음으로 개설된 이후, 밀, 옥수수, 귀리, 대두, 대두박, 대두유 등을 대상으로 농산물선물이 공식 거래되었고, 영국에서는 1877년에 런던금속거래소(London Metal Exchange: LME)가 개설된 이후 동, 납, 알루미늄, 니켈, 은, 아연 등을 대상으로 한 금속선물이 거래되었으며, 그 외에 각국에서도 다양한 상품선물이 거래되었다.

심층연구

선도거래의 기원

선도거래의 기원은 분명하지 않지만 꼭 찾아본다면 고대 로마, 고대 그리스 또는 고대 인도까지 거슬러 올라갈 수 있다. 한국에서도 조선말 1896년에 인천미곡거래소가 설립되어 연거래(延去來) 형태로 선도거래가 이루어졌다. 이때 고유한 선도거래로 입도선매, 입목거래, 밭떼기거래, 창고떼기거래 등이 있었다.

영국에서는 산업혁명과정에서 부족한 기초금속을 해외에서 조달하기 위해 금속선물을 일찍 도입하였고, 일본의 도쿠가와(德川)막부(幕府)는 1730년에 도지마쌀거래소를 개설하고 쌀표를 거래하였는데, 이것이 세계 최초의 선물거래일 가능성이 높다는 견해가 제시되고 있다. 미국선물시장은 농산물선물을 시작으로 19세기 중엽부터 실질적으로 선물거래가 발전하였으나 1970년대에 금융선물이 도입됨으로써 새로운 전기를 맞이하였다. 한국도 1996년 5월부터 한국증권거래소가 KOSPI 200지수선물을 도입함에 따라 선물시대가 열렸으며 이어서 CD금리선물, 미 달러선물, 금선물, 국채선물 그리고 KOSDAQ 50지수선물을 차례로 도입함으로써 본격적인 선물거래시대가 도래하였다.

상품선물 가운데 농수산물선물은 면화, 고무, 보리, 대두, 밀, 감자, 옥수수, 오렌지, 코코아, 커피, 설탕, 귀리, 대두박, 쌀 등을 대상으로 하고, 축산물선물은 생우, 생돈, 육계 등을 대상으로 한다. 금속선물은 귀금속선물과 산업용금속선물로 구분되는데, 귀금속선물은 금, 은, 백금 등을 대상으로, 산업용금속선물은 알루미늄, 구리, 주석, 니켈, 납 등을 대상으로 한다. 또 에너지선물은 원유, 난방유, 무연휘발유, 프로판가스, 전기 등을 대상으로 한다.

2) 금융선물

금융선물은 주가지수, 금리, 통화를 기초자산으로 하여 각 국에 도입되었다. 1972년에 시카고상업거래소(CME)의 국제통화시장(IMM)에 의해 영국 파운드, 캐나다 달러, 독일 마르크, 일본 엔, 스위스 프랑을 기초통화로 하는 통화선물이 도입되었고, T-bill선물, T-bond선물, 유로달러선물, T-note선물 등의 금리선물이 도입되었다. 1982년 이후에는 VLI지수선물, S&P 500지수선물, NYSE종합지수선물, MMI지수선물[8] 등의 주가지수선물이 도입되었다.

영국에서는 1982년에 런던국제금융선물거래소(LIFFE)가 개설되어 통화선물, 금리선물, 주가지수선물을 도입하였다. 그리고 1985년 오사카증권거래소(OSE)에서 일본국채

---

8) MMI(Major Market Index)지수는 NYSE에서 거래되는 기계, 컴퓨터, 석유, 화학 등을 비롯한 20개의 주요 우량주의 성과를 측정하는 주가지수이다.

선물을 도입하였으며 이어서 Nikkei 225지수선물을 도입했다.

금리선물은 장기금리선물, 중기금리선물, 단기금리선물로 분류된다. 장기금리선물은 미국의 T-bond, Muni-bond, 영국의 장기국채, 일본의 장기국채, 캐나다의 장기국채 등 각국의 장기국채를 대상으로 하고, 중기금리선물은 미국의 T-note, 영국의 중기국채, 일본의 중기국채, 한국의 국채 등을 대상으로 한다. 단기국채선물은 미국의 T-bill, CP, 영국의 단기국채, 프랑스의 단기국채, 유로달러정기예금, 한국의 CD 등이 대상이다.

통화선물은 일본 엔, 영국 파운드, 독일 마르크, 스위스 프랑, 캐나다 달러, 호주 달러, 멕시코 페소, EU 유로화 등을 대상으로 한다.

3. 선물시장의 참가자

1) 투기자

투기자(speculator)란 스스로의 계산하에 가격위험을 감수하고 투기적 이익을 얻기 위해 선물을 거래하는 투자자를 가리키는데, 선물시장에서 다음과 같은 기능을 수행한다.

① 투기자는 위험을 싫어하는 일반투자자나 생산자와 같은 헷저(hedger)로부터 위험을 전가받음으로써 이들이 안전하게 시장경제활동을 영위하게 한다.
② 투기자는 선물시장에서 극단적인 가격변동을 예방하고 시장의 유동성을 제고시킨다.

2) 헷 저

헷저(hedger)는 환율, 금리, 상품가격, 주가와 같은 현물가격의 변동으로 인한 가격위험(price risk)을 헷지할 목적으로 선물시장에 참여하는 투자자를 말한다. 선물시장에서는 선물, 옵션, 스왑과 같은 파생상품을 활용하여 환율, 금리, 상품가격, 주가 등 각종 위험을 헷지할 수 있다. 이 중에서 선물을 사용하여 가격위험을 헷지하는 것을 선물헷지(futures hedge), 옵션을 사용하면 옵션헷지(option hedge), 스왑을 사용하면 스왑헷지(swap hedge)라 한다.

3) 차익거래자

차익거래자(arbitrageur)는 아무런 순투자 없이 선물가격과 현물가격간의 일시적 불균형을 이용하여 무위험차익을 얻는 거래자이다. 선물가격은 현물가격과 보유비용(cost of carry)의 합으로 결정되므로 선물가격과 현물가격간의 차이가 보유비용보다 크다든가 작으면 균형관계가 이탈되어 차익거래가 발생한다.

현물가격이 선물가격보다 저평가되어 있으면 저평가된 현물을 매입하고 고평가된 선물을 매도하는 매입차익거래(cash-and-carry arbitrage)를 통해 차익을 얻게 된다. 또한 반대의 경우에는 매도차익거래(reverse cash-and-carry arbitrage)를 통해 차익을 얻게 된다.

4) 스프레드 거래자

스프레드(spread)란 만기월 또는 기초자산이 상이한 두 선물간의 가격차이를 말하며, 스프레드거래자(spreader)는 스프레드의 변동을 이용하여 무위험이익을 얻는 거래자를 말한다.

제3절 선물시장의 상품별 이해

1. 상품선물시장

1) 상품선물거래의 특징

금융자산을 기초로 하는 선물거래는 기초상품 자체가 이미 일정한 금액의 단위로 고시되어 거래됨으로써 누구나 어떤 상품이 얼마에 거래되는지, 인도나 인수시에 어떤 상품을 인도하거나 인수하는지 등을 알 수 있다. 그러나 상품선물의 기초가 되는 상품은 현물시장에서 거래할 때 그 품질, 수량 등이 표준화되어 있지 않기 때문에 기대했던 현물의 품질을 얻지 못하게 될 수 있다.

이런 면에 있어서 선물거래는 일정한 수량, 품질, 규격 등을 표준화시켜 어떠한 품질의 상품을 얼마만큼 인수 또는 인도하게 되는지를 미리 알 수 있게 하는 장점을 가지고 있다. 즉, 매매단위, 인수도 가능등급, 등급의 차이에 따른 할인 또는 할증가격범위, 결제월, 거래시간, 최소가격변동폭 등의 계약조건이 모두 거래소의 규정으로 정해지는데 이들을 '계약의 표준화'라 한다.

선물거래에 있어서 계약은 원칙적으로 특정 등급의 상품(기본등급)을 인수도하는 것을 기본으로 요구하고 있다. 그러나 필요한 경우에는 매도자에게 계약가격에 할증 또는 할인한 가격으로 대체할 수도 있게 한다. 이 경우 매수자는 비록 기본등급이 아닌 대체등급이 제공되더라도 이를 거부할 수 없다. 즉, 당사자들의 무리한 가격혼란을 방지키 위해 거래소가 인수도상품을 조정할 수 있게 되는 것이다.

2) 미국 내 주요 선물거래소

미국 내의 선물거래 중심지는 CME와 CBOT가 자리잡은 시카고이며, 그 다음이 NYMEX, CSCE, NYCE, NYFE 등이 있는 뉴욕이다. 시카고는 세계 최초의 선물시장이 있을 뿐만 아니라 세계 선물거래 중심지로서 CBOT와 CME의 선물거래량이 미국의 3/4의 비중을 갖고 있다. 세계 선물거래의 절반 이상이 미국 내에서 거래되고 있음을 감안한다면 시카고의 위용을 짐작할 수 있다. 다음의 〈표 13-2〉는 미국 내 주요 선물거래소와 거래상품을 보여준다.

3) 금속선물시장

금속시장은 귀금속(precious metal)과 산업용금속(industrial metal)으로 구별된다. 금, 은, 백금 등이 전자에 속하고, 동, 주석, 아연, 알루미늄 등은 후자에 속한다. 금속은 비교적 동질적인 속성을 가지고 있으므로 금속시장은 외환시장이나 T-bill시장과 같이

〈표 13-2〉	미국 주요 상품거래소별 거래상품 현황	

거래소명	설립연도	주요 거래상품선물
시카고상품거래소(CBOT)	1848	옥수수, 귀리, 대두, 대두유, 대두박, 소맥, 금, 은
시카고상업거래소(CME)	1874	사육우, 생우, 생돈, 삼겹살, 원목, 금, GSCI
뉴욕상업거래소 (NYMEX) (COMEX Division)	1872 1833	난방용 오일, 프로판 가스, 천연가스, 휘발유, WTI 원유, 백금, 팔라듐(Palladium), 원료용 오일 등, 알루미늄, 금, 은, 동
커피 · 설탕 · 코코아거래소 (CSCE)	1882	커피 'C', 코코아, 국제시장지수, No.11 설탕, No.14 설탕, 백설탕, 우유 등
미드아메리카상품거래소 (MidAm)	1868	옥수수, 귀리, 대두, 대두박, 밀, 쌀, 소, 돼지, 금, 은, 백금
뉴욕면화거래소(NYCE)	1870	면화, 오렌지 주스 등
뉴욕선물거래소(NYFE)	1879	CRB 상품가격지수
캔사스시티상품거래소(KCBT)	1856	No.2 적밀, No.3 사탕수수, 서부천연가스 등
미니애폴리스곡물거래소(MGE)	1881	소맥, 귀리, White Schrimp 등

유동성이 매우 높다. 뉴욕상품거래소(COMEX)에서는 금, 은, 동, 알루미늄 선물계약을 거래하고, 뉴욕상업거래소(NYMEX)에서는 백금과 팔라듐(palladium)선물계약을 거래하며, 시카고상품거래소(CBOT)에서는 금과 은선물계약을 거래한다.

〈표 13-3〉은 금선물계약의 거래제도이며, 〈표 13-4〉는 은선물계약의 거래제도이다.

〈표 13-3〉	금선물계약의 거래제도

구분	내역
기초자산	금
거 래 소	COMEX
거래단위	100온스
인 도 월	현재월과 다음 2개월, 그리고 2월, 4월, 6월, 8월, 10월, 12월
인도명세	1kg짜리 금괴 1개 또는 3개 ; 순도 99.5% 이상 ; 총량 100온스(5%): 지정된 창고에서 인도하거나 창고증권으로 인도
최소가격변동폭	계약당 $10.00 또는 온스당 $0.10

〈표 13-4〉	은선물계약의 거래제도
구분	내역
기초자산	은
거 래 소	COMEX
거래단위	5,000온스
인 도 월	현재월과 다음 2개월, 그리고 1월, 3월, 7월, 9월, 12월
인도명세	지정된 오차범위내의 1,000온스 또는 1,100온스짜리 정제된 은괴 ; 총량 5,000온스(6%)와 순도 99.9% 이상: 지정된 창고에서 인도하거나 창고증권으로 인도
최소가격변동폭	계약당 $5.00 또는 온스당 $0.001

2. 금리선물시장

금리선물(interest rate futures)은 가격이 금리(이자율) 수준에 의해서만 결정되는 기초자산(underlying asset)을 대상으로 하는 선물(futures)을 말한다. 따라서 금리선물은 미래의 정해진 시점에서의 예상금리를 현재시점에서 사고 파는 거래를 말하며, 실제거래에 있어서는 금리 자체보다는 이자를 발생시키는 금융자산을 대상물로 선물거래를 하게 된다. 예를 들어 중앙정부에서 발행하는 공채, 국제자본시장에서 거래되는 유로화(유로달러, 유로엔, 유로 마르크 등)에 대한 예금증서, 양도성정기예금증서(CD) 등을 기초자산으로 하는 선물들이 대표적인 금리선물이다. 미국의 경우, 총 금융선물 중 금리선물이 차지하는 비중이 80%이다. 금리선물은 그 기초선물의 만기가 1년 이하이면 단기금리선물, 만기가 1년 이상이면 장기금리선물로 구분한다.

3. 단기금리선물

1) 개 요

금리선물(interest rate futures)은 금리자산(CD, T-bill, T-note, T-bond 등)을 대상으로

하는 선물계약이다. 기초자산인 금리자산의 만기에 따라 단기금리선물과 장기금리선물로 나누어지며 세계 선물시장에서 가장 큰 비중을 점하고 있다.

단기금리선물이란 1년 미만의 금리상품을 기초자산으로 하고 이자율위험을 헷지하여 미래의 이자율변동에 대처하기 위해 사용되는 선물계약이다. 단기금리선물의 시초는 1976년 1월에 시카고상업거래소(International Monetary Market: IMM)에서 도입한 3개월 T-bill(미 재무성 단기채권)선물이며, 그 후 IMM에서 1981년에 도입한 3개월 유로달러선물, 1개월 LIBOR(London Interbank Offer Rate)선물, 3개월 유로마르크(Euromark)선물, 1년 T-bill선물 등이 미국에서 거래되는 대표적인 단기금리선물이다.

〈표 13-5〉는 미국을 비롯한 세계 각국의 주요 단기금리선물의 개요이다. 여기서는 T-bill선물과 유로달러선물을 설명하기로 한다.

〈표 13-5〉 **세계 주요 거래소의 단기금리선물**

국명	거래소	거래대상증권
미 국	CME	T-bill(90일), LIBOR(30일), T-bill(1년), 유로달러(3개월), $/£ Diff(3개월)
	MidAm	T-bill(3개월)
캐나다	TFE	캐나다 T-bill(90일)
영 국	LIFFE	유로달러(3개월), 유로마르크(3개월), 스털링 금리(3개월), ECU(3개월)
프랑스	MATIF	프랑스 국채(90일), PIBOR(3개월), 유로마르크(3개월)
독 일	DTB	FIBOR(3개월)
일 본	TIFFE	유로엔(3개월), 유로달러(3개월), 유로엔(1년)
홍 콩	HKFE	HIBOR(91일)
싱가포르	SIMEX	유로달러(3개월), 유로엔(3개월), 유로마르크(3개월)
호 주	SFE	Bank-bill(90일)
뉴질랜드	NZFE	Bank-bill(90일)
브라질	BM&F	Cruzeiro 금리

2) 단기금리선물의 이해

(1) T-bill선물

① T-bill현물시장

T-bill(Treasury bill)은 미 재무성이 발행하는 만기 1년 이하의 단기채권으로서 만기 전에 이자를 지급하지 않는 대신 액면가에서 할인된 가격으로 발행하는 순수할인채권 (pure discount bond)이다.

T-bill은 미국 정부가 지급을 보증하기 때문에 채무불이행위험이 거의 없는 무위험 증권(risk-free security)에 속한다. 현재 T-bill은 미국재무성증권시장의 40%를 차지하고 있고, 수익에 대해서 주정부세금은 면제되지만 연방소득세는 부과된다.

T-bill의 액면가는 최소 $10,000부터 $5,000 단위로 증가되어 최대 $100만까지 가능하며, 만기는 3개월, 6개월, 1년의 세 종류가 있다. T-bill은 표면이자가 지급되지 않는 대신 할인되어 발행되므로 1년을 360일 기준으로 할인수익률로 공시된다.

② T-bill선물시장

T-bill선물은 1976년 1월에 CME의 국제통화시장(IMM)에서 거래가 시작되었다. 유로달러선물과 달리 만기일에 기초자산인 T-bill을 실제로 인도하며, T-bill 중에서 잔존만기가 13주 이상 남은 것은 모두 인도대상이 된다. CME에서 거래되는 T-bill선물의 주요 매매조건은 〈표 13-6〉과 같다.

액면금액이 $100만인 T-bill을 기초상품으로 한다. T-bill의 최소가격변동폭(혹은 호가단위: tick)은 가격지수의 1bp(혹은 0.01%)로서 금액으로 환산하면 $25($100만×0.01%× 90/360)이다. CME의 IMM에서는 T-bill선물가격을 IMM지수로 공시하고 있다.

$$IMM지수 = 100 - DY$$

(여기서 DY는 할인수익률이다.)

구 분	내 역
기초자산	T-bill
거 래 소	CME(Chicago Mercantile Exchange)
거래단위	$1,000,000의 액면가
가격표시	IMM지수
호가단위	계약당 $25(1bp)
가격제한폭	계약당 $2,500(100bp)
인 도 월	3, 6, 9, 12월
인 도 일	최종거래일 다음 날부터 연속 3일간의 영업일
최종거래일	인도월의 최초인도일 직전 영업일
인도방법	최종거래일 다음 날부터 연속 3일간의 영업일에 신규 13주 T-bill 또는 잔존만기가 90, 91, 92일 남은 기존 T-bill을 각각 현물인도
인도가능 T-bill	신규 13주 T-bill 또는 잔존만기가 90, 91, 92일 남은 기존 T-bill

(2) 유로달러선물

① 유로달러현물시장

유로커렌시(Eurocurrency)란 통화발행국 밖의 다른 나라 은행에 통화발행국 화폐로 예치되어 있는 정기예금(time deposit)을 말한다. 유로달러(Eurodollar)란 미국 밖의 다른 나라 은행에 미국달러($)로 예치되어 있는 정기예금을, 유로엔(Euroyen)은 일본 밖의 다른 나라 은행에 엔화로 예치되어 있는 정기예금을 각각 의미한다.

유로달러시장은 유로커렌시시장에서 가장 중요한 시장이다. 주로 런던과 유럽은행에 예치되어 있으며 양도가 불가능하고 고정금리를 지급한다는 특징이 있다. 이때 적용되는 고정금리는 런던은행간대출금리(London Interbank Offer Rate: LIBOR)에 일정한 스프레드를 가산하여 결정하는 가산수익률(add-on yield)의 개념으로 계산한다.

LIBOR의 연간금리는 T-bill과 마찬가지로 1년을 360일 기준으로 계산한다. 예를 들어 90일 LIBOR가 3%라면 $100만의 90일간 이자는 다음과 같다.

$$90일간\ 이자 = \$1,000,000 \times 3\% \times 90/360 = \$7,500$$

② 유로달러선물시장

유로달러선물(Eurodollar futures)은 유로달러정기예금을 기초자산으로 하는 단기금리선물이다. 유로달러정기예금은 양도가 불가능한 정기예금이므로 선물의 만기가 도래하더라도 정기예금이 실제로 인도되지 않고 현금으로 정산한다. 유로달러선물은 1981년 12월에 CME의 IMM에서 처음 도입되었다. 그 후 영국(LIFFE, 1982년), 싱가포르(SIMEX, 1984년), 일본(TFFE, 1989년) 등에도 상장됨으로써 전세계적으로 24시간 거래가 가능하게 되었다. 1995년에는 상기금리선물인 T-bond선물을 추월하여 모든 선물 중에서 최고의 거래량을 갖는 선물로 발전하였다. 〈표 13-7〉은 유로달러선물의 매매조건을 보여주고 있다.

〈표 13-7〉	유로달러선물 매매조건	

국명	거래소	거래대상증권
미국	CME	T-bill(90일), LIBOR(30일), T-bill(1년) 유로달러(3개월), \$/£ Diff(3개월) \$/DM(3개월), \$/¥ Diff(3개월)
	MidAm	T-bill(3개월)
캐나다	TFE	캐나다 T-bill(90일)
영국	LIFFE	유로달러(3개월), 유로마르크(3개월), 스털링 금리(3개월), ECU(3개월)
프랑스	MATIF	프랑스 국채(90일), PIBOR(3개월), 유로마르크(3개월)
독일	DTB	FIBOR(3개월)
일본	TIFFE	유로엔(3개월), 유로달러(3개월), 유로엔(1년)
홍콩	HKFE	HIBOR(91일)
싱가포르	SIMEX	유로달러(3개월), 유로엔(3개월), 유로마르크(3개월)
호주	SFE	Bank-bill(90일)
뉴질랜드	NZFE	Bank-bill(90일)
브라질	BM&F	Cruzeiro 금리

T-bill선물의 가격공시와 마찬가지로 유로달러의 가격공시도 다음과 같은 IMM지수 공식을 이용한다.

$$IMM지수 = 100 - AY$$

(여기서 AY는 가산수익률이다.)

4. 장기금리선물

1) 개 요

장기금리선물은 미국의 T-bond선물을 중심으로 시카고상품거래소(CBOT)를 비롯하여 세계 선물시장에서 활발하게 거래되는 선물계약 중의 하나이다. CBOT가 주택저당채권(Government National Mortgage Association: GNMA)선물[9]을 1975년에 도입한 것이 미국 최초의 장기금리선물이다. CBOT는 그 후 1977년 8월에 T-bond선물[10]을 도입함으로써 중장기금리선물의 중심지가 되었다.

장기금리선물의 구조는 그 대상 기초자산의 만기를 제외하고는 거의 유사하므로 대표적인 장기금리선물인 T-bond선물을 중심으로 고찰하고자 한다.

---

9) GNMA는 주택저당증권의 하나로서 만기가 40년까지 가능한 정부보증채권이다. 정부보증이므로 채무불이행위험(default risk)이 없으나 이자율위험에 노출되어 있어서 선물 등을 통한 위험헷지가 필요하다.

10) 미국의 CBOT는 장기금리선물 외에도 T-note, 지방채(municipal bonds), 무이표채 등 중기금리선물을 도입함으로써 중장기금리선물의 중심지가 되었고, CME는 단기금리선물의 중심지가 되었다.

2) 장기금리선물의 이해

(1) T-bond현물시장

미국정부는 1980년대 이래 증가하는 연방 재정적자를 충당하기 위해 T-bill, T-note, T-bond 등 재무성채권을 대규모로 발행하였다. 재무성채권은 뉴욕의 연방준비제도이사회(Federal Reserve Board: FRB)가 개최하는 정기경매(auction)를 통해 투자자에게 매각되며, 이 경매에는 약 40여명의 정부채권딜러들이 참가한다. 딜러들은 경매에 참가하여 채권을 매입한 다음 이를 다른 중개기관이나 투자자에게 재매각함으로써 발행시장 형성뿐만 아니라 유통시장 형성에도 기여한다.

T bond는 정부발행채권이기 때문에 채무불이행위험이 거의 없고 발행규모가 크기 때문에 유동성이 매우 높다. T-bond의 만기는 10년 이상에서 30년 미만이고, 표면이자는 매 6개월마다 지급된다. T-note는 만기가 1년에서 10년으로 T-bond보다 짧아 보통 중기채권으로 불린다. T-bond와 T-note는 거래나 특성에 있어서 거의 비슷하다. 한 가지 큰 차이점은 T-bond가 잔존만기 5년 이내에 정부에 의해 수의상환(callable)[11]될 수 있는데 반해, T-note는 그렇지 않다는 점이다. T-bond의 수의상환은 발행자인 정부에 수의상환옵션(call option on a T-bond)이라는 혜택을 주는 대신 투자자는 더 큰 수익률로 보상받는다.

〈표 13-8〉은 1996년 5월 24일자 월 스트리트 저널(WSJ)에 공시된 5월 21일 종가기준 T-bond 가격표의 일부이다. 이 표에서;

〈표 13-8〉 T-bond의 가격공시						
Rate	Mat.	Date	Bid	Asked	Bid Chg.	Yield
$7\frac{1}{8}$	1996	Oct	93–28	94	−03	8.80
$11\frac{5}{8}$	2002	Nov	122–14	122–20	−06	8.74
$10\frac{3}{8}$	2007-12	Nov	113–29	114-03	−12	8.82
$9\frac{1}{4}$	2016	Feb	105–27	106-01	−16	8.66
$8\frac{7}{8}$	2019	Feb	102–20	102–24	−07	8.61

자료: The Wall Street Journal, May 24, 1996.

첫째 열(Rate)은 T-bond의 표면금리(coupon rate)를

둘째 열(Mat.)과 셋째 열(Date)은 각각 만기 연도와 월을

넷째 열(Bid)과 다섯째 열(Asked)은 각각 딜러의 매입호가(bid price)와 매도호가(asked price)를

여섯째 열(Big Chag.)은 전일대비 매입호가의 변동을

마지막 열(Yield)은 각 채권의 만기수익률(YTM)을 나타낸다. 매입 및 매도호가는 통상 액면가의 백분율(%)로 호가되고, 소숫점 이하는 1/32를 나타내는데, 이는 최소호가단위가 된다.

예를 들어 표에서 '7⅛ 1996 Oct 93-28 94 -03 8.80'으로 공시된 첫 번째 채권은 '표면금리는 7⅛%이고, 만기는 1996년 10월이며, 매입호가는 93-28이고 매도호가는 94이다. 매입호가의 전일대비 변동은 -03이며 만기수익률은 8.80%'임을 나타낸다.[12]

---

11) 수의상환채권은 채권발행자(정부)가 일정기간 경과 후 채권의 만기도래 이전에 투자자(채권자)의 의사와 무관하게 채권의 원리금을 상환할 수 있는 callable bond이다.

12) 좀더 구체적으로 설명하면 이 채권의 표면금리는 7.125%이며 따라서 채권액면가 $1,000이라면 이자는 매 6개월마다 $35.63($1,000×7.125%/2)이며, 매입호가는 93-28, 즉 액면가의 93.875%(93+28/32)인 $938.75이고, 같은 방법에 의해 매도호가는 $940이다. 매도호가와 매입호가와의 차이인 $1.25($940-$938.75)를 매입-매도호가 스프레드(bid-ask spread)라 하며, 이는 딜러가 시장조성의 대가로 받는 일종의 수수료로서 딜러의 주 수입원이 된다. 매입호가의 변동(Chg.)은 -03인데 이는 매입호가가 전날에 비해 0.0938%(3/32%)만큼 하락하였음을 의미한다. 마지막으로 만기수익률이 8.80라는 것은 투자자가 매도호가 $940으로 동일한 채권을 오늘 매입하여 만기인 1996년 10월까지 보유할 경우 얻을 수 있는 수익률이 8.80%라는 의미이다. 특히 유의해야 할 것은 표에 있는 세 번째(위에서 아래쪽으로) 채권으로 만기연도가 기간(2007-12)으로 표시되어 있다. 이는 수의상환채권(callable bond)임을 의미하며 2007년 11월부터 2012년 11월 사이에 정부(발행자)가 유리한 시점에서 아무 때나 채권을 상환할 수 있음을 뜻한다.

(2) T-bond선물시장

① T-bond선물의 개요

T-bond선물은 T-bond를 기초자산으로 하는 장기금리선물이다. 1980년대 이후 미국 정부의 재정적자 확대와 연방준비제도이사회(FRB)의 통화정책 변경으로 인한 금리 변동성의 급격한 증가는 T-bond선물시장의 급속한 성장을 가져왔다. T-bond선물에서는 표면금리가 8%, 만기가 20년, 액면가가 $100,000인 T-bond가 기초자산으로 사용된다. 그러나 현실적으로 이와 같은 조건을 모두 갖춘 T-bond를 구하기 쉽지 않고 만기 5년 전부터 수의상환되는 경우가 있으므로 실제로는 가격조정을 거쳐 결제월의 첫 영업일 기준으로 만기 또는 수의상환가능일까지 15년 이상 남은 T-bond는 모두 인도가 가능하다.

② T-bond선물의 거래조건

T-bond선물거래의 주요 매매조건을 요약하면 다음의 〈표 13-9〉과 같다.

〈표 13-9〉	T-bond선물거래 주요 매매조건
구 분	내 역
기초자산	T-bond
거 래 소	CBOT
거래단위	액면가 $100,000
인 도 월	3, 6, 9, 12월
표 준 물	표면금리 8%, 20년물 T-bond
인도가능물	잔존만기가 15년 이상이거나 수의상환일까지 15년 이상 남은 T-bond
가격표시	백분율(%) 및 1/32%
호가단위	1틱 또는 1/32%($31.25)
가격제한폭	정상시장의 경우 전일 결제가격 기준으로 상하 각각 3%(96틱, $3,000)
최초인도일	인도월의 최초영업일
최종인도일	인도월의 최종영업일
최종거래일	인도월의 최종영업일로부터 7일 전 영업일 오전
인도방법	미국 연방기금전산시스템(Fed Funds Wire System)을 통한 전산이체

5. 통화선물시장

1) 개 요

우리는 앞의 제11장 외환시장에서 외환의 개념과 환율의 메커니즘에 대해서 자세히 살펴보았다. 따라서 여기서는 간단하게 줄이고 통화선물시장 상품의 설명으로 바로 들어가고자 한다.

외환위험관리를 위한 통화선물은 1972년 미국시카고상업거래소(CME)에 의해 처음 도입되었는데, 직접적인 동기는 종전의 고정환율제가 변동환율제로 이행함에 따라 환율의 변동이 자유로워져 환위험이 크게 증가한 데서 찾을 수 있다.[13]

2) 선물환과 통화선물

(1) 선물환시장과 통화선물시장

① 선물환시장

선물환시장(forward exchange market)은 선물환이 거래되는 시장을 말하며 선도환시장이라고도 한다. 통화선물시장은 1972년에 도입되었다. 선물환시장과 통화선물시장은 상호보완적인 관계를 이루고 있을 뿐만 아니라 무위험차익거래를 통해 밀접하게 연결되어 있기 때문에 선물환율과 통화선물환율은 자주 유사하게 변동한다. 그런데 선물환시장과 통화선물시장은 유사한 점도 많지만 다음과 같은 차이점을 가지고 있다.

㉠ 선물환시장은 특정한 거래장소가 없이 세계적인 딜러시장의 형태를 취하고 있으

---

13) Bretton Woods System(일명: GATT체제)하에서는 환율이 금 1온스당 $35의 비율로 미 달러의 가치를 고정시켜 왔다. 그러나 1971년 8월에 닉슨 대통령의 달러 금태환 정지조치와 함께 환율 변동범위를 상하 2.25%로 확대시키는 Smithonian Agreement가 발효됨으로써, 달러는 변동환율제로 이행하기에 이르렀다.

나 '통화선물시장' 은 CME, IMM, LIFFE 등과 같은 거래소시장의 형태를 갖는다.

ⓛ '통화선물' 시장에는 일부 선진국의 주요 통화들에 대한 선물만 거래되고 있으나 선물환시장에서는 일부 저개발국을 제외한 전세계 국가들의 통화에 대한 선물이 널리 거래되고 있어 헷지 등에 이용하기가 편리하다.

ⓒ 선물환의 만기는 당사자간의 합의에 따라 자유롭게 조정될 수 있으나 '통화선물' 의 만기는 거래소의 규칙에 따라 3, 6, 9, 12월의 셋째 수요일로 한정되어 있다.

ⓡ '통화선물' 의 거래단위는 거래소규칙에 따라 고정되어 있으나 선물환의 거래단위는 당사자간의 합의에 따라 융통성 있게 조정할 수 있다. 따라서 통화선물시장은 소규모의 무역회사와 투기자에 의해 이용되는 반면, 선물환시장은 대규모의 무역회사와 기관투자가들이 주로 이용하기 때문에 거래규모가 통화선물시장보다 훨씬 크다.

ⓜ 선물환과 통화선물은 계약을 체결하고 청산하는 절차가 서로 다르다. '통화선물시장' 에서는 신용위험(credit risk)을 최소화하기 위해 청산소(clearing house)와 증거금제도(margin deposit)를 채택하고 있으나 선물환시장에서는 그와 같은 제도가 없기 때문에 딜러들이 투자자의 신용도를 직접 점검해야 한다. 이러한 이유 때문에 선물환의 경우 계약불이행위험(default risk)이 통화선물시장보다 더 크다고 볼 수 있다.

ⓗ '통화선물' 은 만기 이전에 매일 일일정산(daily settlement)을 실시하는 반면, 선물환은 만기 이전에 청산이 어렵기 때문에 만기까지 계약을 유지하려는 사람에게는 선물환이 더 유리하다. 선물환을 만기 전에 청산하기 위해서는 반대포지션을 보유하고 있는 딜러로부터 동의를 얻어 자신의 포지션을 상쇄시키거나, 혹은 다른 딜러와 반대 포지션을 취하여 만기까지 보유하는 방법이 있다. 두 가지 방법 모두 용이하지 않기 때문에 선물환의 경우 90% 이상이 만기일에 실제 인도된다. 반면에 '통화선물' 은 만기 이전에 청산되기 때문에 만기에 인도되는 비율은 1% 이하이다.

② 통화선물시장

통화선물시장에서는 〈표 13-10〉에서 보는 바와 같이 영국 파운드 등 7가지 주요 선진국 통화에 대한 통화선물이 거래되고 있다. CME의 IMM에서는 통화선물가격을 외국 통화 1단위당 달러 단위수(즉, 미국식 고시방법)로 고시한다.

〈표 13-10〉	통화선물 주요 매매조건
구 분	**내 역**
기초자산	통화(£, CD, DM, ¥, SF, FF, AD)
거 래 소	CME의 IMM(International Monetary Market)
거래단위	
영국 파운드	62,500£
캐나다 달러	100,000CD
독일 마르크	125,000DM
일본 엔	12,500,000¥
스위스 프랑	125,000SF
프랑스 프랑	250,000FF
호주 달러	100,000AD
결 제 월	3, 6, 9, 12월
인도방법	최종거래일 이틀 후 전신이체방법으로 인도됨.
호가단위	
영국 파운드	$0.0002/£(계약당 $12.50)
캐나다 달러	$0.0001/CD(계약당 $10.00)
독일 마르크	$0.0001/DM(계약당 $12.50)
일본 엔	$0.000001/¥(계약당 $12.50)
스위스 프랑	$0.0001/SF(계약당 $12.50)
프랑스 프랑	$0.00005/FF(계약당 $12.50)
호주 달러	$0.0001/AD(계약당 $10.00)

미국이 통화선물 도입에 성공한 이후 영국의 LIFFE(1982년), 호주의 SFE(1983년), 싱가포르의 SIMEX(1984년), 일본의 TIFFE(1989년)가 통화선물을 도입하였다. 이들은 미국의 CME와는 달리 환율을 미국 1달러 당 외국통화단위(즉, 유럽식 고시방법)로 고시하고 있다. 이 중 싱가포르의 SIMEX가 미국 이외의 지역에서는 가장 성공적인 통화선물거래소로 평가받는다.

제4절 한국의 파생금융시장

1. 한국의 선물시장 출범

한국의 선물시장 도입경위를 살펴보면 1987년 11월에 제9차 증권거래법 개정시에 한국증권거래소(KSE)의 기존업무에 선물시장개설업무를 포함시킴으로써 선물시장 개설을 위한 법적 근거를 마련하였다. 한국증권거래소가 1996년 '주가지수선물시장' 개설을 업무목표로 정하였으며, 이와 함께 선물거래대상 주가지수 개발에 착수하여 1994년 6월에 200개의 대표적 주식으로 구성된 KOSPI 200을 확정 발표하였다.

이에 따라 정부가 1995년 12월에 주가지수선물시장의 개설방안을 확정하고 1996년 3월에는 주가지수선물거래의 업무규정 및 동 시행세칙을 제정하였다. 그리고 주가지수 선물거래업자의 허가에 이어 1996년 5월 3일에 드디어 한국증권거래소(KSE)가 주가지수선물시장을 개설함으로써 한국에서도 선물시장이 열리게 되었다.

1) KOSPI 200

KOSPI 200은 주가지수선물의 기초자산(underlying asset)이 될 뿐만 아니라 주가지수옵션의 기초자산이 또한 되므로 의미와 구성내용을 이해할 필요가 있다. KOSPI 200(Korea Stock Price Index 200)은 '한국주가지수 200'이라고도 불리며, 한국증권거래소(KSE)가 선물, 옵션거래의 대상지수로 사용하기 위해 한국증권거래소에 상장된 기업 중 200개 기업을 선정, 시가총액을 기준으로 산출하는 주가지수이다.

KOSPI 200을 산출하는 데 포함되는 주식들은 시장대표성과 유동성 및 업종대표성을 고려하여 시가총액이 전체시장 시가총액의 70% 이상을 차지하도록 선정된다. KOSPI 200지수는 기준시점을 1990년 1월 3일로 하고, 이때의 주가지수를 100.00으로 하여 비교시점의 상대지수를 산출한다.

시장개설 당시 KOSPI 200은 제조업, 전기가스업, 건설업, 유통서비스업, 통신업, 금융서비스업 등 6개 업종으로 구성되었다. KOSPI 200은 종합주가지수와 함께 주식시장 전체의 상황을 가늠할 수 있는 중요한 지수이다.

2) 주가지수선물의 주요 거래제도

① 주가지수선물의 종류

KOSPI 200선물은 3월선물, 6월선물, 9월선물, 12월선물의 4종류가 있다. 각 선물의 최종결제일은 결제월 두 번째 목요일이다.

② 주가지수선물의 거래제도

KOSPI 200선물의 1계약 금액은 주가지수에 50만원을 곱한 금액이며, 최소거래단위는 1계약이다. 호가단위는 0.05포인트(금액으로 환산하면 0.05×50만원=2만5천원)이고 호가수량 및 매매수량 단위는 각각 1계약이다. 그리고 가격제한폭은 기준가격의 10%이다.

KOSPI 200 주가지수선물의 주요 거래제도를 보면 〈표 13-11〉와 같다.

③ 매매거래 중단

한국증권거래소는 선물, 옵션의 거래시스템에 장애가 발생하거나 주식시장에서 KOSPI 200을 구성하는 종목의 절반 이상이 매매되지 않는 경우에 KOSPI 200선물의 거래를 일시 중단할 수 있다. 이러한 제도를 '써킷브레이커'(circuit breakers)라 한다.

〈표 13-11〉 **KOSPI 200 주가지수선물 주요 거래제도**

구 분	내 용
거래단위(1계약)	KOSPI 200지수×500,000원
호가가격단위	0.05포인트(혹은 25,000원)
호가수량단위	1계약
매매수량단위	1계약
가격제한폭	기준가격×10%
매매거래시간(월~금)	전장: 09:00~11:30, 후장: 13:00~15:15 (단, 최종일의 후장: 13:00~14:50)
매매계약체결방식	전산시스템에 의한 개별경쟁매매방식

④ 증거금과 일일정산제도

개시증거금(initial margin)은 선물거래대금의 15%인데, 최소증거금이 3,000만원이므로 개시증거금이 3,000만원에 미달할 경우도 3,000만원을 납부해야 한다. 유지증거금(maintenance margin)은 미결제약정금의 10%이다. 또한 한국증권거래소는 계약불이행을 막기 위해 당일에 체결한 모든 선물계약에 대해 각 약정가격과 당일의 정산가격을 비교하여 손익을 산출하고 이를 거래자간에 정산시키는데, 이를 일일정산(daily settlement)이라 한다. 선물거래 당일에 산출한 손익을 당일차금이라 하고 선물거래가 있는 당일 이외의 미결제약정에 대하여 평가한 손익을 갱신차금이라 한다.

2. 주가지수옵션시장

1) 주가지수옵션시장의 개설

1997년 1월에 정부는 '주가지수옵션시장 개설일정'을 발표하였다. 동년 3월에 증권거래법시행령을 개정하여 주식관련옵션을 유가증권으로 지정하고, 1997년 7월에 한국증권거래소(KSE)에서 KOSPI 200지수를 기초자산(underlying asset)으로 하는 주가지수옵션을 개설하였다.

2) 주가지수옵션의 거래제도

KOSPI 200 주가지수옵션의 주요 거래제도는 〈표 13-12〉에 요약되어 있다. 옵션의 만기는 근월 3개월과 3, 6, 9, 12월 중 3개를 합해 모두 6개가 가능하다. 거래단위는 KOSPI 200에 10만원을 곱한 금액이고, 기본예탁금은 1,000만원이다. 호가단위는 이원화되어 있는데, 호가가 3포인트 이상이면 0.05포인트(금액으로 환산하면 0.01×10만원=1천원)이다.

위탁증거금은 포트폴리오위험기준증거금제도(portfolio risk-based margin system)를 적용하고, 위탁수수료는 0.09% 범위 내에서 자율적으로 정하고 있다. 옵션의 종류는 콜옵션(call option)과 풋옵션(put option)이 있으며, 현재는 아메리칸옵션은 없고 유러피안 옵션만 거래되고 있다.

〈표 13-12〉	KOSPI 200 주가지수옵션 주요 거래제도
구 분	내 용
거래단위(1계약)	KOSPI 200지수×100,000원
호가가격단위	· 호가가 3포인트 이상: 0.05포인트(혹은 5,000원) · 호가가 3포인트 미만: 0.01포인트(혹은 1,000원)
호가수량단위	1계약
매매수량단위	1계약
가격제한폭	없음(비정상호가는 접수거부)
매매거래시간(월~금)	전장: 09:00~11:30, 후장: 13:00~15:15 (단, 최종일의 후장: 13:00~14:50)
매매계약체결방식	전산시스템에 의한 개별경쟁매매방식
옵션의 유형	유러피안(아메리칸형은 없음)

3. 한국선물거래소(Korea Futures Exchange: KOFEX)

1) 설립경위

1996년 7월에 정부는 선물거래법을 공포하였다. 그리고 동년 12월에 선물거래소설립 발기인 총회를 개최하였으며 35개사로 선물협회를 창립하였다. 그 후 준비기간을 거쳐 1999년 4월에 한국선물거래소(Korea Futures Exchange: KOFEX)가 부산에 설립되었다.

2) 거래종목

한국선물거래소(KOFEX)에 상장되는 종목은 양도성예금증서(CD)금리선물, 금(gold) 선물, 미국달러선물, 미국달러옵션 등 모두 4가지이다. 각 종목들의 거래방법과 특징들을 요약하면 다음의 〈표 13-13〉, 〈표 13-14〉, 〈표 13-15〉, 〈표 13-16〉과 같다.

〈표 13-13〉 CD금리선물 거래제도

구 분	세부내역
기초자산	잔존만기 91일 양도성정기예금증서(CD)
계약단위	액면가 5억원
결제월	3, 6, 9, 12월
가격표시방법	$(100-R)$ (단, R=CD 연수익률) 〈보기〉CD 연수익률이 12%이면, 선물가격=88.00
최소가격변동폭	1bp(베이시스 포인트) 혹은 0.01% 1tick(틱)의 가치=12,500원(5억원×0.01%×91/364)
거래시간	월~금: 09:30~15:00(점심시간 없이 연속거래) 최종거래일: 09:30~11:30
최종거래일	최종결제일 직전 영업일
최종결제일	결제월 세 번째 수요일 (해당일이 휴일인 경우 다음 영업일로 순연)
일일정산가격	장 종료 직전 일정시간 동안의 체결가격을 거래량으로 가중평균하여 정산가격으로 함.
최종결제방법	현금정산(cash settlement)

〈표 13-14〉 금선물 거래제도

구 분	세부내역
기초자산	금괴(순도 99.99% 이상)
계약단위	1kg
결제월	2, 4, 6, 8, 10, 12월
가격표시방법	g당 원
최소가격변동폭	10,000원
거래시간	월~금: 09:30~15:00(점심시간 없이 연속거래) 최종거래일: 09:30~11:30
최종거래일	결제월 최종 영업일 직전 2영업일
최종결제일	결제월 최종 영업일
일일정산가격	장 종료 직전 일정시간 동안의 체결가격을 거래량으로 가중평균하여 정산가격으로 함.
최종결제방법	실물인수·도

<표 13-15> 달러선물 거래제도

구 분	세부내역
기초자산	미국달러(USD)
계약단위	USD 50,000
결제월	근월물 3개월 및 3, 6, 9, 12월물
가격표시방법	USD당 원(즉, 원/$) 1tick=0.2원/$
최소가격변동폭	10,000원
거래시간	월~금: 09:30~15:00(점심시간 없이 연속거래) 최종거래일 : 09:30~11:30
최종거래일	최종 결제일 직전 2영업일
최종결제일	결제월 세 번째 수요일
일일정산가격	장 종료 직전 일정시간 동안의 체결가격을 거래량으로 가중평균하여 정산가격으로 함.
최종결제방법	실물인수·도

<표 13-16> 달러옵션 거래제도

구 분	세부내역
기초자산	미국달러(USD)
계약단위	USD 10,000
행사유형	유러피안형(European style)
결제월	근월물 3개월 및 3, 6, 9, 12월물
상장결제월수	4개 결제월(연속 3개월물과 3, 6, 9, 12월중 한 개)
행사가격의 수 및 행사가격간격	·각 결제월별로 내가격 3개, 등가격 1개, 외가격 3개 ·행사가격간격: 25원
최소가격변동폭	·프리미엄이 25원 이상일 때: 0.2원(1tick=2,000원) ·프리미엄이 25원 미만일 때: 0.1원(1tick=1,000원)
신규시리즈 상장방법	당일 현물환율 종가 변동시 등가격옵션 기준으로 외가격 및 내가격옵션이 3개 이상 존재하도록 익일 새로운 권리행사가격을 추가로 상장
거래시간	월~금: 09:30~15:00(점심시간 없이 연속거래) 최종거래일: 09:30~11:30
최종거래일	결제월 세 번째 수요일 직전 2영업일
최종결제일	결제월 세 번째 수요일 직전 2영업일
최종결제방법	권리인수·인도

KOFEX의 기초자산별 선물시장 거래조건은 〈표 13-17〉과 같다.

〈표 13-17〉	기초자산별 선물시장 거래조건				
구 분	CD금리선물	국채선물	원달러선물	금선물	원달러옵션
대 상	양도성 예금증서 (만기 91일)	표면금리 연 8%인 가상국고채* (만기 3년)	미국 달러	금괴 (순도 99.9%)	미국달러
단 위	액면가 5억원	액면가 1억원	5만 달러	1kg	1만달러
최소가격단위	1만2천5백원	1만원	1만원	1만원	1천~2천원
결제월	3, 6, 9, 12월	3, 6, 9, 12월	당월 및 연속 2개월, 3, 6, 9, 12월	2, 4, 6, 8, 10, 12월	원달러선물과 동일
최종 결제일	셋째 수요일	셋째 수요일	셋째 수요일	최종 영업일	셋째 수요일
결제방법	현금결제	현금결제	실물인수도	실물인수도	실물인수도

* 선물결제월을 상장전 시점에서 기발행된 국고채권 3~4개 종목으로 basket을 구성하고 basket 편입채권의 잔존 만기 평균이 3년이 근접토록 구성

4. 한국거래소(KRX: 한국증권선물거래소) 통합 출범

한국거래소(KRX)는 한국의 금융거래소로 거래소 시장(유가증권시장, 코스닥시장, 코넥스 시장)의 개설 · 운영, 증권의 매매거래나 장내파생상품의 청산 및 결제, 증권의 상장, 시 장감시 등 대한민국의 자본시장을 종합적으로 관장한다. 회원제를 채택하고 있으며, 회 원에 해당되는 금융투자회사, 은행만이 한국거래소와 직접 거래할 수 있다.

2005년에 한국증권거래소(KSE), 한국선물거래소(KOFEX), (주)코스닥증권시장, 코스 닥위원회 등 4개 단체가 한국증권선물거래소로 통합되었으며, 2009년 2월 4일에 한국 거래소(KRX)로 사명을 변경하여 현재에 이르고 있다.

거래소의 상장기업수는 2023년 1월말 현재 총 2,569(코스피 826개사, 코스닥시장 1,611개 사, 코넥스시장 132개사)개사이며, 시가총액은 2,138조원(코스피시장 1,814조원, 코스닥시장

320조원, 코넥스시장 4조원)이다.

한국거래소는 유가증권시장/코스닥시장/파생상품시장의 운영과 시장감시업무, 거래소 전반의 운영을 지원하는 경영지원업무를 하고 있다. 또한 세계 곳곳의 신흥시장에 증시를 개설하여 경영에 참여하고 있으며, 증권시장 IT시스템을 수출하고 있다.

유럽내 최대 파생상품거래소인 유렉스(Eurex)와 제휴관계를 구축하여 코스피200옵션 글로벌시장을 개설했으며, 중소기업을 지원하는 코넥스시장, 안정적인 금거래를 위한 KRX금융시장, 국내탄소배출권시장 활성화를 위한 온실가스배출권거래시장 등을 개설했다. 스타트업 기업의 자금조달과 상장을 지원하는 장외거래 플랫폼인 '한국거래소 스타트업 마켓(KSM)'도 개장했다.

2022년에는 한국거래소 사상 최초로 매출액 1조원을 돌파했으며, 본사 소재지는 부산이다.

5. 한국거래소(KRX)의 상장파생상품

한국거래소에 상장되고 있는 파생상품 현황은 〈표 13-18〉과 같다.

〈표 13-18〉 한국거래소 상장파생상품

기초자산	선물(futures)	옵션(option)
금 리	– 국채선물: 3종 (3. 5. 10년 만기물)	–
통 화	– 미국달러선물 – 일본엔화선물 – 유로선물	– 미국달러옵션
주 식	– KOSPI 200지수선물 – 개별주식선물: 25종목 – 스타지수선물	– KOSPI 200지수옵션 – 개별주식옵션: 33종목
상 품	– 금선물: 2종(1Kg, 100g) – 돈육선물	–

자료: 한국거래소.

'기업부도위험'(CDS파생상품) 등장
– 산업은행 국내 첫 CDS 계약

국내에서도 기업부도위험 등 '신용'을 사고팔 수 있는 원화 신용파생상품 거래를 할 수 있게 됐다. 산업은행은 2006년 신용파생상품인 원화CDS(credit default swap)계약을 체결함으로써 국내 첫 신용파생상품시장이 조성됐다. 이 CDS거래는 산업은행이 JP모건체이스은행 서울지점에서 정유회사인 SK의 신용위험 보장 100억원어치를 매입하는 것을 주 내용으로 하고 있다. 사는 쪽과 파는 쪽이 일대일(1:1)로 거래하는 파생상품시장의 특성상 산업은행이 JP모건에 제공하는 수수료 이자율은 공개되지 않았다.

일반적으로 CDS는 대출이나 채권 발행을 통해 자금을 조달한 채무자가 가진 신용위험만을 별도로 분리해 이를 시장에서 사고 파는 최신금융파생상품의 일종이다.

예를 들어 A은행(산업은행)이 연 5% 이자를 받기로 하고 B기업에 100억원을 대출해 주었을 때, A은행은 B기업이 부도가 나면 100억원을 떼이게 된다. 하지만 CDS거래를 통해 A은행은 C기관(JP모건)에 수수료 연 0.3%를 지급하되 B기업이 부도가 났을 경우 C기관이 100억원을 B은행에 대신 갚기로 하는 계약을 맺는다. CDS거래 결과 A은행은 연 4.7% 이자를 받는 대신 B기업 신용위험을 덜게 된다. 따라서 A은행은 연 4.7%(5%-0.3%)의 수익을 올리게 되며, 동시에 B기업 부도손실위험을 회피할 수 있게 된다.

금융기관간 CDS거래가 활성화되면 중소기업대출에 큰 도움을 줄 수 있을 것으로 기대된다.

옵션시장

제1절 옵션이란 무엇인가

1. 옵션의 기본 개념

옵션(option)이란 미리 정해진 가격으로 미래의 정해진 기간 동안에 특정 증권(혹은 자산)을 매입할 수 있는(혹은 매도할 수 있는) 권리(right), 즉 선택권이 부여된 증권(자산)을 말한다. 이때 그 특정 증권(자산)을 매입할 수 있는 권리를 콜옵션(call option)이라 하고, 매도할 수 있는 권리를 풋옵션(put option)이라 한다.

옵션거래에서 정하는 옵션을 발행하여 매도하는 사람(즉, 주식, 유가증권과 같은 특정 기초자산에 대해 옵션을 발행하는 사람)을 옵션발행자(option writer) 혹은 옵션매도자(option seller)라 하며, 그 옵션을 매수하는 사람을 옵션매입자(option buyer) 또는 옵션보유자(option holder)라 한다. 그리고 여기서 미리 정한 그 가격을 행사가격(exercise price/striking price)이라 하고, 옵션의 대가로 지불하는 가격을 옵션가격(option price) 또는 옵션프리미엄(option premium)이라 한다. [그림 14-1]은 옵션의 기본구조를 나타낸다.

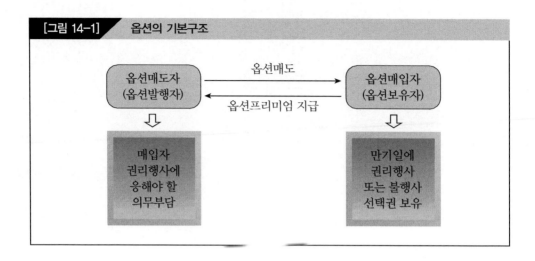

[그림 14-1]　옵션의 기본구조

옵션매도자
(옵션발행자)

옵션매도 →
← 옵션프리미엄 지급

옵션매입자
(옵션보유자)

매입자
권리행사에
응해야 할
의무부담

만기일에
권리행사
또는 불행사
선택권 보유

옵션은 옵션매도자가 옵션매입자에게 옵션프리미엄을 지급받고 그 기초자산을 사거나 팔 수 있는 권리를 매도 · 매입한 계약이라 할 수 있다. 이때 옵션매입자(보유자)는 권리를 행사하거나 행사하지 않을 수도 있는 선택권이 있으나, 옵션매도자는 옵션매입자의 권리행사에 반드시 꼭 응해야 할 의무가 있다. 즉, 옵션매입자(보유자)는 만기일에 기초자산가격과 행사가격을 비교하여 자신에게 이익이 되면 권리를 행사하지만 손실이 되면 권리를 행사하지 않아도 된다. 따라서 옵션은 만기일의 기초자산가격에 따라 그 행사여부가 결정되는 조건부선택권(contingent claims)에 속한다.[1]

2. 옵션의 용어 개념

① 기초자산

기초자산(underlying asset)이란 옵션거래의 대상이 되는 자산을 말한다. 기초자산은

---

1) 선물, 선도, 스왑에서는 양 당사자 모두에게 권리와 의무를 동시에 부여하지만, 옵션에서는 한 쪽 당사자가 다른 쪽 당사자에게 권리만 이전하고 의무는 이전하지 않는다는 점에 차이가 있다. 예를 들어 콜옵션매도자는 콜옵션매입자에게 만기일에 콜옵션을 행사할 권리만 이전하고, 의무는 이전하지 않는다.

상품(commodity; 예: 곡물, 금, 은, 원유, 생우 등)과 금융자산(financial assets; 예: 주식, 채권, 주가지수, 통화, 금리 등)으로 구분된다.

② 만기일

옵션은 옵션매입자가 계약에 명시된 일정기한 이내에 매입권 또는 매도권을 조건부 선택권하에서 행사할 수 있는 계약증권이다. 이러한 권리를 행사할 수 있는 마지막 날을 만기일(expiration date/exercise date)이라 한다. 만기일은 보통 만기가 되는 달(month)의 셋째 주 금요일이 된다.

주식옵션의 경우 1, 2, 3월의 세 가지 순환주기(cycle)를 가지고 있다. 1월 주기는 1, 4, 7, 10월의 만기를, 2월 주기는 2, 5, 8, 11월의 만기를, 3월 주기는 6, 9, 12월의 만기를 각각 갖는다. 따라서 주식옵션의 경우 1년 내내 만기를 가짐으로써 거래가 매우 편리하고 유동성이 높아지는 장점을 가지고 있다.

③ 행사가격

행사가격(exercise price/strike price)이란 옵션매입자가 옵션계약에 의거해서 미래에 기초자산을 매입하거나(콜옵션의 경우) 매도할 수 있는(풋옵션의 경우) 가격을 말한다. 행사가격은 옵션계약시 고정되어 있다.

④ 옵션프리미엄

옵션프리미엄(option premium/option price)은 옵션매입자가 옵션매도자에게 옵션계약시 지불하는 옵션가격을 말한다. 옵션프리미엄은 옵션의 수요와 공급상황, 기타 경제적 요인, 시장상황 등에 따라 수시로 변동한다.

⑤ 내가격, 외가격, 등가격

행사가격은 옵션계약시 고정되어 있으므로 옵션의 이득은 기초자산의 가격에 따라 변동된다. 기초자산의 가격이 옵션의 양(+)의 이득을 발생시키는 범위에 있을 때를 내가격(in-the-money)상태라 한다. 옵션의 이득이 영(0)인 상태, 즉 기초가격과 행사가격이 일치할 때를 등가격(at-the-money)상태라 한다. 그리고 옵션의 이득이 음(-)인 상태, 즉 옵션을 행사하면 옵션프리미엄을 제외하더라도 손실이 발생하는 기초자산의 가격범위를 외가격(out-of-the-money)상태라 한다.

콜옵션(call option)의 경우 기초자산의 시장가격이 S이고 행사가격이 X라고 할 때, 내가격, 등가격, 외가격은 다음과 같이 수식으로 정의할 수 있다.

$$
\text{콜옵션 상태} = \begin{cases} \text{내가격(in-the-money)}, & S>X\text{일 때} \\ \text{등가격(at-the-money)}, & S=X\text{일 때} \\ \text{외가격(out-of-the-money)}, & S<X\text{일 때} \end{cases}
$$

3. 옵션의 분류

1) 권리행사기간에 따른 분류

① 유러피안옵션

유러피안옵션(European option)은 옵션매입자가 만기일 이전에는 옵션의 권리를 행사할 수 없고 오직 만기일에만 행사할 수 있는 옵션을 말한다. 따라서 만기일 전에 아무리 옵션매입자에게 유리한 상황이 발생하더라도 옵션을 행사할 수 없다는 단점이 있다.

② 아메리칸옵션

아메리칸옵션(American option)은 옵션매입자가 유러피안옵션과는 달리, 만기일 혹은 만기일 이전에 아무 때나 자기에게 유리한 시점에서 옵션의 권리를 행사할 수 있는 옵션을 말한다. 아메리칸옵션은 권리행사시점을 자유롭게 선택할 수 있는 장점이 있기 때문에 유러피안옵션보다 가격이 더 비싸게 팔리는 것이 당연하다고 하겠다.

2) 기초자산에 따른 분류

① 상품옵션과 금융옵션

상품옵션(commodity option)은 기초자산(underlying asset)이 상품으로 된 옵션을 말하는데 여기에 해당되는 상품에는 농산물(밀, 옥수수, 대두, 커피, 면화, 설탕 등), 광산물(금, 은, 원유, 알루미늄, 고무 등), 그리고 축산물(생우, 생돈 등) 등이 있다.

금융옵션(financial option)은 기초자산이 금융상품으로 된 옵션을 말하는데 여기에는 주식(NYSE에 상장되어 있는 주식), 주가지수(S&P 500, S&P 100, Nikkei 225 등), 채권 혹은 금리(T-bond, T-note, Eurodollar 등), 통화(영국 파운드화, 일본 엔화, 캐나다 달러 등) 등이 있다.

② 현물옵션과 선물옵션

현물옵션(spot option)은 기초자산이 현물(상품과 금융자산)인 모든 옵션을 가리킨다. 따라서 위에서 이미 언급한 상품옵션과 금융옵션은 대부분 현물옵션에 속한다고 할 수 있다.

선물옵션(futures option)은 기초자산이 선물인 옵션을 말하는 것으로 옵션을 행사하면 선물계약에 들어가게 된다.

3) 권리형태에 따른 분류

① 콜옵션

기초자산을 약정된 행사가격으로 매입할 수 있는 권리를 갖는 옵션을 콜옵션(call option)이라 한다. 콜옵션의 구조를 설명하면 다음과 같다.

예를 들어 투자자가 IBM주식 100주를 매입할 수 있는 콜옵션 1계약을 매입할 경우 행사가격이 $100이고 현재주가는 $98이며 주식 1개를 살 수 있는 옵션 1개의 가격(프리미엄)이 $5라 하면, 초기 투자액은 $500($5×1계약×100주)이다. 만일 이 옵션을 행사할 때 기초자산인 주식가격이 $115가 되었다고 가정하면 옵션을 행사하여 얻는 이득(payoff)과 이익(profit)은 다음과 같다.

$$총이득=\max(S-X,\,0)\times100$$
$$=\max(115-100,\,0)\times100$$
$$=\max(15,\,0)\times100=\$1,500$$

[그림 14-2]	유러피안 콜옵션의 만기시 이득과 이익

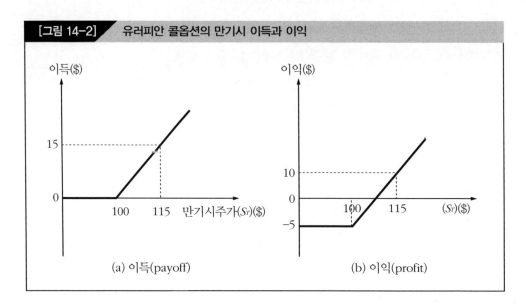

(a) 이득(payoff) (b) 이익(profit)

$$총이익=총이득-총투자비용$$
$$=\$1,500-\$500=\$1,000$$

위에서 설명한 콜옵션이 만기에만 권리를 행사할 수 있는 유러피안형이라면 만기시 주가에 대한 콜옵션 1개당 이득과 이익을 그래프로 도시하면 각각 [그림 14-2]의 (a)와 (b)와 같다.

② 풋옵션

풋옵션(put option)은 기초자산을 약정된 행사가격으로 매도할 수 있는 권리를 갖는 옵션을 말한다. 풋옵션의 구조를 설명하면 다음과 같다.

예를 들어 투자자가 GM주식 100주를 매입할 수 있는 풋옵션 1계약을 매입할 경우,

행사가격이 $100이고 현재주가는 $98이며 주식 1개를 살 수 있는 옵션 1개의 가격(프리미엄)이 $5라 하면, 초기 투자액은 $500($5×1계약×100주)이다. 만일 이 옵션을 행사할 때 기초자산인 주식가격이 $85가 되었다고 가정하면, 옵션을 행사하여 얻는 이득(payoff)과 이익(profit)은 다음과 같다.

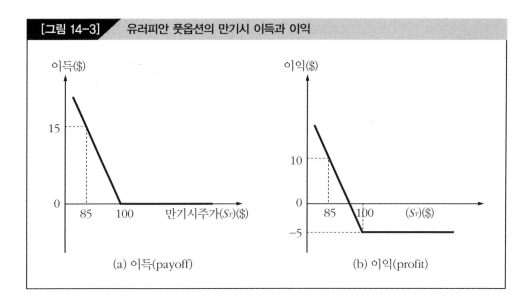

[그림 14-3] 유러피안 풋옵션의 만기시 이득과 이익

(a) 이득(payoff)

(b) 이익(profit)

$$총이득 = \max(X-S,\ 0) \times 100$$
$$= \max(100-85,\ 0) \times 100$$
$$= \max(15,\ 0) \times 100 = \$1,500$$

$$총이익 = 총이득 - 총투자비용$$
$$= \$1,500 - \$500 = \$1,000$$

위에서 설명한 콜옵션이 만기에만 권리를 행사할 수 있는 유러피안형이라면 만기시 주가에 대한 풋옵션 1개당 이득과 이익을 그래프로 도시하면 각각 [그림 14-3]의 (a)와 (b)와 같다.

옵션거래의 역사

옵션의 기원에 대해서는 고대 그리스시대부터 옵션거래가 시작되었다는 주장이 있지만 최초의 옵션거래는 네덜란드에서 시작된 튤립 구근(球根)에 대한 옵션거래에서 유래되었다는 주장이 인정된다.

16세기 초 네덜란드에는 튤립 재배기술이 보급되기 시작하였는데 1630년대에는 재배가 크게 유행하여 많은 사람들이 튤립의 재배와 매매에 참가하였다. 그러나 튤립은 삭황에 따라 가격변동이 격심해서 재배자나 수요자들은 거래에 매우 어려움을 겪어야만 했다. 재배자들은 가격안정을 바라고 있었고, 수요자들은 안정된 가격으로 튤립을 공급받기를 원함에 따라 새로운 거래방식으로 등장하게 된 것이 튤립에 대한 옵션거래였다. 튤립거래 딜러들은 튤립에 대한 콜옵션을 매입하여 미래의 시장가격에 관계없이 안정된 가격으로 매입할 수 있게 되었고, 튤립 재배자들은 풋옵션을 매입함으로써 공급가격의 최저선을 정할 수 있었다. 그럼에도 네덜란드의 튤립 옵션거래제도는 그 당시 계약불이행에 대한 방지제도, 즉 신용리스크에 대한 대응책 미비로 정착하는 데 실패하였다.

주식에 대한 옵션거래는 1690년 런던에서 최초로 시작되었고, 그 후 미국에 도입되어 19세기 말부터 뉴욕 월스트리트(Wall Street)에서 점두거래형태로 등장하였다. 주식옵션에 대한 거래가 활발해지자 1920년대에는 옵션거래가 주가조작에 이용되는 사례가 빈발했고 이 때문에 1934년 의회는 옵션거래를 금지할 것을 고려하였다. 그러나 옵션의 보험기능 및 주식시장의 안정화 기능에 대한 주장이 대두되어 주가조작행위만을 금지하는 형태로 내용변경이 이루어졌다.

1960년대에서 1970년대의 증권시장의 장기침체기를 거치면서 새로운 금융상품에 대한 요구가 증대됨에 따라 1973년 4월 시카고옵션거래소(Chicago Board Options Exchange: CBOE)가 문을 열게 됨으로써 오늘날 통화옵션, 지수옵션까지 그 대상과 범위가 날로 확장되고 있다.

제2절 옵션의 상품별 이해

옵션상품에 대해서는 주식옵션, 주가지수옵션, 금리옵션, 통화옵션, 선물옵션을 차례로 개괄한 후 특수형 옵션을 간략하게 고찰하고자 한다.

1. 주식옵션

주식옵션(stock option)은 기초자산을 개별주식으로 하는 옵션이다. 미국의 경우 CBOE, AMEX, PHLX 등이 주요한 주식옵션거래소이다. 미국에서는 500개 이상의 주식에 대한 옵션이 거래되고 있고, IBM, Kodak, GM주식에 대한 옵션이 활발한 주식옵션들이다. 〈표 14-1〉은 CBOE주식옵션의 명세서이다.

〈표 14-1〉	CBOE주식옵션 명세서
구 분	내역
기초주식	개별주식
거 래 소	CBOE
계약단위	기초주식 100주
가격제한폭	없음
개 시 일	최종거래일 익일
결 제 월	JAJO(1, 4, 7, 10월), FMAN(2, 5, 8, 11월), MJSD(3, 6, 9, 12월) 주기 중 선택
만 기 일	결제월의 제3토요일
최종거래일	만기일 직전 영업일
행사방식	미국형
결제방법	최종거래일의 옵션가격과 행사가격의 차이를 현금결제
계약조건 조정	주식분할이나 주식배당의 경우에 거래단위와 행사가격 조정

2. 주가지수옵션

주가지수옵션(stock index option)은 주가지수를 기초자산으로 하는 옵션이다. 주가지수옵션의 대상상품은 현물지수와 지수선물 모두 가능하다. 현물지수옵션은 옵션의 매입자에게 특정 주가지수를 특정 가격에 매입 혹은 매도할 수 있는 권리를 부여하는 것이다.

그러나 주가지수는 현물이 아니어서 실물을 주고받을 수 없으므로 옵션의 행사에 따른 손익정산은 현금결제를 통해 이루어진다. 즉, 행사일의 최종지수와 행사가격의 차이에 미리 정해진 지수승수(예를 들어 S&P 500의 경우 지수승수는 500)를 곱한 금액을 현금으로 결제한다. 현새 미국에서 다양한 지수옵션이 거래되고 있다.

3. 금리옵션

금리옵션(interest rate option)은 이자율을 기초자산으로 하는 옵션이다. 통상 채권옵션(bond option), 채권선물옵션(bond futures option), 금리스왑옵션(interest rate swap option) 등을 포함한다. 거래소에서 거래되는 금리옵션 중에서 가장 활발한 것은 T-bond선물옵션과 T-note선물옵션 등 장기금리옵션, 그리고 T-bill옵션과 유로달러선물옵션 등의 단기금리옵션 등이 있다.

채권의 가격이 상승하면(즉, 금리가 하락하면) 금리선물의 가격은 상승하고, 채권의 가격이 하락하면(즉, 금리가 상승하면) 금리선물의 가격은 하락한다.

예를 들어 단기금리가 상승할 것으로 예상하는 투자자는 유로달러선물 풋옵션을 매입하여 투기할 수도 있고, 단기금리가 하락할 것으로 예상하는 투자자는 유로달러선물 콜옵션을 매입하여 투기할 수 있다. 반면에 장기금리가 상승할 것으로 예상하는 투자자는 T-bond 또는 T-note에 대한 선물 풋옵션을 매입하여 투기할 수 있고, 장기금리가 하락할 것으로 예상하는 투자자는 T-bond 또는 T-note에 대한 선물 콜옵션을 매입하여 투기할 수 있다.

① 단기금리옵션

대부분의 단기금리옵션은 유로달러선물옵션과 같은 선물옵션이고 그 외의 T-bill옵션이 있다. 유로달러선물계약은 미래에 유로달러자금차입 또는 대여를 할 때 적용되는 실질금리수준을 확정시키기 위하여 거래된다.

② 장기금리옵션

주요 장기금리옵션으로는 T-bond와 T-note, 영국에서는 T-bond를 들 수 있다. 현재 거래되고 있는 T-bond와 T-note옵션의 계약단위는 채권액면금액 $100,000이다.

4. 통화옵션

통화옵션(currency option)이란 두 국가간의 환율을 기초자산으로 하여 만들어진 옵션이다. 즉, 통화옵션은 특정 통화 일정액을 미리 일정기간내 또는 특정일에 특정의 환율에 의해 다른 통화로 매입 또는 매도할 수 있는 권리이다. 통화옵션은 옵션시장을 개설하고 있는 국가의 통화와 세계 주요 통화간의 환율을 기초자산으로 한다.

필라델피아거래소(PHLX)가 1982년에 최초로 통화옵션을 거래하기 시작한 이래 통화옵션의 규모는 급속히 성장하였다. 우리나라는 1999년 4월 한국선물거래소(현 한국거래소)에 미 달러 옵션이 처음 상장되었다.

5. 선물옵션

선물옵션(futures option)이란 선물(futures)을 기초자산으로 하는 옵션으로서, 옵션을 행사하면 옵션소유자가 약정된 가격으로 미래시점에서 자산을 사거나 팔 수 있는 권리를 갖는다.

다시 말해 현물옵션(spot option)의 경우 옵션의 행사는 즉시 현물인 기초자산의 인도 혹은 인수를 유발하나 선물옵션(futures option)의 행사는 현물이 아닌 선물을 매입(long futures)하거나 매도(short futures)하는 포지션을 취하게 되므로 옵션행사 이후 미래 선물만기에 실제로 기초자산을 거래하게 된다.

선물콜옵션(call option on futures)은 약정가격으로 선물계약에 매입포지션을 취할 수 있는 권리이고, 선물풋옵션(put option on futures)은 약정가격으로 선물계약에 매도포지션을 취할 수 있는 권리이다. 그리고 대부분의 선물옵션은 아메리칸형이다.

다음의 〈표 14-2〉는 미국의 대표적 옵션상품인 T-bond선물옵션 명세서이다.

〈표 14-2〉	T-bond선물옵션 명세서
구 분	**내역**
기초자산	T-bond 선물
표 준 물	잔여만기 20년, 표면금리 8%인 T-bond
거 래 소	CBOT
계약단위	액면가 $100,000
가격제한폭	전일 옵션결제가격의 상하 3포인트(계약당 $3,000)이나 4.5포인트까지 확장가능. 단, 최종거래일에는 가격제한 해제
가격표시	액면가의 백분율(%) 및 1/64%
개 시 일	최종거래일 익일
결 제 월	4개 결제월: 3, 6, 9, 12월 중 연속 3개 근월 및 최근월
만 기 일	최종거래일 후 최초 토요일
최종거래일	결제월 전월의 최종영업일로부터 최소한 5영업일 앞선 기간 중 최종 금요일
행사가격	근월물: 기초선물가격 포함하여 1포인트 간격으로 상하 각각 4개 및 이 범위 밖에서는 2포인트 간격 원월물: 기초선물가격 포함하여 상하 1포인트 간격
행사방식	미국형
호가단위	액면가의 1/64% 또는 1틱($15.625)

6. 특수형 옵션

최근의 국제금융환경은 금융경제활동이 다양해지면서 경제주체들의 욕구도 다양해지고 기존 전통적 개념의 옵션계약들이 이를 충족시킬 수 없는 새로운 다양한 위험에 대응하는 상품의 출현요구가 증가하는 추세이다.

이에 부응하여 기존옵션과는 차별적인 새로운 형태의 옵션들이 '금융공학'(financial

engineering)적 기법에 의하여 설계되어 상품화되고 있다. 따라서 기존의 전통적 옵션들과는 상이한 계약구조를 가지고 있는 '특수형 옵션'들을 다음에서 고찰해 보고자 한다.

1) 워런트

워런트(warrant)란 일정수의 보통주(common stock)를 행사가격에 살 수 있는 옵션을 말하며, '신주인수권'(예: BW)이라고도 불린다. 워런트는 주식이나 채권과 마찬가지로 거래소뿐만 아니라 금융기관 또는 개인에 의해 매매될 수 있으며 양도가 가능하다.

워런트의 행사자는 워런트의 최초 발행기관을 상대로 결제를 요구하며, 이때 장내거래와는 달리 결제불이행위험에 대비한 청산소(clearing house) 같은 보증기관은 없다. 워런트의 거래대상(기초자산)으로는 주식, 주가지수, 통화, 일반상품 등이 있다. 이 중 가장 대표적인 것이 주식워런트로서 주식회사가 자사주식에 대해 발행한다.

2) 장기옵션

장기옵션(long-term option: LTO)은 거래소에서 거래되는 만기가 긴 옵션을 말한다. 기존의 상장옵션들이 대부분 1년 이내의 만기를 갖고 있는 반면, 장기옵션의 만기는 1년 이상 3년 혹은 5년까지이다. 장기옵션은 기존의 단기옵션들과 마찬가지로 헷지 등 다양하게 투자에 활용되고 있지만 장기적인 관점에서 이루어진다는 특징이 있다. 이러한 장기적 특성 때문에 옵션의 시간적 가치(time value of option: TVO)가 단기옵션보다 더 느리게 감소하는 특성이 있다.

3) 유연옵션

유연옵션(flexible option)이란 옵션의 계약조건들(행사가격, 만기, 행사방식 등)이 고정되어 있지 않고 거래자들 사이에 협의하여 결정되는 변형옵션을 말한다. 유연옵션은 장내에서 거래되며, 장내옵션의 단점 중의 하나인 표준화된(혹은 고정된) 계약조건을 수요자의 선호에 부응하는 조건으로 융통성 있게 변경조정하게 함으로써 경쟁상대인 장외옵션에 대응하기 위해 고안된 옵션이다.

4) 내재옵션

거래소나 장외시장에서 공식적으로 거래되는 옵션은 아니지만 옵션계약의 성격을 내포하고 있는 옵션을 내재옵션(implied option)이라 한다. 예를 들어 주식 자체도 기업자산에 대한 내재옵션으로 볼 수 있으며, 채권 중에서도 전환사채(convertible bond)와 같은 채권들은 내재옵션의 성격을 가지고 있다. 다양한 종류의 내재옵션이 존재하나 여기서는 다음의 경우가 있다.

① 전환권

전환권(the right of conversion)이란 기존 증권의 성격에 증권보유자가 자신의 의사에 따라 원한다면 증권을 일정기간(전환기간) 동안에 일정한 조건으로 증권발행기관이 사전에 지정한 회사의 증권으로 전환할 수 있는 권리를 말한다. 전환대상증권이 보유증권과 동일한 회사의 증권일 경우 '전환증권'(convertible security)이라 하고, 다른 회사의 증권일 경우 '교환증권'(exchangeable security)이라 한다.

전환권을 옵션에 비유한다면 전환대상증권을 기초자산을 하고, 전환기간을 만기로 하며, 사전에 정한 전환가격을 행사가격으로 하는 '내재콜옵션' 이라 할 수 있다.

② 환매권

환매권(right of repurchase/resale)이란 증권의 발행기관이나 발행자나 구매자가 증권판매 후 원한다면 만기 전의 일정기간 동안에 당해 증권을 재매입(repurchase)하거나 재매도(resale)할 수 있는 권리를 말한다. 여기서 재매입할 수 있는 권리(call provision)는 콜옵션에 해당하는 것으로서, 발행자의 입장에서는 일반증권을 발행하는 동시에 그 증권에 대한 콜옵션을 매입하는 것과 동일한 효과가 있다. 반면에 증권매입자가 발행자에게 재매도할 수 있는 권리(put provision)는 풋옵션에 해당하는 것으로서 매입자의 입장에서는 증권매입시 그 증권에 대한 풋옵션을 동시에 매입한 효과가 있다. 이밖에도 계약조건을 변형하여 등장하는 다양한 변형옵션이 있다.

5) 변동폭 보장성 장외옵션계약

중장기대출시장에서는 대부분의 상품들이 변동금리기준으로 거래가 이루어지고 있어 차입자와 대출자 모두 금리변동위험에 직면(노출)해 있다. 이와 같이 변동금리부 채무에 있어 금리변동위험을 헷징(hedging)하기 위해 금리의 상승상한(cap) 또는 하락하한(floor)을 설정하여 놓고 여기에 옵션을 첨가하는 계약이 개발되어 있다. 대표적인 예로 금리캡(interest rate cap), 금리플로어(interest rate floor), 금리칼라(interest rate collar), 스왑션(swaption) 등의 장외옵션이 있다.

① 금리캡

금리캡(interest rate cap)은 계약기간 중 시장금리가 계약 당시 정한 상한을 상회하는 경우 캡 매도자가 동 상회분을 캡 매입자에게 지급하는 계약이다. 금리캡의 매입은 채권에 대한 풋옵션을 소유하는 것과 같으며, 캡 매입자는 주로 변동금리 차입자로 캡 매도자에게 프리미엄을 지급한다.

② 금리플로어

금리플로어(interest rate floor)는 금리캡과는 반대로 시장금리가 계약 당시 정한 하한을 하회하는 경우 동 하회분을 플로어 매도자가 플로어 매입자에게 지급하는 계약이다. 금리플로어의 매입은 채권에 대한 콜옵션을 소유하는 것과 같으며 플로어 매입자는 주로 변동금리채무 대여자이다.

③ 금리칼라

금리칼라(interest rate collar)는 금리캡과 금리플로어를 동시에 사고 파는 거래를 말한다. 칼라매입은 금리캡을 사고 금리플로어를 매도하는 거래를, 칼라매도는 반대로 금리캡을 매도하고 금리플로어를 매입하는 거래이다. 예를 들어 자금차입자가 금리칼라를 매입하는 경우 시장금리가 약정한 금리상한을 상회하면 상회분을 동 계약매도자로부터 받고 시장금리가 하한을 하회하면 반대로 하회분을 동 계약자에게 지급하게 된다. 결국 자금차입자는 이 계약을 통해 이자비용을 일정범위 내로 유지할 수 있다.

한편, 금리플로어와 금리캡에 대한 2중옵션계약으로 플로어션(floortion)과 캡션(caption)도 있다. 플로어션은 금리플로어에 옵션이 부여된 것으로 장래 정해진 시점에 정해진 가격으로 금리플로어를 매입할 수 있는 권리를, 그리고 캡션은 장래 정해진 시점에 정해진 가격으로 금리캡을 매입할 수 있는 권리를 말한다.

④ 스왑션

스왑션(swaption)은 스왑과 옵션을 결합한 것으로 장래 일정시점에 금리조건을 교환(swap)할 수 있는 권리(option)를 사고파는 거래이다. 만기일은 기초스왑이 시작되는 일자이며 행사가격은 기초스왑의 고정금리이다.

스왑션은 다시 수취인스왑션(receivers swaption)과 지급인스왑션(payers swaption)으로 나눌 수 있는데 전자는 스왑거래에서 특정고정금리를 지급할 수 있는 권리이고, 후자는 반대로 수취할 수 있는 권리이다.

제15장

스왑시장

제1절 스왑이란 무엇인가

1. 개 요

1) 스왑의 개념

스왑(swap)이란 미래의 특정시점 또는 특정기간 동안에 일정한 상품이나 금융자산(또는 금융부채)을 거래상대방의 상품이나 금융자산(또는 금융부채)과 교환하는 거래를 말한다. 여기서 교환의 대상이 상품이면 상품스왑(commodity swap)이라 하고, 금융자산 또는 금융부채이면 금융스왑(financial swap)이라고 한다. 상품스왑의 거래대상으로는 원유, 곡물 등이 있고, 금융스왑의 거래대상으로는 채권, 외국통화 등이 있다.

스왑거래는 현재가 아닌 미래의 자산과 부채를 거래하는 것으로써 일정한 거래소에서의 거래가 아닌 장외거래(off-board market)이며, 선도거래(forward transaction)의 성격을 지니고 있다.

2) 스왑시장의 발전과정

스왑(swaps)은 1970년대 초, 그 당시 미국과 영국간에 성행한 평행대출(parallel loan)과 국제상호직접대출(back-to-back loan)에서 그 기원을 찾을 수 있다. 이때 대부분의 국가에서는 각국 정부의 외환통제가 엄격하였기 때문에 금융기관이나 다국적기업 또는 투자가들은 외환통제를 회피하기 위한 수단으로 평행대출과 국제상호직접대출을 많이 활용하였다.

당시 국제금융환경은 브레튼우즈체제가 붕괴되면서 고정환율제는 정지되고 그 대신 변동환율제로 이행하게 됨에 따라, 선진 각국은 환율불안정성을 방지하고 자국자본의 해외유출은 방어하기 위해 이하송금에 대한 고율의 세금부과 등 외환통제를 강화하는 내용의 외환관리법을 제정시행하기에 이르렀다. 따라서 국제거래의 각 주체들이 그 타개책의 일환으로 스왑거래를 개발하게 된 것이다. 예를 들어 [그림 15-1]에서 영국과 미국에 본부를 둔 두 개의 다국적기업을 가상해 보자.

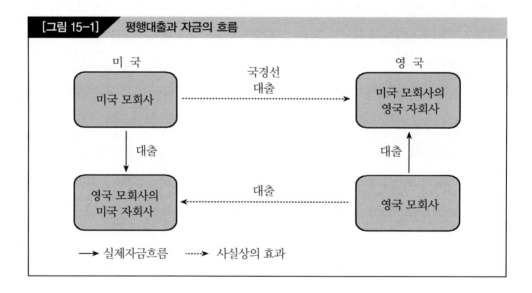

[그림 15-1] 평행대출과 자금의 흐름

당시 영란은행(Bank of England: 영국 중앙은행)은 국제수지 방어대책으로 해외송금에 대해서 높은 과세를 부담시켰기 때문에 두 회사는 각각 상대회사의 자국내 자회사에 대하여 평행대출 또는 국제상호직접대출을 해줌으로써 각각 필요한 파운화와 달러화를 상대국 내에서 조달할 수 있게 된다. 이와 같이 하여 각 모회사는 자신의 자회사에 대출을 해준 것과 동일한 효과를 얻으면서 자국정부의 규제를 회피하는 것이다. 앞 페이지의 [그림 15-1]은 이 같은 메커니즘을 잘 설명하고 있다. 이러한 상황 속에서 스왑거래가 점차 자리를 잡아가게 되었다.[1]

스왑거래의 표준화는 시장발달의 선결과제이었는데, 1985년에 영국은행협회(British Banker's Association: BBA)에서 BBAIRS Terms(일종의 런던은행간금리스왑 표준규정)을 제정하였다. 이러한 스왑의 표준화에 의해 스왑거래에 소요되는 비용과 시간이 크게 절감되었다.

3) 스왑거래의 동기와 기능

① 차입비용절감

국제금융거래에서 스왑거래에 각 기업이 참여하는 동기는 차입비용절감, 리스크헷지, 시장규제회피, 국제금융시장에의 연계보완 등이 될 것이다. 이러한 것들은 스왑거

---

1) ① 1976년 영국에서 최초로 통화스왑(currency swap)이 체결되었는데, 이는 Continental Illinois Bank와 Goldman Sachs사의 주선으로 영국의 ICI Finance사와 네덜란드의 Bos Kalis Westminster사간에 체결된 것이다.

② 1979년에는 캐나다의 Royal Bank of Canada의 자회사(리스회사)인 Roylease사가 금융시장을 통해 비교적 저금리이면서 시장규모가 큰 독일 마르크(DM)로 기채를 하여 이를 캐나다 달러로 스왑을 함으로써 차입비용을 높이지 않고도 상당한 규모의 자금조달을 할 수 있었다.

③ 1981년에는 Solomon Brothers사의 주선에 의해 세계은행(World Bank)과 IBM사간에 미 달러와 독일 마르크 및 스위스 프랑 채무간의 고정금리통화스왑계약이 체결되었다. 또 이 계약성공을 계기로 스왑거래의 정형화가 촉진되고 이어서 양사간에 여러 차례의 스왑거래가 행해짐으로써 국제자본시장과 통화시장을 동시에 이용하는 수단으로 인정받게 되었다.

④ 1981년에 영국에서 Citibank와 Continental Illinois Bank간에 금리스왑이 체결되었고, 1986년에는 미국의 Chase Manhattan Bank에서 상품스왑을 개발하기에 이르렀다.

래의 긍정적 기능으로서 의미를 가진다.

　기업이 국제금융시장에서 자금을 조달하는 동기는 차입비용을 절감하는 데 있다. 각 기업은 그 신용도 차이, 지역간 재무적 여건의 차이 등으로부터 생성되는 상이한 거래조건에 따른 '비교우위'(comparative advantage)에 입각해서 차입비용을 절감할 수 있다.

　즉, 거래를 원하는 금리와 비교우위를 가진 금리가 다를 경우, 반대의 상황을 갖는 거래상대방과 스왑을 통해 금리를 교환함으로써 원하는 금리로 거래를 하면서도 비교우위를 누려 양쪽 모두가 차입비용을 절감하게 되는 것이다.

② 리스크헷지

　스왑거래는 금리 및 환율변동위험을 장기간 헷지(hedge)할 수 있다. 일반적으로 선물이나 옵션거래를 이용하여 헷지할 수 있는 기간은 1년 미만인데, 스왑거래를 이용하면 보통 5~10년에 걸친 장기간 헷지가 가능하다. 또한 기업들은 위험자산의 포지션과 반대인 상대와 스왑거래를 함으로써 금리위험과 환위험을 헷지할 수 있게 된다.

③ 시장규제회피

　스왑거래는 각종 시장규제를 회피하기 위해 이용된다. 다국적기업은 현지국의 규제적 세제정책(예: 과실송금 규제) 및 통화정책(예: 채권발행 규제) 때문에 적절한 기업활동에 제약을 받게 되는데 스왑거래는 이러한 제약을 회피할 수 있게 해 준다.

④ 국제금융시장간 연계보완

　스왑거래는 고정금리채권과 변동금리채권과 같은 상이한 금융상품을 통합시키고 국제금융시장을 서로 연결시킴으로써 시장간의 교량적 역할과 기능을 수행한다. 스왑을 통한 시장간 연결은 채권시장이나 외환시장은 물론 상품시장, 주식시장, 서비스시장 등으로 계속 확장되고 있다.

　스왑거래는 이러한 시장간의 교량역할을 통해 국제금융시장에서 비교우위가 있는 금융상품에 투자하거나 비교우위가 있는 금융상품으로 자금을 차입한 다음, 통화스왑 혹은 금리스왑을 통해 원하는 금리 또는 원하는 통화로 교환하는 것을 가능하게 한다.

2. 스왑거래의 구조와 효과

스왑거래의 중요한 근본적 동기의 하나는 금리스왑이며, 금리스왑의 기본적 형태는 변동-고정금리스왑(floating-fixed rate swap)이다.

다음에서 변동-고정금리스왑이 이루어지는 방법과 각 시장참여자들의 이익효과를 고찰한다.

신용등급이 AAA인 은행은 10%의 고정금리로 자금을 차입할 수 있으나 자산-부채 관리를 위하여 변동금리부채권을 원하고 있다. 이 은행은 변동금리시장에서 6개월 만기 기준으로 LIBOR+1/4%를 적용받는다. 반면 신용등급이 BBB인 기업은 변동금리시장에서 LIBOR+3/4%로 6개월 만기 자금을 차입할 수 있고, 고정금리시장에서는 11.5%의 이자율을 적용받는다. 그런데 이 기업은 현재 금리로 이자비용을 고정시키기 위하여 고정금리부채권을 원하고 있다고 하자.

이를 요약하면 다음의 표와 같다.

	고정금리로 차입	변동금리로 차입
AAA은행	10.0%	LIBOR + 1/4%
BBB기업	11.5%	LIBOR + 3/4%
금리차이	1.5%	0.5%

은행은 채권시장에서, 그리고 기업은 단기금융시장에서 각각에 대하여 비교우위(comparative advantage)를 가지고 있다. 이들의 스왑거래를 정리하면 다음과 같다.

① AAA은행은 100만 달러의 유로채를 고정금리 10%로 발행하였다.

② BBB기업은 단기금융시장에서 100만 달러를 변동금리 LIBOR+3/4%로 차입하였다.

③ 위의 금리스왑거래의 과정은 다음과 같다.

　㉠ AAA은행은 중개은행(C)으로부터 채권발행가액에 대하여 고정금리 쿠폰이자 10.3%를 받고, 변동금리 LIBOR를 지급하는 계약을 체결한다.

　㉡ BBB기업은 중개은행(C)으로부터 변동금리로 LIBOR를 받고, 고정금리 10.4%를 지급하는 계약을 체결한다.

이를 그림으로 나타내면 다음과 같다.

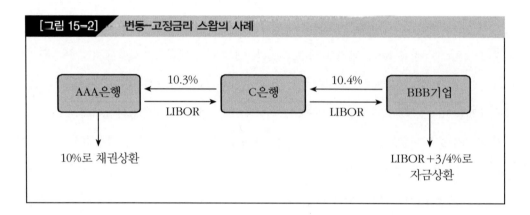

[그림 15-2]　변동-고정금리 스왑의 사례

④ 금리스왑의 결과(효과)

　㉠ AAA은행 :

채권에 대한 지급이자 :	10.00%
스왑거래에 의한 수입이자 :	10.30%
스왑거래에 따른 지급이자 :	LIBOR
실제 차입이자 :	LIBOR − 0.30%
가능 차입이자 :	LIBOR + 0.25%
절감금액 :	0.55%

ⓛ BBB기업 :

차입에 대한 지급이자 :   LIBOR + 0.75%

스왑거래에 의한 수입이자 : LIBOR

스왑거래에 따른 지급이자 :   10.40%

실제 차입이자 :   11.15%

가능 차입이자 :   11.50%

절감금액 :   0.35%

ⓒ 중개은행(C) :

중개수수료수입 : $1,000,000 × 1% = $10,000

위의 스왑거래 결과요약표에서 보면 AAA은행은 시장에서 차입가능한 이자율보다 0.55% 저렴한 비용으로 자신이 원하는 변동금리자금을 조달하였고, BBB기업은 0.35 저렴한 비용으로 자신이 원하는 고정금리자금을 조달하였다. 또한 중개은행(C)은 이들 거래를 통해 $10,000의 수수료수입을 거두었다. 이와 같이 변동−고정금리스왑은 이자율의 움직임에 대해 우수한 헷지효과가 있을 뿐만 아니라 저렴한 비용으로 원하는 자금을 이용할 수 있게 된다.

사례연구

CMI(양자간 통화스왑협정)와 CMIM(다자간 통화스왑협정)

1997년 일부 동아시아 국가들의 외환위기 체험을 계기로 ASEAN+3 재무장관들 간 합의에 따라 2000년 5월 태국 치앙마이 회의에서 금융위기시에 대비한 역내상호자금지원을 위해 양자간(bilateral) 통화스왑체결을 내용으로 하는 CMI(Chiang Mai

Initiative: 치앙마이 선언 또는 치앙마이 이니셔티브)를 출범시켰다. CMI는 2005년 5월 25일 현재 〈표 15-1〉과 같이 성과를 거두었는데 2009년 5월 3일 인도네시아 발리회의에서 CMI(양자간 통화스왑협정)체제를 CMIM(다자간 통화스왑협정)체제로 격상하는 방안이 ASEAN+3 재무장관간 합의로 확정되었다.

〈표 15-1〉   CMI Bilateral Swap Agreements

	한국	일본	중국	태국	필리핀	말레이시아	인도네시아
한국	–	50	40	10	10	10	10
일본	50	–	30	30	30	10	…
중국	40	30	–	20	…	…	…

자료: 한국은행, 보도자료.

치앙마이 이니셔티브 다자간기금(CMIM) 분담금은 각 회원국의 GDP 규모, 수출입규모, 외환보유액규모 등 거시지표규모에 따라 분담비중을 결정했다. 전체 총기금조성액 규모를 1,200억달러로 정하고 중국, 일본, 한국, ASEAN국가들 간의 분담비율은 각각 32%, 32%, 16%, 20% 씩 분담하기로 했다. 이를 소개하면 〈표 15-2〉와 같다.

〈표 15-2〉   CMIM Multi-lateral Swap Agreements

(단위: 억 미달러)

	한국	일본	중국	태국	인니	말레이	싱가폴	기타
분담금	192.0	384.0	384.0	47.7	47.7	47.7	47.7	49.2
비중(%)	16.0	32.0	32.0	3.98	3.98	3.98	3.98	4.08

자료: 기획재정부.

제2절 스왑의 상품별 이해

1. 금리스왑

1) 금리스왑의 개념

금리스왑(interest rate swap)이란 두 거래당사자가 각각 상대방에게 미래의 특정시점에서 명목원금에 기초한 각자의 채무에 대해서 동일통화에 의한 이자지급의무를 일정기간 동안 서로 바꾸어 부담하기로 상호 약정하는 거래이다. 여기서 양 당사자 중 한쪽은 스왑계약시점에서 미리 약정한 고정금리를 지급하는 고정금리지급자이고, 다른 한쪽 상대방은 스왑의 만기까지 매 기간마다 재조정되는 변동금리를 지급하는 변동금리지급자이다. 금리스왑은 원금은 교환하지 않고 단지 이자만 교환하는 거래계약이다.

금리스왑은 통화스왑과는 달리 거래당사자간 이자지급의무만 있고 원금상환의무는 없다. 따라서 한쪽 상대방이 이자를 지급하지 않을 경우 다른 상대방도 이자지급을 하지 않을 수 있으므로 통화스왑에 비해 위험(risk)이 훨씬 적다. 오늘날 스왑거래에서 가장 거래가 많은 대표적 형태는 표준형 금리스왑인데, 때로는 generic swap 또는 plain vanilla swap, 혹은 coupon swap이라고도 한다.

금리스왑은 거래당사자인 각 차입자들이 특정의 자본시장에서 비교우위(comparative advantage)를 가지고 있을 때, 이를 이용하여 자기가 원하는 자금을 보다 저렴한 비용으로 조달하는 방법이다.[2]

---

2) 최초의 금리스왑거래는 1982년에 미국 메릴린치(Merrill Lynch)사와 Credit Swiss First Boston사에 의해 이루어진 도이치뱅크 룩셈부르그 자회사의 금리스왑이다. 당시 서독 통화당국은 금융기관의 장기대출을 위한 재원은 반드시 장기안정자금으로 조달하도록(즉, duration match 거래) 정책을 시행하고 있었으므로 도이치뱅크는 자신의 높은 신용도를 이용하여 유로채시장에서 저리의 고정금리부자금을 조달하고, 동시에 금리스왑체결에 의해서 장기고정금리조달을 장기변동금리부채로 전환할 수 있었다.

2) 표준형 금리스왑

표준형 금리스왑은 앞서 이미 설명한 것처럼 두 스왑당사자가 계약기간 동안 명목금리에 기초하여 동일한 통화로 표시된 이자를 지급하되, 한쪽 당사자는 고정이자지급자(fixed-rate payer)로서 계약시점에 미리 약정한 고정이자를 지급하고 다른 쪽 당사자는 변동이자지급자(floating-rate payer)로서 특정 금리지표를 기준으로 매 기간마다 재조정되는 변동이자를 지급하는 두 당사자간의 계약이다.

표준형 금리스왑에서는 앞에서처럼 결과적으로 두 당사자들간에 고정이자와 변동이자만 교환된다는 점에서 표준형 금리스왑을 고정 대 변동 스왑(fixed-against-floating swap)이라 한다.

표준형 금리스왑에서는 명목원금(notional principal)은 교환되지 않고, 명목원금에 고정금리를 곱하여 산정한 고정이자와 명목원금에 변동금리를 곱하여 산정한 변동이자가 두 당사자들간에 주기적으로 교환된다. 또한 고정금리는 이표채권의 표면이자를 반영한다는 의미에서 표준형 금리스왑을 이표스왑(coupon swap)이라고도 한다.

표준형 금리스왑의 본질적 특성을 요약하면 다음과 같다.

① 고정금리지급자는 고정이자를 지급하고 변동이자를 수취하는 대신에 변동금리지급자는 변동이자를 지급하고 고정이자를 수취한다.
② 고정금리는 스왑의 전기간 동안 불변한다.
③ 변동금리는 각 스왑기간의 기초에 확정되지만 변동이자는 각 스왑기간의 기말에 지급된다.
④ 고정이자와 변동이자의 지급횟수는 동일하다.
⑤ 스왑의 만기는 통상 1~7년 또는 7년이다.
⑥ 명목원금은 스왑의 전기간 동안 불변한다.
⑦ 명목원금의 표시통화는 이자지급통화와 동일하다.

대부분의 스왑거래는 국제스왑딜러협회(International Swap Dealers Association: ISDA)의 표준양식에 의거하여 이루어지고 있다. 그러나 계약시점에서 서로 합의해야 할 사항 중 중요한 것은 고정금리이자계산에 관한 사항과 고정금리이자와 변동금리이자의 지급시기에 관한 사항이다.

〈표 15-3〉은 표준형 금리스왑 명세서를 보여주고 있다.

금리스왑은 자금조달비용 절감, 위험헷지, 규제회피, 국제금융시장 연계보완 등 여러 가지 기능을 수행한다.

〈표 15-3〉 표준형 금리스왑 명세서	
구 분	**내역**
최종사용자	금리스왑, 합성금리상품, 금리스왑스프레드 거래자
주요 스왑딜러	상업은행, 투자은행
스왑딜러의 수입	호가스프레드(표준형 스왑의 경우 5~10bp)
주요 거래자	머니센터 상업은행, 투자은행, 대형 지역은행
거래규모	거래별로 다름: 평균명목원금: $10,000,000~$50,000,000
만 기	1~7년 또는 10년(1~5년은 유동성이 매우 높음)
신용위험	신용위험 존재(담보, 증거금, 주기적 정산 필요)
경쟁상태	상품수명주기상 성숙단계 진입, 경쟁치열

3) 비표준형 금리스왑

은행은 스왑거래에 있어서 당사자의 요구를 보다 충실하게 충족시키기 위해 표준형 금리스왑의 모든 특성을 당사자의 요구조건에 부합하도록 수정변경함으로써 다양한 종류의 비표준형 스왑이 거래되고 있다.

명목원금이 스왑기간 중 변동하는 스왑이나 두 당사자가 모두 변동금리이자를 지급하는 베이시스스왑, 유효일이 거래일로부터 많이 떨어져 있는 특징을 갖고 있는 선물스왑 등 대단히 많은 종류가 스왑시장에 존재하고 있다. 여기서는 베이시스스왑, 선물스왑, 비시장가격스왑, 딥스왑, rate swap 등을 고찰하기로 한다.

① 베이시스스왑(기준금리스왑)

베이시스스왑(basis swap)은 거래쌍방이 모두 변동금리이자를 지급하며 서로 다른 변동금리를 사용하여 이자를 계산한다. 베이시스스왑에서 통상 한쪽 당사자는 LIBOR를 기준으로 특정기간에 대한 이자지급액을 계산하며, 다른 쪽 상대방은 여타의 단기시장금리, 예를 들어 상업어음금리(CP rate: commercial paper rate), 양도성예금증서금리(CD rate: certificate of deposit rate), 연방자금금리(federal funds rate) 등의 단기금리를 기준으로 이자를 계산한다.

상업어음을 연속적으로 발행하여 조달한 자금으로 LIBOR 만큼이 수익을 얻을 수 있는 자산에 투자한 기업의 경우 베이시스스왑을 활용함으로써 수입과 지출간의 불일치에서 발생하는 베이시스위험을 제거할 수 있다. 이 경우에 기간별 LIBOR의 basis가 서로 다를 뿐만 아니라, 두 당사자간에 이자지급 횟수도 서로 다르다.

② 선물스왑

선물스왑(forward swap)이란 유효일(effective date: 이자발생시작일, 거래일로부터 2영업일)이 거래일로부터 2영업일 후가 아니라 몇 주, 몇 달, 또는 그보다 더 장기간 연기되는 경우의 스왑을 말한다. 선물스왑은 거래 일방이 미래에 조달하고자 하는 변동금리자금의 유효금리를 고정금리로 미리 확정하고자 하는 경우에 이용하는 스왑이다.

③ 비시장가격스왑

대부분의 경우 스왑의 가격은 스왑계약시점에서 두 당사자간에는 아무런 대차관계가 이루어지지 않는다. 그러나 비시장가격스왑(off-market price swap)의 경우 고정금리가 표준형 금리스왑에서와 다르기 때문에 스왑거래의 일방이 상대방에게 어떤 방식으로든지 일정한 보상을 주어야 한다.

④ 딥스왑

딥스왑(diff swap)이란 베이시스스왑의 일종으로서 거래일방은 특정통화표시의 변동금리이자를 지급하고 상대방은 다른 통화로 표시된 변동금리에다 일정률의 마진을 가감한 금리로 변동금리이자를 지급하되 지급통화는 서로 같은 통화로 하는 형태의 베이시스스왑을 말한다.

⑤ rate caps

cap이란 스왑 거래시 취급해야 할 변동금리의 상한선을 말한다. 그러므로 발행자가 cap변동금리채를 발행하면 만약 금리가 상한선(cap)을 초과하더라도 cap까지만 이자가 지급된다. cap채권이 시장에 유통되는 경우 cap채권을 매입한 투자자는 실제시장금리와 cap금리와의 차액을 지급받게 되며, 반면에 cap채권매입자로부터 수수료를 받음으로써 cap이 없는 변동금리채에 비해 자금조달비용을 낮출 수 있는 이점을 갖는다.

2. 통화스왑

1) 통화스왑의 개념

통화스왑(currency swap)이란 서로 다른 통화로 표시된 자금을 필요로 하는 두 거래당사자가 계약기간 동안 원금에 기초하여 상이한 통화로 표시된 이자를 지급하고, 만기일에는 계약시점에 미리 약정한 환율에 의해 원금을 교환하는 것을 말한다.

여기서는 금리스왑에서와 같은 이자지급뿐만 아니라 원금에 대한 현금흐름까지 교환하기로 약속하는 협약을 말한다. 통화스왑은 다음과 같은 몇 가지 사항을 제외하면 금리조건을 교환한다는 점에서는 금리스왑과 같다.

즉, 통화스왑의 특성은 다음과 같다.

① 거래쌍방이 상호 교환하는 현금흐름을 서로 다른 통화로 표시한다.
② 만기에서는 항상 명목원금을 상호 교환한다.
③ 유효일에 명목원금을 상호 교환할 수도 있다.
④ 거래쌍방이 상호 교환하는 현금흐름은
    ㉠ 양쪽 다 고정금리이자이거나
    ㉡ 양쪽 다 변동금리이자이거나

ⓒ 한쪽은 고정금리이자 다른 한쪽은 변동금리이자일 수도 있다.

다시 요약하면 통화스왑은 서로 다른 통화를 갖는 쌍방이 고정금리부채를 갖는 경우 연속적으로 현금흐름을 교환하는 금융기법으로 기간은 보통 5년에서 12년이며, 금액은 1,000만 달러 내지 1억 달러 정도이다. 이는 금리스왑과는 달리 이자지급뿐만 아니라 원금지급을 위한 현금흐름까지도 포함한다.

2) 표준형 통화스왑

표준형 통화스왑(generic/plain vanilla currency swap)은 두 스왑당사자가 계약기간 동안 명목원금에 기초하여 상이한 통화로 표시된 이자를 지급하고, 만기일에는 계약시점에 미리 약정한 환율에 의해 명목원금을 재교환하는 두 당사자간의 계약이다.

여기서 표준형 통화스왑은 표준형 금리스왑의 특수형태로 볼 수 있는데 표준형 통화스왑과 표준형 금리스왑의 차이점은 다음과 같다.

① 표준형 금리스왑에서는 두 스왑당사자가 서로 교환하는 현금흐름을 서로 동일한 통화로 표시하는데 반해, 표준형 통화스왑에서는 서로 상이한 통화로 표시한다.

② 표준형 금리스왑에서는 두 스왑당사자가 만기일에 명목원금을 재교환하지 않는데 반해 표준형 통화스왑에서는 만기일에 명목원금을 서로 재교환한다.

③ 표준형 금리스왑에서는 두 스왑당사자가 계약기간 동안 고정이자와 변동이자를 서로 교환하는데 반해 표준형 통화스왑에서는 두 스왑당사자가 고정이자를 서로 교환할 수도 있고 변동이자를 서로 교환할 수도 있으며, 고정이자와 변동이자를 서로 교환할 수도 있다.

금리스왑에서는 고정 대 변동 스왑만 표준형으로 인정하는데 반해, 통화스왑에서는 고정 대 고정, 고정 대 변동, 변동 대 변동의 3가지 스왑을 모두 표준형으로 인정한다. 〈표 15-4〉는 표준형 통화스왑 명세서이다.

구 분	내역
최종사용자	통화스왑, 합성통화상품, 통화스왑스프레드 거래자
주요 스왑딜러	상업은행, 투자은행
스왑딜러의 수입	호가스프레드(표준형 스왑의 경우 5~10bp)
주요 거래자	머니센터 상업은행, 투자은행, 대형 지역은행
거래규모	거래별로 다름: 평균명목원금: $10,000,000~$50,000,000
만 기	1~7년(1~5년은 유동성이 매우 높음)
신용위험	신용위험 존재(담보, 증거금, 주기적 정산 필요)
경쟁상태	상품수명주기상 성숙단계 진입, 경쟁치열

통화스왑의 기본형태에는 직접통화스왑, 채무대상스왑 등이 대표적이다. 다음에 개괄적으로 고찰하고자 한다.

① 직접통화스왑(straight currency swap)

직접통화스왑은 두 거래당사자들간에 서로 필요로 하는 통화를 현물환율을 적용해서 교환하고 미래의 정해진 날에 그 당시의 현물환율이나 기간 중의 환율변동에 관계없이 동일금액을 역으로 재매매하는 거래방식이다. 직접통화스왑은 상대방에게 자국통화를 빌려주는 것이 아니라 자국통화를 판매하는 것이며, 만기에는 원금을 재상환하여야 하는 계약이 수반된다.

② 채무대상스왑거래

채무를 대상으로 하는 스왑거래는 거래쌍방이 서로 다른 통화표시의 채무에 대한 원리금상환의무를 교환하기로 약정하는 거래를 말한다. 이 스왑거래는 환위험과 금리변동위험을 헷지하고, 아울러 차입비용을 절감할 수 있는 전형적인 스왑거래의 형태이다. 여기에는 고정금리통화스왑(fixed rate currency swap), 변동금리통화스왑(floating rate currency swap), 변동-고정금리통화스왑(floating to fixed rate currency swap) 등이 있다.

3) 통화스왑의 응용

① 상호대출(parallel loan)

상호대출(상호융자)은 서로 다른 국가에 모기업이 소재하고 각각 상대국에 자회사를 갖고 있는 경우에 모기업소재국의 상대방 자회사에게 현물환율로 환산하여 동일금액을 동일만기조건으로 자국통화표시자금을 자국의 시장금리로 대출해 주는 거래이다. 이를 설명하면 [그림 15-3]에서 보는 바와 같다.

상호대출(상호융자)거래의 장점은 다음과 같다.

㉠ 모기업이 직접투자하는 환위험을 제거한다.
㉡ 자회사가 독자적으로 현지에서 자금을 조달하는 경우보다 자금조달비용을 절감한다.

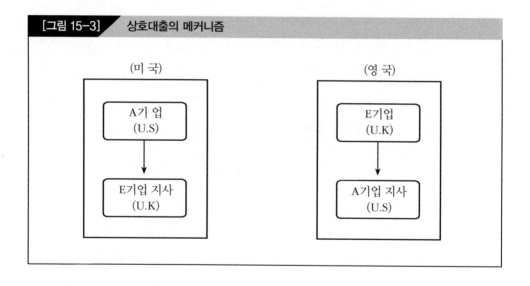

[그림 15-3] **상호대출의 메커니즘**

상호대출(상호융자)거래의 단점은 다음과 같다.

㉠ 지불의무를 지는 상대방의 도산가능성 때문에 발생하는 파산위험이 존재한다.

ⓛ 모기업과 지사의 연결대차대조표에 상호융자만큼 과대계상된다.

ⓒ 상대방의 채무불이행시 이에 대응해 계약불이행을 할 수 있는 상계권(right of set-off)이 없다.

ⓔ 환율변동으로 상대방이 환차손을 입을 경우에는 보상을 해야 한다.

② 상호직접융자(back-to-back loan)

상호직접융자는 자회사를 개입시키지 않고 본사간에 직접거래를 통하여 융자가 이루어지는 형태의 스왑거래이다. 본·지사간에 직접적으로 융자가 이루어진다는 점에서 상호대출과는 다르며, 그 외는 상호융자와 유사하다.

③ 역통화스왑(currency unwind swap)

스왑거래를 하는 경우 국제금융시장에서 금리와 환율의 급작스러운 변동은 자산에 대한 대규모의 시장재평가손익을 발생시키게 된다. 따라서 일부 스왑거래자들은 환율 또는 금리의 변동이 발생한 경우, 통화에 대한 환노출을 막고 이익을 실현하기 위한 방안으로 처음 거래한 스왑과 반대방향으로 다시 스왑을 할 수 있는 역통화스왑(currency unwind swap)을 개발하게 되었다.

④ 이중통화스왑(dual currency swap)

이중통화스왑은 발행자의 통화와 상환 및 쿠폰이자가 서로 다른 통화로 표시된 부채의 스왑이다.

⑤ 통화옵션스왑(currency option swap)

통화옵션스왑은 거래상대방에게 스왑의 원금에 대해서 일정기간 내에 상대방이 유리한 현물환율을 선택할 수 있는 권리를 주는 스왑으로 1985년에 Credit Commercial de France에 의해 개발되었다. 이 경우 이자율은 원금의 증감에 관계없이 변하지 않는다. 즉, 통화옵션스왑은 변동금리부채권(FRN)을 약정된 환율과 금리하에서 타국통화표시 고정금리채로 전환할 수 있는 권리인 전환권(warrant)을 결합시킨 스왑이다.

⑥ DLF(Derivative Linked Fund, 파생결합펀드)

상품구조는 ELF(Equity Linked Fund=주가연계펀드)와 같으나 주가나 주가지수가 아닌 금리, 환율, 원자재가격에 따라 수익률이 결정되는 파생금융상품(DLS)에 투자하는 펀드 이다. 2019년에 원금손실 사태를 불러왔던 DLF상품은 독일 국제금리를 기초자산으로 삼았다(2020.2.5. 수요일. 조선일보 조선경제, p.B5, p.B7.).

⑦ ELS(Equity Linked Securities, 주가연계증권)

특정주식의 가격이나 주가지수가 일정기간 동안 정해 놓은 범위에 있으면 약정된 수 익을 지불하되, 구간을 벗어나면 원금손실을 보게 되는 파생금융상품. 2, 3개의 주가지 수를 기초자산으로 하는 '지수형ELS'가 많다(2020.2.5. 조선일보 조선경제, p.B7.).

⑧ TDF(target date fund)

투자자의 은퇴 시점을 '타깃 데이트(목표시점)'로 정해 놓고 은퇴시기에 자산을 최대 로 불릴 수 있도록 자산운용사가 알아서 돈을 굴려주는 펀드이다. 자산배분 프로그램에 따라 자동으로 투자하기 때문에 투자자가 포트폴리오를 신경 쓸 필요가 없다. 노후자금 운용에 유익한 펀드이다(2020.2.5. 조선일보 조선경제, p.B5.).

3. 상품스왑

상품스왑(commodity swap)이란 스왑당사자의 일방이 상대방에게 주어진 상품의 수량 에 대한 단위당 고정가격을 주기적으로 지급하는 대신에 단위당 변동가격을 주기적으 로 수취한다. 상품스왑에서 교환되는 상품의 종류는 같을 수도 있고 다를 수도 있다. 상 품의 종류가 같으면 명목원금의 교환이 불필요하고, 상품의 종류가 다르면 명목원금의 교환이 필요하지만, 일반적으로는 명목원금의 교환이 발생하지 않는다. 상품스왑은 위 험헷지, 규제회피, 원자재의 안정적 확보 등 여러 가지 기능이 있다.

제7편
언택트금융·오픈뱅킹시스템
·암호화폐의 이해와 전망

요약

언택트(untact)는 접촉(contact)이라는 말을 부정하는 'un' 접두어를 결합시켜 만들어낸 신조어로 '직접 대면하지 않는다'는 뜻이다. 최근 무인기기 또는 인터넷 사용이 늘어나면서 사람과 사람 사이에 직접 대면접촉이 감소되는 비대면(非對面) 환경과 그 현상을 이르는 말이다.

언택트는 4차산업혁명 및 인공지능(AI)과 증강현실(AR)이 맞물려 더 심화되는 추세이다. 2020년 전세계에 확산된 코로나 바이러스 감염증(COVID-19)의 방역을 위한 '사회적 거리두기'가 일상화되고 있는 상황에서 주목받는 트렌드로 부상했다.

제16장의 언택트금융은 2020년 하반기 코로나 시대에 접어들어 정부의 중점추진과제인 금융혁신과 더불어 언택트금융 활성화를 위한 여러 항목, 특히 중요한 비대면 금융기래용(用) 인증서세노 개편 내용을 심도 있게 살핀다.

비대면 금융거래를 하기 위해서는 인증서가 필요하다. 비대면 금융거래에서 사용가능한 인증서에는 기존 공인인증서를 대체하는 '공동인증서'(금융결제원, 코스콤 등 발급), 개별 은행이 발급한 은행인증서, 통신사 또는 플랫폼 사업자가 발급한 인증서 등이 있다.

제17장에서는 오픈뱅킹시스템을 고찰한다. 이 제도는 2019년말에 시행되어 활성화되고 있는데 은행과 핀테크기업이 함께 참여하는 금융서비스이다. IMF 금융위기 이래 금-산분리주의를 고수해 왔던 당국이 종전의 은행중심체제에서 산업과 기업들도 함께하는 금융환경으로 조성된다.

오픈뱅킹의 주된 업무는 조회(照會)업무와 자금이체(資金移替)업무 등이 있다. 금융위원회는 2019년 12월 18일 오픈뱅킹 제도를 전면 시행하였다. 16개 은행과 31개 핀테크기업이 참여하고 나머지 기관도 이후부터 순차적으로 참여하여 금융계 전반적인 확산으로 이어지게 된다. 앞으로 오픈뱅킹 제도와 언택트금융은 미래의 금융시장 개방을 향한 주역이 되어 새로운 금융환경을 만들어 나갈 것이다.

본서의 마지막 장인 제18장에서는 암호화폐(비트코인/가상화폐/가상자산) 영역을 체계적으로 정리 고찰하면서 이 책의 대단원을 마무리할 것이다. 새로운 통화 등장과 진행, 앞으로의 전망에 대해서 독자 여러분의 많은 이해가 있기를 기대한다.

이제는 오픈뱅킹시스템(Open Banking System)과 핀테크금융 기술의 발전으로 인해 비금융업체가 금융업에 진출할 수 있는 길이 열렸다. 그러나 IMF 금융위기 여파로 시행되었던 금산분리정책은 금융산업이 비금융산업을 융합하며 성장하는 기회를 여전히 막고 있다. 이번 금융규제혁신위원회에서 시행 발표한 내용은 이같은 불균형을 고치고 규제를 풀어서 혁신을 실현하는 희망을 우리에게 준다.

제16장

언택트금융

제1절 언택트금융(Untact Finance)이란 무엇인가?

1. 언택트금융의 개요

(1) 언택트의 개요

언택트(untact)는 접촉(contact)이라는 말을 부정하는 'un'을 결합시켜 만들어낸 신조어로 '직접 대면하지 않는다'라는 뜻이다. 최근 무인기기 또는 인터넷 시용이 늘어나면서 사람과 사람 사이에 직접 대면접촉이 감소되는 비대면 환경과 그 현상을 이르는 말이다.

언택트는 4차산업혁명 및 인공지능(AI), 증강현실(AR)[1]과 맞물려 더 심화되는 추세이

---

1) 증강현실(AR : Augmented Reality); 사용자가 눈으로 보는 현실세계에 가상 물체를 겹쳐 보여주는 기술이다. 컴퓨터 프로그래밍으로 영상 및 사진을 보여줄 때 컴퓨터가 만들어낸 유용한 정보를 이미지에 겹쳐서 결합하거나 늘리는 과정을 말한다. 현실에 존재하는 이미지에 가상 이미지를 겹쳐 하나의 영상으로 보여주므로 가상현실(AI)보다 현실감이 뛰어난 것이 특징이다.

다. 2020년 전세계에 확산된 코로나 바이러스 감염증(COVID-19)의 방역을 위한 '사회적 거리 두기'가 일상화되고 있는 상황에서 주목받는 트렌드로 부상했다.

언택트와 동의어로 '넌컨택트(noncontact)', '노컨택트(no-contact)', '제로콘택트(zero contact)'가 있다.

(2) 초기의 언택트 개념

'언택트기술'은 인공지능(AI)과 네트워크, 빅데이터와 사용자 인터페이스 기술의 진화가 인간이 하던 업무를 사람 없이 독자적으로 수행하는 기술의 의미를 가지고 있다. 이러한 현실은 일반 상거래에서 기술발달이 단순한 무인기술이나 비대면기술을 넘어, 사람과 사람이 만나는 방식을 변하게끔 하여 타인과 대면으로 만나는 자체를 부담스러워하는 심리적 성향에까지 이르게 하는 개념이 되었다. 이후 언택트 기술은 인공지능과 같은 4차산업혁명 기술이 일상에 도입되는 상황에서 진화의 속도가 빨라지며 금융산업 분야에까지 진입하게 된 것이다.

(3) 언택트금융의 진화(進化)와 그 사례

금융권도 언택트를 적용해 시스템을 개발하고 비대면거래 규정을 발빠르게 실행하고 있다. KB국민은행은 2020년 8월 1일 무인점포 수준의 은행업무처리 능력을 갖춘 '스마트 텔러 머신'(STM=신분증 스캔, 손바닥 바이오 인증, 화상상담 등 영업점 창구업무를 고객이 직접 대신 수행처리) 시연회를 개최하고 운영을 확대하고 있다.

우리은행도 같은 해 12월 10일 전자금융거래 기본약관, 전자뱅킹 서비스이용 약관 등 비대면 금융거래규정을 개정 변경했다. 즉 '인터넷 기업해외송금 이용약관 개정내용을 보면 이용대상을 종전에는 서비스의 대상을 은행영업점에서 전자뱅킹을 가입한 '기업고객'으로 규정했었는데, 이를 개정하여 영업점 방문 없이 전자뱅킹의 이용매체를 통해 서비스를 제공하는 '방법'을 제시하고 있다. 우리은행은 이미 하나은행의 디지털 모바일점포(지점)에 해당하는 '집콕지점'을 운영하고 있다. '집콕지점'은 고객이 은행에

356

가지 않고 타행계좌 간편조회, 내 계좌 총 잔액확인, 잔액표시의 예스(On) 노(Off) 시스템, 계좌번호 자동입력 등이 가능하다.

신한은행은 영업지점에 가지 않고 기업에서 태블릿PC로 기업대출을 받는 시스템이 있다. 기업전용 디지털플랫폼을 통해 이 같은 절차가 이루어진다. 고객현황과 기업정보 검색기능을 가진 이 플랫폼을 통해 전국 189개 지점 디지털창구를 활용함으로써 종전의 종이서류는 사라지게 되었다.

하나은행은 법무법인 태평양(변호사) 전용 모바일 점포(비대면 특화점포)를 2021년 4월에 출범시키고 우대금융과 세무상담을 하도록 했으며, 이 밖에도 특정 기업이나 아파트 단지, 소모임을 위한 모바일지점이 여럿 생겼다.

전자금융거래법개정에 따라 빅테크 플랫폼을 통해서 자체계좌로 송금·결제 각종 온라인 '페이(pay)' 업체들이 계정을 발급받고 급여이체, 신용카드 대금결제 등 각종 금융 계좌 기반 서비스를 사용할 수 있게 되었다.

은행시장 외에 주식시장에서도 최근 '테마형 ETF(Exchange Traded Funds)'가 급성장하고 있다. 이 경우는 종목을 못 고르는 투자자들에게 큰 인기 있는 언택트 상품이 된다(예를 들어 S&P 500 상장지수펀드⟨ETF⟩는 S&P 500지수의 가격과 수익률에 상응하는 투자 결과를 추구하기 때문이다).

제2절 언택트 산업의 기타 사례

'코트라(KOTRA=Korea Trade Investment Promotion Agency: 대한무역투자진흥공사)'는 2020년에 6억 달러 이상의 수출상담 실적을 올렸다. 최근 기업체에서 근무하는 직장인들은 교육수준이 높은 선진국일수록 원격근무비율이 높은 것으로 나타났다. 맥킨지의 2020년 5월 원격근무 보고서에 의하면 선진국일수록 비율이 높아서 영국(33~46%), 독일(30~39%), 미국(29~39%), 일본(29~39%), 프랑스(28~39%), 스페인(26~36%) 순이었다. 신흥국은 멕시코(18~26%), 중국(16~222%), 인도(12~16%) 순으로 나타났다. 대체근무가 높은 직종으로는 금융·보험(76~86%), 경영(68~78%), 과학·기술 서비스(62~75%) 순이었다.

전문가들은 원격수업을 잘하는 대학만이 발전할 것이라고 내다봤다. 30년 전에 미래학자 피터 드러커는 "앞으로는 대학 캠퍼스가 없어질 것"이라고 예측했는데, 코로나 19로 인해 이 예측이 현실화되고 있다. 코로나를 계기로 유럽·미국에 비해 뒤처져 있던 한국내 대학의 온라인 강의가 급속도로 자리를 잡아 가고 있다. 이러한 현상은 오히려 코로나19가 대학 혁신에 방아쇠를 당겨줬다고 보는 시각이 대학 교수들 사이에 널리 퍼져 있다.[2]

요즘 의료업계서는 비대면 진료 후 30분 내에 처방약이 배달되는 서비스 앱(APP)이 출시되어 인기몰이하고 있다.

제3절 금융당국의 언택트 중점추진 방향

1. 포스트 코로나 시대 중점추진 과제[3]

2020년 하반기 포스트 코로나 시대에 접어들어 금융위원회가 발표한 중점추진과제 중 금융혁신과 더불어 언택트금융 활성화를 위한 여러 항목 중 중요사항을 요약하면 다음과 같다.

(1) 디지털금융 활성화

금융실명법은 1993년 법 제정 이후 약 30년간 계좌개설, 즉 금융거래의 시작점을 규율하는 기본법으로 자리잡아 왔다. 하지만 본인확인 방식이 '대면(對面)'을 전제로 하고 있

---

2) 매일경제, 2020.12.17.A.18. 참조.
3) 2020년 하반기 중점추진과제, 금융위원장 기자간담회, 은성수, 2020. 6. 11.

358

어 개선 필요성이 지속적으로 제기되어 왔던 것을 이제는 개선하고 혁신할 때가 왔다.

건전한 금융거래 질서 확립이라는 금융실명법의 기본정신을 견지하면서 편리한 금융거래를 원하는 금융소비자의 요구를 반영하여 금융거래 인증·신원확인 혁신방안을 마련하는 것이다.

(2) 금융거래 보안강화

개인정보, 나아가 국민재산이 안전하게 지켜진다는 소비자의 신뢰를 탄탄한 기반으로 삼고 디지털 금융혁신을 도모하게 된다.

(3) 빅데이터 활성화 도모

건전한 금융·빅데이터 거래소가 다량 출범함으로써 수많은 새 금융상품으로 등장하게 되어 금융산업의 새로운 기대 사업자로 가세하게 되었다. 이들을 위해 금융, IT, 통신 등 다양한 분야의 사업자에게 문호를 개방하게 된다.

2. 언택트(비대면) 금융용(用) 인증서제도 개편[4]

(1) 비대면 금융거래를 위한 인증서

비대면 금융거래를 하기 위해서는 인증서가 필요한데 여기에서 사용가능한 인증서[5]에는 다음과 같은 것이 있다.

① 기존 공인인증서를 대체하는 '공동인증서'(금융결제원, 코스콤 등 발급)

② 개별은행이 발급한 '은행인증서'

③ 통신사나 플랫폼사업자가 발급한 '인증서'

---

4) 금융위원회, 보도참고자료, p.1, 2020. 12. 9.

5) 금융위원회, 보도참고자료, p.2, 2020. 12. 9.

기존 공인인증서와 비교할 때 새로운 민간 인증서의 장점은

① 별도 프로그램을 설치하지 않아도 된다.

② 지문이나 간편 비밀번호도 사용된다.

③ 인증서를 클라우드(cloud)[6]에 저장할 수 있다.

(2) 비대면 금융거래 공동인증서의 역할

'공동인증서' 는 다양한 민간사업자가 발급한 인증서에도 동일한 법적 효력이 부여된다. 금융기관이 아닌 민간 인증서도 금융거래 사용을 허용함으로써 언택트금융의 일반적인 환경조건이 조성되는 것이다.

(3) 비대면 금융거래에 사용되는 인증서의 종류

비대면 금융거래에 이용이 가능한 인증서에는 다음과 같은 것이 있다.

① 기존 공인인증서를 대체하는 '공동인증서' (금융결제원, 코스콤 등 기존 공인인증기관)

② 개별 은행 등이 발급한 인증서

③ 통신사나 플랫폼사업자 등이 발급한 인증서가 있다.

다만, ②는 다른 금융기관에서는 이용이 제한될 수 있으며, ③은 「금융실명법」 수준의 실명확인 절차를 거치지 않으면 금융거래에 사용하는 데 제한이 있을 수 있다.

다음의 〈표 16-1〉과 같이 인증서마다 이용방법, 금융회사 · 금융거래별 이용범위 등이 다르기 때문에 자신에게 맞는 인증서를 미리 알아보고 선택할 필요가 있다.

---

6) 데이터를 인터넷과 연결된 중앙컴퓨터에 저장해서 인터넷에 접속하기만 하면 언제 어디서든 데이터를 이용할 수 있는 것.

〈표 16-1〉 현재 이용 가능한 인증서 종류(예시)

	인증서 종류	발급기관	주요특징
①	공동인증서	금융결제원, 코스콤 등	기존 공인인증서와 유사한 방식으로 이용 가능
②	금융인증서비스	금융결제원	은행(22개) 및 카드사 등에서 이용 가능
	KB모바일 인증서	KB국민은행	각 은행(모바일뱅킹) 앱을 통해 금융그룹별 서비스에 이용 가능
	NH원패스	NH농협은행	
	하나원큐 모바일 인증	하나은행	
③	PASS 인증서	이동통신 3사	개별 서비스 앱에서 인증서를 발급하며, 각 플랫폼에 연계된 서비스에서 이용 가능
	카카오페이 인증서	카카오페이	
	네이버 인증서	네이버	
	페이코 인증서	NHN페이코	
	토스 인증서	비바리퍼블리카	

(4) 기존 공인인증서와 민간인증서의 비교분석

선택하는 민간인증서에 따라 다를 수 있지만 공인인증서의 단점을 보완한 인증서비스를 간편하게 사용할 수 있다. 예를 들어 금융결제원의 금융권 공동의 '금융인증서비스'는 ① 별도 프로그램을 설치하지 않아도 되며, ② 인증서가 클라우드에 저장되어 스마트폰에 따로 이동·저장할 필요가 없고, ③ 지문인증이나 간편 비밀번호 등으로 간편하게 사용할 수 있을 것으로 예상된다. 〈표 16-2〉에 인증서가 비교분석되어 있다.

〈표 16-2〉 기존 공인인증서와 새로운 인증서(금융인증서비스)의 비교

	기존 공인인증서	금융인증서비스*
프로그램 설치	플러그인 설치 필요	별도 프로그램 설치 불필요
저장장소	PC, 스마트폰 등	클라우드
유효기간	1년	3년
인증방법	비밀번호	지문, 간편비밀번호(6자리)

* '금융인증서비스' 상세내용은 금융결제원의 보도자료(2020. 12. 04)를 참고.

개별 은행 및 플랫폼 사업자는 각자가 제공하는 서비스의 특성에 맞게 이용자 편의성과 보안성을 강화한 인증서를 제공하게 된다.

디지털금융의 구조조정 전망[7]

금융업무는 가까운 미래에 예금통장이나 신용카드, 현금 같은 현실 개념들이 완전히 사라지게 될 것이다. 그리고 금융혁신의 진전으로 인해 은행 문턱은 낮아지게 될 것이다.

(1) 미래 금융산업 구조조정

다음의 〈표 16-3〉은 미래 금융산업 구조조정을 전망한 것이다. 과거에서부터 현재 및 미래를 비교 전망해 보았다.

〈표 16-3〉 금융산업 구조조정의 진화과정

① 과거	② 현재	③ 미래
은행·카드·증권·보험사가 각 영역에서 금융업 제공	전통 금융업종 간 융합과 결합으로 경계 불분명	업종간 장벽, 점포, 상주인력이 사라져 100% 비대면 상태
금융규제와 금융사 편의성에 따른 분류로 고객 불편 야기	비대면-핀테크기술로 온라인에 익숙한 고객에게 편의성 향상	금융-상거래-자산관리를 통합한 메가테크 출현으로 고객의 편의성 극대화

(2) 금융사(은행) 주요 비대면 서비스 비교

다음의 〈표 16-4〉는 현재 각 금융사(은행)의 주요 비대면 서비스 내용을 비교 설명한 것이다.

〈표 16-4〉	금융사(은행) 주요 비대면 서비스 비교	
은행	서비스	세부내용
신한은행	디지텍트[8] 지점	예-적금, 청약통장 개설, 대출상담업무를 1대1 영상으로 직원을 통해 안내함.
국민은행	디지털셀프점 (스마트 ATM)	손바닥 인증을 통한 금융거래, 체크카드 개설 등 단순업무를 고객 스스로 처리함.
우리은행[9]	집콕지점	메인 화면에서 타행계좌 간편조회가 바로 되고, 내 계좌 총 잔액을 바로 보며, 프라이버시 보호용 잔액 표시를 On-OFF할 수 있고, 메신저 복사로 계좌번호 자동입력이 가능하다. 또 계좌번호 없이도 가능한 연락처 이체서비스, 금융인증서 등록 후 3년간 유효 이용된다.
중국 핑안보험	AI 견적서비스	고객이 직접 사고차량 사진을 올리면 AI가 3분 이내에 견적서 전송. 보험금 지급.

(3) 디지털금융시대의 미래 전망

개인과 기업의 예금, 대출, 환전 등 금융 전반을 관리했던 전통 은행들은 기업의 실물자산이나 개인의 주택담보대출 영역에만 집중하는 소규모 은행점포로만 전락하게 될 것으로 전망된다. 그 대신 오프라인 점포인력을 AI로 대체하고, 상거래 고객 정보 등 빅데이터에 집중한 일부 은행과 핀테크기업, 아마존 등 메가테크 플랫

---

7) 이 내용들은 매일경제신문, 2020.12.22. A4, '2021 신년기획, 환디지털금융'을 요약정리한 것임.

8) 디지털+콘택트의 합성어.

9) 조선일보, 2020.12.22. A19, 전면 광고 인용한 것임.

폼기업 등이 금융을 장악하게 될 것이다. 기존 은행들이 변화의 중심에 서서 역할을 할지는 아직 미지수이다. 이 같은 미래상은 최근 바젤은행감독위원회의 '가까운 미래 시나리오'나 BIS 사무총장 아구스틴 카르스텐스(Agustin Carstens)가 미국 프린스턴 대학 연설에서 "디지털화폐 혁명을 받아들이지 않는다면 시대가 우리를 추월할 것"[10]이라고 경고한 내용에서, 그리고 시중은행 자체보고서 등 여러 곳에서 그런 징조가 벌써 엿보이고 있다.

AI의 '빅데이터 대출심사'로 맞춤대출 실행하는 사례[11]

급하게 돈이 필요했던 자영업자 김(金)씨는 신용대출을 받기 위해 휴대폰을 열었다. 그는 모바일뱅킹을 실행한 뒤 인공지능(AI) 금융비서에게 "3,000만원의 신용대출을 받고 싶다."고 말했다. '음성인식'을 한 이 금융비서는 김씨에게 '홍체인식'을 요청했다. 인증이 이루어지고 약 30초 뒤 금융비서는 김씨가 제도권 금융에서 받을 수 있는 최저신용대출금리를 제시했다. 이 금리는 대출 심사 과정에서 김씨의 신용점수 외에도 그의 인터넷쇼핑 기록, 휴대폰 통화기록, 소셜네트워크서비스(SNS) 활동내역, 지난 1년간 이동한 총 거리, 운동 횟수까지 고려되어 도출된 맞춤형 금리이다.

이 같은 금융서비스들은 먼 미래에나 실현될 꿈같은 이야기가 아니라 이미 기술적으로 실현가능하거나 혹은 몇 가지 장벽을 넘으면 곧 시행가능한 것들이다. 디

---

10) 이요섭, 신금융시장상품론(전자책), 2020, 제8편, 제4절 1. 리브라(Libra) 이야기 참조.
11) 이 내용들은 매일경제신문, 2020.12.22. A4, '2021 신년기획, 디지털금융'을 요약정리한 것임.

지털금융혁명을 가져올 기술로는 빅데이터, AI, 블록체인 등 신(新)기술이 꼽힌다. 이를 자세히 설명하면 다음 〈표 16-5〉와 같다.

〈표 16-5〉 디지털금융을 구현하는 첨단기술

구분	내용	금융권 활용
① 빅데이터	디지털 시대 생성되는 거대한 양의 데이터로 보관-분석-가공을 통해 신사업을 창출.	신용평가 모델 개발. 리스크 관리.
② 인공지능(AI)	데이터 학습을 통해 패턴 식별 후 문제해결. 미래 결과까지 예측하는 기술.	대출심사, 고객응대, 이상거래 감지.
③ 블록체인	거래정보를 네트워크 참여자들이 공동으로 기록하고 관리하는 기술.	인증, 결제, 송금. 스마트계약, 대출 등.

① 빅데이터는 금융권이 고객맞춤형 상품을 개발해 소비자 편익을 증대시킬 수 있는 기술이다.

② AI는 기계가 언어, 음성, 시각, 감성 등 인간의 인지능력을 학습·추론하는 등 지능을 구현하는 기술로 정의된다.

③ 블록체인은 금융권의 필수 도입기술 중 하나로 거래정보를 네트워크에 분산시켜 참여자들이 공동으로 기록하고 관리하는 기술이다. 안전한 거래가 가능하다는 것이 장점으로 꼽혀 금융권에서 활용 가능성이 많다.

AI가 이끄는 미래 디지털경제 환경에서 금융은 빅데이터에 관심이 집중되는 시대에 돌입하겠지만 자료를 식별-분석능력이 특히 중요하다. AI의 기술수요가 늘어도 궁극적인 이용자는 인간이므로 AI의 최종 조타수(操舵手)는 사람이다.

Financial Markets

제17장

오픈뱅킹 시스템

제1절 오픈뱅킹 시스템(Open Banking System)이란 무엇인가?

1. 오픈뱅킹의 개요

은행과 핀테크기업이 함께 참여하는 금융서비스가 시행되었다. 이를 오픈뱅킹이라 한다. 종전에는 금융업무는 정부의 인가를 받은 은행만이 금융관련 업무를 취급이 허용되었고, 일반 기업 등 산업은 금융사업의 어느 한 부문도 할 수 없도록 금지시켜 왔다.

오픈뱅킹의 주요 업무는 조회(照會)업무와 자금이체(資金移替)업무가 주 대상이다. 금융위원회는 오픈뱅킹 시행에 앞서 2019년 10월 30입부터 50일간 시범실시를 통해 기초를 마련한 후, 동년 12월 18일 전면 시행에 들어갔다. 18개 은행과 31개 핀테크기업이 참여하고 나머지 기관도 이후부터 순차적으로 참여하여 결국은 금융계 전반적인 확산으로 이어지고 있다.

이는 IMF금융위기 때 한국경제의 구조조정 방향에서 기업부문에서 산업자본과 금융자본의 철저한 분리원칙을 세우고 추진한 정책이 이제는 바뀌게 되었음을 의미한다.

최근 금융학회 등 관련 학회에서는 글로벌 차원에서 빅테크의 금융 참여, 핀테크 확산으로 금융·비금융의 융합을 촉진해야 한다는 주장도 등장하고 있다. 하지만 이러한 추세는 그동안 금·산분리 내지 은·산분리 원칙을 계속 지켜온 한국의 규제체제와 충돌할 가능성도 높다. 금융부문에서 전개되고 있는 심대한 변화가 금융경쟁력을 크게 제고할 수 있는 반면, 금융안정성을 저해할 가능성도 공존(共存)한다는 사실을 유념해야 할 것이다. 최근 BIS 등 국제기구를 중심으로 금융업에 진출한 빅테크기업에 대해 감독방안을 고민하는 것도 비슷한 맥락이다.

2. 오픈뱅킹의 구조

오픈뱅킹의 구조는 다음과 같다.[1]

개별 은행과의 제휴가 필요 없는 공동 플랫폼을 활용하여 오픈뱅킹 이용기관은 시스템 접속만으로 전체 참가은행(18개)과 연결하고 모든 은행의 결제망을 이용할 수 있다. 이를 그림으로 설명하면 [그림 17-1]과 같다.

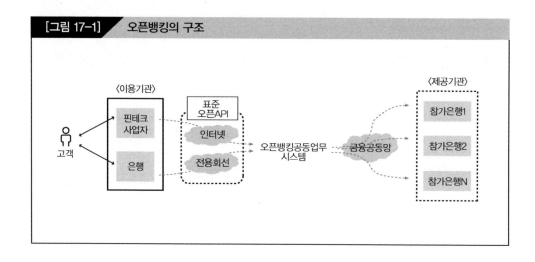

[그림 17-1] 오픈뱅킹의 구조

---

1) 금융위원회 보도자료 '은행과 핀테크기업 모두 참여하는 오픈뱅킹 서비스 전면 시행', 2019.12.18. 참조.

3. 참여기관

은행 및 대형 핀테크 업체의 참여가 허용된다. 은행이 제공기관으로서 일방적인 정보 제공 의무를 갖는 것이 아니라 이용 기관으로도 참가하여 오픈뱅킹을 적극 주도한다. 대형 핀테크 업체도 참여를 허용하여 오픈뱅킹 시스템의 범용성을 높이고 지급결제 산업을 활성화한다.

4. 제공서비스

자금의 이체(移替), 조회(照會) 관련 핵심 금융서비스를 6개 API[2]로 제공한다. 외국의 오픈뱅킹은 데이터 내역이 전송되는 조회형 API 중심이지만 한국의 경우는 더 나아가 입출금 기능이 실행되는 실행형 API까지 포함한다.

세부 내용은 〈표 17-1〉과 같다.

| 〈표 17-1〉 | 오픈뱅킹 제공 서비스 세부내용[3] |

구분	오픈뱅킹 제공 서비스 세부 내용
조회 API	① 잔액조회: 사용자 본인계좌 잔액 조회
	② 거래내역조회: 사용자 본인계좌 입출금내역 조회
	③ 계좌실명조회: 이용기관이 사용자 계좌의 유효성 및 예금주명 조회
	④ 송금인정보조회: 이용기관 계좌로 입금한 사용자명 및 송금계좌번호 조회
이체 API	⑤ 출금이체: 사용자 계좌에서 자금을 인출하여 이용기관 계좌로 집금
	⑥ 입금이체: 이용기관 지급계좌에서 자금을 인출하여 사용자 계좌로 입금

---

2) API: Application programming interface의 약자. 응용프로그램에서 사용할 수 있도록 운영체제나 프로그래밍 언어가 제공하는 기능을 제어할 수 있게 만든 인터페이스를 뜻한다. 주로 파일 제어, 창 제어, 화상 처리, 문자 제어 등을 위한 인터페이스를 제공한다.

3) 금융위원회, 보도자료, 2019.12.18., "오픈뱅킹 전면 시행" 내용 3. 참조.

5. 이용절차(금융결제원 등에서 심사, 계약체결, 진행)

이용적합성 심사, 보안점검 등 사전 검증 후 참여한다. 이용적합성 심사, 서비스 기능테스트 및 보안성 점검 등 사전 검증을 통과한 업체에 한하여 오픈뱅킹 참여를 허용한다.

[오픈뱅킹 이용 절차]

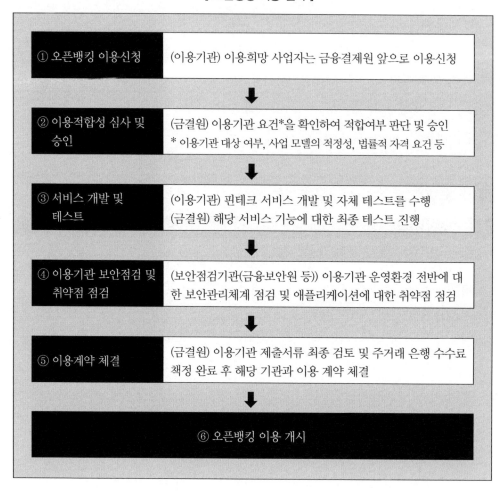

① 오픈뱅킹 이용신청	(이용기관) 이용희망 사업자는 금융결제원 앞으로 이용신청
② 이용적합성 심사 및 승인	(금결원) 이용기관 요건*을 확인하여 적합여부 판단 및 승인 * 이용기관 대상 여부, 사업 모델의 적정성, 법률적 자격 요건 등
③ 서비스 개발 및 테스트	(이용기관) 핀테크 서비스 개발 및 자체 테스트를 수행 (금결원) 해당 서비스 기능에 대한 최종 테스트 진행
④ 이용기관 보안점검 및 취약점 점검	(보안점검기관(금융보안원 등)) 이용기관 운영환경 전반에 대한 보안관리체계 점검 및 애플리케이션에 대한 취약점 점검
⑤ 이용계약 체결	(금결원) 이용기관 제출서류 최종 검토 및 주거래 은행 수수료 책정 완료 후 해당 기관과 이용 계약 체결
⑥ 오픈뱅킹 이용 개시	

6. 안정성 및 보안

운영기관 시스템 안정 및 이용기관 보안점검을 실시한다. 기존 운영시스템 증설, 24시간 이상거래탐지 시스템(FDS)[4] 을 통한 실시간 거래 모니터링 등 금융결제원 중계시스템 안정성을 확보한다.

금융보안원에서 점검(①이용기관 점검, ②핀테크서비스 취약점 점검)을 통해 핀테크기업의 보안성을 철저하게 검증한다.

7. 소비자보호

이용기관 보증보험 가입을 통한 피해보상체계를 마련한다. 금융사고시 소비자 피해를 최소화하기 위해 은행 통합 일간 출금이체 한도 1천만원 설정(추후 운영상황에 따라 상향여부 검토).

※ 예) A은행앱에서 1천만원 출금시, 당일 B은행앱에서 추가 출금 불가

부정사용 등 금융사고시 운영기관(또는 금융회사)의 신속한 소비자 피해 보상수단 확보를 위해 이용기관 보증보험* 가입을 의무화한다.

* 재무건전성, 리스크 관리 등에 따라 일 출금한도의 200%에서 조정(최저 100%, 최대 300%)

---

4) FDS: Fraud Detection System, 금융거래 차단시스템을 말한다. FDS를 구축해 운영하면, 간편결제 서비스 이용시 이메일과 비밀번호만으로 결제가 가능한 경우, 해킹의 위험으로부터 방어할 수 있다.

제2절 한국형 Open Banking의 특징[5]

(1) 공동 플랫폼

개별계약으로 운영되는 외국과 달리 운영기관(금융·결제원)에서 이용기관과 제공기관을 중계한다. 개별 은행과 제휴 없이도 오픈뱅킹 공동업무 시스템 접속으로 전체 참가 은행(18개)이 연결될 수 있는 '공동형(共同型) 플랫폼'[6] 이다.

(2) API 유형

영국, 호수 등은 단순 조회형 API 중심으로 오픈뱅킹을 운영하고 있으나 우리나라는 입출금 기능의 실행형 API까지 포함한다. 운영체계는 [그림 17-2]와 같다.

[그림 17-2]　API 유형

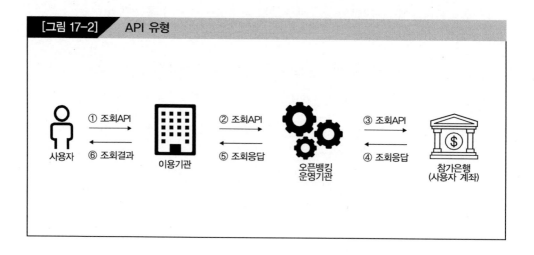

---

5) 금융위원회 보도자료, 참조.
6) 금융위원회, 보도자료, 2019.12.18., "오픈뱅킹 전면 시행" '참고 2' 참조.

(3) 은행의 지위

은행은 단순히 계좌 제공기관으로만 참여하지 않고, 이용기관으로도 참여하여 오픈뱅킹을 적극 주도한다.

(4) 참가기관 수

영국(9개 은행), 호주(4개 은행) 등 일부 대형은행을 중심으로 참가하는 주요국과 달리 한국은 모든 은행(18개)이 참가한다.

(5) 적시행정

API 의무개방을 규정한 법령 마련 이전에 은행 간 협약에 근거하여 오픈뱅킹 서비스를 선제적으로 제공한다.

오픈뱅킹에 관한 각 국가별 규정을 살펴보면 다음의 〈표 17-2〉와 같다.

〈표 17-2〉 오픈뱅킹 관련 국가별 규정	
구분	**해당 국가**
관련 법령에서 은행이 허가된 제3자와 정보공유를 하도록 요구하는 오픈뱅킹 규정	EU, 멕시코, 남아공, 인도, 태국
오픈 뱅킹 지침 발행(정보 공유 권장)	한국, 홍콩, 싱가포르
오픈 뱅킹 규정을 개발하는 과정	호주, 브라질, 러시아
오픈 뱅킹 채택을 적극적으로 고려	캐나다, 튀르키예(터키)
시장자율(오픈뱅킹 규정을 고려하고 있지 않음)	미국, 중국, 아르헨티나

출처: 바젤 은행감독위원회, 2019. 11월.

(6) 오픈뱅킹의 기대효과

금융산업과 핀테크기업 및 은행권 모두에게 각각 다음과 같은 기대효과를 제공한다.

① 금융산업 전반: 은행과 핀테크 간 장벽이 사라져 경쟁이 가속화된다.

오픈뱅킹은 단순한 결제망 개방을 넘어 종합 금융플랫폼의 출현 등을 통해 시장구조 재편 및 금융산업의 혁신으로 연결한다. 따라서 다양한 금융플랫폼이 등장·경쟁할 수 있는 기반을 마련하고, 금융산업 자체의 부가가치 창출 여력을 확대할 수 있다. 그리고 저비용 고효율 간편결제 활성화로 경제 전반의 거래비용을 절감할 것이다.

② 핀테크기업: 시장 진입장벽이 낮아져 금융혁신이 확산된다.('은행 문턱이 낮아진다')

은행권 의존 없이 저렴한 비용으로 서비스 제공이 가능해져, 핀테크기업이 원활한 시장 진입 및 혁신적 서비스 출시가 가능하다.

③ 은행: 종합 금융플랫폼으로의 성장 기반이 마련된다.

전 국민을 대상으로 간편송금, 간편결제 등 신규 사업에 진출하여 핀테크기업과 직접 경쟁이 가능하고 동시에 핀테크기업과 협력을 통해 다양한 서비스를 제공하는 플랫폼으로서의 뱅킹(banking as a platform)으로 전환된다. 다양한 채널을 통해 고객 유치 및 유지, 금융상품 개발, 유통 등 금융 전 분야에 경쟁력 제고 기회로 활용할 수 있다.

(7) 금융소비자의 편의성

금융플랫폼 출현으로 단순 결제·송금을 넘어 대출, 지출분석, 상품 비교 구매 등 다양한 금융서비스를 One-stop으로 이용한다(One 앱, All 금융서비스의 혜택을 간편하게 활용할 수 있다). 특히, 오픈뱅킹을 통한 손쉬운 상품 비교가 가능해져 간편한 자산관리를 통해 금융소비자의 자산형성 기회가 크게 확대된다. 이를 위해 오픈뱅킹의 안정성을 확보하고(2020년 하반기), 오픈 파이낸스(Open Finance)를 향한 오픈뱅킹 고도화를 추진한다.

제3절 금산분리(金産分離) 재완화 전망

(1) 은행도 비금융업 허용

그동안 은행과 핀테크기업 모두 참여하는 Open Banking Service 전면 시행 (2019.12.18. 금융위원회 보도자료) 이래, 비금융업체는 자유로이 금융업에 참여하지만 은행 (금융사)은 비금융업이 허용되지 않기 때문에 금융업계는 여러 가지 문제를 제기해 왔다.

이에 따라 국내금융사의 비금융자회사 보유제한을 대폭 완화하는 '금산분리제도 개선방향'을 금융위원회가 발표했다(2022.11.15.). 개선방안에는 금융사의 비금융자회사 소유허용 범위와 부수업무확대를 골자로 하는 내용을 담고 있다.

금융위원회가 2022년 11월 15일 '금산분리제도 개선방향 및 업무위탁제도 개선방향'을 발표함으로써 금융그룹들은 헬스케어, 택배업, 편의점 등 관심사업에 진출할 수 있는 기회를 가지게 되었다.

이런 변화에 발맞춰 KB, 신한, 하나, 우리, NH 등 5대 금융지주사는 금융산업과의 시너지효과가 큰 데이터연관산업 진출을 시작으로 단계적으로 자체수익성이 높은 영역으로 확대해 나가는 전략을 수립하고 있다.

금산분리 추가완화 논의, 규제개혁위원회 진행(매경 2022.12.30.A5)을 요약하면 〈표 17-3〉과 같다.

〈표 17-3〉 5대 금융지주 비(非)금융분야 관심사업

KB국민	신한	하나	우리	NH농협
헬스케어	이커머스	공급망 금융	택배	데이터
모빌리티	공급망 금융	헬스케어	편의점	클라우드
이커머스	헬스케어	통신업	기업 전자구매	AI
여행	요양서비스	인력중개	서비스	디지털 자산

자료: 각금융지주.

금융위, 금산분리 개선방안	
방안1 열거주의(포지티브) 확대	내용: 부수업무, 자회사 출자 가능 업종 범위를 확대해 열거 특징: 감독규정 개정 및 유권해석으로 신속추진, 시장변화에 빠른 대응 어려움
방안2 포괄주의(네거티브) 전환	내용: 일부 업종 제외하고 모두 허용, 자회사 출자한도 설정 특징: 새 업종 출현에 신속한 대응 가능, 법률 개정 필요
방안3 열거주의 + 포괄주의	내용: 자회사 출자 네거티브, 부수업무 포지티브 확대 특징: 금융회사와 자회사 구분해 각 특성에 맞게 규제, 법률 개 정 필요

출처: 매일경제 2022.12.30. P.A-3 참조.

(2) 핀테크 금융업 진출, 은행도 비금융업 허용

이번 금산분리정책 변화로 인해 IMF 금융위기 이후 은행이 비금융사업에 진출하지 못하게 막았던 족쇄가 40년 만에 풀리게 된다. 금융위원회의 2022년 11월 15일자 발표에 따르면 금융사들은 자사가 보유한 고객 데이터에 정보통신기술(ICT)을 접목하면 헬스케어, 여행, 통신. 인공지능 등 비금융영역에서 새로운 가치를 창출할 것으로 예상하고 있다. (이미 카카오, 네이버 등 테크기업이 금융영역에 진출해 신시장을 개척하고 있는 상황이다.)

이에 대한 금융위원회의 업무추진 방안은 크게 3가지이다.

① 은행이 할 수 있는 비금융사업을 확대열거하는 포지티브 방식.

② 일부 제조업을 제외한 비금융사업을 전면 허용하는 네거티브 방식.

③ 자회사 출자는 네거티브 방식으로 대폭 허용하되, 은행이 할 수 있는 비금융사업의 종류는 포지티브 방식으로 규제하는 혼합 방식.

현재 금융위원회는 금융업과 일반산업 사이에 칸막이를 치는 '금산분리규제완화방안'을 복수로 제시하고 있다. 열거주의 방식을 선택할 경우 입법부인 국회에서 법률개정이 필수적인데 금산분리완화에 부정적인 시각을 가진 측을 설득해야 하는 문턱이 있다.

제18장

암호화폐(비트코인)

제1절 블록체인과 암호화폐(비트코인)의 등장
– 기존 화폐 통화 시스템을 흔들다

1. 암호화폐와 가상화폐의 정의[1]

경제진화의 관점에서 블록체인을 바탕으로 하는 비트코인 같은 암호화폐의 등장은 실로 혁명적인 변화이다. IT기술과 학문의 융합으로 인하여 다윈의 진화론에서 영감을 받은 진화경제론은 이제 경제학 그 자체만으로 감당할 수 없는 상황이 되었다. 제4장에서 다루었던 핀테크금융도 결국은 인터넷과 IT기술을 기반으로 설명될 수밖에 없는 경제진화현상이다. 블록체인과 암호화폐는 핀테크금융에서 한 발 더 나아가 지금까지 논의해 왔던 진화경제론을 처음부터 다시 생각하게 만드는 계기가 될 수 있는 아이디어이다.

---

1) 이요섭, 진화경제학의 이해, 개정판, p.160.

다만 비트코인과 같은 암호화폐가 주류경제로 편입될 수 있을지는 좀 더 지켜봐야 한다. 블록체인 암호화폐에 대하여서는 여러 측면에서 살펴야 할 내용이 한두 가지가 아니지만 여기서는 경제진화론의 관점에서 고찰하는 선에서 그칠 것이다.

가상화폐와 암호화폐를 알고자 하면 블록체인의 의미를 제대로 파악해야 한다. 그러나 그 전에 가상화폐와 암호화폐의 의미에 대해 짚어볼 필요가 있다. 가상화폐는 종전에 은행의 거래시간에서만 다루고 있었던 예금이나 현금 거래를 때와 장소 구별 없이 모바일을 통해 마음대로 필요시에 수급되는 지급수단이다. 이는 '가치의 전자적 표시'(digital representation of value)를 의미한다.

암호화폐는 딜(脫)중앙화방식으로 생성되고 운영되는 신개념 화폐이다. 기존 은행처럼 거래장부가 은행이라는 중앙 서버에 집중 저장되는 것이 아니라 다수의 컴퓨터에 분산되어 저장된다. 따라서 암호화폐는 특정 주인이 없고 동시에 사용하는 모든 이용자들이 주인인 화폐이다. 국내 거래뿐만 아니라 국경을 넘어 글로벌 거래로도 이루어지며 어느 특정 국가에도 속박당하지 않고 누구도 임의로 화폐량을 늘리거나 줄일 수 없다. 컴퓨터와 인터넷만 있으면 누구나 어디서든지 활용할 수 있는 시스템인 것이다.

가상화폐에 대한 학계의 합의된 정의는 없으나 IMF, ECB(유럽중앙은행) 등 국제기구에 따르면, 중앙은행 또는 금융기관이 아닌, 민간에서 창출한 '가치의 전자적 표시'(digital representation of value)를 의미한다. 따라서 법률적으로 '법정통화'가 아니며 핀테크금융에서 P2P방식 거래의 진화 형태로 보는 것이다.

2018년 6월 프랑스 파리에서 열린 제29기 제3차 자금세탁방지기구(FATF) 총회에서는 가상통화를 'Virtual Currencies'(가상통화) 혹은 'Crypto-Assets(암호자산)'로 표현하기로 결정했다.[2]

---

2) 이요섭, 전게서, 제5장 화폐와 금융(가상화폐와 암호화폐), p.161~162 참조.

① 가상화폐(Virtual Currency)

지폐나 동전과 같은 실물이 없이 네트워크로 연결된 가상공간에서 전자적 형태로 사용되는 디지털화폐 또는 전자화폐를 말한다. 전자화폐란 금전적 가치를 전자정보로 저장해 사용하는 결제수단으로 정보를 담는 방식에 따라 IC카드형과 네트워크형으로 구분하는데, 그중 네트워크형 전자화폐를 가상화폐(Virtual Currency)라 한다. 가상화폐는 실물 없이도 거래가 가능하며 다양한 결제수단을 포함한다. 온라인상에서 결제가 가능한 카카오페이 등의 간편결제가 대표적이다. 유럽중앙은행(ECB)은 가상화폐를 '민간개발자가 발행·통제하며 정부 규제가 없는 화폐'로 '특정 가상세계에서 통용되는 전자화폐의 하나'라고 정의했다.〈뉴포커스 시사일반상식 참조〉

② 암호화폐(Crypto-currency)

암호화폐란 암호를 사용하여 새로운 코인을 생성하거나 거래를 안전하게 진행할 수 있도록 매개하는 화폐를 말한다. 디지털화폐 또는 가상화폐의 일종이다. 2009년 최초의 암호화폐인 비트코인이 출현했고, 이후 이더리움, 라이트코인, 리플, 모네로, 에이코인 등 많은 암호화폐가 등장했다.

발행처가 분명한 다른 가상화폐와 달리 발행주체가 명확하지 않고 현실에서도 통용할 수 있다는 차이점이 있다. 그러나 대개 가상화폐라고 하면 암호화폐를 일컫는 경우가 많다. 세계적으로 암호화폐라고 부르지만, 한국에서는 암호화폐를 가상통화라고 부른다. 가상화폐나 디지털화폐가 암호화폐와 유사한 개념이기는 하나, 동일한 개념은 아니다. 유럽중앙은행(ECB), 미국재무부, 유럽은행 감독청에서 내린 정의에 따르면, 가상화폐란 정부에 의해 통제받지 않는 디지털화폐의 일종으로 개발자가 발행 및 관리하며 특정한 가상 커뮤니티에서만 통용되는 결제수단을 말한다.

2. 비트코인과 블록체인의 탄생

1) 개요

암호화폐의 함의를 이해하려면 먼저 블록체인의 개념을 파악해야 한다. 첫 암호화폐인 비트코인이 블록체인이라는 기술(알고리즘)을 바탕으로 탄생되었기 때문이다. 사람들은 비트코인을 단순히 화폐, 즉 돈으로만 생각할 수 있는데 비트코인에 붙어 있는 코인이라는 단어가 주는 이미지 때문일 것이다. 정확히 말하자면 비트코인은 암호화폐 단위('비트' (bit))이면서 화폐시스템이기도 하다.

비트고인 창시자 사토시 나카모토는 이를 암호화폐(crypto currency)라고 하지 않고 전자화폐(electronic cash)라고 표현했다. 개인 대 개인이 직거래하는 전자화폐 시스템이 비트코인인 것이다. 비트코인의 등장은 전통적인 화폐시스템의 개념을 뿌리째 흔들고 경제시스템의 패러다임을 바꿀 수도 있다는 잠재력은 오랜 시간이 지나서야 확인되었다.

2) 비트코인의 창시자 [3]

비트코인(Bitcoin)은 2008년 10월 31일 사토시 나카모토라는 익명의 프로그래머가 커뮤니티 사이트에 '비트코인: P2P 전자화폐 시스템'(Bitcoin: A Peer-to-Peer Electronic Cash System)'이라는 제목의 논문을 올리면서 알려졌다. 비트코인은 블록체인 기술을 기반으로 만들어져 온라인에서 사용하는 전자화폐로 별도의 발행처나 관리기관이 없고 누구나 발행하거나 사용할 수 있다. 비트코인 기술을 처음 고안한 사람은 '사토시 나카모토'이며, 비트코인은 생긴 지 5년 만에 시가총액으로 세계 100대 화폐 안에 들어갈 정도로 성장했다. 사토시 나카모토는 '비트코인: P2P 전자화폐 시스템'(Bitcoin: A Peer-to-Peer Electronic Cash System)이라는 논문에서 비트코인을 전적으로 거래당사자 사이에서만 오가는 전자화폐로 정의했다. 비트코인의 가장 큰 장점은 익명성이다. 비트코인은

---

3) 이요섭, 진화경제학의 이해, 개정판, 제5장 화폐와 금융(블록체인과 비트코인), p.165.

특정 관리자나 주인이 없는 P2P 방식으로 작동하며, 개인이나 회사가 아닌 여러 이용자 컴퓨터에 분산 저장된다. 비트코인에서 10분에 한 번씩 만드는 거래 내역 묶음이 '블록'이다. 비트코인을 얻는 것을 채굴(Mining)이라 하는데 비트코인을 설계할 때 2145년까지 2,100만개의 비트코인만 채굴할 수 있도록 했다.〈뉴포커스 시사일반상식 참조〉

비트코인 채굴에 관해서는 [심층연구(채굴: Mining)]를 참조하기 바란다.

심층연구

채굴(採掘: Mining)

블록체인 기술은 거래 원장과 데이터를 여러 컴퓨터에 분산 저장하는 과정에서 각 컴퓨터의 계산 능력, 저장 공간을 사용하는 대가로 가상화폐를 지불한다. 대량의 서버를 동원해 블록체인 네트워크에 참여하는 방법으로 가상통화를 벌어들이는 작업이 '가상화폐 채굴'이다. 블록체인 네트워크 사용자가 많을수록 채굴을 위한 전기소모량도 많아진다. 전기소모량 발생은 이때 발생한 채굴작업 동원 컴퓨터 수만 대에서 발생한 열을 식히려고 냉방장치까지 풀가동하는 데 이처럼 가상화폐 채굴은 전력소모 문제를 동반하게 된다.

블록체인은 다음과 같이 생성된다.

가상화폐인 비트코인(Bitcoin)의 핵심기술로 주목받고 있지만 '비트코인'(Bitcoin)은 수많은 블록체인 기술 중 하나일 뿐이다. 온라인금융 거래정보를 블록으로 연결하여 P2P 네트워크 분산환경에서 중앙관리 서버가 아닌 참여자(피어, peer)들의 개인 디지털 장비에 분산·저장시켜 공동으로 관리하는 방식이 블록체인이다.

일정 시간 동안 반 수 이상의 사용자가 거래내역을 서로 교환해 확인하고 승인하는 과정을 거쳐, 디지털 서명으로 동의한 금융거래 내역만 하나의 블록이 된다. 그리고 새로 만들어진 블록을 이전 블록체인에 연결하고, 그 사본을 만들어 각 사용자 컴퓨터에 분산시켜 저장한다. 따라서 기존 은행처럼 거래장부용 데이터베이스로 관리할 필요가 없어 관리비용이 절감되며, 분산 처리로 해킹이 어려워 금 거래의 안전성도 향상된다. 블록체인은 대표적인 핀테크(FinTech) 기술로 비트코인 이외에도 클라우드컴퓨팅 서비스 등 다른 온라인 금융거래에 활용될 가능성도 크다.

3) 비트코인과 블록체인[4]

블록체인과 비트코인은 기존의 화폐시스템과는 근본적으로 다른 형태의 화폐시스템이다. 블록체인은 한마디로 탈(脫)중앙화자율적 조직(Decentralized Autonomous Organization, DAO)을 만드는 알고리즘이다.

블록체인(Block Chain)이란 '블록'(Block)을 잇따라 '연결'(Chain)한 모음의 형태이며 P2P방식을 기반으로 한다. 말하자면, 중앙에 어떤 기관도 존재하지 않고 개인들이 서로 네트워크를 통하여 움직이는 시스템을 만드는 아이디어이다. 블록체인을 바탕으로 한 비트코인시스템은 중앙에서 제어하는 단체나 조직이 없고 은행 같은 호스트 서버도 존재하지 않는다. 개인의 컴퓨터가 분산형 서버이고 알고리즘에 의해 자동으로 작동되는 분산원장시스템이다.

분산원장시스템은 지금까지 국가가 주도하는 자본주의경제 구조에서는 한 번도 가져 보지 못한 금융시스템이다. 블록체인의 분산원장시스템은 경제주체 간의 거래관행을 바꾸고 국가에서 통제하는 화폐시스템의 구조까지 바꿀 가능성이 있다. 그러나 여전히 풀어야 할 과제가 많다. 과연 암호화폐시스템이 주류 경제에 편입될 것인가 하는 문제는 좀 더 두고 봐야 한다.

여기서 등장하는 분산원장기술(DLT, Distributed Ledger Technology)이란 다수 참가자가 일련의 동기화된 원장을 공동으로 관리하는 기술이다. 분산원장기술에는 전통적 금

---

4) 이요섭, 전게서, p.165~167.

융시스템과 달리 거래정보가 기록된 원장을 관리하는 책임과 권한이 집중된 제3의 신뢰기관이 존재하지 않는다. 분산원장기술은 블록체인(block chain)이라는 용어를 사용하기도 한다. 일정 시간 동안 발생한 거래 내역을 모아 블록(block) 단위로 기록 및 검증하고 이를 기존 블록에 연결(chain)해나가는 방식을 계속해 감으로써, 인위적인 기록의 변경이나 가감을 사실상 불가능하게 하는 것이, 이 기술의 핵심이기 때문이다.〈뉴포커스 시사일반상식 참조〉

제2절 국내 가상화폐 거래현황과 전망[5]

1. 개 요

국내 가상화폐 거래현황을 살펴보면 비트코인(BTC)을 필두로 등록화폐가 1,100개가 넘는다. 가상화폐는 원조격인 비트코인과, 비트코인을 제외한 나머지 모든 가상화폐로 양분해서 말할 때 통틀어 편의상 '알트코인'(alternative coin의 준말)이라고 부른다. 전 세계 가상화폐거래소에서는 '비트코인'을 다른 '알트코인' 거래를 위한 기축통화(基軸通貨)로 쓰고 있는 만큼 비트코인 가격변동은 알트코인 가격에도 직접적인 영향을 미친다. 즉, 비트코인을 가상화폐 거래 기준이 되는 '달러화'로 이해하면 된다.

또한 가상화폐로 이더리움(ETH)과 라이트코인(LTC), 저렴하고 빠른 정산시간(精算時間)으로 인기가 있는 리플(XRP), 비트코인과 이더리움의 장점을 합친 가상화폐인 퀀텀(QTUM)이 있다. 대시(DASH: Gigital Cash)는 모네로(XMR)와 제트캐시(ZEC; 지캐시) 등과 함께 익명성이 잘 보장되는 가상화폐이다.

---

5) 자료; 매일경제.

2. 국내 주요 암호화폐(가상자산)거래소의 거래 현황

국내 암호화폐거래소의 수많은 기업체 중 상위 10개 업체의 일일 거래량을 집계표를 소개하면 다음 〈표 18-1〉과 같다.

한국의 가상화폐 5개 거래소의 연간 거래액은 2022년은 세계적 불경기에 5월 암호화폐 테라(LUNA) 폭락 사태, 7월 암호화폐 대출업체 셀시우스 네트워크의 파산 등의 악재가 겹쳐 전년 대비 69% 넘게 줄어든 것으로 파악됐다. 글로벌 암호화폐 통계 플랫폼 코인게코와 노믹스 등의 자료를 종합하면, 5대 거래소 업비트·빗썸·코인원·코빗·고팍스의 2022년 누적 거래량의 총합은 1,423조원으로 추산된다.

〈표 18-1〉	국내 주요 암호화폐거래소 일간(日間) 거래량 [코인마켓캡 코리아 암호화폐(가상자산)去來所 順位表]		
			2023. 01. 27.
순위	거래소 업체명	시가총액(10억원: KRW)	24시간 거래량(10억원 : KRW)
1	비트코인(Bitcoin)	544,535	31,921
2	이더리움(Ethereum)	240,282	10,192
3	테더(Tether)	82,724	42,425
4	바이낸스코인(BNB)	58,975	661
5	USD 코인(USD Coin)	53,198	3,894
6	리플(XRP)	25,487	1,084
7	바이낸스 USD(Binance USD)	19,310	11,823
8	카다노(Cardano)	16,065	588
9	도지코인(Dogecoin)	14,029	522
10	폴리곤(Polygon)	11,773	1,240

[자료] 코인마켓캡(CoinMarketCap) // www.coinmarketcap.co.kr
2023.01.27.09시 50분 UTC기준 24시간 거래량.
원화거래량(KRW) 단위는 원화 10억원 단위임.

제3절 한국은행 '디지털화폐(CBDC)' 모의실험 실시[6]

한국은행은 중앙은행 디지털화폐(CBDC:Central Bank Digital Currency) 모의실험을 2021

년 8월부터 10개월간 실시했다. 당초 한국은행의 계획은 모의실험을 실시하여 CBDC가 나올 경우 비트코인 등 기존 가상자산(암호화폐)들을 일부 대체할 것으로 내다봤다. 그 이유는 법정통화로서 실물화폐와 동일한 교환비율이 적용돼 가치변동위험이 없기 때문이다. (이는 2020년에 이미 중국 중앙은행에서도 시행한 형태이다. 한국은행은 10개월간 실시한 모의실험에서 1단계로 분산원장 기술 기반 기능을 실험했고, 2단계로 오프라인 거래와 디지털자산 거래, 정책지원 업무 등 확장 기능 구현 가능성을 점검했다.)

중앙은행 디지털화폐(CBDC)는 전자 형태로 발행되는 중앙은행 화폐를 말한다. 기존 지급준비예치금(reserves)도 그 형태상 CBDC와 유사하지만 편의상 중앙은행이 새로이 발행하는 전자화폐를 CBDC로 정의한다. CBDC는 이용 목적에 따라 모든 경제주체들의 일반적인 거래에 사용되는 소액결제용 CBDC와 은행 등 금융기관 간 거래에 사용되는 거액결제용 CBDC로 구분이 가능하다. CBDC는 전자 방식으로 구현됨에 따라 현금과 달리 관련 거래의 익명성을 제한할 수 있을 뿐만 아니라 정책 목적에 따라 이자 지급과 보유한도 설정, 이용시간의 조절이 가능한 특징도 있다.

윤성관 한국은행 디지털화폐연구팀장은 "컴퓨터 가상환경에서 CBDC의 제조, 발행, 유통, 환수 등 중앙은행의 업무가 제대로 작동하는지 확인하는 '모의실험'을 하고, 이후에는 다른 금융기관이나 IT업체들과 함께 유통과정에서의 송금, 대금결제 등 서비스 프로세스를 실험할 것"이라고 밝혔다.

CBDC는 중앙은행이 블록체인 기술을 기반으로 발행하는 디지털화폐를 말한다. 지금의 '현금 없는 사회'가 현금 보관·지급역할을 민간금융기관이 대행해 가능했다면, CBDC는 금융기관의 역할까지 개인이 할 수 있도록 한다. 화폐를 은행계좌에 보관하는 대신 개인고유의 '블록체인 지갑'에 보관하고, 카드결제 대신 지갑 간 전송으로 경제활동을 할 수 있게 돼 진정한 의미의 '현금 없는 사회'가 된다는 것을 말한다.

2008년 프로그래머 사토시 나카모토가 개발한 비트코인도 도입 취지는 이와 같았다.

---

6) 머니투데이, "비트코인 비켜" 한국은행이 만든 진짜 '디지털화폐' 나온다, (2021.04.27.)

금융기관의 개입 없이도 송금·결제 등 경제활동을 하고, 블록체인 기술로 소멸하거나 왜곡되지 않도록 안전하게 화폐기능을 하도록 하겠다는 포부였다. 하지만 가치담보 기관이 없어 액면가가 급변동했고 화폐로의 기능은 퇴색되고 있다. 이에 중앙은행이 액면가·가치를 담보하고 블록체인 기술로 화폐기능을 할 수 있도록 구현한 게 CBDC다. CBDC에 가장 적극적인 국가는 중국이다. 중국은 2014년부터 연구에 착수해 2020년 10월에는 베이징, 선전, 쑤저우, 청두 등에서 CBDC인 디지털위안화 시범사업을 진행했다. 시범사업 발행 규모만 3억달러(약 3300억원)에 달한다.

그 밖에 스웨덴, 미국, 유럽, 일본 등 주요국 중앙은행도 관련 실험·연구에 착수했다. 국제결제은행(BIS)에 따르면 지난해 기준 전세계 66개 중앙은행 가운데 86%가 CBDC 도입 여부를 검토하는 것으로 나타났다. BIS는 "세계 중앙은행의 20%가 3년 내 CBDC를 발행할 것"이라고 전망했다.

CBDC는 기존 중앙은행내 지준예치금이나 결제성 예금과는 별도로 중앙은행이 발행하는 새로운 전자적 형태의 화폐다. CBDC는 법정통화로 동일한 비율로 현금과 교환이 보장되기 때문에 가치변동 위험이 있는 암호화폐와는 다르다. 2021년 4월 28일 한국은행에 따르면 CBDC와 관련한 국제적 논의는 현금 이용 비중 축소, 중국인민은행의 CBDC 시범사업 추진과 페이스북의 리브라(Libra) 발행계획 발표를 계기로 더 활성화됐다. 특히 향후 디엠(Diem) 등 민간 디지털화폐가 확산할 경우 통화주권을 위협하고 통화정책 효과를 제약할 수 있다는 점에서 중앙은행의 대응 필요성이 높아지고 있다.

중국인민은행, 스웨덴중앙은행은 현금 이용 감소, 일부 민간 전자지급수단에 대한 의존도 심화, 그에 따른 시장독점 우려 등에 대응하기 위해 CBDC 발행을 적극적으로 추진하고 있다. 중국과 더불어 스웨덴은 가상 환경에서 CBDC를 개발·테스트하는 'e-Krona'를 시범운영 중이다.

미 연준은 CBDC를 발행할 계획은 없으나 미달러화의 국제적 위상을 고려할 때 CBDC 연구 및 정책 개발에 있어 선두 주자 역할을 할 필요가 있다는 입장을 밝힌 바 있다. 이를 위해 미연준은 기술연구소(TechLab)를 통해 CBDC 및 지급결제 혁신 기술에 대한 연구를 강화하고 향후 학계(매사추세츠 공과대학교)와 공동연구도 추진할 계획이다.

유럽중앙은행(ECB)은 CBDC 관련 연구를 위해 회원국 중앙은행들이 참여하는 태스크포스를 구성하고, '디지털 유로'의 필요성, 설계 요건 및 원칙, 운영 구조 등을 검토한 보고서를 공개했다. 이를 토대로 ECB는 일반인 등을 대상으로 의견을 수렴하고 있으며, '디지털 유로 프로젝트' 실시 여부를 결정할 계획이라고 밝혔다. 이 프로젝트에는 송금 등 최소한의 기능을 구현한 제품 개발 등이 포함될 예정이다.

일본은행은 CBDC 모의 시스템을 구축해 CBDC의 발행·유통 등 기본적인 기능을 검증하고, 이를 활용해 시스템의 복원력, 보안성 등 추가적인 기능을 테스트한 후, 필요시 지급 서비스업자 및 사용자들과 CBDC 파일럿 테스트를 실시할 예정이라고 발표했다. 국제결제은행(BIS)은 미국, 유럽 등 7개 중앙은행과 CBDC 연구그룹을 구성해 CBDC 구현 가능성과 활용 방안을 검토하고 CBDC가 갖춰야 할 주요 원칙과 특성을 제시하는 등 CBDC 관련 연구를 보다 구체화한 보고서를 발표했다. 이 연구그룹은 CBDC가 모든 경제주체에 대해 현금과 같이 안전한 지급수단을 제공할 수 있고, 지급결제시스템 전반의 복원력을 향상시킬 수 있으며, 현금이 제공하지 못하는 다양한 기능을 제공할 수 있다는 점에서 중앙은행의 주요 정책 수단으로 활용될 수 있다고 평가했다. 그러나 금융안정 측면에서 CBDC가 은행예금을 대체할 수 있다는 점을 우려해 현금과의 대체 수준을 조절할 필요가 있다는 점을 지적했다.

우리나라는 CBCD 발행에 소극적이다. 다른 나라에 비해 지급수단으로서 현금에 대한 선호도가 낮지 않고, 금융 포용 수준도 높으며, 지급서비스 시장이 비교적 잘 발달돼 있다는 이유에서다. 한국은행은 "가까운 시일 내 CBDC를 발행할 필요성은 크지 않지만 앞으로 현금(現金) 이용 비중이 크게 낮아지고 민간 디지털화폐 이용이 널리 확산되는 등 지급결제 환경이 급변하는 경우, 실물 현금과 같이 안전하면서도 이용 편의성이 높은 전자적 형태의 현금(CBDC) 도입이 필요할 수 있다"고 밝혔다.(공감언론 뉴시스 참조)

한국은행은 "모의실험이 발행을 전제로 한 것은 아니다"라고 강조했지만 CBDC는 현금 없는 사회, 금융비용 감소, 통화·재정정책 효율화 등 장점에도 불구하고 개인정보 침해, 민간은행의 뱅크런(대규모 예금인출사태) 위기 등 단점도 공존하고 있기 때문에 상용화를 위해서는 논의가 필요하다는 것이 중론이다. 이주열 한은 총재는 금융통화위원회 기자간담회에서 "CBDC를 어떤 목적, 어떤 형태, 어떤 구조로 발행하냐에 따라 영향이 달라질 수 있어 단정적으로 말하기는 어렵지만 "CBDC가 발행되면 가상자산 시장에는 영향을 줄 것"이라고 말했다.

비트코인(가상자산)에 대한 정부 정책방향[7]

홍남기 부총리 겸 기획재정부 장관은 2021년 4월 29일 여의도 수출입은행 본점에서 비상경제 중앙대책본부회의 겸 혁신성장 전략회의에서 다음과 같은 요지의 정책방향을 밝혔다.

"주요20개국(G20)에서는 처음에 '암호화폐(Crypto-currency)'란 용어를 쓰다가 이제는 '가상자산(Virtual Asset)'이란 용어로 통일했다. 가상자산은 '자본시장법'에서 정한 금융투자자산으로 보기는 어렵다. 금융위원회 의견이기도 하다. 주식, 채권과 같이 민간자본을 생산적으로 모으기 위한 '금융투자자산'은 아니다. 따라서 가상자산은 '자본시장법'상 규제는 물론 투자자보호 대상이 아니다. 따라서 가상자산은 화폐·금융자산이 아니므로 2022년 1월 1일부터 법에 따라 가상자산소득이 '기타소득'으로 과세(20%)된다."

금융위원회(은성수 위원장)도 "가상자산은 투자자보호대상이 아니므로 소득과세가 예정대로 시행된다"고 밝혔다.

---

7) 홍남기 부총리 담화문 발표, 2021.04.28.

비트코인(가상자산) 거래의 천태만상(千態萬象)[8]

비트코인의 발행자는 법정 국가기관이 아닌(공적기구가 아님) 사적조직(블록체인 운영자)이기 때문에 통제와 관리 감독이 부재 상태이다. 다음의 사례들을 참조하기 바란다.

(1) 비트코인 가격(조선일보, 조선경제, 매일경제 기사 참조)

 - 3월 13일: 1코인(coin) 당(當) 6,600만원 돌파

 - 3월 15일: 7,000만원 진입

 - 4월 13일: 8,160만원(코인베이스: 3개월만에 104% 상승함)

 (매일경제, 2021년 4월 14일, A14 참조)

이처럼 한국코인시장의 가격이 해외보다 폭등함에 따라 중국의 투기세력이 해외송금을 한국 코인시장을 이용하는 (김치프리미엄 추구)추세에 따라 중국송금이 폭증(2021년 4월 중 국내 5대은행의 월별 비거주자해외송금은 4월 13일까지 중국으로 송금된 금액이 9,769만 달러(약 1,090억원)로 집계돼, 2020년 월평균 중국 송금액(9,259만 달러)의 10배에 달했다. 결국 해외 투기세력의 배만 불려주는 결과를 초래했다.

(2) 비트코인 거래량(조선일보, 조선경제, 매일경제 기사 참조)

 - 1일 거래량 30조원으로 증권거래액을 웃돌고 있다.(조선경제 2021.04.09. B3.)

 - 비트코인 투자자는 금년 들어 매달 100만명씩 (업비드 이용자만) 증가추세이다.

 - 가상화폐 상장 규제가 없음.

발행규제 없는 환경에서는 발행업체(민간)가 가격ㆍ물량 등을 정해 놓고 깜깜이

---

8) 조선일보, 매일경제, 2021.02.~04.

상장으로 투자 불안을 야기시킨다. 무규제로 거래소 심의기능이 한계에 와 있고 수수료만 챙긴다. 이처럼 투기판이 되어 가는 코인상장과 작전세력이 전주를 모아 시세 조정을 일삼는 혼탁현상이 진행되고 있다(매일경제. 4월 26일, A16).

(3) 비트코인 관리감독(조선일보, 조선경제, 매일경제 기사 참조)

국내 가상화폐 거래소 100여개 중 은행실명계좌를 튼 거래소는 4곳에 불과하다.

  - 투기성 거래 극성 = 거래 10분 만에 1,000만원 날려 - 투자자 유혹 극심.

  - 우리나라 현실은 한국은행의 '디지털화폐(CBDC) 모의실험 실시' 만이 확
  징 상황이다.

(4) 미·일·불 등 선진국의 가상화폐 관련 규제와 관리(조선일보, 조선경제, 매일경제 기사 참조)

  - 미국: 가상화폐거래소에 이용자 보호와 공시의무를 부여(뉴욕주)

  - 일본: 가상화폐를 금융상품으로 규정하고 거래소에 대해 자산보관의무 부과

  - 프랑스: 가상화폐를 투자대상으로 인정하고, 요건을 갖추어야 가상화폐
  공개 허용

  - 한국: 2017년 이래 가상화폐거래시장을 인정하지 않고 있으며, 관련입법
  화와 관리체제확립 시급

제4절 가상화폐 '특금법' (특정 금융거래정보의 보고 및 이용 등에 관한 법률)

가상화폐 특금법이 2021년 3월 25일 시행되었다. 투자자의 이해를 돕기 위해 내용을 요약 정리하면 다음과 같다.

1. 가상화폐 특금법(특정금융정보법)이란?

특정 금융거래정보의 보고 및 이용 등에 관한 법률 시행령으로 암호화폐 거래소 등에 대

한 규제를 담은 개정안이 2021년 3월 25일부터 시행됐다. 암호화폐가 불법사용, 자금세탁, 은닉 등 불법금융에 악용되는 경우가 빈발하는 실정이다. 이에 대비하는 법률 시행이다.

2. 특금법 개정안의 주요 내용

개정안에 여러 가지가 포함되어 있지만 가장 큰 이슈는 암호화폐거래소에 자금세탁 방지 의무를 부여하고 시중은행으로부터 실명을 확인할 수 있는 입출금계좌를 받아서 영업하도록 규정한 것이다.

국내 코인거래소 시장점유율은 업비트와 빗썸이 가장 높고, 코인원과 코빗 순으로 이어지는데, 국내거래소만 총 100여개가 넘는다. 업비트는 케이뱅크, 빗썸, 코인원은 농협, 코빗은 신한은행 계좌를 만들어서 연동할 수 있는데, 은행 실명계좌 발급, 정보보호 관리체계(ISMS) 인증을 모두 충족하는 요건을 갖추는 게 관건이다.

3. 투자자가 주의해야 할 사항

투자자들은 중소거래소에서 거래하는 경우, 가상자산 사업자 신고상황을 직접 확인해야 한다. 가상자산 사업자의 신고접수 및 신고 수리 현황 확인은 금융정보분석원 FIU 홈페이지에서 확인할 수 있다.

그동안 암호화폐 거래가 다른 투자에 비해 자유로워 위험성이 내재되어 있었는데, 이번 가상화폐 특금법을 통해서 제도권으로 들어와 좀 더 안정적인 거래를 기대할 수 있게 되었다.

가상화폐 특금법에는 예외사항도 있다. 실명확인 입출금 계정 확보 의무 예외 사유로 '가상자산과 금전의 교환 행위가 없는 가상자산 사업자'를 명시해두었다. 또한 개정안에서는 가상자산의 가격 산정 방식을 마련하고, 다른 사업자의 고객 간 가상자산 매매/교환/중개도 제한적으로 허용하고 있다. 다크코인의 경우에는 거래내역 파악이 힘들고 자금세탁이라는 위험이 따르기 때문에 가상자산 사업자의 취급이 금지된다.

제5절 최근 코인거래의 심층 종합사례

2022년도에 들어와 가상화폐(코인)의 거래 과정에서 발생되고 있는 비정상적인 여러 사례들을 종합해서 분류하면 다음의 〈표 18-2〉 비트코인 심층 종합사례에서 보는 바와 같다.

〈표 18-2〉	비트코인 심층 종합사례	
구분	종합사례 세부내용(코인의 문제점)	자료출처
(A) 국내 거래동향	① 코인을 담보로 제공하고 대출을 받아 사업확장하여 부실화됨 (또한 사전 공지없이 자사을 팔아 신뢰성이 추락됨)	조선일보 2022.11.26.A2
	② 국회(입법부)에서 코인거래를 보호하는 "가상화폐법" 추진함	조선일보 2022.11.22.A3
	③ 코인판 유동성위기가 확산되고, 대형코인회사도 휘청거림	매일경제 2022.11.14.A1
	④ FTT코인이 국내시장에서 80% 폭락하여 시장은 "검은수요일(11월10일)"이 됨	매일경제 2022.11.10.A3
	⑤ 파산에 이어 인출동결로 무너지는 코인시장 현상	매일경제 2022.7.16.A6
	⑥ 코인거래소 수수료가 증권사의 4배, 거래사고 발생 건수는 3배가 됨	조선경제 2022.4.4.B2
	⑦ 해외코인거래소, 먹튀, 조직적 사기	매일경제 2022.11.14.A1
(B) 국내 범법행위 사례	① 수상한 외화소송금 사례가 5대 코인거래소에서 발생됨	매일경제 2022.7.9.A8
	② 제도의 허점을 노린 "불법적인 개인거래"가 기승을 부림	매일경제 2022.8.13.
	③ 관세청 조사로 코인을 활용한 2조원이 불법외환거래로 적발됨	매일경제 2022.8.31.A12
	④ 수상한 해외송금(8조5천억원)이 발각돼 당국에서 검사를 확대하고 있음	매일경제 2022.8.18.A11
	⑤ 금감원, "수상한 외화송금 7조원 코인거래소에서 인출한 돈"	조선일보 2022.7.25.A8
	⑥ 코인거래소에서 나온 출처불명의 거액 "수입대금"으로 포장 해 홍콩으로 송금	매일경제 2022.7.28.A4
	⑦ 판치는 코인 환치기 "불법외환거래 2.4조원 (불법무역거래행위)	매일경제 2022.11.7.A12

구분	종합사례 세부내용(코인의 문제점)	자료출처
(C) 국제 거래사례	① 미국 FTX가 비트코인시장을 뒤흔들자, 비트코인이 열흘간 20% 급락	조선일보 2022.11.17.B5
	② 미국 가상화폐대출업체 무너지기 시작	조선일보 2022.11.14.B1
	③ 미국 코인대출업체들 상환중단, 파산준비	조선일보 2022.11.18.A1
	④ 코인시장 새판짜야, 개발자 한마디에도 출렁: 1,200조원 코인시장규제 전무(全無)	매일경제 2022.11.29.A12
	⑤ 미국 FTX 직원들은 회사돈 빼 집 사고, 경영진은 개인대출로 유용	조선일보 2022.11.19.A8
	⑥ 위믹스, 거래소에서 상장폐지로 퇴출됨. 가상화폐 위믹스 상장폐지 결정으로 개인투자자 수천억원 손실위기, 위믹스 상장폐지 후폭풍으로 거래소 주가 5~20% 추락	매일경제 2022.12.8.A11
	⑦ 코일판 리먼사태우려됨(소프트뱅크도 물렸다, 해외코인거래소, 제도공백 틈타 국내서 불법영업)	조선일보 2022.11.26.A12
	⑧ 해외코인거래소 먹튀 – 조직적 사기임	매일경제 2022.12.5.A12
(D) 북한 불법거래 사례	① 북한, 해킹 한 번에 8300억원 꿀꺽 (22년 상반기 미사일 쏜 비용 다 벌어들임)	매일경제 2022.11.18.A8
	② 1조원 넘는 코인자금 세탁 (북한 해킹조직 자금이 80%)	매일경제 2022.7.23.A2
	③ 한미, 암호화폐 해킹 막을 북한 제재방안 곧 발표할 듯	조선일보 2022.11.7.A6
	④ 북한 해커 조직들, 한국서도 코인 1,600억어치 훔침	조선일보 2023.2.7.A2

제6절 21세기 글로벌 신(新) 화폐전쟁의 서곡(序曲)

지금까지 금융시장과 금융시장에서 거래되는 금융상품 등 광범위한 영역을 고찰해 보았고, 아울러 상품거래에 수반하는 지불수단인 화폐에 대해 고찰하였다. 앞으로 금융 분야의 새로운 화폐의 등장은 계속될 것으로 보이는데, 21세기 초인 금후 상황은 매우 복잡하게 움직일 것으로 예상된다.

2020년에 들어서 중국에서 처음으로 디지털화폐가 법정(法定)통화로 시범 유통하게 되면서 '캐시리스'(cash-less; 현금없는) 시대가 시작되었다.[9] 또한 앞에서도 이미 상세히 검토 설명한 바와 같이 현재 세계 곳곳에서 전자결제시스템과 블록체인(분산저장)기술을 결합한 디지털화폐가 현금을 대체하는 결제시스템으로 진화(進化)하고 있다. 다만 이들 시스템들은 해당 국가에서 법정통화로 인정받지 못하는 불완전한 '제도권 밖(外)'의 결제시스템이다. 그러나 미 달러화의 오랜 기축통화시대를 겪으면서 지내온 현재의 글로벌 금융시장을 앞으로 서서히 흔들어 놓을 수 있는 위협적인 화폐 등장임에는 틀림없다.

중국의 새로운 법정디지털화폐 등장에 대해서 중국경제전문 매체 '차이징'(財經)은 중국인민은행은 2020년 상반기 세계 최초로 일부 도시를 거점으로 법정(法定)디지털화폐를 시범 운영한다고 게재했다.

현재 유럽도 공공디지털화폐 개발을 시작했고, 튀르키예(터키) · 튀니지 · 이란 등의 중앙은행도 같은 계획을 발표했다. 디지털화폐의 사용국가가 많아질수록 달러를 중심으로 한 기존 금융체제에 대한 의존도는 크게 줄어들 것으로 전망된다. 다시 말해서 법정통화인 기존 화폐와 새로운 법정디지털화폐 간의 화폐전쟁이 격화되고 새로운 디지털시대로의 전환기가 올 것으로 전망된다.

코로나 감염증(코로나 19)이 감소세에 접어들었지만 러시아 · 우크라이나 전쟁처럼 새로운 변수들로 인해 세계 각국의 금융시장이 출렁이면서 위험요인이 증가하고 있다. 특히 선진국과 신흥국의 팬데믹 극복의 격차와 시장의 괴리는 각 경제 주체들의 자산위험으로 이어져 글로벌 금융 거버넌스를 통한 위기의 예방 및 관리가 중요한 시점에 와 있다.

무엇보다도 무역전쟁에서 심화된 미 · 중 갈등은 이제 기술과 혁신을 기반으로 글로벌 가치사슬의 재편을 둘러싼 패권전쟁으로 확대되었다. 금융산업도 예외는 아니다. 금융기술의 혁신은 미국 달러 중심으로 구축된 글로벌 금융질서에 변화를 가져올 신(新) 화폐전쟁의 서곡(序曲)이 될 것이다.

---

9) 조선경제 2020. 12. 11. B1 참조.

부록

증권용어 해설

Financial Markets

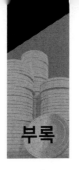

증권용어 해설

한국거래소(코스피시장: KOSPI: Korea Stock Price Index)

2005년에 한국증권거래소(KSE), 한국선물거래소(KOFEX), (주)코스닥증권시장, 코스닥위원회 등 4개 기구가 한국증권선물거래소로 통합되었으며, 2009년 2월 4일에 한국거래소(Korea Exchange: KRX)로 이름을 변경하여 현재에 이르고 있다. 2015년 1월 민간기업이 되었으나 공직자윤리법상 공직유관단체로 지정되어 있고 시장감시 등의 국가 기능을 위탁 수행하고 있어 금융위원회의 감독을 받는다.

코스닥시장

KOSDAQ(Korea Securities Dealers Automated Quotations)시장이란 '협회중개시장'을 말하며 증권거래소시장과는 별도의 시장으로서 증권업협회에 등록된 주식이 매매되는 장외시장이다. 이 협회중개시장은 광의의 장외시장 중에서 증권거래법에 의하여 증권업협회가 운영하는 제2의 증권시장이다. 코스닥시장에서 거래되는 증권은 주로 비상장 유망중소기업, 벤처기업, 등록기업이 발행한 주식과 상장채권 및 비상장채권 등이다.

코넥스시장(KONEX: Korea New Exchange)

코넥스시장은 2013년 7월 1일 출범한 '중소기업 전용 주식시장'이다. 기존의 코피스시장 및 코스닥시장의 상장조건에 부합하지 못하는 중소기업 혹은 유망한 벤처기업이 상장할 수 있도록 진입장벽을 대폭 낮춘 제3주식시장이다. 중소기업 지원을 목표로 한다. 상장요건은 자기자본 5억원 이상, 매출액 10억원 이상, 순이익 3억원 이상 등 3가지 요건 중 한 가지만 충족해도 상장 가능하다.

KOSPI 200

KOSPI(Korea Stock Price Index) 200은 주가지수선물, 옵션의 거래대상으로 개발된 지수로, 상장주식 중 시장대표성, 업종대표성 및 유동성 등을 고려하여 우량종목 200개를 선정해서 산출한 지수이다. KOSPI(한국주가지수) 200의 계산법은 1990년 1월 3일의 지수를 100으로 하여 현재의 시가총액을 기준시가총액으로 나누어 지수화한 것이다. KOSPI 200의 선정기준은 유통, 금융, 제조, 전기가스, 건설, 통신 등 6개 산업군에서 시가총액이 많은 순서대로 누적치를 계산, 전체 점유비 70% 이내의 종목을 대상으로 한다.

다우존스지수

다우존스지수(Dow Jones Average)는 미국의 다우존스사가 1884년부터 발표해 전세계에서 가장 오래되고 널리 알려진 주가지수로서, 대표적인 우량주만 골라 그 종목의 주가평균을 산출하는 다우(Dow)방식 주가지수의 원조이다.

고객예탁금(customer's deposit)

고객예탁금이란 투자자가 유가증권을 매입하기 위해 증권회사 계좌에 현금으로 예치한 금액을 말한다. 이 자금은 결국 주식을 매입하기 위한 대기자금(유가증권 수요대기량)의 성격으로 볼 수 있다.

일임매매(discretionary transaction)

투자자들이 증권거래에 있어서 매매 종목결정이나 매매가격결정을 증권회사에 일임하는 거래를 말한다. 일임매매 주식수는 10개 이내, 계약기간은 1년 이내이다.

시가(opening price)

하루 중에서 최초로 성립된 가격. 즉, 최초 입회에서 형성된 가격이다. 따라서 후장에서 제일 먼저 형성된 가격은 후장의 시가(始價)가 된다.

종가(closing price)

하루 중 가장 나중에 형성된 가격. 즉, 거래 당일 오후거래가 끝날 때의 가격을 종가(終價)라 말한다.

DR(주식예탁증서)

DR(depository receipt)은 국제간에 걸친 주식의 유통수단으로 이용되는 대체주권으로서, 국내에 상장되어 있는 주식시장이 아닌 다른 주식시장에 주식을 매각 또는 유통시키고자 할 때 발행하는 증서이다. DR을 발행하는 이유는 외국주식을 자국시장에서 유통시키는 경우 원주식은 주권의 수송문제, 언어와 관습의 차이에서 초래되는 문제점이 있기 때문에 이를 해결하기 위해 우선 국내에서 원주를 발행하여 이 주식을 은행에 맡기고 그 대신 맡겼다는 증서(預託證書)를 받는데, 이 증서가 바로 주식예탁증서이다. 외국자본의 유치방법으로 DR을 발행한다.

PER(주가수익률)

PER(price earning ratio)는 증권시장에 상장된 모든 종목의 주식을 매입하기는 곤란하므로 누구나 주가가 상승할 것으로 예상되는 종목을 선택하고자 할 것이다. 이때 이용되는 방법 가운데 하나가 상장회사들의 주가수익비율을 계산하여 낮게 나타나는 회사의 종목을 선택하여 투자하는 것이다. 주가수익비율은 주가가 1주당 순이익의 몇 배인가를 나타내는 것으로 수익성을 중시하는 지표이다.

*PER = 대상종목의 단순주가평균/대상종목의 1주당 세후순이익금 평균액

이동평균선(moving average)

주가는 '상승, 고점, 하락, 저점'의 파동을 그리며 움직인다. 이를 그래프로 작성하여 주가가 어떤 변동모습을 그리고 있는가를 분석하게 되는데, 이때 이용되는 것이 주가이동평균선이다. 이는 과거 주가를 합하고 일수로 나누어계산하는데, 적용되는 일수에 따라 20일선, 60일선, 120일선으로 각각 구분된다. 예를 들어 20일 이동평균선은 과거 20일간의 주가를 합하여 20으로 나눈 수치를 그래프로 표시한 것이다. 따라서 기간이 길수록 장기간 동안의 주가 이동추세를, 짧을수록 단기간의 주가 이동추세를 파악할 수 있다.

이격도(disparity)

이동평균선은 과거의 주가를 가지고 계산한 것이기 때문에 단기적인 매매시점을 포착하기에는 다소 어려움이 있다. 이러한 이동평균선의 단점을 보완하기 위해 사용하는 보조지표가 이격도이다.

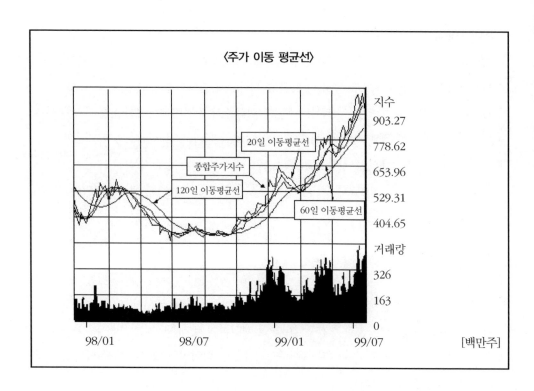

〈주가 이동 평균선〉

이 이격도는 당일의 주가를 이동평균수치로 나누어 계산하며 이동평균선과 마찬가지로 20일, 60일, 120일 이격도가 있다. 주가는 이동평균선에서 멀어질수록 이동평균선으로 가까이 다가가려 하고, 이동평균선에 가까워질수록 이동평균선에서 다시 멀어지는 파동운동을 반복하는 특징이 있는데, 이때 주가가 이동평균선에서 떨어져 있는 정도를 '이격도'(disparity)라고 한다. 이격도와 이동평균선과의 편차가 클수록 주가는 이동평균선으로 되돌아오려는 경향을 보이게 된다.

*이격도＝당일의 주가/주가이동평균×100

주가가 상승곡선을 타기 시작해서 이동평균선 위로 올라가면(100% 이상) 주식을 사고, 주가가 하락곡선을 타기 시작해서 이동평균선 아래로 내려가면(100% 이하) 주식을 팔아야 한다. 주식시장에서는 보통 20일 이동평균선과 20일 이격도를 이용하는데, 이격도가 115%를 넘으면 경기가 과열된 것으로 보고, 90% 이하이면 침체상태인 것으로 본다.

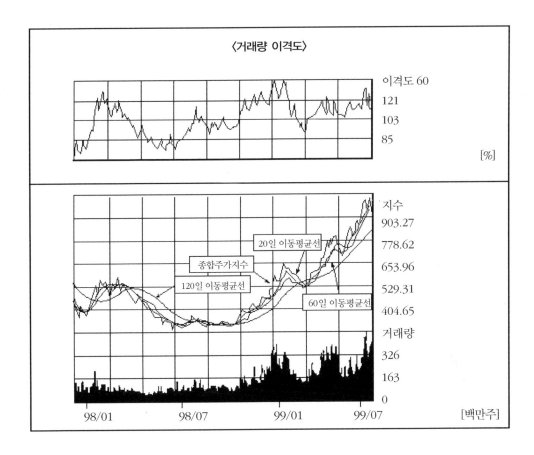

〈거래량 이격도〉

이격도 60
121
103
85
[%]

20일 이동평균선
종합주가지수
120일 이동평균선
60일 이동평균선

지수
903.27
778.62
653.96
529.31
404.65

거래량
326
163
0

98/01   98/07   99/01   99/07   [백만주]

골든크로스(golden cross) · 데드크로스(dead cross)

단기주가이동평균선(20일선)이 중장기주가이동평균선(60, 120일선)을 아래에서 위로 뚫고 올라가는 형태를 골든크로스라 하는데, 이는 향후 주가가 상승하는 징후로 보아 매수신호로 받아들여진다. 이와 반대로 단기주가이동평균선이 중장기주가이동평균선(60, 120일선)을 위에서 아래로 뚫고 내려가는 현상을 데드크로스라고 하는데, 이는 향후 주가가 하락하는 징후로 보아 매도신호로 받아들여진다.

블루칩(blue chip)

블루칩이란 재무구조가 건실하고 자본금이 크며 기업내용, 수익성, 성장성이 뛰어난 종목으로 기관투자자나 외국인투자자들이 선호하는 기업을 말한다. 따라서 블루칩은 시장점유율이 높은 업종대표주로서 호황기에는 잘 나가고 불황기에도 저항력을 가진 기업이라 할 수 있다(예: 삼성전자, 포항제철, 한국전력, SK텔레콤, 한국통신).

옐로칩(yellow chip)

옐로칩이란 중저가 우량주를 말한다. 보통 블루칩에 비해 가격이 낮고 업종내 위상도 블루칩에 못미치는 종목군으로 블루칩보다는 시가총액이 작지만 재무구조가 안정적이고 업종을 대표하는 우량종목들로 구성된다.

프로그램매매(program trading)

주가지수를 거래하는 선물시장과 주식시장(현물시장)의 가격이 일치하지 않는 현상을 이용한 매매기법 가운데 하나가 프로그램매매이다. 즉, 비싼 것은 팔고, 싼 것은 사는 차익거래를 하는 것으로, 현물과 선물주식을 동시에 매매하려면 컴퓨터 프로그램을 통해 한꺼번에 주문을 내야 하기 때문에 프로그램매매라 한다. 선물을 사고 현물을 팔 때를 프로그램매매(매도차익거래)라 하며, 선물을 팔고 현물을 살 때를 프로그램매수(매수차익거래)라 한다.

주가-거래량 상관곡선

주가-거래량 상관곡선은 역시계방향곡선이라고도 하며, 일반적으로 거래량은 주가가 상승하기 전에 증가하고 주가하락에 앞서 감소하는 경향이 있다는데 근거한 주가예측지표이다.(주가-거래량 상관곡선은 8개의 국면으로 나누어지며 〈표〉와 같이 해석한다.)

〈 주가-거래량 상관곡선의 국면별 신호 〉

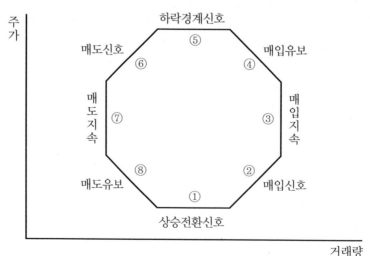

402

이 지표는 주가와 거래량이 25일 이동평균치를 이용하여 종축에는 주가를, 횡축에는 거래량을 나타내어 매일 매일의 교차점을 연결하여 작성한다.

〈 주가-거래량 상관곡선의 국면별 의미 해설 〉

국 면	거래량	주 가	의 미
①	증 가	바닥수준	상승전환신호
②	증가지속	상 승	매 입 신 호
③	정 체	상승지속	매입지속신호
④	감소전환	상승지속	매입유보신호
⑤	감소지속	정 체	하락경계신호
⑥	감소지속	하락지속	매 도 신 호
⑦	정 체	하락지속	매도지속신호
⑧	증가전환	하락지속	매도유보신호

뮤추얼펀드(mutual fund)

뮤추얼펀드란 유가증권에 투자할 목적으로 소수의 사람들이 모여 설립한 회사를 말한다. 이렇게 설립된 뮤추얼펀드는 투자자(주주)들의 돈을 모아 전문자산운용기관이 주식, 채권과 선물, 옵션 등 파생상품에 투자하고 투자수익을 가입자(주주)에게 분배하는 전문적인 증권투자회사이다. 뮤추얼펀드는 주주들이 납입한 자본금 전액을 주식이나 채권 또는 파생상품 등 유가증권에 투자하는 단지 서류상의 회사(paper company)에 불과하다. 주주모집 등 설립업무와 판매회사의 역할은 증권회사가 맡는다.

대주제도(貸株制度 : stock loan)

신용거래가 증권회사로부터 자금을 빌려서 주식을 매입한 후에 상환기일에 대금을 상환하는 것인데 반해서, 대주제도는 돈 대신 주식 자체를 빌려서 이를 처분하여 자금을 마련한 다음에 그 자금으로 상환기일에 동일한 주식을 재매입하여 증권회사에 실물로 상환하는 제도를 말한다.

예를 들어 현재 주가가 150,000원인 주식이 향후 100,000원으로 하락할 것으로 예상되면, 증권회사로부터 그 주식을 빌려서 이를 150,000원에 처분한 후, 주가가 하락하면 이를 다시 주당 100,000원에 매입하여 증권회사에 주식으로 상환하게 되면 주당 50,000원의 이익을 챙길 수 있다. 그러나 만약 주가가 반대로 오른다면 큰 리스크가 따르게 마련이다.

대주의 요건은 일반 종목에 한하고, 대주기간은 150일까지이다. 대주의 위탁증거금은 40%이며 증권회사별 한도는 자기자본의 50%이다. 또 종목별 대주한도는 상장주식수의 10%이다.

상한가 · 하한가

하루에 개별종목이 움직일 수 있는 제한폭을 말하는 것으로, 현재 전날 종가에서 15% 이상 움직일 수 없도록 되어 있다(코스닥의 경우는 12%이다).

상한가를 쳤다는 것은 그날 오를 수 있는 제한폭만큼 주가가 최고한도까지 뛰었다는 것을 뜻한다.

권리락(權利落 : ex-rights)

주주가 현실적으로 주권을 소유하고 있더라도 유·무상증자시 주주명부가 폐쇄되거나 배정기준일이 지나 구주에 부여되는 신주를 받을 권리 또는 신주의 유·무상 교부를 받을 권리가 없어진 것을 권리락이라 한다. 또 상장회사는 증자시 신주를 인수하는 권리를 확정하기 위해 신주배정기준일을 정하게 되는데, 이 과정에서 기준일 다음날 이후에 결제되는 주권은 신주인수권이 없다는 점을 감안해 만들어진 이론적인 기준주가를 권리락주가라고 한다. 권리락주가는 항상 전일 종가에 비해 낮게 형성된다.

배당락(配當落 : ex-dividend)

배당기준일이 지나 현금배당을 받을 수 있는 권리가 없어지는 주식을 말한다. 즉, 같은 종목의 주식이라도 결산기 전에 취득하면 배당을 받을 수 있지만 결산기 이후에 사면 배당받을 권리가 없기 때문에 가치면에서 차이가 발생되기 마련이다. 따라서 결산기 이후 거래 첫날 주식의 기준가를 조정하는 것을 배당락이라고 하며, 결국 결산기에는 배당금에 해당되는 금액만큼 주가가 하락하게 된다. 이를 배당락시세라 한다.

주가의 결정원칙

주식시장의 주가는 수많은 사람들의 공급량과 수요량에 의해서 결정된다. 따라서 증권시장에서는 이러한 수많은 거래를 효율적으로 성사시키기 위해 가격우선의 원칙, 시간우선의 원칙, 수량우선의 원칙 등 3가지 기본원칙을 정해 두고 있다.

① 가격우선의 원칙

동일한 회사의 주식에 대하여 여러 투자자에 의해 여러 가격이 나올 경우 수량에 관계없이 일단 매수주문이라면 비싼 것부터, 매도주문이라면 싼 것부터 주문이 성립된다.

예를 들어 20,000원에 매도주문이 있고 20,000원과 22,000원의 매수주문이 있다면 매도주문은 22,000원에 가격이 체결된다. 즉, 투자자가 20,000원에 팔겠다고 해도 주문가격은 22,000원에 체결되는 것이다.

② 시간우선의 원칙

동일한 종목의 주문이 동일한 가격으로 나오는 경우에는 빨리 주문한 것부터 거래가 체결된다. 증권시장은 오전 9시부터 12시까지 전장(前場)거래가 이루어지고, 점심시간 동안 휴장을 한 후 오후 1시부터 3시까지 후장(後場)거래가 이루어진다. 그러나 전장과 후장이 시작되기 이전에 들어오는 주문은 모두 동시에 나온 주문으로 보아 시간우선의 원칙이 적용되지 않고 주문량이 많은 것부터 우선적으로 체결되는데, 이를 동시호가라고 한다.

③ 수량우선의 원칙

동일한 가격으로 동일한 시간에 주문이 있는 경우에는 주문량이 많은 투자자의 주문이 우선적으로 체결된다. 예를 들어 판매량이 1,000주인데 A가 600주를, B가 500주를 주문했다면, 일단 A에게 600주가 배정되고 B에게는 나머지 400주가 배정되는 것이다.

단주(端株 : odd lot)

원칙적으로 주식의 최소매매거래단위는 10주단위로 이루어진다. 그러나 공모주청약이나 유·무상 증자시 투자자는 10주 미만의 주식을 받을 수도 있는데, 이를 단주라고 한다. 단주는 최소거래단위에 미달되기 때문에 증권거래소가 아닌 증권회사의 객장에서 이루어지게 된다.

매매거래 정지

증권거래소는 다음과 같은 사항이 발생한 경우에는 투자자를 보호하고 증권시장에 그 내용이 충분히 공포되는 기간을 주기 위하여 일정기간 동안 주식의 매매거래를 정지시킨다.

① 부도발생이나 면허취소

② 생산의 중단

③ 합병 또는 영업의 양수·도

④ 은행관리의 착수

⑤ 배정비율이 10% 이상인 무상증자와 주식배당을 공고하는 때

⑥ 상장유가증권 중 위조·변조 유가증권이 발생한 사실이 확인된 때

⑦ 주식의 병합 또는 분할 등을 위하여 주권의 제출을 요구한 때

이때 정지되는 기간은 사유별로 각각 상이하며, 상장폐지기준에 해당되는 경우와 고의니 중과실 노는 상습적으로 공시의무를 위반하는 때에는 1일간 매매거래가 정지된다. 위조·변조 유가증권이 발생하거나 주식의 병합·분할 등으로 주권을 제출한 경우 등에는 그 사유가 해소될 때까지 매매거래가 정지된다. 특히 부도발생이나 조업중단과 같이 주가나 거래량에 중요한 영향을 미치는 사항이 있는 경우에는 공시한 시점이 전장인 경우에는 전장 종료시까지, 후장인 경우에는 후장 종료시까지 매매거래가 정지되며 필요시 연장이 가능하다.

또 증권거래소가 공공의 이익과 투자자보호 등 시장관리를 위해 필요하다고 인정되는 경우에는 매매거래가 정지된다.

소액주주(minority shareholders)

소액주주란 당해 회사가 발행한 주식총액 또는 출자총액의 1%에 해당하는 금액과 3억원 (은행의 경우는 1%) 중에서 적은 금액을 소유한 주주를 말한다.

실권주(forfeited shares)

회사가 자금의 조달을 위해 유상증자를 하게 되면 기존의 주주에게 정해진 비율에 따라 주식(신주)을 배정하게 되는데 이를 신주인수권이라 한다.

그러나 회사가 유상증자시 기존 주주가 자신에게 배정된 신주인수권을 포기하고 증자에 필요한 주금을 납입하지 않는 경우가 있는데 이러한 주식을 실권주라 한다.

실권주는 발행회사(유상증자를 하려고 하는 회사)의 영업실적이 좋지 않거나 무리한 증자로 인해 주식시가가 신주 납입액보다 낮을 때, 또는 배정받은 신주에 대해 자금부족으로 납입

할 수 없을 때 발생하게 된다.

실권주발생시는 발행회사가 이사회를 소집하여 실권주처리방식을 확정해야 한다. 이때 처리방안은 계열사나 임직원들에게 배분하는 제3자 배정방식이 있고, 증권회사를 통해 일반공모로 처리하는 일반공모(실권주 공모)방식 등이 있다. 보통 증시가 활황기인 경우는 실권주가 많은 시세차익을 기대할 수 있기 때문에 실권주공모에 그만큼 개인투자자들이 몰리게 된다.

수권자본금(授權資本金 : authorized capital)

자본금은 회사가 실제로 주식을 발행하여 자금을 조달한 발행자본금과 발행(증자)할 수 있는 최대자본금인 수권자본금으로 구분되며 이러한 자본금의 총액, 즉 주식의 총수는 미리 회사정관에 기재확정되어야 한다.

회사설립은 그 수권자본의 주식총수의 25%만 발행하면 회사를 설립할 수 있고 나머지 75%에 해당하는 미발행주식은 회사가 설립된 후 자본수요에 따라 이사회만의 의결에 의해 수시로 발행(증자)할 수 있다. 이때 정관에 기재되어 있는 그 발행예정주식수를 수권자본이라 한다.

수권자본금의 범위 내에서 주식을 발행하여 자본금으로 확정된 부분을 납입자본금이라 한다.

명의개서(名義改書 : stock transfer)

주식의 매매거래는 그 주식을 발행한 발행회사와는 전혀 별개로 주식을 사려는 사람과 팔려는 사람간에 이루어진다. 그러나 배당금 지급, 주주총회 개최 등을 위해서 회사가 주주의 인적사항에 대한 기록을 가지고 있어야 한다. 만약 일반이 주식을 새로 매입하여 새로운 주주가 되는 경우 이름, 주소 등 주주들의 인적사항을 주주명부에 기록하게 되는데 이를 명의개서라 한다. 따라서 아무리 주식을 매입하였다 하더라도 명의개서를 하지 않으면 그 회사의 주주가 아니므로 배당수령이나 증자참여 또는 주주권을 행사할 권리가 없게 된다.

원칙적으로 명의개서는 주식을 발행한 발행회사가 해야 한다. 그러나 상장회사의 경우 매일매일 거래되는 주식물량에 대해 주주가 누구인지를 일일이 기록하기에는 상당히 많은 시간과 비용이 들게 마련이다. 따라서 명의개서업무를 직접 수행하는 것보다는 이를 전문적으로 해주는 기관에 위탁하고 대신 수수료를 지급하는 것이 훨씬 편리하므로 각 기업들은 증권예탁원 또는 그 밖의 명의개서 대행기관에 이를 위탁하여 처리하고 있다.

따라서 주식을 매입하고 주주로서의 권리를 보장받기 위해서는 주권과 발행회사에 비치되어 있는 명의개서청구서에 필요한 사항을 기재하여 명의개서 대행기관에 제출하고 완결을 지어야 한다.

만약 주식의 보유자가 명의개서를 하지 않은 경우에는 주식에 대한 배당금수령권, 주식배당 및 단주대금 수령권, 무상주식 인수권, 유상증자시 신주인수권 및 전환사채(CB)·신주인수권부사채(BW)의 인수권, 주주총회 의결권 등 각종 주주의 권리를 행사할 수 없다.

발행회사가 배당을 하거나 신주를 발행할 때에는 이에 해당되는 주주를 확정하기 위해 주주명부를 일정기간 폐쇄하게 되는데, 이를 명의개서의 정지라고 한다. 명의개서가 정지되는 기간은 사업연도말부터 주주총회에서 결정이 날 때까지이다.

테마주(theme stock)

우리나라 주식시장에는 약 800종목의 회사들이 상장되어 주식이 거래되고 있는데, 이를 효율적으로 관리하기 위해 증권거래소는 모든 회사에게 고유번호인 분류코드를 부여하고 있다.

[사례]　국민은행 :　60000
　　　　　신한지주 :　55550
　　　　　우리은행 :　53000
　　　　　하나은행 :　07360

이 코드는 해당회사가 어떤 산업에 소속되어 있는지에 따라 달라진다. 분류코드는 해당 회사의 매출액 중에서 관련 산업의 매출비중이 큰 부분에 따라 결정된다. 그런데 이러한 분류방법과는 별도로 수많은 상장회사들을 어떠한 주제, 예를 들어 정보통신주, 인수합병관련주, 금융산업개편주 등에 따라 분류하기도 하는데, 이를 테마주라고 한다. 이처럼 테마주를 분류하는 이유는 각 테마에 해당되는 회사들의 영업실적이 좋아지면 동시에 주가도 상승하기 때문이다.

증권시장을 실물경기의 거울이라고도 부른다. 즉, 섬유산업이 호황을 누리면 섬유업종의 주가가 오르고, 건설업체들의 수주가 증가하면 건설주가 오름세를 타게 마련이다.

실제로 지난 1980년 이후 증권시장에서의 상위 10개 종목은 당시 영업이 활기를 띠었던 섬유 → 건설 → 증권 → 보험 → 전자통신 등으로 변천되어 왔다.

이러한 테마주는 특정산업의 호황에만 기인하는 것은 아니다. 금융실명제 이후에는 자산가치가 우량한 종목들이 테마주가 되었고, 환경문제가 중요시되는 최근에는 환경관련주가 테마주가 되었다. 또한 신약개발과 관련하여 신기술·신물질 관련주 및 제약관련주, 기업인수·합병과 관련한 M&A 관련주, 그리고 여름철 수해기간 이후에는 수해복구관련 종목이 테마주가 되기도 한다.

이처럼 테마주는 그 당시의 정치, 경제, 사회적 환경 등에 따라 부침을 계속한다. 따라서 투자자들은 항상 그때그때 이슈로 떠오르는 테마에 대해 관심을 가지는 것이 필요하다.

투자심리선(psychological line)

투자심리선은 등락비율의 한 변형으로 12일이라는 한정된 기간을 이용하여 시장의 인기, 즉 고열 및 침체도를 파악하는 지표이다. 이 지표는 매매시점을 포착하기보다는 시장 분위기에 있어서 심리적인 과열 침체상태를 찾아내고자 하는 특징이 있으며 재료에 의한 주가예측의 어려움이나 재료가 갖고 있는 함정에서 탈피하여 새로운 영향을 받아 일어나는 시장인기의 변화를 파악하는 데 그 목적이 있다.

투자심리선의 작성방법은 최근 12일간의 기간에서 전일 대비 상승일수를 누계하여 12로 나누어 백분율로 나타낸다. 따라서 주가가 거래일을 기준으로 매일 오른다면 투자심리선은 100%가 되며 반대로 매일 내린다면 0%가 된다.

투자심리선의 지수가 75% 이상일 때에는 시장상황은 투자환경이 밝고 매입세력이 왕성한 때이므로 매도시점이 된다. 이때 정확한 매도시점은 75% 이상에서 그 이하로 들어가는 시점이다. 반대로 25% 이하라면 투자환경이 어둡고 매도물량이 지나치게 많은 때이므로 매입시점이 된다. 이때 정확한 매입시점은 25% 이하에서 그 이상으로 들어가는 시점이다.

한편 25~75%인 상태를 중립지대라고 한다. 투자심리선이 매입시점을 나타낼 때는 시장이 악재에 휩싸여 있을 때이며 반대로 매도시점을 가리킬 때는 호재가 넘칠 때이다.

거래량회전율

거래량회전율이란 일정기간 동안 주식거래가 얼마나 활발히 이루어졌는지를 측정하는 지표인데, 일정기간의 누적거래량을 평균상장주식수로 나눈뒤 100을 곱해서 상장주식이 몇 번 회전하였는가를 나타낸다. 즉, 회전율이 100%이면 회사주인이 한 번 바뀐 셈이다. 이와 유사한 지표로서 거래대금회전율, 예탁금회전율 등이 있다.

보통 100% 이상이면 과열, 20% 이하면 침체시장으로 본다.

주요 재무비율(financial ratio)

상장주식의 재무비율분석은 주식투자의 기본사항이다. 대차대조표(B/S)나 손익계산서 (P/L)상의 주요 계정별 상관관계를 나타내는 것을 재무비율이라 하는데 여기에 나오는 주요 재무비율을 설명하면 다음과 같다.

1) 매출액증가율(growth rate of sales)

매출액이란 회사가 1년 동안 영업활동에 의해 판매한 제품이나 상품의 총액이다. 따라서 전년도 매출액에 비해 당해연도 매출액이 얼마나 증가하였는가를 나타내는 매출액증가율은 회사의 영업활동이 전년에 비해 얼마나 활발하게 이루어졌는가를 알려준다.

2) 순이익증가율(growth rate of income)

기업의 최종적 경영성과인 당기순이익이 전년에 비해 얼마나 증가하였는지를 보여주는 지표이다.

3) 매출액경상이익률(ordinary income to sales)

매출액경상이익률은 기업의 경상적인 수익력을 총괄적으로 표시하는 대표적인 지표로서 기업의 주된 영업활동뿐만 아니라 재무활동에서 발생한 경영성과를 동시에 분석할 수 있는 지표이다.

4) 자기자본순이익률(ROE : return on equity)

자기자본순이익률은 손익계산서상 최종적인 경영성과인 당기순이익을 자기자본으로 나눈 비율이다. 당기순이익은 회사에 자본을 투자한 주주나 출자자에게 돌아가는 몫이 된다. 따라서 이 비율은 주주들이 회사에 대한 투자자금의 수익력을 측정하는 지표로서 최소한 정기예금금리 이상이 되어야 효율적이라 할 수 있다.

5) 금융비용부담률(financial expenses to sales)

금융비용부담률은 매출액 중 금융비용이 차지하는 비중으로, 기업이 부담하고 있는 금융비용의 수준을 나타내는 대표적인 지표이다. 금융비용은 조업도와 관계없이 차입금에 대한 대가로서 지급되는 고정비성격의 항목이므로, 기업경영의 장기적인 안정성을 확보하기 위해서는 이 비율을 낮추는 것이 중요하다.

6) 부채비율(debt equity ratio)

부채비율은 부채와 자기자본과의 관계를 나타내는 대표적인 안정성 지표로, 일반적으로 100% 이하를 표준비율로 본다. 그러나 이 비율은 금융기관처럼 자금을 대출하는 입장에서 채권회수의 안정성만을 고려한 것이며, 기업을 경영하는 기업가 입장에서는 1년 이내에 상환해야 하는 단기채무(유동부채)에 대한 변제의 압박을 받지 않는 한 200%까지는 양호한 수준이라고 할 수 있다.

7) 유동비율(current ratio)

유동비율은 유동부채에 대한 유동자산의 비율, 즉 1년 이내에 갚아야 하는 부채를 1년 이내에 현금화가 가능한 자산으로 상환이 가능한지 여부를 측정하는 지표이다. 이 비율이 100%라면 유동부채와 유동자산이 동일하기 때문에 해당 회사는 유동자산으로 유동부채를 상환할 수 있는 것을 의미한다.

8) 유보율(accumulated earning ratio)

유보율 또는 적립금비율은 자기자본 중 잉여금(자본잉여금+이익잉여금)이 차지하는 비중을 나타내는 비율로서 재정비율이라고도 한다. 적립금비율이 높다는 것은 자기자본의 대부분이 자본잉여금과 이익잉여금으로 구성되어 있기 때문에 상대적으로 자본금이 적다는 것을 의미한다. 따라서 회사는 자본금에 대해서만 배당을 지급하는 만큼 이익을 많이 내더라도 대부분을 사내에 유보하여 영업자금으로 사용할 수 있다. 그러므로 이 비율이 높을수록 자본구성이 양호함을 의미한다.

〈주요 재무비율 산출방식〉

매출액증가율 $= \dfrac{\text{당기 매출액}}{\text{전기 매출액}} \times 100 - 100 \Rightarrow$				20% 이상 양호
				10% 이하 불량
순이익증가율 $= \dfrac{\text{당기의 당기순이익}}{\text{전기의 당기순이익}} \times 100 - 100 \Rightarrow$				20% 이상 양호
				0% 이하 불량
매출액경상이익률 $= \dfrac{\text{경상이익}}{\text{매출액}} \times 100 \Rightarrow$				10% 이상 양호
				5% 이하 불량
자기자본이익률 $= \dfrac{\text{당기순이익}}{\text{평균 자기자본}} \times 100 \Rightarrow$				20% 이상 양호
				10% 이하 불량
금융비용부담률 $= \dfrac{\text{금융비용}}{\text{매출액}} \times 100 \Rightarrow$				3% 이하 양호
				10% 이상 불량
부채비율 $= \dfrac{\text{부채}}{\text{자기자본}} \times 100 \Rightarrow$				200% 이하 양호
				400% 이상 불량
유동비율 $= \dfrac{\text{유동자산}}{\text{유동부채}} \times 100 \Rightarrow$				150% 이상 양호
				100% 이하 불량
유 보 율 $= \dfrac{\text{자기자본} - \text{자본금} - \text{사외유출}}{\text{자본금}} \times 100 \Rightarrow$				200% 이하 불량
				400% 이상 양호

찾아보기(국문색인)

INDEX(영문색인)

D

E

저자 약력

이요섭李堯燮; Yo-Sup, Lee
(雅號; 許民)

· 고려대학교 경제학과 졸업(經濟學士)
· 고려대학교 대학원 경제학과 졸업(經濟學碩士)
· 고려대학교 노동대학원(勞動大學院) 수료(修了)
· 명지대학교 대학원 경제학과 졸업(經濟學博士)
· 한일은행(지금, 「우리은행」前身) 상무이사(지금, 부행장급) 역임
· 비씨카드(주) 전무이사(지금, 부사장) 역임, 비자카드 아·태지역 이사(겸임) 역임/마스터카드 국제
  이사(겸임) 역임
· 한국동북아경제학회 이사, 감사 역임 / 한국관세학회 상임이사 역임
· 한국경제학회 및 한국금융학회 종신회원
· 고려대학교 경제학과(한국경제론) 강사 역임
· 단국대학교 회계학과(미시경제학) 강사 역임
· 원광대학교 경제학부 강사 역임
· 호서대학교 경제통상학부 겸임교수(兼任敎授) 역임
· 명지대학교 경제학과 객원교수(客員敎授) 역임
· 명지대학교 경제학과 초빙교수(招聘敎授) 역임
· 한세대학교 국제경영학과 강사 역임

[주요 저서]

『신금융시장 상품론』, 연암사, 2020.

『글로벌 경제패러다임의 변화와 대한민국의 미래』, 연암사, 2015.

『나의 꿈 나의 인생을 디자인하라』, 산수야, 2014.

『금융시장의 이해』(1~8, 9판), 연암사, 2023.

『금융시장과 금융상품』(1, 2, 3, 4, 5판), 연암사, 2020.

『신용카드경제론』(개정판), 연암사, 2009.

『글로벌기업경제학』(1, 2, 3판), 연암사, 2020.

『진화경제학의 이해』(개정판), 연암사, 2018.

『한국경제와 금융개혁』, 연암사, 2004.

『남북경협포커스』(공저), 연암사, 2003.

『이슬람경제의 사상과 적용』(공동연구 편저), 도서출판 민선, 1999.

[주요 논문]

· "Banking Sector Restructuring in Korea After the 1997-1998 Crisis"(co- work), Proceedings of the Congress of Political Economists(COPE) International Conference 2003, vol.1, pp. 178~192, Mexicocity, Mexico, July, 2003.

· 『한국 신용카드이용액증가가 통화량에 미치는 영향분석』, 동북아경제연구, 제14권 제2호, 한국동북아경제학회, 2002. 8.

· 『벡터자기회귀모형을 이용한 통화량에 대한 신용카드효과 실증분석』, 신용카드, 제20호, 여신금융협회, 2002

· 『소비와 화폐수요에 대한 신용카드 효과』, 산학기술성공학회지, 제2권 제2호, 2002.

· 『전자화폐의 화폐수요에 대한 영향』, 대한경영학회지, 제25호, 2000. 9.

· 『공채(公債)의 재정정책적 의의』, 전국은행연합회, 금융, 제10권, 제113호, 外 다수.

금융시장의 이해 제9판

Financial Markets

제1판 발행	2002년 9월 9일
제2판 발행	2003년 3월 27일
제3판 발행	2005년 8월 30일
제4판 발행	2008년 6월 1일
제5판 발행	2012년 2월 28일
제6판 발행	2015년 8월 31일
제7판 발행	2017년 8월 31일
제8판 발행	2021년 9월 17일
제9판 발행	2023년 3월 2일

저자   이요섭
발행인   권윤삼
발행처   (주)연암사

등록번호 제2002-000484호
주소   서울특별시 마포구 월드컵로 165-4
전화   (02)3142-7594   FAX. 3142-9784

값은 뒤표지에 있습니다. 잘못된 책은 바꾸어 드립니다.

ISBN 979-11-5558-114-8 93320

연암사의 책은 독자가 만듭니다.
독자 여러분들의 소중한 의견을 기다립니다.
트위터 @yeonamsa
이메일 yeonamsa@gmail.com